마르크스 이해하기 1

나남
nanam

한국연구재단 학술명저번역총서
서양편 366

마르크스 이해하기 1

2015년 2월 10일 발행
2015년 2월 10일 1쇄

지은이_ 욘 엘스터
옮긴이_ 진석용
발행자_ 趙相浩
발행처_ (주) 나남
주소_ 413-120 경기도 파주시 회동길 193
전화_ (031) 955-4601 (代)
FAX_ (031) 955-4555
등록_ 제 1-71호 (1979.5.12)
홈페이지_ http://www.nanam.net
전자우편_ post@nanam.net
인쇄인_ 유성근 (삼화인쇄주식회사)

ISBN 978-89-300-8786-5
ISBN 978-89-300-8215-0 (세트)

책값은 뒤표지에 있습니다.

'한국연구재단 학술명저번역총서'는 우리 시대 기초학문의 부흥을 위해
한국연구재단과 (주)나남이 공동으로 펼치는 서양명저 번역간행사업입니다.

마르크스 이해하기 1

욘 엘스터 지음 | 진석용 옮김

나남
nanam

Making Sense of Marx
by Jon Elster

크리스천, 마르틴, 제이콥에게

옮긴이 머리말

이 책은 노르웨이 정치학자 욘 엘스터(Jon Elster)의《마르크스 이해하기》(*Making Sense of Marx*, Cambridge University Press, 1985/1994)를 완역한 것이다.

욘 엘스터는 로머(J. Roemer), 코헨(G. A. Cohen), 쉐보르스키(A. Przeworski) 등과 함께 이른바 '분석적 마르크스주의'(*Analytical Marxism*)를 대표하는 인물로서 이 책은 그들의 '분석적' 특징을 잘 보여준다. 저자는 마르크스의 철학적 인류학(제 2장)에서부터 경제학(제 3장), 사회철학(제 4장), 역사철학(제 5장), 사회학(제 6장), 정치이론(제 7장), 이데올로기(제 8장) 및 사회심리학에 이르기까지 모든 영역에 걸쳐 마르크스의 주장을 원전으로부터 추출한 다음, 그것이 '과학적 설명'이 될 수 있는지를 따진다. 저자가 과학적 설명과 사이비설명을 판별하는 기준은 이른바 '방법론적 개체론'(제 1장)이다.

방대한 원전을 샅샅이 탐색하고, 마르크스의 주장 하나하나를 '방법론적 개체론'의 잣대로 해부한 끝에 저자는 다음과 같은 결론에 도달한다. 즉 마르크스의 주장 중에는 변증법적 연역, 기능적 설명, 목적론적 역사철학 등 비과학적인 주장들도 있지만, 과학적 설명으로 재구성할 수 있는 '합리적 핵심'은 오늘날에도 여전히 중요한 가치가 있다는 것이다. 공산주의 혁명을 꿈꾼 "마르크스의 일생의 과업은 실패했고", 오늘날에는 "전통적인 의미의 마르크스주의자가 되기는 불가능하다"고 진단하면서도, 저자는 자신이 "중요한 진리라고 믿고 있는 것 대부분을 마르크스에게서 발견했다"고 말한다. 그가 마르크스에게서 발견한 진리는 "모든 사람들이 창조하고, 발명하고, 지금과는 다른 세계를 상상할 수 있도록 해주는 사회가 더 좋은 사회"라는 확신이다.

"그 어떤 해석도 배제할 수 없는 마르크스의 난해한 사상"에 대해 엄밀하게 분석하고 옥석을 가려 재구성을 시도한 이 역작에서 독자는 저자의 폭넓은 학문적 관심과 과학적 지식에 대한 엄밀한 태도를 엿볼 수 있고, '더 좋은 사회'를 바라는 저자의 순수한 열망을 느낄 수 있다. 그러나 원전으로부터 인용한 글이 너무 많아서 다소 지루한 느낌이 들고, 다른 학자들의 견해와 이에 대한 저자의 논평이 꼬리에 꼬리를 물어 논의가 번잡해진 곳도 있다. 또한 곳곳에서 현학적인 표현들이 호흡을 답답하게 하고, 저자 자신이 만든 생소한 용어도 적지 않아서 결코 읽기 쉬운 책은 아니다. 다행히 각 장절 말미에 해당 장절 내용에 대한 요약이 있어서 이를 길잡이로 삼으면 좋을 것이다.

제 3장 경제학 부분의 번역에는 대전대학교 임봉욱 교수의 도움을 얻었다. 본문에 나오는 복잡한 수식들의 입력은 고효정 양이 도와주었다. 그럼에도 불구하고 여전히 남아 있을 오역과 졸문은 전적으로 옮긴이의 책임이다. 옮긴이의 천학과 비재에도 불구하고 이 번역을 지원해준 한국연구재단에 감사드리며, 품위 있는 책으로 만들기 위해 정성을 기울여준 나남출판사에도 감사의 말씀을 드린다.

2014년 11월

진 석 용

지은이 머리말

이 책은 긴 역사를 가지고 있다. 그중 일부는 여기에 소개할 만한 가치가 있다. 나는 1968년에 마르크스에 대한 본격적인 연구를 시작했다. 그 해에 장 이폴리트(Jean Hyppolite)와 함께 연구할 생각으로 파리로 갔다. 그는 내 석사학위 논문(헤겔에 관한 논문)을 도와주셨던 분이다. 그러나 그분은 나와 만나기로 한 날을 일주일 앞두고 돌아가시고 말았다. 당시 나는 고등사범학교(Ecole Normale Supérieure)의 '외국인 학생'이었는데, 그곳 분위기는 알튀세 계열의 마르크스주의자들이 지배하고 있었다. 나는 이것이 마음에 들지 않아서 가스통 페사르(Gaston Fessard)를 거쳐 레이몽 아롱(Raymond Aron)에게 가서 박사학위 논문을 지도해줄 것을 요청하여 승낙을 얻었다. 그가 지도하는 세미나에 3년간 꾸준히 참석했는데, 정말 흥미진진한 수업이었다. 처음 그곳에 도착했을 때 나는 역사사회학이라는 학문이 있다는 것도 몰랐다. 아롱 덕분에, 또한 그 세미나에 참석한 여러분들과 특히 코스타스 파페아누(Kostas Papaïoannou) 덕분에 마르크스를 역사적 문맥 속에서, 그리고 역사적 문제들의 문맥 속에서 보는 법을 알게 되었다. 동시에 '자본 논쟁'을 따라가면서 마르크스의 경제 이론에 대해서도 눈뜨게 되었다. 마르크스의 이론을 그와 같이 엄밀하게 정식화하는 모습을 보고 잔뜩 기대를 품었는데, 그러한 정식화가 결국 그의 이론이 틀렸다는 것을 증명하는 데 쓰이는 것을 알고는 실망이 컸다.

박사학위 논문은 1971년에 마쳤다. 학위 논문을 출간하기 위해 한동안 출판사를 알아보다가 곧 포기하고 말았다. 그런 내용의 책을 읽을 독자가 과연 있을까 하는 생각이 들었기 때문이다. 지금 이 책이 그러하듯이, 학위 논문에서도 합리적 선택 이론, 미시적 기초, 설명의 철학 등이 중심 주제였다. 당시 프랑스에서는 (지금도 어느 정도는 그러하지만) 나의 방법론적 입장은 자동적으로 정치적 우파로 간주되었다. 방법론적 개체론과 정치적 개인주의(혹은 자유지상주의)는 이래저래 서로 연결되어 있었다. 따라서 마르크스주의자들 중에서 내 글을 읽어줄 독자를 기대하기 어려운 상황이었다. 한편 비마르크스주의자들은 내 글에 마르크스주의적 잔재가 너무 많이 남아 있다고 생각할 가능성이 컸다. 그래서 마르크스 연구를 일단 중단하고 다른 연구로 옮겨갔는데, 그때까지 하던 연구와 전혀 관계없는 주제는 아니었다. 그 후 10년간 다섯 권의 책을 썼는데, 그중 많은 부분이 이 책에 인용되어 있다. 《라이프니츠와 자본주의적 정신의 형성》(*Leibniz et la Formation de l'Esprit Capitalist*, 1975)은 역사사회학에 관한 연구로서, 이 박식한 수학자의 선입관을 당시 유럽 경제가 겪던 변형과정에 비추어 살펴본 것이다. 《논리와 사회》(*Logic and Society*, 1978)는 양상논리학을 사회학 이론과 사회문제에 적용해본 것이다. 이러한 연구는 무엇보다도 '사회적 모순'이라는 난해한 개념을 이해하는 데 큰 도움이 되었다. 《율리시즈와 사이렌》(*Ulysses and the Sirens*, 1979) 및 《신 포도》(*Sour Grapes*, 1983)는 합리성과 불합리성에 관한 연구인데, 주로 선호 형성과 성격 기획의 범위와 한계에 중점을 두고 있다. 《기술 변혁 설명하기》(*Explaining Technical Change*, 1983)는 설명에 관한 몇 가지 철학적 주제를 다룬 것인데, 기술변혁에 관한 사례 연구가 포함되어 있다. 다시 마르크스 연구로 돌아왔을 때, 그동안 내가 해온 연구들이 큰 도움이 되었다는 것을 알았다. 이 책의 장점과 단점이 무엇이든, 13년 전에 쓴 책보다는 훨씬 낫다.

내가 다시 마르크스 연구로 돌아온 것은 지적 분위기가 변하고 있다는 것을 알았기 때문이다. 무엇보다도 코헨(G. A. Cohen)의 《칼 마르크스의 역사 이론》(*Karl Marx's Theory of History*)은 일종의 계시였다. 그 책은 마르크스와 마르크스주의에 관한 글을 쓸 때 따라야 할 엄격성과 명료성의 기준을 하룻밤 사이에 바꾸어놓았다. 다른 나라에서도 학자들이 비슷한 작업을 하고 있다는 사실도 알았다. 연구모임이 결성되었고, 1979년에 처음 만난 후 해마다 모임을 가졌다. 이 모임에서 내가 쓴 원고를 놓고 집중적인 토론을 했고, 고쳐 쓴 다음에 다시 토론을 가졌다. 이 토론들이 이 책의 형성에 결정적인 영향을 미쳤다. 특히 로머(John Roemer)의 영향이 컸다. 그의 선구적인 업적은 《착취와 계급에 관한 일반 이론》(*A General Theory of Exploitation and Class*)에 잘 나와 있다. 한 가지 재미있는 사실은 수년에 걸쳐 토론을 하는 사이에 우리가 스스로 마르크스주의자라고 할 수 있는지 반문해보게 되었다는 점이다. 다른 사람들의 생각은 어떤지 모르겠다. 내가 확실히 말할 수 있는 것은, 고전적 마르크스주의의 내용 중에서 이 모임에서 철두철미한 비판의 대상이 되지 않은 것은 단 하나도 없었다는 사실이다. 이 과정을 통해 일종의 암묵적 합의가 이루어졌는데, 그게 무엇인지 여기에서 설명할 필요는 없고, 설명할 능력도 없다. 이 책과 성격이 비슷한 책들이 잇달아 출간되고 나면, 그게 무엇인지 어렴풋하게나마 드러날 것이다.

이 책의 집필에 도움을 준 여러분들과 기관들에 감사의 말씀을 드리고자 한다. 노르웨이 인문학 연구위원회는 두 차례(1968~1971, 1979~

1982)에 걸쳐 나의 마르크스 연구를 넉넉하게 지원해주었다. 1979년부터 1982년까지는 옥스퍼드의 올 소울스 칼리지에 머물면서 지적 자극을 받았다. 파리의 인간학연구원(Maison des Sciences de l'Homme)도 여러 가지로 도움을 주었는데, 특히 위에서 말한 연구모임의 회합을 지원해주었다. 시카고대학 정치학과 학생들에게도 감사의 뜻을 전하고자 한다. 세 차례에 걸쳐 이 책에 들어 있는 내용으로 강의를 했는데, 그들의 날카로운 질문 덕분에 여러 가지 문제에 관해 다시 생각해볼 수 있었다. 케임브리지대학 출판부가 베풀어준 도움과 인내와 격려에 대해서도 감사드린다. 스티븐 홈스(Stephen Holmes)는 내 원고를 끝까지 꼼꼼히 읽고 서툰 문체를 다듬어주었다.

코헨은 내 원고를 읽고 자세한 논평을 해주었는데, 그의 논평에 따라 내용을 대폭 수정했다. 그와 토의하면서 내가 배운 내용은 일일이 다 말할 수 없을 정도로 많다. 그러므로 내 생각이라고 믿고 있는 것 중에 사실은 그의 생각인 것이 많이 있을 것이다. 로머도 논평으로, 저서로, 토론으로 코헨에 버금가는 도움을 주었다. 그들은 보여준 지적 동지애의 가치는 이루 말로 다할 수 없다. 스틴치콤(Arthur Stinchcombe)도 내 원고를 모두 읽고 풍부한 사회학적 회의(懷疑)를 제공해주었다. 장별로 나누어 원고를 읽어주신 분들은 바르단(Pranab Bardhan), 브레너(Robert Brenner), 차밴스(Bernard Chavance), 힐란드(Aanund Hylland), 고(故) 요한센(Leif Johansen), 콤(Serge Kolm), 레비(Margaret Levi), 오페(Claus Offe), 쉐보르스키(Adam Prezeworski), 슬라그스타드(Rune Slagstad), 스티드만(Ian Steedman), 반 데어 벤(Robert van der Veen), 파리스(Philippe van Parijs), 월러스틴(Michael Wallerstein), 라이트(Erik Wright) 등이다. 이분들이 내 원고를 얼마나 자세히 읽었는가 하는 것은 제4장 원고에서 체임벌린(Wilt Chamberlain)을 야구선수라고 쓴 것을 바로잡아준 것만 보더라도 알 수 있다. 체임벌린은 물론 농구선수다. 그 외에도 이분들은 여러 가지 중대한 실수들을 바로잡아주었다. 도움을 주신 모든 분들에게 감사를 드리며, 그런 의미에서 이 책은 그분들과의 공동 작업이라고 해야 할 것 같다. 그리 많지는 않겠지만 여전히 남아 있을 실수들에 대해 일부 그들에게 책임이 있다 하더라도, 거의 대부분의 책임은 나에게 있다.

1984년 1월, 오슬로에서

욘 엘스터

마르크스 이해하기 1

| 차 례 |

2권 차례

제2부 역사 이론

결 론

서 론

제 1 장

설명과 변증법

마르크스의 주장 중 오늘날에도 여전히 유효한 것은 이론적 명제들의 내용이 아니라 그의 방법론이라는 견해를 자주 만난다. 뒤에서 자세히 말하겠지만, 나는 그렇게 생각하지 않는다. 기술변혁, 착취, 계급투쟁, 신념형성 등에 관한 마르크스의 견해는 방법론적으로도 가치가 있겠지만, 그 이상의 중요성이 있다. 또한 나는 사회현상을 연구하는 마르크스주의의 고유한 방법론이 있다고 믿는다. 이 방법론은 심지어 마르크스의 주장에 동의하지 않는 사람들도 생산적으로 사용할 수 있고, 또한 사용되어왔다. 사실상 그의 방법론은 오늘날 워낙 널리 사용되기 때문에 그것을 '마르크스주의 방법론'이라고 특별히 말할 필요가 없을 정도이다. 그러나 역사적으로 보면 마르크스는 이 방법론의 창시자였다. 오늘날에도 그의 통찰로부터 배울 부분이 있다. 간단히 말해서 그는 인간 행동의 비의도적 결과를 강조하면서, 그러한 결과들을 인과 · 의도적(*causal-cum-intentional*) 설명 틀로 이해해야 한다고 주장했는데, 이 틀은 사회과학의 표준이 되었다. 이러한 사고는 역사를 "인간의 설계의 결과가 아니라 행동의 결과"[1]로 본 초기의 역사 이론들과 분명히 관련이 있다. 하지만 마르크스가 이러한 견해에 특수성과 정확성을 부여하였고, 사실상 그 견해를 완전히 변형시킴으로써, 역사란 정체를 알 수 없는 불투명한 것이 아니라 이해 가능한 것임을 보여주었다. 마르크스가 다른 방법론 — 주로 헤겔로부터 물려받은 방법론 — 도 주장하고 사용한 것은 사실이다. 그러나 이런 것들은 거의 혹은 전혀 쓸모가 없다는 것을 나중에 밝힐 것이다.

1. 1에서는 방법론적 개체론의 원칙을 밝히고 정당화할 것이다. 마르크스가 이 원칙을 종종 어기기는 했지만, 그의 가장 중요한 저작 곳곳에 이 방법론이 자리 잡고 있다. 이 원칙의 반대는 **방법론적 전체론**(*methodlogical collectivism*)이다. 이것은 헤겔의 영향을 받은 두 가지 방법론, 즉 **기능적 설명**(1. 4) 및 **변증법적 연역**(1. 5. 1)과 긴밀히 연관되어 있다. 이 두 가지는 논리적으로 상호 포함관계를 가지고 있지는 않지만, 흔히 함께 나타나고 서로 강화하는 관계에 있는데, 이 둘을 결합한 과학적 활동은 재앙임이 증명되었다. 내 생각으로는 마르크스와 후일 마르크스주의자들의 허다한 실패는 주로 이처럼 오도된 틀로 인해 생긴다. 그러므로 나는 이 책의 많은 부분을 할애하여 마르크스가 제기한 문제들은 그런 방법론을 사용하지 않고서도 충분히 다룰 수 있다는 것을 보여줄 것이다.

나는 마르크스 자신이 더 정확하고 생산적인 분석이 가능한 틀을 제공하고 있다는 것을 자세히 밝힐 것이다. 사회과학적 설명에는 세 층위가 있다. 첫째는 욕망과 신념과 같은 정신적 상태에 관한 인과적 설명이다(1. 3. 1). 그 다음이 전제된 신념과 욕망의 관점에서 개별적인 행동을 설명하는 의도적 설명이다(1. 2). 마지막이 개별적 행동의 관점에서 그것이

1) 역사적 고찰은 Hayek, "The result of human action, not of human design" 참조. 하이에크는 퍼거슨(Adam Ferguson)의 저작에서 이 제목을 가져왔다.

낳은 집합적 현상을 설명하는 인과적 설명이다. 마르크스주의가 사회과학 방법론에 특별히 기여한 것이 바로 이 마지막 설명 형태이다. 나는 그것을 먼저 인과분석의 특별한 양식으로 논의한 다음(1.3.2), 변증법적 추론의 특별한 형태로 다시 논의하겠다(1.5.3).

이러한 방법론적 특징에 대해서는 이 책에서 반복하여 설명할 것이다. 이 장의 목적은 논증의 추상적 논리를 보여주는 것이므로 예시는 별로 하지 않았다. 번잡해질 우려가 있기 때문이다. 뒤에 가서 결함 있는 방법론적 자세와 견실한 방법론적 자세에 관해 예를 들어 설명할 것이다. 마르크스는 종종 한 저작 내에서 거의 쓸모없는 방법론으로부터 심원한 통찰로 옮겨가는데, 어떻게 이렇게 할 수 있었는지 실로 놀라운 일이다. 예를 들면, 《요강》(*Grundrisse*)에는 방법론적 전체론과 변증법적 연역을 강조하는 내용이 나오지만, 다른 한편으로 셸링(T. C. Schelling)의 문구를 사용하여, 미시적 동기들이 거시적 행위로 집적되는 과정을 분명하게 분석한 내용도 있다. 그러나 마르크스의 주요한 통찰 중에 가치 있는 것들이 많다고 해서 그의 방법론을 **통째로** 받아들여야 하는 것은 아니다. 그렇게 하는 것은 마르크스에게도 우리에게도 도움이 되지 않는다. 이것이 나의 확고한 신념이며, 이 책을 쓰는 이유도 사실상 여기에 있다.

1.1. 방법론적 개체론

방법론적 개체론이란 모든 사회현상의 구조와 변화를 원칙적으로 오직 개인만 포함하는 방식으로 설명할 수 있다는 학설을 말한다. 즉 개개인의 속성, 목표, 신념, 행동 등으로 그 모든 것을 설명할 수 있다는 것이다. 이러한 점에서 방법론적 개체론은 일종의 환원주의이다. 사회제도와 집합적 행위유형들로부터 개개인으로 가는 것은 세포에서 분자로 가는 것과 같은 종류의 작업이다. 환원주의의 근거는 다음과 같이 간단히 요약할 수 있다. 과학의 목표가 법칙에 의해 설명하는 것이라면, 사이비설명이 되지 않기 위해 설명항(*explanan*)과 피설명항(*explanandum*) 사이의 기간(*time-span*), 즉 원인과 결과 간의 기간을 가능한 한 줄일 필요가 있다. 사이비설명은 두 가지 방식으로 생긴다. 설명과 상관관계를 혼동하여 생기기도 하고, 설명과 필연성을 혼동하여 생기기도 한다. 전자의 혼동은 겉보기 원인과 겉보기 효과, 이 두 가지를 다 낳는 제 3의 변수가 있을 때 발생한다. 후자의 혼동은 법칙에 언명된 원인이 작용하기에 앞서 다른 어떤 원인이 먼저 작용하여 효과가 발생한 경우에 생긴다. 이 두 가지 위험을 줄이는 길은 원인과 효과의 고리를 연속적으로 만들어보는 것, 즉 설명항들과 피설명항 간의 시차(*time-lag*)를 줄이는 것이다.[2] 이것은 또한 현상의 집합적 수준에서 덜 집합적 수준으로 가는 것과 긴밀히 연관되어 있다. 이러한 관점에서 볼 때, 환원주의는 그 자체가 목적이 아니요, 필수적인 어떤 것을 취하느라 생긴 부수물일 뿐이다. 목적은 좀더 자세한 설명을 하는 것이다. 거시에서 미시로, 긴 시차에서 짧은 시차로 갈 때 좀더 나은 설명을 할 수 있다는 것이 우리의 확신이며, 또한 우리는 설명을 그렇게 이해한다. 설명이란 메커니즘을 제공하는 것이며, 블랙박스를 열어 볼트와 너트를, 톱니와 톱니바퀴를, 욕망과 신념을 보여주는 것이다. 이들이 집합적 결과를 낳기 때문이다. "예술과 과학은 미세하게 조직된 개별자들에게만 존재할 수 있다."[3]

방법론적 개체론의 학설은, 이전에 생물학에서 그러했던 것처럼, 사회과학에서 이에 대한 논란이 많기 때문에 약간의 해명이 필요하다. 첫째, 이 학설은 개개인의 행동 수준에서 이기심을 전제하지 않으며, 합리

2) Beauchamp and Rosenberg, *Hume and the Problem of Causation*, ch. 6 및 졸저 *Explaining Technical Change*, p. 29 참조.

3) William Blake, *Jerusalem*.

성을 전제하지도 않는다. 1.2.1에서 논의하겠지만, 개개인의 행위에 이러한 특징들이 있을 것이라고 전제하는 경우에도, 오로지 방법론적 고려에서 그렇게 하는 것일 뿐이지 인간의 본성이 그렇다는 것은 아니다. 둘째, 방법론적 개체론은 오직 외연적 맥락에서만 사용된다. 집합적 실체가 내포적 맥락 속에서 나타날 경우, 그것은 하위수준의 실체로 환원되지 않는다. 사람들은 때때로 초개인적 실체에 대한 신념을 가지기도 하는데, 이것은 개개인에 관한 신념으로 환원될 수 없다. "자본가들은 노동계급을 두려워한다"는 말은 개별 노동자들에 대한 자본가들의 감정에 관한 진술로 환원되지 않는다. 그러나 "자본가의 이윤이 노동 계급에 의해 위협받고 있다"는 말은 개별 노동자들이 취한 행동의 결과에 관한 복합적인 진술로 환원될 수 있다. 셋째, 개개인이 가지고 있는 많은 속성들, 예를 들면 '강력하다'와 같은 속성들은 본질적으로 관계를 나타내는 것이며, 한 개인에 관한 정확한 기술이 다른 사람에 대한 언급을 포함할 수 있다. 이 점은 2.3.1에서 상세히 밝혀놓았다. 마지막으로 환원이 아무리 바람직하다고 하더라도 그로 인해 **미숙한 환원주의**의 위험에 빠져서는 안된다. 파스칼은 데카르트에 대해 기계론적 생물학의 유혹에 넘어갔다고 비판하였다. "간단하게 말해야 한다. '이것은 형상과 운동에 의해 이루어진다.' 그것은 사실이기 때문에. 그러나 이것들이 무엇인가를 말하는 것, 그 기계를 만들어내는 것은 우스꽝스럽다. 쓸모없고, 불확실하고, 고통스런 일이기 때문이다."[4] 또한 복합적인 사회현상을 개인의 동기와 신념으로 설명하려는 시도가 빈약하고 자의적인 설명을 낳을 위험도 있다. 이런 일은 집합행위의 미시적 기초를 찾는 문제의 경우에 발생할 수 있다. 이 문제는 6.2에서 논의한다. 이런 경우에는 당분간 블랙박스[5] 설

---

4) *Pensées* 79.

5) 〔옮긴이주〕 어떤 기구의 내부 상태는 알려져 있지 않지만 그 기구에 자극(입력)이 주어지면 그 자극에 대한 반응(출력)이 있을 때, 그 기구를 블랙박스

명으로 만족하는 편이 낫다. 하지만 이것도 **차선책**에 불과하다는 것을 항상 염두에 두어야 한다. 방법론적 전체론은 일시적으로 필요할 때가 있겠지만 결코 절실히 필요한 것은 아니다.

방법론적 전체론에서는 설명 순서상 개인에 우선하여 존재하는 초개인적 실체가 있다고 가정하고(이러한 가정 자체가 방법론적 전체론이 설명을 시도하는 목적이다), 그러한 더 큰 실체들의 자기규제의 법칙, 혹은 발전의 법칙으로부터 설명을 진행한다. 여기에서 개인의 행동은 집합유형으로부터 도출된다. 이것은 종종 기능적 설명의 형태를 띠게 된다. 어떤 행동들이 집합적으로 이익을 낳는다면, 바로 그 객관적 이익이 그 행동들에 대한 충분한 설명이 된다고 주장할 경우에 그렇게 된다. 그러나 방법론적 전체론과 기능적 설명 사이에 논리적 연관은 없다. 집단주의적 방법론도 인과적 설명 양식을 띨 수 있기 때문이다. 반면에 기능적 설명은 방법론적 개체론과 양립할 수도 있다. 바탕에 깔려 있는 어떤 메커니즘이 반드시 있다고 주장할 경우에 그러하다.[6] 그러나 마르크스에게서는 그 두 가지가 함께 나타나는데, 이 책 전체를 통해 많은 예를 보게 될 것이다.

마르크스의 역사철학(2.4)에서 **인류**(*humanity*)[7]는 집합적 주체로 나타난다. 이 주체의 완전한 실현을 향한 본성적 투쟁이 역사의 경로를 형

라고 한다.

6) 예를 들면, 코헨(G. A. Cohen)이 그의 여러 저작에서 보여주는 기능적 설명에 관한 견해가 그러하다.

7) 〔옮긴이주〕 집합적 존재, 또는 보편개념으로서의 인간(*humanity*, *man*)은 인간 개개인(*individuals*, *men*)과는 다르며, 모든 인간(*all individuals*, *each and every individual*)과도 다르다. 예를 들어 인류(*humanity*) 또는 인간(*man*)의 지식이 발달했다고 말할 경우에도 개개인(*men*) 중에는 무식한 사람들이 얼마든지 존재할 수 있기 때문에 모든 인간의 지식이 발달했다고 말할 수는 없다. 마르크스에 대한 엘스터의 분석을 이해하기 위해서는 이들 용어의 차이에 유의해야 한다.

성한다. 자본주의 이론에서도 자본은 비슷한 역할을 한다. '자본 일반'의 설명적 역할에 대한 강조는 《요강》에서 특히 현저하게 나타난다.[8] 경쟁의 개념이 자본의 개념보다 우위에 있다고 생각하는 리카도와 같은 사람들을 공격하면서, 마르크스는 이렇게 말한다.

> 자본의 지배가 자유경쟁의 전제이다. 이것은 마치 로마 황제들의 전제성(專制性)이 자유로운 로마의 '사법'(私法)의 전제였던 것과 같다. 자본이 약할 때는 과거의 생산양식, 혹은 자본이 등장하고 나면 사라지고 말 생산양식을 버팀목으로 삼는다. 그러나 자본이 강하다고 느끼는 순간, 그 버팀목을 버리고 자신의 법칙에 따라 움직인다. 자기 자신이 발전에 장애가 된다고 감지하는 순간, 자유경쟁을 제한함으로써, 자본의 지배를 더욱 완전하게 해주는 듯 보이는 형태들 속에 피난처를 마련한다. 그러나 동시에 그런 피난형태들은 자본의 해체를 예고하는 것이요, 자본이 의존하는 생산양식의 해체를 예고하는 것이다. 경쟁은 실재하는 것처럼 나타날 뿐이요, 외적 필연성을 보여줄 뿐이다. 필연성은 자본의 본성에 들어 있다. 경쟁이란 많은 자본들이 자본의 내재적 결정인자들을 상호 간에 그리고 자기 자신에게 강요하는 방식에 불과하다.[9]

여기에는 방법론적 개체론에 대한 명백한 부정이 나타나 있다. 이것은 존 로머(John Roemer)가 주창한 접근방법과 좋은 대조를 이룬다. 로머는, 서로 다른 것들을 가진 개인들 사이의 교환이 경쟁적 상황에 놓여 있을 때 계급관계와 자본관계가 발생하는 것으로 본다. 로머의 분석에 대해서는 제 4장과 제 6장 이하에 자세히 나와 있다. 로머의 분석은 자칫 근거 박약한 가정이 되고 말 것들을 공리(公理)로 삼을 수 있도록 해준다.

다른 한편, 마르크스가 방법론적 개체론도 간간이 사용했다는 점을 잊

---

8) Rosdolsky, *Zur Entstehungsgeschichte*, pp. 61~71 참조.

9) *Grundrisse*, p. 651.

어서는 안 될 것이다. 특히《독일 이데올로기》(*The German Ideology*)는 역사에 대한 강력한 개인주의적, 반(反) 목적론적 접근을 보여준다. 이 문제는 2.4 이하에서 밝혀질 것이다. 또한《경제학 · 철학 원고》(*Economic and Philosophical Manuscripts*)에 나오는 다음과 같은 구절도 참고할 수 있다. "무엇보다도 또다시 '사회'를 개인과 **대립적인** 하나의 추상물로 여겨서는 안 된다."[10] 그러나 문맥을 살펴보면, 이 구절은 **윤리적** 개인주의 관점을 나타낸 것으로 해석될 수도 있다. 즉 공산주의의 목표는 인간 개개인의 발전이지 보편개념으로서의 인간의 발전이 아니라는 것이다.[11] 방법론적 개체론은 사회현상을 어떻게 설명할 것인가에 관한 학설이지, 사회현상을 어떻게 평가할 것인가에 관한 학설이 아니다.[12] 마르크스는 공산주의의 가장 중요한 장점이 개인의 완전하고 자유로운 실현을 가능하게 한다는 데 있다는 생각을 단 한 번도 버린 적이 없다(2.2.7). 그러나 공산주의 단계까지 가는 과정에 대해서는, 그와 같이 그리고 일관되게 개인을 설명의 중심에 놓지는 않았다.

1.2. 의도적 설명

마르크스주의자들은 일반적으로 합리적 선택 모형 사용에 대해 반대하며, 의도 모형 사용에 대해서는 거의 대부분 반대한다. 그들의 반대 이유 중에는 귀담아들을 만한 것도 있지만 그렇지 않은 것도 있다. 반대 이

---

10) *Economic and Philosophical Manuscripts*, p. 299.

11) 이 구별은 Cohen, "Marx's dialectic of labour" 및 2.2 이하 참조.

12) Louis Dumon, *From Mandeville to Marx*는 마르크스에게서 발견되는 개인주의에 관해 윤리적인 것과 방법론적인 것을 구별하지 않고 있다. 이 구별에 대한 명확한 진술과 토의는 Kolm, *Le Bonheur-liberté*, ch. 5 참조.

유 중에는 일반적인 것도 있고 특수한 것도 있다. 논의가 진행되면 이 문제가 좀더 명확해질 것이다. 우선 의도적 설명의 본질에 대해 일반적인 설명을 한 다음, 마르크스에 있어서 그것이 왜 중요한가를 논의하겠다.

1.2.1. 의도적 설명의 본질[13)]

의도적 설명의 피설명항은 개인의 행동들이다. 집합행위를 그 목표나 목적으로 설명한 경우, 이것은 그 집단의 행위자들이 그 목표를 위해 행동했다는 의미로, 즉 분배적으로 이해되거나 혹은 그 집단의 지도자들이 그러한 목표 또는 목적을 실현하기 위해 다른 사람들을 유인 또는 강제할 능력이 있었다는 의미로 이해되어야 한다. 의도적 설명에서 매우 중요한 단계는 목표를 구체화하는 것이다. 여기에서 목표란 그 행동을 통해 얻고자 하는 미래의 상태를 말한다. 이 경우에 그 행동은 의도된 결과, 즉 그 상태의 실현에 의해 설명될 수 있다. 의도한 결과가 실현되지 않았다 하더라도 결코 그 설명이 무효가 되는 것은 아니다. 또한 의도와 결과 사이의 관계가 논리적인 일관성이 없어서 의도한 결과가 도저히 실현될 수 없다고 생각된 경우에도 마찬가지다. 그러나 나는, 약간의 예외는 있지만, 후자의 가능성은 무시하고 오직 **일관성 있는** 계획의 경우만 살펴볼 것이다. 다시 말해서 의도적 설명의 하위 범주라고 할 수 있는 합리적 선택 설명만을 살펴볼 것이다.

행동에 대한 합리적 선택 설명은 그 행동이 합리적이었고, 그것이 합리적이었기 때문에 수행되었다는 것을 보여준다. 그 행동이 합리적이었다는 말은, 행위주체가 가지고 있는 신념에 비추어볼 때 그 행동이 그의

13) 자세한 설명은 졸저 *Explaining Technical change*, ch. 3 및 *Sour Grapes*, ch. I 참조.

계획이나 욕망을 실현하는 데 최선의 방법이었다는 뜻이다. 그러므로 합리성은 일종의 극대화 행위와 잘 어울린다. 극대화대상(*maximand*)은 행위주체가 얻는 물질적 보상일 수도 있지만, 반드시 그럴 필요는 없다. 모든 합리적 행동들이 이기적인 것은 아니다. 그러나 행위주체들이 이기적 동기를 가지고 있다는 가정은 방법론적 특권을 지니고 있다. 그 이유는 다음과 같다. 비이기적 행위, 예컨대 이타주의 같은 것이 가능하기 위해서 일부 행위주체는 반드시 이기적 동기를 가지고 있어야 한다. 그러나 그 반대는 성립하지 않는다. 비이기적 행위는 논리적으로 볼 때 이기성에 더부살이한다. 소유의 이기적 쾌락이 없다면 주는 것의 쾌락이 있을 수 없기 때문이다. 또한 내가 당신의 복지를 염려하고 있다고 하더라도, 당신이 이러한 사실을 아는 것만으로 당신의 복지가 달성되지는 않는다. (그와 유사한 더부살이 관계는 정치운동에 대한 참여에서 생기는 2차 이익과, 그 운동의 목표를 구성하는 1차 이익 사이에도 성립한다.[14] 6. 2. 3에서 이 두 가지 문제를 모두 살펴볼 것이다.)

선택은 일정한 제약 속에서 이루어진다. 즉 행위주체는 복합적인 제약요인들에 의해 결정되는 실현 가능한 집합 중에서 선택을 하게 된다. 표준적인 설명에 따르면, 선택을 좌우하는 선호와 실현 가능한 집합을 규정하는 제약요인들은 독립적으로 주어진다. 그러나 보통 그 두 가지는 서로 연결되어 있다. 율리시즈와 사이렌의 이야기[15]에서처럼, 실현 가능한 집합이 행위주체의 선호에 따라 의도적으로 형성될 수도 있다. 반대로, 여우와 신 포도의 우화[16]에서처럼, 실현 가능한 집합이 선호에 영향을 미칠 수도 있다. 이 두 가지 특수한 현상 중에서 전자는 마르크스주의 문헌에서 별로 중요하지 않다. 마르크스는 인간이 (개인적으로든 집단

14) *Sour Grapes*, ch. II. 9 참조.

15) 졸저 *Ulysses and the Sirens*, ch. II 참조.

16) *Sour Grapes*, ch. III 참조.

적으로든) 자신을 구속하고, 미래의 선택을 미리 제한해야 할 유인을 가지고 있지는 않다고 생각했다. 2.2.6과 7.3.3에서 다시 이 문제를 간단하게 살펴볼 것이다. 반면에 후자, 즉 선호의 내생(內生) 문제는 매우 중요하다. 이 문제는 1.3.1에서 자세히 논의할 것이다.

이런 틀을 염두에 두면서, 마르크스주의자들이 합리적 선택 설명을 못마땅해 하는 이유 몇 가지를 정리해보기로 하자. 첫째, 제약요인들은 개인의 선호를 형성할 뿐만 아니라, 그것들의 연합 효과가 하나를 제외한 모든 대안들을 배제할 경우에는 선호라는 말 자체가 무의미해진다는 것이다. 예를 들면, 수입과 열량의 제약으로 인해 오직 하나의 소비집합[17] 밖에 없는 경우에 선호를 논하는 것은 불필요하다는 것이다.[18] 이러한 반론이 타당한 특수한 경우도 있을 것이다. 그러나 제약요인들이 실현 가능한 집합을 오직 하나의 대안으로 좁혀놓을 것이라고 생각해야 할 일반적인 이유는 없다. 특히 지배 계급이 국민들이 선택할 수 있는 실행 가능한 집합에 영향을 미쳐 국민들을 조종하려 한다고 주장할 경우, 이것은 곧 지배 계급 그 자체가 의도적 행동과 선택을 할 수 있는 일정한 범위를 가지고 있다는 뜻이 될 것이다. 또한 합리적인 지배 계급이라면, 실행 가능한 집합을 축소한다 하더라도, 국민이 선호한 대안이 지배 계급이 무제한적인 집합 중에서 선호한 대안이 되도록 만들 것이다. 둘째, 실행 가능한 집합 가운데 한 행동을 선택하는 것이 합리적 선택에 의해서가 아

---

17) 〔옮긴이주〕 '소비집합'(*consumption bundle*)이란 선호의 가지 수와 구매의 가지 수로 만든 상품묶음을 말한다.

18) 코헨은 이 문장에 수정이 필요하다고 지적해주었다. 세 개의 제약요인 A, B, C가 결합되어 실현 가능한 대안 x만을 허락한다고 하자. 행위주체는 A의 제약요인이 있는 것을 알지 못한 채, B와 C에 의해 규정된 좀더 넓은 실현 가능한 집합 속에서 x를 선호할 수도 있다. 이 경우에는 x의 선택이, 제약요인들에 의해 **필연적으로 결정된** 것이긴 하지만, 현실적으로 선호와 제약요인들의 결합에 의한 것으로 **설명된다**는 것이다.

니라 다른 어떤 메커니즘, 예를 들면 역할, 규범, 전통 등에 의해 이루어질 수도 있다는 것이다. 그러나 이 반론은 확실히 잘못 알고 있는 것이다. 전통은 선호를 대체하는 것이 아니라 선호에 영향을 미치는 방식으로 작용한다. 셋째, 선호에 의한 설명은 가장 밑바닥에 있는 설명이 될 수는 없다는 것이다. 오히려 선호의 형성 및 변화를 가져오는 인과 메커니즘을 고찰해야 한다. 이 문제는 1.3.1에서 다루기로 하자.

합리적 행동의 중요한 하위 형태는 전략적 행위이다. 이것은 다른 행위주체들의 선택을 추측 혹은 예측한 다음, 이를 고려한 상태에서 이루어지는 선택을 말한다. 합리적 선택 이론에 이러한 전략적 측면을 도입할 경우, 사회생활에 나타나는 상호의존성은 세 가지 형태로 나누어볼 수 있다. ① 각자의 보상은 선망·이타주의·연대 등에 의해 모든 사람의 보상에 의존한다.[19] ② 각자의 보상은, 일반적인 사회적 인과관계에 의해, 모든 사람의 선택에 의존한다. ③ 각자의 선택은, 전략적 추론에 의해, 모든 사람의 선택에 의존한다. 그렇다면 앞에서 말한 세 번째 반론은 다음과 같이 표현될 수 있다. 즉 합리적 선택 이론은 ④ 각자의 선호가 모든 사람의 행동에 의존한다는 사실을 고려할 수 없다는 것이다.[20]

---

19) 이것은 앞에서 말한 이기적 행위의 방법론적 우월성과 모순되는 것은 아니다. 보상의 상호의존은 필연적으로 계층적이다. 즉 다른 어떤 것에도 의존하지 않는 1차 보상이 반드시 있다. 선택의 상호의존도 계층적일 수 있다. 다른 사람들이 어떻게 행동할 것인가에 대한 예견을 하지 않은 채 결정을 내리는 행위주체들이 있을 경우 그러하다. 그러나 그것이 완전히 상호적일 수도 있다.

20) 만일 선호를, 주된 목표와 연합하여 산출된 행위의 결과(*outcome*)의 부분으로 개념화한다면, 이러한 반론을 피할 수 있을 것이다. 합리적 행위주체는, 개인적으로는 바람직한 일이라 하더라도, 집단적 부수효과로서 바람직하지 않은 선호변화를 초래할 수도 있는 그런 활동은 자제할 수도 있다. '죄수의 딜레마' 상황에서는, 이러한 자기통제를 달성하기 위해서는 어떤 형태의 이타주의가 필요할 것이다.

1.2.2. 마르크스 경제학에서의 목적적 설명

다음의 논의는 마르크스의 경제 이론에 관한 것인데, 제 3장에 중심적인 개념들에 대한 자세한 설명이 나와 있다. 여기에서는 그 이론의 행태적 가정과, 그리고 특히 합리적 선택이 하는 역할(이런 것이 있다면)에 대해서만 살펴보겠다. 마르크스는, 근대 신고전파 경제학자들처럼, 소비자와 생산자의 행위를 극대화라는 관점에서 설명했는가?

우선 소비자 행위, 특히 노동 계급의 소비행위부터 살펴보자. 《자본론 I》(*Capital I*)의 널리 알려진 구절에 따르면, 노동자의 소비는 오로지 자신의 노동력을 재생산해야 할 필요성에 의해 결정될 뿐, 선택의 여지가 없다.

> 노동력의 가치는, 다른 모든 상품의 경우와 마찬가지로, 생산에 필요한 노동시간에 의해 결정된다. 이 특수한 물품의 경우 생산은 곧 재생산을 의미한다. … 노동력의 소유자가 오늘 노동을 한 경우, 내일도 건강·체력 등과 관련하여 동일한 조건에서 동일한 과정을 반복할 수 있어야 한다. 그러므로 그의 생계수단은 그가 정상적인 상태의 노동하는 개인으로 존속할 수 있을 만큼이 되어야 한다. 식품, 의복, 연료, 주택과 같은 그의 자연적인 욕구는 그가 사는 나라의 기후조건이나 자연조건에 따라 달라진다. 다른 한편 그의 이른바 필수적 욕구의 수와 범위는, 그것의 충족양식들과 마찬가지로, 그 자체가 역사적 발전의 산물이며, 따라서 그 나라의 문명 수준에 크게 의존한다. 특히 자유로운 노동 계급이 형성된 조건, 따라서 습관과 안락의 정도에 달려 있다. 그러므로 다른 상품의 경우와는 달리 노동력의 가치를 결정할 때는 역사적·도덕적 요소가 개입된다. 그럼에도 불구하고 일정한 나라, 일정한 시기에 노동자에게 필요한 생계수단의 평균적인 양은 사실상 알려져 있다.[21]

---

21) *Capital I*, pp. 170~171.

1861~1863년의 《비판》(*Zur Kritik der politischen Ökonomie*)의 일부 구절은 생산과정에 대한 폰 노이만(von Neumann)의 견해를 제시한다. 즉 나라 전체의 투하노동은 단 하나의 소비집합의 배수로 계산할 수 있다는 것이다. "기계가 소비하는 석탄과 기름이 노동과정에 들어가듯이, 노동자를 노동자로서 유지하는 데 필요한 생계수단도 노동과정에 들어간다."[22] 그러나 이것은 노예경제 모형이지, 자본주의 경제 모형이 아니다.[23] 3. 2. 2에서 자세히 논의하겠지만, 마르크스는 노동자의 소비가 고정되어 있기를 바랄 만한 강력한 이론적 이유를 가지고 있었다. 그렇지 않으면 상품의 노동가치가 선호에 달린 것이 될 수도 있기 때문이다. 노동자에게 필요한 물건들이 설령 고정되어 있다 하더라도, 충족형태에서 선택의 여지가 전혀 없다고 말할 수는 없다. 최저 생계수준에서조차 필수적인 욕구는 다양한 방식으로 충족될 수 있다.[24] 그 필수적인 욕구가 이 수준을 넘어서 "역사적·도덕적 요소"까지 포함하게 되면 더욱 그러하다.

다른 곳에서 마르크스는 자본주의 아래에서 소비자 선택의 중요성을 충분히 인식하고 있다는 것을 보여준다. 그것은 《요강》의 다음 구절을 보면 알 수 있다.

> 〔노동자는〕 특별한 대상에 구속되어 있는 것도 아니요, 특정한 욕구충족 방식에 구속되어 있는 것도 아니다. 그의 소비영역은 질적으로는 제한되어 있지 않다. 오직 양적으로 제한되어 있을 뿐이다. 이것이 바로 그들이 노예나 농노 등과 다른 점이다. 소비는 확실히 생산 그 자체에 대해 반작용을 한다. 그러나 이 반작용은 노동자의 교환행위에는 영향을 미치지 않는다. 그 어떤

22) *Zur Kritik (1861~1863)*, p. 118.

23) Morishima, *Theory of Economic Growth*, pp. 96~97 참조.

24) Sen, *Poverty and Famines*, pp. 24ff. 또한 Seton and Morishima, "Aggregation in Leontief matrices and the labour theory of value", p. 206, note 8 참조.

> 상품의 판매자에게도 영향을 미치지 않는다. … 노동자의 소비영역은 상대적으로만 (즉 질적으로가 아니라 양적으로만, 혹은 양적인 것을 통해 나타나는 질적인 형태로만) 제한되어 있기 때문에 소비자로서의 그들의 중요성은 … 고대, 중세, 혹은 현재 아시아의 생산주체들과는 전적으로 다르다.[25]

여기에서 마르크스는 자유로운 소비자 선택의 집합적 경제 효과를 멋지게 파악하고 있다. 4.2 아래 인용된 다른 구절에서는 소비자로서의 노동자가 가진 선택의 자유는 그를 자율적인 존재, 책임 있는 존재로 변형시키는 경향이 있다고 주장하기도 한다. 이러한 견해는 《자본론》에서 노동력의 가치라는 개념이 전제하는 '고정된 소비계수' 가정과는 완전히 어긋나는 것이다. '고정된 소비계수'는 본질적으로 성립할 수 없는 가정임에도 불구하고, 그 후 대부분의 마르크스주의자들이 (약간의 예외는 있지만) 그대로 답습해왔다.[26] 경우에 따라서는 단순화가 유용할 수도 있다는 것을 부정할 생각은 없다. 그러나 그 정도에서 그쳐야지, 그것이 방법론적으로 우월하기 때문에 그렇게 한다고 주장해서는 안 된다. 그렇지 않기 때문이다.

다음으로, 생산자 행위를 살펴보자. 자본주의적 생산의 동력으로서 이윤의 개념은 마르크스주의에서 중심적인 위치를 차지하지만, 이윤극대화의 행태적 가정은 찾아보기 어렵다. 그러나 그런 가정이 있을 때에만 많은 분석들이 의미를 지닐 수 있다. 특히 마르크스는 자본이 저이윤 부문에서 고이윤 부문으로 이동함으로써 경제 전반의 이윤율이 성립한다고 주장하였다.[27] 또한 기술의 선택은 (흔히 아는 것과는 달리 마르크스는

---

25) *Grundrisse*, p. 283, 또한 p. 464 참조.

26) 예외는 Johansen, "The labour theory of value and marginal utilities"와 Roemer, *Analytical Foundations* (제 7장 및 제 8장) 이다.

27) 로머는 이렇게 지적해주었다. 즉 엄격하게 증명할 수 있는 것은 동등 이윤율 균형의 존재뿐이라는 것이다(그의 《분석적 기초》 제 3장 참조). 이것은 본문

이것을 부정하지 않았다) 이윤을 극대화하려는 고려에 의해 좌우되어야 한다. 한 걸음 더 나아가, 기술변혁 과정도 유사한 방식으로 진행될 수 있다. 이것은 다른 사람들보다 더 나은 형태로 기술을 변혁하려는 합리적인 선호를 가져온다(3. 3. 2). 자본주의 기업가들은 진정한 의미에서 능동적인 **행위주체들**이다. 그들은 결코 자본주의 생산체제에서 자리만 차지하는 사람들이 아니다.

이러한 견해는 마르크스에 대한 널리 퍼진 해석과는 상반된다. 일반적인 해석에 따르면, 마르크스는 경제학에서 의도적 설명을 그다지 중요하게 여기지 않았는데, 이것은 그의 이론의 기본단위가 개개인이 아니라 "출연자"(*character masks*)[28] 이기 때문이라는 것이다. 특히 자본가는 자본주의적 과정의 "의식적 조연"(助演) 일 뿐이며,[29] 그것을 규제하는 법칙들을 제정할 뿐이다. 자본가의 소비조차도 "자본의 재생산비용"[30] 으로 여겨질 수 있다. 이러한 견해는 노동자가 능동적인 인간, 예컨대 더 큰 소비집합을 위해 투쟁하는 인간이 아니라 그의 소비집합의 수동적 구현자일 뿐이라는 견해와 잘 맞아떨어진다. 이러한 논의로부터 종종 다음과 같은 결론이 나온다. 즉 자본가는 그의 행동을 '선택'하는 것이 아니라 경쟁적인 시장에서 생존의 필요에 의해 '강제'된다는 것이다.[31] 나는 문

의 역동적인 주장보다는 약한 진술이다. 그러나 마르크스는 확실히, 자본이 저이윤 부문에서 고이윤 부문으로 이동함으로써 그러한 균형이 성립한다고 믿었다. 현재의 방법론적 목적을 위해서는 그의 입장을 강한 진술로 나타내든 약한 진술로 나타내든 별 차이가 없다.

28) "경제 무대에 등장하는 출연자들(*die ökonomischen Charaktermasken der Personen*)은 그들 사이에 존재하는 경제적 관계들이 인격화된 것일 뿐이다." (*Capital I*, p. 85)

29) *Capital I*, p. 152; *Zur Kritik (1861~1863)*, p. 16.

30) *Capital I*, p. 594.

31) 이러한 견해는, 예를 들면, Shaikh, "Political economy and capitalism" 참조. Steedman, "A note on the 'choice of technique' under capitalism"은

제를 이런 식으로 보는 것은 잘못된 것이라고 생각한다. '선택'이란 말은 여러 가지 대안들을 비교하고 그중 최선의 것을 고르는 것을 의미한다. 하나를 제외한 모든 대안들이 받아들일 수 없는 것일 때, 선택은 강요된 것이라고 할 수 있다(4.2.3). 그러나 그것도 다름 아닌 선택이다. 의미 있는 구별은 강요된 선택과 강요되지 않은 선택을 구별하는 것이다. 예를 들면, 최적화하도록 강요되는 것과 강요되지 않는 것은 다르다. 이러한 구별은, 예컨대 베버가 제안한 것처럼,[32] 자본주의적 발전의 서로 다른 단계들에 놓인 자본가들을 구별하는 데 유용하게 쓰일 수도 있다.

이 논쟁에서 한 걸음 더 나아가보자. '만족화'(*satisficing*)[33] 학파에 따르면, 선택과 필요성 사이에는 대립이 없을 뿐만 아니라, 선택은 필요성 때문에 생긴다.[34] 정상적인 상황에서 기업들은 어떤 의미로 보나 도저히 선택이라고는 말할 수 없는 길을 따라간다. 현재 가는 길이 임계 수준 이하로 이윤의 하락을 가져올 때, 오직 그때에 이르러서야 능동적으로 대안을 모색하고, 그 대안을 현상(*status quo*)과 비교하는 활동을 하게 된다. 필요는 발명의 어머니이며, 좀더 일반적으로는 모든 능동적인 모색과 선택 행위의 어머니이다. 이것은 생산자 행위에 대한 합리적 선택 모형으로부터의 근본적인 결별이다. 만족화 학파는 '최적'(*optimal*) 행위를

이를 효과적으로 반박한다.

32) Weber, *The Protestant Ethic*, p. 181.

33) 〔옮긴이주〕 '만족화'(*satisficing*)라는 말은 '만족시키다'(*satisfying*)와 '충분하다'(*sufficing*)를 합한 말로서 사이먼(Herbert Simon)이 이 용어를 사용한 이래 행동경제학 분야에서 '최선은 아니지만 만족할 만한 해결책을 얻는 과정'이라는 뜻으로 사용된다. 이러한 결정과정은 '최적화'는 아니지만, 결정을 내린 그 시점에서는 시간과 정보의 제약 속에서 내린 최선이라 할 수 있다는 것이다. 예를 들면, 제한된 합리성 때문에 모든 물건을 비교, 분석한 후에 사는 것보다 적당한 물건을 바로 사는 것이 오히려 합리적이라는 것이다.

34) 이하의 논의는 Nelson and Winter, *An Evolutionary Theory of Economic Change and my Explaining Technical Change*, 제3장 및 제6장 참조.

'만족할 만한'(*good enough*) 행위로 대체함으로써 기업들이 최적과는 거리가 먼 운영을 할 수도 있다는 것을 보여준다. 내 생각으로는 이것은 기업에 대한 표준적인 신고전파 이론보다 훨씬 매력적이고 현실적인 견해이다. 다만 만족화 이론가들은 왜 기업들이 각자의 열망수준을 가지고 있는가에 대한 이론은 제공하지 않으므로 임시방편에 그치는 흠을 가지고 있다. 이와 같이 필요성을 선택의 전제조건으로 생각하는 만족화 접근법은 확실히 합리적 선택 모형에 대한 매우 재미있는 대안이다. 선택을 필요성으로 대체하는 구조주의적 이론들보다는 훨씬 낫다.

특히 만족화 모형은 기술변혁을 설명하는 문제를 다룰 때 매우 매력적이다. 변혁의 가능성과 경제성을 사전에 평가하기는 매우 어렵기 때문에, 기업의 변혁이 이윤에 의해 유도된다기보다는 역경에 의해 촉진된다는 주장은 설득력이 있다. 마르크스가 이와 비슷한 견해를 제안한 것으로 보이는 구절 하나를 살펴보자.

> 어느 누구도 천재들이 너무 많다고 감히 비난할 수 없는 영국 의회가 경험적으로 도달한 결론은, 간단한 법규 하나만 제정하면 그 과정의 본질에 의해 생겨난 이른바 모든 장애물들 — 노동일의 제한과 규제에 대한 — 을 충분히 제거할 수 있다는 것이었다. 그리하여 주어진 산업에 공장법을 도입하면서, 6개월 내지 12개월 안에 그 법의 시행에 대한 기술적인 장애들을 모두 제거하도록 공장주에게 의무를 부과하였다. 미라보(Mirabeau)가 한 말, "불가능! 그런 어리석은 소리는 결코 하지 말라"는 말은 현대 과학기술에 특히 잘 적용되는 말이다.[35)]

이 한 구절만으로 마르크스가 기술변혁에 대한 만족화 이론의 선구자라고 할 수는 없다. 그러나 3. 3. 2 이하에서 논의하겠지만, 같은 취지의 주

---

35) *Capital I*, p. 477.

장이 다른 곳에도 많이 있다. 기술변혁은 마르크스 자본주의론의 핵심에 있기 때문에 그 원천이 기업가의 축적 욕구에서, 즉 내부에서 생기는 것인지, 아니면 국가나 완고한 노동자들의 압력에 의해, 즉 외부에서 오는 것인지는 매우 중요한 문제에 속한다.

마르크스 경제 이론에서 게임 이론적 추론에 관해 한마디만 더 부언하겠다. 전략적 상호작용은 한 계급 내부에서나 계급들 사이에서나 경제적 생활에 있어 매우 중요하지만, 마르크스는 이에 대해 이렇다 할 설명을 하지 않는다. 나중에 그의 일부 이론들을 게임 이론의 틀을 사용하여 설명하겠지만, 그의 저작에서 발견되는 것을 넘어선 논의를 주로 하게 될 것이다. 사실상 유능한 사회이론가들 누구에게서나 찾아볼 수 있듯이, 마르크스의 저작에서도 '죄수의 딜레마'로 알려진 상호작용 구조가 곳곳에 나타난다. 특히 이것은 한 사회 내에서 경제적으로 지배적인 계급 구성원들 사이의 관계를 분석할 때 나타난다. 전체로서의 계급은 구성원 개개인의 것과는 일치하지 않는 이익을 가지고 있을 수도 있다. 그러나 이 주제에 관한 마르크스의 언급은 일관성도 없고 체계적이지도 않다. 이 점에서는 홉스, 루소, 토크빌보다 나을 게 없다.[36] 게다가 그는 상호작용 문제와 관련하여 변동합(*variable-sum*)과 일정합(*constant-sum*) 간의 중요한 구별을 하지 못하고, 종종 이 둘을 혼동한다. 《자본론 III》(*Capital III*)의 다음 구절을 보자.

> 일이 잘되어가는 한, 경쟁은 자본가 계급의 우애를 과시한다. 일반 이윤율 균등화의 경우에서 본 바와 같이, 각자는 자신의 투자분에 비례하는 전리품을 가져간다. 그러나 이익을 나누는 문제가 아니라 손실을 나누어야 하는 문

36) 홉스에 대해서는 Taylor, *Anarchy and Cooperation* 참조. 루소에 대해서는 Runciman and Sen, "Games, justice and the general will" 참조. 토크빌의 경우에는 Tocqueville, *Democracy in America*, p. 627 주 참조.

제가 발생하는 순간, 모두가 자신의 손실을 극소화하고 다른 사람에게 떠넘기려 안간힘을 쓴다. 계급으로서의 자본가 계급은 필연적으로 사라진다. 개별 자본가가 얼마만큼의 손실을 견뎌야 하는가, 즉 어느 정도의 손실을 감당해야 하는가 하는 것은 그 자본가의 힘과 교활함에 의해 결정되고, 그들 사이의 경쟁은 적대적인 국경에서 벌어지는 전투가 된다. 개별 자본가의 이익과 전체 자본가 계급의 이익 간의 갈등이 표면화되는 것이다. 이전에 이들 이익의 동일성이 경쟁을 통해 현실적인 효과를 나타낸 것과 마찬가지로.[37]

마지막 문장에서 말한 경쟁은 호황기든 불황기든 변동합 게임임에 틀림없다. 그러나 그 앞의 분석은 일정합 게임에 대한 논의라고 생각할 수밖에 없다.

1.2.3. 정치적 행위의 의도적 설명

마르크스의 정치적 저작들은 시사적이고, 때로는 예리하다. 방법론적으로는 의도적 설명양식과 기능적 설명양식이 뒤섞여 있어서 모호하긴 하지만. 네 가지 문제를 간략히 살펴보겠다. 집합행위의 논리, 연합형성 이론, 국가의 행위에 대한 설명, 국제정치 이론 등이다. 마지막 주제를 제외한 나머지 세 가지는 나중에 자세히 논의할 것이다.

집합행위는 한 집단(예를 들면 한 계급)이 집단적 이익을 증진하기 위해 연합하여 행동할 수 있을 때(이로써 무임승차 문제(6. 2. 1)는 극복된다) 발생한다. 일반적으로 집합행위에 대한 설명은 그 행위에 대한 미시적 기초가 있어야 만족스러운 것이 될 수 있다. 다시 말해 그 행동에 가담하는 개개인의 동기를 이루는 욕망과 신념의 관점에서 설명해야 한다(1. 1). 마르크스에게서 이 문제에 관한 언급은 거의 찾아볼 수 없다. 이 문제에

37) *Capital III*, p. 253.

관한 주장을 재구성하는 길은 세 가지가 있어 보인다. 첫째, 가장 인색한 설명은 가담자들이 합리적이고 이기적인 동기만 가지고 있다고 보는 것이다. 둘째, 이기심의 가정을 약간 완화하여, 이타심과 공심(公心)을 동기로서 인정하는 것이다. 셋째, 최후의 시도로, 집합행위에 가담하게 되면 행위주체들이 비합리적으로 행동한다고 가정해보는 것이다. 카르텔이나 노동조합의 형성을 반드시 이 세 가지 가정으로 설명해야 할 이유는 없다. 그러나 초점은 반드시 집단이 아니라 개인에게 두어야 한다. 집단에게 객관적인 이익은 있어도 목표는 없기 때문이다. 객관적인 이익은 개별 구성원들의 이익과 일치하는 정도만큼, 일치하도록 만들어진 정도만큼 실현된다. 이 문제에 대한 자세한 논의는 6. 2. 3에 있다. 그러나 명확한 결론을 내려놓은 것은 아니다.

일단 집합행위자들이 형성되고 어느 정도의 안정성을 달성하고 나면, 그들이 사회적·정치적 영역에서 상호 간에 어떤 방식으로 대립하는지에 주목할 수 있다.[38] 마르크스는 언제나 계급투쟁에는 세 계급 이상이 관련되어 있다고 보기 때문에, 계급연합의 문제부터 살펴보기로 하자. 영국 정치에 관한 저작에서, 마르크스는 삼자 사이의 연합형성을 규제하는 여러 가지 원칙들을 소개한다. 예를 들면, '어부지리'(*tertius gaudens*), '분할 통치'(*divide et impera*), '적의 적은 동지', 차악(次惡)의 원칙 등이 그것인데, 하나같이 모호하고 합리적 선택 설명과 기능적 설명이 뒤섞여 있다. 프랑스 정치에서의 동맹형성에 관한 설명도 마찬가지다. 레이몽 아롱도 이 문제에 관해 주목한 바 있다.[39] 《무월 18일》(*The Eighteenth*

38) 그러한 대립이 또한 계급의식의 결정인자라는 것을 부정하는 것은 아니다. 그러나 계급의식의 형성과 계급투쟁의 과정은, 비록 **공동보조로** 일어나는 일이 흔하다고 하더라도, 분석적으로는 구별되어야 한다. 전자는 계급 내부의 현상인 반면, 후자는 계급 사이에 일어나는 현상이다.

39) Aron, *Les Etapes de la Pensée Sociologique*, p. 290.

Brumaire of Louis Napoleon)에서 마르크스는 왕당파인 정통파와 오를레앙파가 의회공화국에 대해 의견일치를 보고 연합한 이유를 묻고, 두 가지 대답을 제시한다. 하나는 경제적 이익의 관점에서 설명한 것인데, 기능적 설명에 크게 의존한다. 또 하나는 순전히 정치적 수준에서 작동한다. 각 분파의 입장에서 공화체제가 상대방이 선호한 특정 군주제보다는 더 나은 해결책이었다는 것이다.[40] 다른 많은 문제들과는 달리, 두 왕당파는 그 어느 쪽도 상대방의 제안을 선택하지 않는 것 이외의 다른 타협은 없었다. 이것은 충분히 만족스러운 합리적 선택 설명이지만, 마르크스는 이 설명만으로는 부족하다고 생각하여 객관적인 계급이익의 관점에서 좀더 '근본적인' 설명을 시도한 것이다.

이와 유사한 모호한 태도는, 19세기 중반 유럽 국가들이 추진한 정책들에 대한 마르크스의 설명에서도 나타난다. 한편으로는 직접적으로 의도적 설명을 제공한다. 국가의 행위는 지배집단의 이익에서 파생되고, 자본가 계급의 이익이 이를 속박한다. 다른 한편으로는 그의 기본 이론에 따라, 자본주의 사회의 국가는 자본주의 국가이어야 하고, 모든 것은 궁극적으로 자본가 계급의 이익으로 귀결된다고 주장하였다. 좀더 구체적으로, 자본가들이 정치적 권력을 추구하지 않았다는 사실은 다른 계급이 정치권력을 행사할 경우 그들이 얻는 이익에 의해 설명될 수 있다고 했는데, 이것은 순전히 기능적인 해설이다. 그렇게 될 수밖에 없는 메커니즘을 제시하지 않는 한, 이런 설명은 받아들이기 어렵다. 그의 정치사회학은 7. 1에서 살펴보겠는데, 요점은 다음과 같다. 즉 마르크스는 정부를 실질적으로 책임지고 있던 귀족적 · 봉건적 · 관료 집단의 이익이라는 관점에서 국가의 행위를 설명하면서 국가의 행동에 상당한 자율성을 부여했다는 것, 나아가 이러한 자율성을 자본가의 양보 형태로 설명하려

---

40) *The Eighteenth Brumaire*, p. 166.

했으나 별로 성공적이지 못했다는 것이다.

신문이나 잡지에 쓴 글에서 마르크스는 국제정치 연구에 엄청난 노력을 기울였다. 하지만 나는 그 글들을 중요하게 다루지는 않겠다. 대부분 이론적인 관심을 결여하고 있기 때문이다.[41] 방법론에 관해서만 몇 가지 논평을 하겠다. 그 주제를 연구하는 학도들과 마찬가지로, 마르크스는 행위자가 공식적으로 공언한 동기의 관점에서 설명하는 데 그치지 않고 두 가지 방식으로 설명을 확대했다. 첫째, 그는 종종 그 행위가 기여하게 된 역사적 목표의 관점에서 정치적 행위를 설명했다. 예를 들면 터키에 대한 러시아의 태도를 설명하면서, 러시아가 "무의식중에 현대의 숙명인 혁명의 마지못한 노예일 뿐"[42]이라고 말했다. 마찬가지로 영국의 인도 지배도 아시아에서 근본적인 혁명을 야기할 "역사의 무의식적 도구"[43]였다는 것이다. 이 구절들은 2.4.2에서 전문을 인용하고, 자세히 논의할 것이다. 이런 설명은 그 의도와 목적을 가진 구체적인 행위자가 누구인지 알 수 없는 기능적 설명이다. '역사'라는 허공에 떠 있는 행위자가 있을 뿐이다. 다음으로 그의 저작에는 음모론적 설명을 추구하는 경향이 뚜렷하다. 즉 겉으로 드러난 의도 외에 숨은 의도가 있다는 것이다. 이런 설명방식은 경우에 따라 과장된 견해를 가져온다. 예를 들면 파머스턴 경(Lord Palmerston)은 영국 외무장관으로 재직하는 동안 "러시아의 가신"이었다는 식이다.[44] 겉으로 드러난 것에 만족하지 않는 이런 태도는 어떤 경우에는 매우 가치 있는 통찰력으로 이어지기도 한다. 예컨대 그는 혁명과 전쟁의 문제에 대해 엥겔스에게 이렇게 설명한다. "중요한 문

---

41) 자세한 논의는 Molnar, *Marx, Engels et la Politique Internationale and Papalannou, De Marx et du Marxisme*, V. ii 참조.

42) *New York Daily Tribune*, 1853. 6. 9.

43) *Ibid.*, 1853. 6. 25.

44) *Herr Vogt*, p. 136. 또한 *New York Daily Tribune*, 1854. 4. 17.

제는 두려워하는 모습을 누가 가장 잘 감출 수 있는가 하는 것입니다."[45] 여기에서 지적할 수 있는 것은, 어떤 경우에는 기능적 설명과 음모론적 설명을 구분하기가 종종 어렵다는 것이다. 왜냐하면 둘 다 공언된 의도를 넘어선 다른 어떤 목적이 있다고 주장하는데, 그에 대한 증거로 제시하는 것이 설명하고자 하는 행동에 의해 발생하는 이익뿐이기 때문이다.

1.3. 인과분석의 두 종류

앞에서 말한 세 층위의 설명에는 두 종류의 인과분석이 포함되어 있다. 첫째, 선호를 비롯하여 신념, 정서 등의 정신적 상태에 대한 인과설명이 있다. 이것을 준의도적(*sub-intentional*) 인과설명이라고 부르겠다. 다음으로, 다수의 개인적 행동의 결과로서 나타나는 집합적 사회현상에 대한 인과설명이 있다. 이것은 초의도적(*supra-intentional*) 인과설명이라고 부르겠다. 이 두 인과 메커니즘은 말하자면 행위자의 '배후에서' 작용하는 것이라 할 수 있다. 마르크스는 '배후'라는 표현을 초의도적 인과 — 우리의 노력을 좌절시키고, 우리의 목표를 전복시키는, 의도하지 않은 결과를 산출하는 인과 — 를 지칭하는 말로만 사용한다.[46] 하지만 그 표현은 행위자도 모르는 사이에 그의 신념과 욕망을 형성하는 심리적 인과를 나타내는 말로 사용해도 손색이 없다. 마르크스는 초의도적 인과에 대해 연구한 것으로 널리 알려져 있지만, 나는 그가 선호형성, 그리고 특히 신념형성의 연구에 있어서도 선구자였다고 생각한다. 이러한 주장을

45) Marx to Engels 1853.6.2. 이 메커니즘에 대한 자세한 분석은 Schelling, *The Strategy of Conflict* 참조.

46) 예를 들면 *Grundrisse*, pp. 225, 244; *Capital I*, p. 44; *Capital III*, p. 168 참조.

하는 것이 이 책의 목적 중 하나이다.

1.3.1. 준의도적 인과

행위자의 신념과 욕망은 내부의 심리 메커니즘에 의해 매개된 외부 환경의 힘에 의해 발생한다. 인지심리학에서는 심리 메커니즘을 '온(溫) 메커니즘'과 '냉(冷) 메커니즘'의 두 종류로 구분한다.[47] 온 메커니즘에는 동기형성 과정이 포함되는데, 예를 들면 희망적 사고(*wishful thinking*), 인지부조화(*cognitive dissonance*)의 축소 등과 같은 것이다. 냉 메커니즘은 동기와는 관계없는 순수한 인지과정 및 선입관에 기초한다.[48] 이 개념들을 마르크스주의에 적용하면 이렇게 될 것이다. 첫째, 외부 환경은 사회경제적 용어로 기술할 수 있을 것이다. 이로써 유사한 심리 메커니즘을 가진 사람들이라 하더라도 각자가 처한 상황에 따라 전혀 다른 신념과 선호를 갖게 된다는 사실을 보여줄 수 있다. 둘째, 선입관과 왜곡된 심리상태 그 자체가 어떤 계급 구성원으로서의 지위와 관계있다는 것을 보여줄 수 있다. 마르크스라면 틀림없이 탈계급 사회(*post-class society*)에서는 그런 왜곡은 더 이상 발견되지 않을 것이라고 말했을 것이다. 그러나 그의 저작에는 서로 다른 계급에 속한 구성원들이 서로 다른 종류의

---

47) 이 두 종류의 과정은 페스팅거(Festinger), 트베르스키(Tversky)와 각각 관련이 있는데, 자세한 논의는 졸저 *Sour Grapes* 제4장 및 제8장 이하 참조.

48) 〔옮긴이주〕 '인지'(*cognition*)란 자극을 받아들이고, 저장하고, 인출하는 일련의 정신과정을 말한다. 인지심리학은 전통적으로 지각, 기억, 상상, 개념, 판단, 추리과정 등을 연구 대상으로 삼아왔는데, 최근에는 동기와 정서, 지능, 창의성, 자아, 의식과 무의식에까지 연구 대상이 확장되고 있다. 이에 따라 전통적인 의미에서의 인지과정을 'cold cognition'(냉 인지), 정서가 포함된 인지과정을 'hot cognition'(온 인지)이라고 부른다. 이 두 용어에 대한 학계의 관용어는 아직 없는 것으로 보인다.

선입관, 혹은 서로 다른 빈도의 선입관을 가지고 있다는 것을 암시하는 내용은 전혀 없다. 그러므로 다음에서, 그리고 뒷장에서 첫 번째 문제, 즉 심리 메커니즘이 동일하게 작용한다는 가정 아래, 개인의 신념과 욕망을 계급적 지위와 계급이익의 관점에서 어떻게 설명할 수 있을까 하는 문제를 논의할 것이다.

먼저 신념에 대한 설명부터 살펴보자. 이 문제는 나중에 물신숭배를 논의하면서(2. 3. 2), 경제생활에서 본질과 현상을 명확히 구분하기 위한 시도에서(3. 1. 2), 그리고 이데올로기에 대한 논의에서(제 8장) 자세히 살펴볼 것이다. 그러므로 여기에서는 간단하게 언급하기로 한다. 신념 형성 이론에 대한 마르크스의 가장 독창적인 기여는 내 생각으로는 이런 것이다. 즉 경제 행위의 주체들은 부분적으로만 타당한 견해를 전체적으로도 타당한 것처럼 일반화하는 경향이 있다는 것이다. 이러한 경향은 동일 조건이라 하더라도 동일한 인과관계가 무한정으로 작동하는 것은 아니라는 사실을 인식하지 못하기 때문에 생긴다. 예를 들면, 노동자는 **누구든** 최저 생계수준의 노동자로 간주될 수 있지만, **모든** 노동자가 최저 생계수준에 있을 수는 없다. 이것은 인식적 실패를 가져오는 국지·전역 오류이다. 이것은 행동의 실패를 초래하는 국지·전역 혼동과 관계는 있지만 서로 다른 것이다(1. 5. 3.). 이것이 아마도 마르크스주의 방법론의 가장 강력한 부분일 것이다. 즉 마르크스는 분권화된 경제에서는 자동적으로 합성의 오류[49]가 발생하며, 그 결과 이론과 실천에서 오류가 발생한다는 것을 보여주었다.

이러한 환상과 기타 자연적으로 발생하는 환상들은 신념형성의 냉 메커니즘의 결과이다. 물론 마르크스는 온 메커니즘에 의한 신념형성도 주

49) 〔옮긴이주〕 '합성의 오류'(*fallacy of composition*)는 어떤 집합에 속하는 개개의 원소들이 제각기 어떤 성질을 가지고 있기 때문에, 그 집합이 (집합적으로도) 그 성질을 가지고 있다고 결론 내리는 오류를 말한다.

장했고, 아마 이것이 더 잘 알려져 있을 것이다. 예를 들면, 마르크스는 어떤 계급의 구성원이든지 자기기만 혹은 희망적 사고에 사로잡혀, 자신들의 특수한 이익을 사회 전체의 이익이라고 주장하는 경향이 있다고 보았다. 또한 종교를 "피억압 인민의 한숨",[50] 즉 부조화 축소의 형태로 본 그의 종교 이론을 생각해보라. 제8장 이하에서 다시 논의하겠지만, 여기에는 신념에 관한 두 가지 설명이 뒤섞여 있다. 하나는 이익의 관점, 즉 믿는 자의 이익에 의해 형성된 것으로 설명하는 것이고, 또 하나는 다른 어떤 이익에 봉사하는 것으로 설명하는 것이다. 앞의 것은 인과적 설명이지만, 뒤의 것은 기능적 성격이 짙은 의심스러운 설명이다.

이제 욕망과 선호에 관한 설명을 생각해보자. 사람들의 선호가 겉으로는 달라보여도 사실상은 서로 같고, 시간이 지나도 변하지 않는다고 주장하는 경제학자들이 더러 있다.[51] 행위의 차이는 전적으로 기회의 차이로 설명해야 하고, 선호 그 자체는 추측건대 생물학적 진화의 산물로 설명할 수 있다는 것이 이들의 주장이다. 이러한 접근은 확실히 '유물론적' 접근으로 보일 수는 있지만, 마르크스주의 욕구 이론(2. 2. 3)과 맞지도 않고, 그 자체로도 성립하기 어려운 이론이다. 그러나 기회가 행위를 설명하는 데 중심적인 개념이 되어야 한다는 생각에는 일리가 있다. 왜냐하면 무엇이 가능한가 하는 것이 선호 그 자체의 형성에 큰 영향을 미치기 때문이다. 이런 일은 여러 가지 방식으로 일어날 수 있겠는데, 그중 한 가지는 우리의 논의와 관련하여 특히 중요하다. 계급 사회에서 선호는 흔히 피착취 계급이 자신들의 운명을 받아들이도록 형성된다. 불가피

---

50) "Contribution to the Critique of Hegel's Philosophy of Law. Introduction", p. 175.

51) Kolm, *Justice et Equité*, p. 79; Stigler and Becker, "De gustibus non est disputandum"; Harsanyi, "Cardinal welfare, individualistic ethics and interpersonal comparisons of utility".

해서 그럴 수도 있고, 심지어는 그것이 더 나은 것이라고 생각해서 그럴 수도 있다. 이것은, "신 포도"처럼 부조화 축소의 메커니즘, 혹은 그 변종에 의해 발생한다.[52] 이러한 결과는 착취 계급에게 유리한 것이 확실하지만, 그들이 얻는 이익으로 그러한 선호를 설명할 수는 없다는 점에 유의해야 한다. 오히려 그것은 피착취 계급과 피지배 계급이 얻을 수 있는 이익으로 설명해야 한다. 조금이라도 마음의 평화를 가져다주기 때문이다. 폴 벤느는 이것이 고대 세계의 백성들 사이에서 선호 형성의 지배적 메커니즘이었다고 주장했는데, 이러한 주장은 설득력이 있다.[53] 마르크스는 어느 정도 이에 동의하면서도, 근대 세계는 다르다는 점을 강조한다.

> 부르주아 경제학에서, 그리고 그에 상응하는 생산의 시대에, 이러한 인간적 만족의 완전한 해결은 완전한 공허를 보여주고, 이러한 보편적인 대상화는 전면적인 소외를 보여주고, 모든 제한적 · 일면적 목표들은 인간적 목표 그 자체의 분해와 희생 아래 전적으로 외적인 목적이 등장했음을 보여준다. 이것이 바로 유치한 고대 세계가 한편으로 더 고상해 보이는 이유이다. 다른 한편으로, 주어진 한계 안에서 자족적인 형태를 추구한 점에서 고대 세계는 실제로 더 고상하다. 그것은 제한된 관점에서의 만족이다. 그러나 근대에는 만족이 없다. 만족하는 것처럼 보이는 곳에는 상스런 것뿐이다.[54]

여기에서 강조되는 것은 내생적 선호형성이 불변적인 안정화 메커니즘은 아니라는 점이다. 대부분의 시기와 장소에서 빈자와 피착취 인민들은 그들이 처한 상황으로 인하여 아래로 내려다보기 때문에 반란은 생각하기 어렵지만, 중요한 예외들이 있다. 특히 산업자본주의 세계는 조급함과

---

52) 이 메커니즘에 대한 자세한 내용은 *Sour Grapes* 제 3장 참조.

53) Veyne, *Le Pain et le Cirque*, pp. 305ff, 706ff, *passim*.

54) *Grundrisse*, p. 488.

불만을 창출하여 마침내 스스로 붕괴하게 된다(2.2.5). 이 책 제2장에 인용되어 있는 《요강》의 일부 구절 외에, 《공산당 선언》(*The Communist Manifesto*)에서도 마르크스는 부르주아 계급이 "인구의 대부분을 농촌 생활의 우매함에서 건져냈다"[55]고 찬미한다.

이러한 주장 외에도, 마르크스와 후일의 마르크스주의자들은 피착취 계급의 선호와 욕망에 관해 특이한 설명을 한다. 즉 선호가 피착취자들에게 이익이 되기 때문이 아니라, 착취자들에게 가져다주는 이익 때문에 생긴다는 것이다. 피지배자들이 피지배 상태를 수락하거나 혹은 선호할 경우에는 그러한 태도가 지배자들에게 명백한 이익이 된다는 사실로 이것이 설명될 수 있다. 그러나 그 설명도 여기에서 그친다면 기능적 설명이 되고 만다(1.4). 그런 일이 생기는 메커니즘을 밝히는 데까지 나아가고자 하면, 용의주도한 조작과 세뇌에 의한 선호형성 이론에 도달하기 쉬운데, 이것은 의도적(혹은 음모론적) 설명이다.

다른 곳에서 그 이유를 밝히겠지만,[56] 나는 이런 종류의 설명이 성공할 수 있으리라고는 생각하지 않는다. 조작은 어렵고, 때로는 불필요하다. 마르크스가 이런 종류의 추론을 한다는 것은 아일랜드에 관한 논평을 보면 알 수 있다.

> 영국의 일반 노동자는 아일랜드 노동자를 자기들의 생활수준을 하락시키는 경쟁자로 생각하여 증오하고 있습니다. 아일랜드 노동자에 관한 한, 영국 노동자는 자기 자신이 지배국가의 구성원이라고 생각하며, 아일랜드와 대립하는, 그의 조국의 귀족주의자와 자본가들의 도구로서, 결국 자기 자신에 대한 지배를 강화시키고 있습니다. 그들은 아일랜드 노동자에 대해 종교적·사회적·민족적 편견을 가지고 있습니다. 아일랜드 노동자에 대한 그들의

55) *The Communist Manifesto*, p. 488.

56) *Sour Grapes*, chs. II. 5 및 III. 2.

태도는 이전에 미국의 노예주(奴隷州)[57] 였던 곳에서 '검둥이들'에 대한 '가난한 백인들'의 태도와 흡사합니다. 아일랜드 사람들은 자기 돈에 이자를 쳐서 그들에게 지불하고 있습니다. 아일랜드 사람들은 영국 노동자가 영국의 **아일랜드 지배**의 공범이자 어리석은 도구라고 생각합니다. 언론과 성직자들과 잡지들, 요컨대 지배 계급의 수중에 있는 모든 수단들이 이 적대를 인위적으로 조장하고 강화합니다. **이 적대가 영국 노동 계급의 무기력의 비밀입니다.** 조직이 있어도 무기력한 이유가 바로 거기에 있습니다.[58]

이 구절은 무슨 말인지 알기 어렵다. 앞부분을 보면 영국 노동자들의 편견이 내생적으로 생긴 것이라고 강력하게 주장한다. 이것은 자본가들에 의한 노동자 지배와 아일랜드 사람들의 존재, 이 두 가지 조건이 주어지면 자연적·심리적 경향으로 일터에서 편견을 갖게 된다는 뜻이다. 피지배 상태에서 생기는 좌절 혹은 부조화는 자기 위가 아니라 아래에 사회의 주요 구분선을 긋는 정신적 작용에 의해 어느 정도 완화될 수 있다. 이런 일을 자본가 계급이 구태여 조작할 필요는 없다. 물론 그런 행동에 의해 편견이 강화될 수는 있겠지만. 그러나 뒷부분에 가서는 영국 노동자와 아일랜드 노동자 간의 갈등이 지배 계급에 의해 강화될 뿐만 아니라 "인위적으로 조장되고" 있다고 주장한다. 이 말은 지배 계급이 개입하지 않았으면 그런 일이 생기지 않았을 것이라는 뜻이다. 이와 같이 **어부지리**로부터 **분할통치**로 옮겨간 것은 내가 보기엔 결코 그럴듯한 설명이 될 수 없다. 지배 계급이 그러한 편견을 이용할 수는 있지만 만들어낼 수는 없다.[59]

---

57) 〔옮긴이주〕 노예제 아래의 미국에서 노예제를 인정했던 주를 말한다. 자유주(自由州)에서는 노예제를 인정하지 않았다. 연방정부에서 북부 및 서부를 중심으로 한 자유주들의 권력이 점점 커지자, 연방 차원에서 노예제가 폐지될 것을 두려워한 노예주들은 연방 탈퇴를 선언하였고, 이로써 남북전쟁이 발발하였다.

58) Marx to Meyer and Vogt 1870. 4. 9.

1.3.2. 초의도적 인과

다른 어떤 것보다도 근대 사회과학의 형성에 크게 기여한 일군의 개념들이 있다. 맨더빌(Mandeville)의 "개인의 악덕, 공공의 이익", 아담 스미스의 "보이지 않는 손", 헤겔의 "이성의 간지(奸智)", 머턴(Merton)의 "잠재기능" 등이 그것이다. 이들 개념의 공통적인 생각은, 개인들은 자기 자신의 목표를 위해 행동하지만, 이는 그들이 의도하지 않은 어떤 결과들도 가져온다는 것이다. 이러한 결과들은 비록 의도된 것은 아니라 할지라도 그런 일을 초래한 행위를 설명하는 설명요소가 될 수 있다는 견해에 대해서는 1.4에서 논의할 것이다. 여기에서는 인과 연쇄의 다른 부분, 즉 다수 개인들의 행동으로부터 집합적 결과가 나오는 과정에 대해서만 살펴보기로 하자.

일군의 행동과 그 행동들의 집합적 결과 사이에 성립할 수 있는 관계는 다음 중 하나이다. ① 행위자들이 알고 있는 결과가 산출된다. 각자는 다른 사람의 행위 및 관련된 목표와 수단 간의 관계에 대한 정확한 가정 아래 자신의 행동을 선택한다. ② 행위자는 의도한 결과를 산출하지만, 그 일은 의도한 방법으로 일어나는 것이 아니라 우연히 일어난다. 라퐁텐의 우화 《농부와 자식들》이 여기에 해당하는 패러다임이다. 그의 자식들은 너무 게을러서 밭일을 하려 하지 않았다. 아버지는 그들이 일을 하길 바랐기 때문에, 밭에 보물이 묻혀 있다고 말했다. 부자가 되고 싶은 욕심에 아들들은 땅을 파헤쳐보았지만 보물을 찾지는 못했다. 그러나 그 덕분에

---

59) 이것은 희생자들을 비난하는 것으로 보일 수도 있다. Veyne, *Le Pain et le Cirque*, p. 89의 지적처럼, 그들의 신념이 조작된 것이라고 설명한다 하더라도, 피지배자들에게 기분 좋은 일이 될 수는 없다. 어느 경우든 그 과정의 핵심에는 자본가의 지배가 있다는 사실을 기억해야 한다. 이것은 노예상태의 자발성에 관한 문제가 아니라 노예상태의 합리화에 관한 문제이다.

토지는 비옥해졌고, 그들이 계획한 방식대로는 아니었지만 결과적으로 부자가 되었다. ③ 행위자가 의도한 것과는 다른 결과가 일어난다. 이것은 다른 행위자의 행동에 대한 그릇된 가정에서 비롯될 수도 있고, 관련된 기술적 문제들을 오판하여 생길 수도 있다. 이후 논의에서는 기술적 문제들을 내다보지 못한 사소한 경우들은 무시하고, 다른 행위자의 행위에 대한 그릇된 가정이 상호 간에 존재한 경우만 논의하겠다. 또한 위에서 말한 ①의 경우도 무시하기로 하고, ②의 경우 간단한 예만 하나 제시하겠다. 《요강》에는 라퐁텐의 우화를 직접 적용할 수 있는 중요한 구절이 하나 있다.

> 근대 산업사회의 발전에 앞선 시기는 국가와 개인을 막론하고 돈에 대한 탐욕과 더불어 개막한다. 부의 원천의 진정한 개발은 말하자면 그들의 배후에서 일어난다. 이것이 부를 대표하는 것들에 대한 소유를 획득하는 수단이 된다. 스페인에서처럼 부가 유통과정에서 생기지 않고 물리적으로 발견되어야 하는 경우, 그 나라는 궁핍해진다. 스페인 사람들로부터 부를 얻기 위해 일해야 했던 나라들은 부의 원천들을 개발하고 실제로 부유해진다. 신대륙에서의 금의 탐색과 발견이 통화가치 개정의 역사에서 그토록 중요한 역할을 한 이유가 바로 여기에 있다. 즉 그로 인해 식민지 건설이 촉진되었으며, 마치 온실처럼 번성하게 되었다. 모든 나라에서 금 사냥은 금의 발견과 새로운 국가 형성을 가져온다. 초기에는 상품이 전파되고, 이것이 새로운 욕구를 낳고, 마침내 멀리 있는 대륙들을 유통, 즉 교환의 물질대사 속으로 끌어들이게 된다.[60]

이 구절은 방법론적으로만 흥미 있는 것이 아니다. 역사적 동시성에 대한 설명의 부담을 남기고 있다는 점에서 이 설명은 자본주의의 발전에 대

60) *Grundrisse*, p. 225.

한 표준적인 마르크스주의적 설명(5. 2. 2)과는 많이 다르다. 개인과 국가들이 근대 초기에 중상주의적 환상 — 마르크스가 연금술사의 환상에 비유한 — 에 사로잡히지 않았더라면, 결과적으로 그들에게 실질적인, 생산적인 부를 가져다준 노력의 동기를 갖지 못했을 것이다. 그러므로 중상주의 체제는 생산력의 발전에 적합한 것이었다고 말할 수 있겠지만, 오직 이 경우의 특별한 의미로만 그렇게 말할 수 있다.[61]

③의 경우, 의도하지 않은 결과 중에 그 결과를 야기한 행위자에게 유리한 것과 해로운 것 혹은 손해가 되는 것을 구별할 필요가 있다. 설명의 편의를 위해, 의도하지 않은 결과 중에 (의도한 것에 부가되어 일어난 결과라기보다는) 의도한 것 대신에 일어난 결과만 보면, 그와 같은 하위범주들은 다음과 같은 도식으로 나타낼 수 있다. 비슷한 처지에 놓인 다수의 행위주체 각자가 어떤 행위를 수행하면서, 그것이 자신의 소득 또는 효용을 수준 a_0에서 수준 a_1으로 상승시킬 것으로 믿는다고 하자. 또한 이러한 신념이 기술적으로 올바른 것이라서 각자가 만일 그 행위를 수행하는 유일한 행위자라면 누구라도 a_1을 얻게 된다고 가정하자. 여기에서 **보이지 않는 손**이 작용하면, 모든 사람이 그런 방식으로 행동한 집합적 결과는 그들 각자에게 $a_2 > a_1$의 이익을 가져다준다. 그런데 사르트르가 말한 '반종극성'(反終極性, *counterfinality*)이 작용하면, 각자 $a_3 < a_0$의 결과를 얻게 된다.[62] 마르크스는 이러한 두 가지 가능성을 잘 알고 있었다. 《요강》의 다음 구절은 그러한 구별을 분명하게 보여준다.

---

61) 이러한 비표준적 의미에 대한 논의로는 Cohen, *Karl Marx's Theory of History*, pp. 169ff 참조.

62) 반종극성을 $a_3 < a_1$로 정의하면 보이지 않는 손과 대칭적인 의미를 지닐 수 있을 텐데, 왜 그렇게 하지 않는가? 나는 이 개념을 사르트르에게서 빌려왔으며, 마르크스에 관한 논의에 적용하려고 한다. 두 사람 다 반대편의 방해에 관한 일반적인 개념이 아니라 집단적으로 자멸적인 행위의 악순환에 관심이 있었다.

> 이러한 상호의존은 교환의 부단한 필요성에, 전면적인 매개로서의 교환가치 속에 나타나 있다. 경제학자들은 이것을 이렇게 표현한다. "각자는 사익을, 오직 사익만을 추구한다. 그리고 이로써 모든 사람의 사익, 즉 일반이익에 기여한다. 그럴 의지가 있는 것도 아니요, 그것을 인식하는 것도 아니다." 그러나 중요한 것은 각 개인의 사익 추구가 사익 전체, 즉 일반이익을 증진시킨다는 점이 아니다. 이 추상적인 문구로부터 누구나 쉽게 알 수 있는 바, 각 개인의 이익추구는 서로 방해가 된다. 그러므로 이러한 만인 대 만인의 전쟁은 일반적 긍정이 아니라, 일반적 부정을 낳는다. 중요한 것은 사익 그 자체가 이미 사회적으로 결정되어 있는 이익이며, 사회가 규정한 조건 안에서만, 사회가 제공한 수단으로만 획득할 수 있다는 것이다. 그러므로 그것은 이러한 조건과 수단의 재생산에 구속되어 있다. 그것은 사적 개인들의 이익이기는 하지만, 그 내용은 그 실현의 형태와 수단과 마찬가지로 모든 사람으로부터 독립한 사회적 조건에 의해 주어진다.[63]

여기에서 마르크스가 사익의 형성(준의도적 인과)과 개인들의 사익추구가 낳은 의도하지 않은 결과들의 산출(초의도적 인과), 이 두 가지 주제를 함께 엮고 있다는 사실에 유의하라. 한쪽에는 그들의 목표와 욕망을 형성하는 심리적 인과가 있고, 다른 한쪽에는 그것들을 왜곡하고 좌절시키는 사회적 인과가 있다. 개인들은 말하자면 이 양자 사이에 사로잡혀 있다.

보이지 않는 손과 반종극성의 몇몇 특수한 예를 마르크스의 저작에서 살펴보기로 하자. 경제학자들이 말하는 긍정적 외부효과[64]에는 상대적

---

63) *Grundrisse*, p. 156.

64) 〔옮긴이주〕 '외부효과'(*externalities*)란 어떤 경제활동과 관련해 당사자가 아닌 다른 사람에게 의도하지 않은 혜택(편익)이나 손해(비용)를 발생시키는 것을 말한다. 편익을 유발하는 긍정적인 것을 외부경제(*external economy*), 비용을 발생시키는 부정적인 것을 외부불경제(*external diseconomy*)라고 하기도 한다. 이 개념이 엘스터가 말하고자 하는 '의도하지 않은 결과들'과 반드시 일치하지는 않지만, 외부효과 역시 '의도하지 않은' 결과라는 점에서는 '의도하지 않은 결과들'과 성격이 같다.

잉여가치 창출과 고정자본의 경제화가 포함된다. 전자와 관련하여 마르크스는 1861~1863년의 《비판》에서 이렇게 주장한다.

> 이러한 필요노동시간의 단축은 결과적으로 자본주의적 생산 일반에 이익을 가져다주고, 노동력의 생산비용을 전체적으로 감소시킨다. 왜냐하면, 우리가 가정한 바와 같이, 기계가 생산한 상품이 재생산에 투입되기 때문이다. 그러나 이것이 개별 자본가가 기계를 도입하는 이유는 아니다. 기계의 도입은 그에게 어떤 특별한 이익도 가져다주지 않는 일반적인 결과일 뿐이다.[65]

그 원고의 다른 곳과 나중에 쓴 《자본론 I》에서는 "노동자는 그가 생산하는 사용가치로 살아간다"고 가정하고,[66] 설명을 단순화한다. 그러나 위에 인용한 구절을 보면 마르크스가 두 가지를 구별하였다는 것을 알 수 있다. 하나는 자신의 이익추구 행동의 부산물로서 모든 자본가들이 얻는 초과이윤이요, 또 하나는 이익추구 행동의 동기가 되는 직접적인 보상이다. 이것은 생산에서의 외부경제에도 적용된다.

> 산업의 점진적인 발전에서 비롯되는 이러한 종류의 고정자본 절약은 다음과 같은 특징을 가지고 있다. 즉 한 산업부문에서의 이윤율의 상승은 다른 산업부문에서의 노동의 생산력 발전에 의존한다는 것이다. 이 경우에 자본가들이 얻게 되는 이익은 그가 직접 착취하는 노동자들의 산물이 아니라, 사회적 노동에 의해 생산된 이득이다.[67]

이러한 분석의 타당성은 개별 행위자가 받아들일 수 있는, 그런 행동의

---

65) *Zur Kritik (1861~1863)*, pp. 301~302.

66) *Ibid.*, p. 215 및 *Capital I*, p. 316. 뒤의 것은 훨씬 모호하고, 방법론적 개체론의 위반에 가깝다.

67) *Capital III*, pp. 81~82.

동기가 되는 어떤 보상의 존재에 달려 있다. 보상이 있을 경우, 설령 그러한 행동이 그가 속한 계급의 일반이익에 기여하지 못한다고 할지라도, 그러한 행동을 하게 될 것이다. 3. 3. 2 이하에서 노동절약적 기술변혁 이론에 들어 있는 어려운 문제 하나를 다룰 것이다. 그것은 집단적으로 이익이 되는 행동을 수행하게 하는 어떠한 사적 유인도 존재하지 않을 수 있다는 것이다. 이와 같은 미시적 기초가 없을 경우, 보이지 않는 손의 분석은 기능적 설명으로 빠져들게 된다.

마르크스에게는 반종극성(자본주의 경제양식의 부정적 외부효과)이 더 흥미로운 현상이었다. 그는 자본주의가 자연발생적인 위기를 체계적으로 악화시키는 경향이 있다고 믿었다. 왜냐하면 위기에 대한 기업가들의 대응행동이 개인적으로는 합리적이라 할지라도 집단적으로는 재난을 가져오기 때문이었다. 마르크스는 이러한 메커니즘을 이윤율이 경향적으로 하락하는 과정에서 찾았다. 이 이론은 3. 4. 2에서 자세히 논의한다. 여기에서는 마르크스에게서 발견할 수 있는, 동일한 일반적 구조를 가진 이론 하나만을 예시하겠다. 이것은 케인즈 경제학의 주요한 통찰력 가운데 하나를 예고하는 것이다. 조안 로빈슨의 말을 빌리면, 그것은 "자본주의의 본질적 역설"[68]이다. 그 역설이란 이런 것이다. 각 자본가는 자신이 고용한 노동자들에게는 저임금을 주고 싶어 한다. 그래야 고이윤이 창출되기 때문이다. 그러나 다른 자본가들이 고용한 노동자들에게는 고임금이 지급되기를 바란다. 그래야 그가 생산한 상품에 대한 수요가 높아지기 때문이다. 이 역설의 밑바탕에는 케인즈가 연구한 유효수요의 위기가 깔려 있다. 마르크스는 이러한 종류의 위기를 그다지 중요하게 여기지 않았지만, 경제체제에서 노동자의 두 가지 역할로 인해 발생하는

68) Robinson, *The Accumulation of Capital*, p. 78. 또한 Keynes, *A treatise on Money*, vol. V, pp. 143~145 참조.

모순에 대해서는 충분히 인식하고 있었다. "각 자본가에게, 자신이 고용한 노동자를 제외한 전체 노동자는 노동자가 아니라 소비자라는 것"[69] 이다. 게다가 그는 이것이 최소한 위기의 **잠재적 가능성**을 창출한다는 것을 알고 있었다.

> 다음과 같은 사실을 부정할 경제학자는 〔아무도 없을 것이다.〕 노동자가 **일반적으로**, 즉 **노동자 전체**가(개별 노동자가 하는 일이나 할 수 있는 일은 노동자 종(種)과는 별개의 것이므로, 법칙으로서가 아니라 예외로서 존재할 뿐이다. 왜냐하면 그것은 관계 그 자체의 성격에 내재한 것이 아니기 때문이다) 〔절약의 요구〕를 따라 그것이 하나의 **법칙**이 되도록 행동한다면, (소비 전체에 피해를 미치고 — 이 손실은 엄청날 것이다 —, 따라서 생산에, 따라서 또한 그들과 자본 사이에 이루어지는 교환의 양과 크기에, 따라서 노동자로서의 그들 자신에게 피해를 초래할 것이며) 노동자는 자신의 목적과 절대적으로 모순되는 수단을 선택하는 꼴이 되고 말 것이다. … 각 자본가는 그가 고용한 노동자들이, 오직 **그가 고용한 노동자들만**이 절약을 하기를 바란다. 왜냐하면 그들은 그에게 노동자이기 때문이다. 그러나 나머지 **노동자 세계**는 결코 그렇게 하기를 바라지 않는다. 왜냐하면 그들은 그에게 소비자이기 때문이다.[70]

1.5.3에서 노동자와 자본가 사이의 이러한 관계의 논리적 구조를 좀더 자세히 검토한다. 여기에서 강조하고자 하는 것은, 각 자본가들이 오직 **그의** 노동자들만이 절약을 하고, 저임금을 받아들여야 한다는 가정 — 이것은 논리상 모든 자본가에게 진실이 될 수 없다 — 아래 행동할 경우, 어떤 일이 벌어질 것인가 하는 점이다. 마르크스의 표현에 따르면, "각 개인은 다른 사람의 이익 주장에 서로 방해가 된다". 왜냐하면, 상대방에

---

69) *Grundrisse*, p. 419.

70) *Ibid.*, pp. 285~287.

대한 가정들이 양립할 수 없는 상태에서 각각 행동하기 때문이다.

이 메커니즘은 자본주의에서만 사회변동을 초래하는 것이 아니다. 경제적 결정이 조정을 결여한 모든 사회에서 그런 일이 발생한다. 예를 들면, 사르트르는 반종극성의 전형적인 예로 침식(浸蝕)을 든다. 개별 농민은 경작지를 늘리기 위해 자기 토지에 있는 나무들을 벌채하려고 하지만, 남벌(濫伐)이 일반화되면 토지의 침식 현상이 일어나 결과적으로 경작 가능한 토지가 처음보다도 더 줄어드는 현상이 발생한다.[71] 그러나 마르크스는 전자본주의 사회에서의 반종극성에 대해서는 말한 것이 거의 없다. 2.1.2 이하에서 인용한 바와 같이, 마르크스는 개간(開墾)이 의식적인 통제 없이 무계획적으로 진행될 경우, 고대 동방국가들〔페르시아, 메소포타미아 등 — 옮긴이〕에서 그러했던 것처럼, 사막화를 초래하게 된다는 것을 관찰하고 있다.[72] 이것은 사르트르의 개념과 확실히 유사한 것이기는 하지만, 이것만으로는 마르크스에게 그런 개념이 있었다는 충분한 증거가 될 수는 없다. 《요강》에도 전자본주의 사회에서 인구성장이 가져오는 불안정화 효과에 대한 언급이 있다(5.1.1). 그러나 그렇다고 하더라도, 가족규모가 큰 것이 개별 가족의 입장에서는 합리적이라 하더라도 집합적으로는 바람직하지 않다는 특수한 견해를 마르크스가 가지고 있었다고 말할 수는 없다. 오직 자본주의의 경우에, 마르크스는 비코에서 헤겔에 이르는 그의 모든 선배들이 가지고 있던 일반적인 관념, 즉 역사는 인간의 행동의 결과이지 결코 인간의 설계의 결과가 아니라는 관념을 뛰어넘었다. 마르크스는 그 관념에 명확한 구조를 부여함으로써, 세계관(*Weltanschauung*)을 과학적 방법론으로 만든 것이다.

---

71) Sartre, *Critique de la Raison Dialectique*, pp. 232ff.

72) Marx to Engels 1868. 3. 25.

1. 4. 마르크스의 기능적 설명

마르크스는 기능적 설명을 사용하였나? 사용했다면 성공적이었나? 그렇게 하지 않았더라면 그의 설명이 더 나아질 수 있었을까? 본 절에서는 주로 앞의 두 질문에 대해 살펴보고, 세 번째 질문에 대해서는 다른 곳[73]에서 자세히 논의하였으므로 여기서는 간략하게 언급하겠다. 우선 일반적으로 사용되는 기능적 설명의 구조를 밝히고, 내가 이러한 설명에 반대하는 이유를 제시하겠다. 그런 다음 마르크스에게서 나타나는 기능적 설명의 사례들을 살펴보겠다. 그의 역사철학, 생산력 발전에 관한 이론, 정치적 · 이데올로기적 상부구조에 관한 이론, 기타 여러 가지 문제들에서 그러한 설명이 나타난다. 이들 대부분은 나중에 더 자세히 논의한다.

1.4.1. 기능적 설명의 본질

의도적 설명은 행위의 **의도된** 결과들을 설명으로 제시한다. 기능적 설명은 **사실상의** 결과들을 설명으로 제시한다. 특히 행위를 기능적으로 설명하는 일에는 그것이 어떤 사람에게 혹은 어떤 것에 **유리한** 결과를 가져왔다는 논증이 포함된다. 논의를 진행하기 전에 이 설명 형식에 들어 있는 명백한 역설 하나를 제거해야 한다. 그 역설은, 어떤 행위가 이루어지고 난 후에 일어난 일로써 어떻게 그 행위를 설명할 수 있는가 하는 것이다. 이것이 가능하기 위해서는[74] 피설명항이 개별적인 사건이어서는 안 된다. 오직 지속적인 행위유형이어야 한다. 이런 경우에 한해 시간 t_1에

73) 특히 졸저 *Explaining Technical Change*, ch. 2 및 "Marxism, functionalism and game theory" 참조.

74) 또 하나의 대답이 될 수 있는 다른 개념은 Cohen, "Functional explanation, consequence explanation and Marxism" 참조.

서 일어난 행위는 시간 t_2에 일어난 결과들에 기여한다는 주장이 성립할 수 있다. 다시 말해서 기능적 설명은 설명항으로부터 피설명항으로의 환류 고리가 존재한다는 것을 전제한다.

이 책에서 나는 꽤 조악한 형태의 기능적 설명들을 다루게 될 것이다. 이 설명들은, 단순히 그 사건이 어떤 행위주체(들)에게 유리한 결과를 초래했다는 사실을 지적함으로써 행위를 설명하려는 시도들이다. 확실히 이것은 극히 불만족스러운 설명양식이다. 행위의 결과가 행위자에게 유리한 것이라 하더라도, 이런 일은 순전히 우연히, 혹은 설명이 불가능한 방식으로 일어나는 경우가 많다. 게다가 결과들의 연쇄를 적당한 시점에서 잘라, 그 시점에서 그 행위로부터 이익을 얻은 행위자 집단이 누구인가를 선택하기로 하면, 동일한 피설명항을 놓고 무수한 '설명'이 생겨날 것이다. 그러므로 이런 방식으로 사회현상을 설명하려는 시도는 실패할 가능성이 매우 높다. 이 책을 읽으면 알겠지만, 내가 허수아비를 세워놓고 공격하는 것이 아니다. 마르크스는 이런 종류의 설명을 매우 좋아했는데, 그런 설명을 뒷받침할 수 있는 근거는 아무것도 제시하지 않는다. 또한 마르크스주의와 무관한 기능주의 사회학자들도 이와 유사한 설명을 제시한다.[75] 이것은 참으로 황당한 일이기 때문에, 왜 그런 것을 설명이라고 생각하는지에 대한 설명이 필요할 정도다. 내 생각으로는 그 뿌리가 사상사와 개인 심리에 있는 것 같다. 하지만 이러한 사변적인 관념들을 여기에서 다룰 필요는 없다.[76]

기능적 설명이 지적으로 존중받을 수 있는 방법 몇 가지를 간단히 지적해보겠다. 확실히 가장 좋은 방법은, 결과와 설명하고자 하는 행위 사이에 존재하는 실질적인 환류 메커니즘을 제공하는 것이다. 이렇게 할 경

75) 또한 많은 경제학자들이 균형의 존재를 증명하면 균형의 실현이 보장되는 것처럼 생각하는데, 이런 사고방식도 기능주의의 한 변종으로 볼 수 있다.

76) *Sour Grapes*, ch. II. 10 참조.

우, 보통 자연도태설과 유사한 설명 형태를 띠게 된다. 자연도태설은 행위유형의 존재를 그러한 행위를 보이는 개체들의 생존력의 차이에 의해, 혹은 어떤 여과과정에 의해 설명한다. 즉 가능한 여러 행동 중에서 특별히 그 행동을 선호하는 이유는 생존능력을 높여주기 때문에, 혹은 어떤 이익을 가져다주기 때문이라고 설명한다.[77] 또 다른 방법은, 그런 어떤 메커니즘이 작용하고 있음에 틀림없다고 생각할 만한 이유를 제공하는 것이다. 주어진 사례에 작용하는 특별한 메커니즘을 제시하지 못해도 무방하다. 예를 들면, 사회에는 결과적으로 안정화에 기여하는, 최소한 불안정 효과를 나타내지는 않는 행동유형들이 생겨나는 경향이 있다고 주장할 수 있을 것이다.[78] 그러므로 그러한 결과를 가져오는 행위가 관찰될 때마다, 그것이 그러한 결과를 가져오기 **때문에** 발생한다는 가정이 성립하게 된다. 마지막으로, 행위와 결과 사이에 법칙에 버금가는 규칙성이 있다는 것을 찾아내면, 행위의 결과로서 나타난 이익이 우연히 발생한 것은 아니라고 주장할 수 있다. 특히 피설명항이 어떤 유리한 결과를 가져올 것이 예상될 때마다 그런 행위의 발생이 관찰된다는, 효과에 대한 **결과법칙**의 수립을 시도할 수도 있다.[79] 이 세 가지 형태의 근거제시 가운데 첫 번째 것은 기능적 설명을 비기능적 설명으로 바꾸는 것이다. 나머지 둘은 여전히 기능적 설명 형태이기는 하지만, 앞에서 말한 독단성은 어느 정도 피할 수 있다. 그러나 이 책에서 이러한 시도가 성공할 수 있을 것인가에 대해서는 논의할 필요가 없다. 마르크스는 이러한 세련된 형태의 기능주의와는 전혀 관련이 없기 때문이다. 그의 주장 중 일부는 이러한 세련된 형태의 기능주의 중 하나로 설명할 수 있을지도 모른다. 하지만 나는 이 가능성은 논의하지 않겠다. 그렇게 설명해보려는 진지한

---

77) van Parijs, *Evolutionary Explanation in the Social Sciences* 참조.

78) Stinchcombe, "Merton's theory of social structure" 참조.

79) Cohen, *Karl Marx's Theory of History*, ch. IX.

시도를 나는 아직까지 보지 못했다.

1.4.2. 역사철학

마르크스의 역사관에 대해서는 2.4 이하에서, 그리고 5.3에서 다시 논의한다. 여기에서는 그의 역사철학과, 기능적 설명에 대한 애호 사이의 매우 밀접한 관계에 대해서만 간단히 언급하기로 한다. 확실히 마르크스는 역사가 어떤 목표, 즉 공산주의의 도래라는 목표를 향해 있다고 믿었기 때문에, 행위의 유형들뿐만 아니라 개별적인 사건들까지도 그 목적에 어떻게 기여하는가의 관점에서 설명하려고 하였다. 7.2.1에서 부르주아 혁명에 대한 그의 태도를 자세히 논의하겠지만, 이것은 부르주아 계급은 자본주의를 가져오는 역사적 사명을 완수해야 했고, 이리하여 노동자는 공산주의로 갈 수 있게 되었다는 신념과 깊은 관계가 있다. 이것은 마르크스의 이론적인 태도였을 뿐만 아니라 실천적으로도 그러하였다. 1848년의 혁명에서 마르크스가 세운 전략은 바로 이러한 선험적 견해로부터 도출된 것이었다.

그의 역사철학은 공산주의의 궁극적인 도래에 유리한 결과의 관점에서 역사를 설명한다. 다른 곳에서는 사회제도와 행위양식들은 계급지배에 미치는 안정화 효과에 의해 설명되어야 한다고 주장하였다. 이처럼 마르크스는 두 개의 음역(音域)에서 연주한다. 즉 때로는 자본주의의 붕괴를 촉진하기 때문에, 또 때로는 자본주의의 존속에 유리하기 때문에 이러저러한 일이 생긴다고 설명한다. 여기에 결과론적 요소도 가미되는데, 여러 형태의 기능주의적 마르크스주의들이 여기에 감염되어 있다. 확실히 그 두 가지 관점이 반드시 양립 불가능한 것은 아니다. 예를 들면, 자본주의가 자신의 무덤을 파기로 되어 있다면, (비유를 하자면) 목매달 밧줄은 있어야 한다. 공산주의의 주관적·객관적 조건은 자본주의 그 자체와 함께 발맞추어 발전하기 때문에, 단기적으로 자본주의에 유리한 것은 장기적으로는 그 재생산을 해친다. 2. 4. 1에서 반론을 제기하겠지만, 단기적 이익을 의도적으로 희생시키는 의도적 행위자의 존재를 입증하지 못하면, 장기적인 결과들은 설명력이 없다. 이것은 또한 거꾸로 된 추론양식에도 적용된다. 어떤 제도들은 그 직접적인 결과가 자본가 계급에게 손해가 되는 것이지만, 장기적으로는 자본주의적 생산양식에 유리한 결과를 가져오기 때문에 존속한다고 설명한다. 이러한 설명유형은 마르크스주의 국가론(7. 1)에 현저하게 나타난다.

1.4.3. 생산력의 발전

코헨은 생산력의 우선성에 대한 마르크스의 이론은 직접적인 인과관계를 나타낸 것이 아니라 설명을 위한 것이며, 따라서 이것은 기능적 설명으로 보아야 한다고 주장한다. 그는 이러한 결론을 두 개의 전제로부터 도출한다. ① 마르크스는 생산력이 생산관계보다 우위에 있다고 주장했다. ② 마르크스는 또한 생산력의 발전에서 생산관계가 미치는 인과적 효능을 인정하고, 사실상 주장했다. 코헨에 따르면, 이 두 가지 주장을 모순 없이 결합하는 방법은 하나밖에 없다. 그 관계를 기능적으로, 즉 생산력을 발전시킬 수 있는 능력의 관점에서 설명하는 방법이 그것이다. 생산관계는 생산력의 발전에 적합하기 때문에, 그리고 적합한 한에서만 존속한다. 코헨은 파리스와 주고받은 글에서 우선성의 주장에는 인과적 요소도 있다고 밝혔다. 왜 특정한 생산관계가 생산력 발전에 적합한가를 설명하는 것은 생산력에 대한 인과적 설명이라는 것이다.[80)]

80) 이 논의는 Cohen, *Karl Marx's Theory of History*, ch. VI; van Parijs, "Maxism's central puzzle"; Cohen, "Reply to four critics" 참조.

제 5장 이하에서 이 문제들을 다시 다룰 것이다. 여기에서는 마르크스가 실제로 한 말과 해석상의 문제를 혼동하지 말아야 한다는 점만을 지적해두고자 한다. 코헨은 생산력의 우선성이 기능적으로 이해되어야 한다는 것을 보여주었는데, 이로써 그는 우선성 명제가 성립할 수 없다는 것을 또한 보여주었다는 것이 내 생각이다. 내가 보기엔 마르크스의 설명을 진지하게 받아들일 만한 어떤 근거를 마르크스가 제시했다는 것을 코헨이 입증하고 있지는 않다. 게다가 내적 일관성의 관점에서도 마르크스는 비판을 면할 수 없다. 봉건주의에서 자본주의로의 이행 및 자본주의로부터 공산주의로의 이행에 관한 그의 설명은, 생산력의 발전을 위한 새로운 생산관계의 적합성에 근거를 둔 것도 아니다.

1.4.4. 자본주의 국가론

마르크스에서, 그리고 그 후의 마르크스주의 저작들에서, 이 부분이야말로 기능적 설명의 특권적 영역이다. 왜 그렇게 되었는지는 쉽게 알 수 있다. 1850년경에 마르크스는 국가가 경제적으로 지배적인 자본가 계급의 수중에 있는 단순한 도구라는 견해를 버렸다. 국가가 노동 계급의 이익도 일부 고려한다는 것은 부정할 수 없는 사실이었고, 또한 자기 자신의 이익을 가지고 있다는 것도 점점 분명해졌기 때문이었다. 그러나 마르크스는 도구적 유형으로부터의 일탈이 자본가 계급에게 매우 유익한 일로 보인다는 사실에 주목했다. 국가의 행동과 자본가의 이익 사이의 일 대 일 대응은 노동 계급을 실제 이상으로 자극하여 훨씬 더 위험한 상황을 초래할 수도 있었기 때문이다. (단기적으로는) 자본가 계급의 이익에 반하는 국가의 행동들이 장기적으로는 자본가 계급에게 유리한 결과를 가져온다는 사실을 인식한 후, 마르크스는 대뜸 그 이익이 노동자에 대한 혹은 자율적인 국가정책에 대한 자본가 계급의 양보를 설명한다는 결론을 내렸다.

마르크스주의의 일반적인 견해에 따르면, 국가는 상부구조의 일부이며, 따라서 경제적 구조에 의존해 있다. 코헨이 설득력 있게 논한 바와 같이, 이것은 주요한 문제들을 회피하는 것이다. 다른 말로 표현해보자. 국가는 경제구조에 의존해 있고, 그 이유 때문에 (그리고 의존해 있는 만큼) 상부구조의 일부이다. 이렇게 표현하는 것이 앞의 것보다는 훨씬 정확하다. 국가가 실제로 경제적 토대에 의존해 있는지의 문제는 경험적으로 확인할 수 있기 때문이다. "경제적 토대에 의존한다"는 모호한 표현 대신, 코헨은 좀더 정확하게 이렇게 쓴다. "경제적 구조의 본질에 의해 설명된다."[81] 다시 정리하면 이렇게 될 것이다. 국가는 경제적 구조에 의해 설명될 수 있는 정도까지 상부구조의 일부이다. 코헨은 나중에 그의 책에서 정의를 좀더 좁혔는데, 이 정의에 따르면, 오직 기능적인 설명만이 토대와 상부구조의 관계를 말해준다.[82] 이 견해에 의하면, 국가는 생산관계에 안정화 효과를 미치는 정도까지만 상부구조의 일부이다. 그는 상부구조의 법적인 부분에 대해서만 자세히 분석하는데, 다른 부분에도 적용할 의도로 그렇게 한다는 인상을 강하게 준다. 나는 여기에서, 그리고 이어지는 논의에서 어떤 제도를 상부구조의 일부로서 다루기 위해서는 기능적 설명이 필요하다는 주장에 대해 반론을 제기하고자 한다. 확실히 제도와 토대는 연결되어 있고, 그 연관은 설명이 필요할 것이다. 그 설명을 기능적으로 할 수도 있겠지만, 인과적으로 할 수도 있다.

먼저 (내가 이해한) 코헨의 견해를 지지하는 것처럼 보이는 두 가지 대조적인 사례부터 살펴보겠다. 우선 19세기 중엽의 영국을 보자. 마르크스는 이 책 6. 3. 3과 7. 1. 4에서 인용한 글에서 경제적 권력의 분배가 자

---

81) *Cohen*, *Karl Marx's Theory of History*, p. 216.

82) "마르크스의 설명적 주장들이 성격상 기능적이라는 견해보다 더 나은 대안은 없다." (*ibid.*, p. 279) 이하의 논의는 그런 대안을 지적해보기 위한 것이다.

본가에게는 많이, 귀족에게는 조금, 노동자에게는 전무의 형태로 이루어졌다고 주장했다. 다른 한편, 정치적 권력은 귀족에게는 많이, 자본가에게는 조금, 노동자에게는 전무의 형태로 이루어졌다고 한다. (이 주장은 계급 사회에서 정치적 권력이란 무엇인가 하는 또 다른 문제를 야기할 수도 있다. 이 문제는 7. 1. 2에서 살펴볼 것이다.) 코헨에 따르면, 마르크스는 정치적 권력의 분배는 경제적 권력에 미치는 안정화 효과에 의해 설명되어야 한다고 주장했다. 다른 한편 마르크스는, 1848년의 짧은 기간 동안 프랑스 부르주아 계급은 경제적 권력과 정치적 권력을 다 장악하고 있었는데, 후자는 전자로부터 직접 파생한 것이라고 주장했다. 그러나 이 상황은 불안정한 것으로 판명이 났다. 루이 보나파르트의 쿠데타가 일어났고, 이로써 부르주아 계급은 "직접 통치의 위험에서 구출되었다". 이것은 코헨의 견해, 즉 정치체제는 경제구조의 안정에 기여할 때에만 존속할 수 있으며, 경제구조와 양립할 수 없을 때에는 곧 사라지고 만다는 견해를 확인시켜주는 것처럼 보인다. 하지만 나는 이러한 견해에 들어 있는 암묵적인 전제에 문제를 제기하고 싶다. 즉 이 견해에는 최적상태와 양립불가능 사이에 '만족화 지점'이 없다는 전제가 들어 있다.

로마 세계의 정치체제를 살펴보자.83) 이 사회는 경제적 우세와 정치적 우세가 체계적으로 일치한 사회였다. 확실히 후자는 전자에서 비롯된 것이었고, 전자에 의해 설명될 수 있다. 왜냐하면, 부는 (종종 정치적 권력에 의해 증진된다 하더라도) 우선 정치적 영역에 들어가기 위한 전제조건이었기 때문이다. 이러한 체제는 지배 계급에게 결코 적합한 것이 아니었다고 할 수 있다. 원로원의 토지소유자들은 정치가로서는 눈앞의 이익에 과도한 영향을 받았기 때문이다. 장기적인 안목으로 보자면, 정치

83) 이하의 논의는 다음 책을 참고하였다. Veyne, *Le Pain et le Cirque*; Ste Croix, *The Class Struggle in the Ancient Greek World*.

적인 문제들은 다른 계급 혹은 집단에게 맡기는 것이 더 현명한 일이었을 것이다. 하지만 그들은 그렇게 하지 않았다. 권력의 행사는 짜릿한 경험이었기 때문에 탐욕을 버릴지언정 권력을 포기하려고 하지는 않았다. 그 체제는 최적의 안정화 체제와는 거리가 멀었지만, 그래도 경제적 구조의 존속을 위해 '만족할 만한' 것이었다.[84] 이 체제를 경제적 관계에 의해 설명할 수 없다고 주장할 수는 없을 것이다. 왜냐하면 사실상 그 체제는 경제적 관계에서 나온 것이며, 그것도 아주 단순하고 투명하게 이루어진 것이기 때문이다. 마르크스주의 전통 내에서도, 그 정치적 제도들은 상부구조의 일부였지만, 경제적 관계에 미치는 안정화 효과에 의해 설명할 수는 없다고 말할 것이다. 이 경우에 경제와 정치의 관계는 명백히 인과적인 것이었다. 경제적 부가 정치적 활동을 위한 권력기반을 형성했기 때문이다. 그리고 바로 토지소유자들의 단기적인 탐욕으로 인해 장기적으로 로마 세계가 붕괴하였다고 할 수는 없을 것이다. 왜냐하면 프랑스의 경우와는 달리, 당시의 생산양식에 적합한 정치체제가 등장한 것이 아니라, 고대 생산양식의 붕괴도 함께 왔기 때문이다.

1.4.5. 이데올로기론

신념 체계를 논의하면서 이를 오직 정치적 관점에서만 보는 주장은 무모한 것이 될 수 있다. 마르크스주의에서는 종교나 부르주아 정치경제학이 현존의 생산관계를 안정시키는 효과가 있다는 점을 강조하는 경향이 있다. 또한 1.3.1에서 말한 바와 같이, 마르크스는 신념의 형성과정을 인과적 관점에서 설명하기도 한다. 이 과정은 개인의 '배후'에서 작동하

84) 만족화 설명과 기능적 설명 간의 관계에 대해서는 van Parijs, *Evolutionary Explanation in the Social sciences* §52 및 이에 대한 나의 논평 "A paradigm for the social sciences?" 참조.

는데, 그의 계급적 지위나 계급적 이익이 그의 신념이나 가치관에 반영된다. 신념이나 가치관이 그러한 것이라면, 이것은 상부구조적 실체에 대한 코헨의 일반적 정의에 부합한다. 왜냐하면 그것은 그러한 신념이나 가치관을 가진 사람들의 경제적 지위에 의해 설명될 수 있는 비경제적 현상이기 때문이다. 그러나 그러한 신념이나 가치관이 그들의 경제적 지위를 안정시키는 것은 아니다. 예컨대 지배 계급 구성원들의 이데올로기적 신념은 오히려 자신들의 지배를 해치는 경향이 있다. 왜냐하면 왜곡된 환상은 일반적으로 자신의 경제적 지위를 약화시키는 경향이 있기 때문이다.

그러므로 결론적으로 말해서, 나는 코헨의 주장, 즉 상부구조는 전적으로 비경제적 현상이며 생산관계에 미치는 안정화 효과에 의해 설명될 수 있다는 주장을 받아들일 수 없다. 나는 그가 처음 내린 일반적 정의가 더 낫다고 생각한다. 만일 모든 비경제적 현상들이 경제구조의 관점에서 설명될 수 있다면 그것들은 모두 상부구조의 일부가 될 것이고, 이렇게 되면 상부구조는 경제구조와 어떤 방식으로든 관련을 맺고 있는 온갖 현상들을 다 지칭하는 잡탕이 되고 만다. 이렇게 되면 상부구조가 경제구조를 강화하는 효과를 발휘한다는 주장을 할 여지도 없어진다. 나는 나의 제안이 더 타당하며,[85] 마르크스 이후의 마르크스주의적 전통과도 일

85) 《정치경제학 비판》(*Critique of Political Economy*) "서문"에서 마르크스는 이렇게 말한다. "의식은 물질적 생활의 모순으로부터, 사회적 생산력과 생산관계 사이에 존재하는 모순으로부터 … 설명되어야 한다." 이러한 진술은 나의 분석에는 부합하지만, 코헨의 주장, 즉 상부구조는 오직 생산관계의 관점에서, 생산관계를 안정화시키는 효과에 의해 설명되어야 한다는 주장과는 맞지 않는다. 그러나 그 설명이 기능적 설명이라는 좀더 일반적인 주장과는 부합한다. "이데올로기적 층위들의 상부구조"가 기능적으로 설명될 수 있다고 언명한 《잉여가치 학설사》(*Theories of Surplus-Value*)의 한 구절(1. 4. 6의 끝부분에 자세한 내용이 인용되어 있다)을 들이댈 사람이 있을지도 모르겠다. 그러나 코헨이 이 구절을 중요하게 여길 것 같지는 않다. 왜냐하면 이 구절을

치하는 해석이라고 생각한다. 이것은 사실 중요한 문제가 아니다. 경제 구조의 관점에서 비기능적으로 설명될 수 있는 신념들이 상부구조에 속하는지 그렇지 않은지에 대해서는 길게 논의할 필요가 없기 때문이다. 중요한 문제는, 어떠한 이름으로 부를 것인가가 아니라, 그러한 신념의 존재와 중심성에 관한 것이다. (이에 대해 코헨과 나의 의견이 다를 수도 있다.) 이것은 국가에 대한 비기능적 설명에 대해서도 마찬가지다. 그러한 설명으로 국가가 상부구조에 속한다는 사실을 정당화할 수 있는지 여부는 중요하지 않다. 중요한 것은 설명의 성공 여부이다.

1.4.6. 기타

나는 마르크스가 기능적 설명을 하는 경향이 있다고 주장하면서도 그 문헌적 증거는 별로 제시하지 않은 채, 나중에 자세히 살필 것이라고 말한 바 있다. 이제 여기에서 기능적 설명의 몇 가지 예를 살펴보려고 한다. 이 내용들을 뒷장에서 살펴보는 것은 적합하지 않기 때문에 여기에서 다루고자 한다. 사실상 토대 혹은 상부구조와 같은 전통적인 마르크스주의적 범주로 다룰 수 없는 일련의 사회현상들이 있다. 예를 들면, 가족생활, 교육, 사회적 이동성, 여가 활동, 정신적·육체적 건강의 배분, 범죄 등이 그런 것에 속한다. 현대의 마르크스주의 사회학자들은 이런 현상들 대부분에 대해 기능적 설명을 제공해왔지만, 이는 거의 쓸모가 없다.[86] 이런 문제들에 대해 마르크스가 직접 말한 것은 별로 없다. 마르크스는 사람들의 일상생활 대신에 경제, 계급투쟁, 정치 문제에 몰두했다. 그러나 마르크스가 한 말 가운데 최소한 한 구절은 틀에 박힌 설명

중요하게 여길 경우, 마르크스를 조악한 기능주의, 도매급 기능주의로 비난하는 결과가 되고 말 것이기 때문이다.

86) 예컨대 졸고 "Marxism, functionalism and game theory" 참조.

방식에 대한 그의 호방한 태도를 보여준다. 《자본론 III》에서 그는 이렇게 말한다. "피지배 계급의 가장 뛰어난 인물들을 흡수하는 능력이 지배계급에 있을수록 그 지배는 더욱더 강고하고 위험하다." 이 중요한 진술은 진실이다. 그러나 이 결론에 도달하는 추론과정은 매우 의심스럽다.

> 재산은 없지만 정력과 견실함과 능력과 사업지식을 가진 사람이 이런 방식으로 자본가가 될 수 있다는 것에 대해(개개인의 상업적 가치는 자본주의적 생산양식 아래에서 꽤 정확히 평가된다), 자본주의 체제 옹호자들은 찬탄해 마지않는다. 이로 인해 대박을 꿈꾸는 다수의 새 전사들이 아무도 반기지 않는 전장으로 나아가 기존의 개별 자본가들과 경쟁하는 일이 벌어지지만, 이것은 자본 그 자체의 지배를 강고하게 하고, 그 기초를 확장하며, 사회의 하층으로부터 자본을 위한 새로운 힘을 보충할 수 있게 해준다. 마찬가지로, 중세의 가톨릭교회가 신분과 출생과 재산에 상관없이 전국에서 가장 우수한 두뇌들을 뽑아 그 위계체제를 형성한 것은 성직자 지배와 평신도 억압을 강고하게 하기 위한 주요 수단 중 하나였다.[87]

이는 사회적 이동이 지배 계급에게 유리한 결과를 가져오기 때문에 그런 일이 벌어진다는 주장으로 보인다. '자본'이 혹은 가톨릭교회가 그런 행동을 한다는 것 이외에, 그 이상의 메커니즘은 보여주지 않는다. 가톨릭교회는 물론 하나의 집단적 행위자였고, 따라서 원칙적으로 위에서 말한 목적을 위해 충원 정책을 입안할 수 있는 입장에 있었다. 실제로 가톨릭교회가 그렇게 했는지에 대해 마르크스는 어떠한 증거도 제시하지 않았지만 말이다. 그러나 '자본'은 집합적 행위자가 아니다. 자본은 '새로운 힘'을 보충하지 않는다. 그 진술은 방법론적 개체론을 위반하고 있으며, 동시에 타당하지 못한 기능적 설명에 속한다.

---

87) *Capital III*, pp. 600~601.

두 번째 구절은 더욱 모호하다. 농담조로 한 말이라고 볼 수도 있고, 기능적 설명이 아니라고 주장할 수도 있다. 다음은 《잉여가치 학설사》(*Theories of Surplus-Value*)에 있는 범죄와 생산적 노동에 대한 긴 여담 중 일부를 발췌한 것이다.

> 철학자는 개념을 낳고, 시인은 시를 낳고, 성직자는 설교를 낳고, 교수는 개론을 낳고 등 … 범죄자는 범죄를 낳을 뿐만 아니라 형법을 낳고, 나아가 형법 강의를 하는 교수를 낳고, 교수의 형법 강의내용을 요약한 책을 시장의 '상품'으로 낳는다. … 범죄자는 경우에 따라 부분적으로는 도덕적이고 부분적으로는 비극적인 인상을 낳는다. 이러한 방식으로 대중의 도덕적·미학적 감정을 불러일으켜 일종의 '봉사'를 하게 된다. … 범죄자는 부르주아 생활의 단조로움과 일상의 안전을 깬다. 이로써 그는 정체를 막아주고, 불안한 긴장과 기민함을 낳는다. 이런 것이 없으면 경쟁의 박차도 무디어지고 말 것이다. …
>
> 범죄가 생산력의 발전에 미치는 효과는 자세하게 알 수 있다. 도둑이 없었다면 자물쇠가 어떻게 지금처럼 훌륭한 수준에 도달할 수 있었겠는가?[88]

이 주장은 맨더빌의 "개인의 악덕, 공공의 이익"에 대한 일종의 패러디로서, 모든 직업들이 생산적이라고 주장하는 통속적인 경제학자들의 견해를 귀류법(*reductio ad absurdum*)으로 보여주려 한 것이다. 이 구절을 증거로 삼아, 마르크스가 범죄를 설명하면서 사회에 주는 다양한 이익 때문에 범죄가 발생하는 것으로 보았다고 주장할 수는 없다. 마르크스주의 형법학자들 중에는 시치미 뚝 떼고 그렇게 해석하는 사람들도 있기는 있다.[89] 내가 보기에 그 부분이 가치 있는 이유는, 마르크스가 어느 정도 현실을 보고 있었다는 것을 보여주기 때문이다. 특히 범죄가 자본주의의

88) *Theories of Surplus-Value*, vol. 1, pp. 387~388.

89) 예컨대 Chambliss, "The political economy of crime" 참조.

침체를 막아준다는 관찰은 사회적 이동이 '자본'에 이익이 된다는 언급과 다르지 않다. 마르크스가 기능적 설명을 부당하게 사용하는 경향이 있었다고 이미 단정하는 사람들에게는 그 구절도 범죄에 대한 진담에 가까운 설명으로 보일 수 있다. 그러나 거듭 말하건대, 그 구절 자체는 그렇게 말할 수 있는 근거가 될 수 없다.

이렇게 읽을 수 있는 근거 중 하나로 《잉여가치 학설사》의 한 구절을 보자. 여기에서 마르크스는 논적을 조롱하면서, 그의 견해의 합리적 핵심을 보여주려 한다. 모든 활동(특히 자기들이 하는 활동!)이 생산적 노동이라는 일부 부르주아 경제학자들의 주장을 마르크스는 "헛소리"라고 부르면서, "다음과 같이 정리"할 수 있다고 덧붙인다.

> 1. 부르주아 사회에서 다양한 기능들은 상호 의존관계에 있다.
> 2. 물질적 생산에서의 모순들로 인해 이데올로기적 상부구조가 필요하고, 이데올로기적 상부구조의 활동은 좋든 나쁘든 좋은 것이다. 왜냐하면 필요하기 때문이다.
> 3. 모든 기능들은 자본가에게 봉사하고, 자본가의 '이익'에 맞춰 작동한다.
> 4. 가장 고상한 정신적 생산들조차 승인을 얻는다. 그리고 부르주아 계급에게 그것들도 물질적 부의 직접 생산자라고 변명하고, 거짓으로 증명한다.[90]

나는 이 구절이, 그렇게 강력하지는 않지만, 마르크스가 "헛소리"의 '환원', 즉 말도 안 되는 소리를 이해할 수 있는 주장으로 만들어보려 한 증거가 될 수 있을 것이라고 생각한다. 이러한 독해를 받아들인다면, 그 구절은 마르크스가 철저한 기능주의적 방법론을 가지고 있었다는 증거가 된다. 그렇게 보기로 하면, 범죄에 관한 여담도 농담으로 한 소리가 아니

90) *Theories of Surplus-Value*, vol. 1, p. 287.

라 진지한 주장으로 간주될 수 있다. 하지만 나는 마르크스가 기능적 설명을 즐겨 사용했다는 좀더 확실한 근거들을 뒤에 가서 상세히 제시하도록 하겠다.

1.5. 변증법

마르크스는 '변증법적 방법'을 사회현상을 분석하는 특권적 방법으로 자주 거론했다. 정말로 마르크스는 그런 방법을 사용했나? 만일 그랬다면 그것이 이해에 도움이 되었나, 아니면 방해가 되었나? 이 질문들은 대답하기 쉽지 않다. 마르크스가 변증법에 대해 직접 언급한 대목들을 보면 보통 일반적인 뜻으로 사용하거나, 심지어는 뜻 모를 용어로 사용하고 있어서, 구체적인 분석과 관련하여 어떤 의미를 지니는지 알기 어렵다.[91] 마르크스는 헤겔 변증법의 합리적 핵심을 보여주겠다는 뜻을 거듭해서 밝혔지만,[92] 그 일에 착수하지는 않았다. 그러므로 변증법의 재구성 문제는 마르크스가 시험 삼아 한 일로 보아야 한다. 앞으로 자세히 논의하겠지만, 마르크스에게서 발견되는 헤겔적 추론은 세 가닥으로 되어 있는데, 셋 중 어느 하나도 변증법적 방법(*the dialectical method*)이라는 이름을 **독점적으로** 가질 수는 없지만, 각각 **일종의** 변증법적 방법(*a dialectical method*)이라고 할 수 있다. 첫째 가닥은 준연역적 절차로서 《요강》의 주요 부분과 《자본론 I》의 앞부분에서 이 방법이 사용되었는데, 특히 헤겔의 《논리학》(*Logic*)의 영향이 강하게 느껴진다. 둘째 가닥은 엥겔스가 정식화한 변증법으로서 부정의 부정 '법칙'과 양질 전화의 '법칙'

---

91) 특히 《자본론 I》의 독일어 제2판의 서문을 보면 변증법적 방법에 관한 이야기를 긍정적인 태도로 인용하지만, 잘 읽어보면 알맹이가 없다.

92) Marx to Engels 1858.1.16; Marx to Dietzen 1868.5.9.

같은 것이 여기에 속한다. 셋째 가닥은 사회적 모순들에 관한 이론으로서 주로 헤겔의 《정신현상학》(*Phenomenology of Spirit*)에서 끌어온 것이다. 첫 번째 것은 지적인 가치가 거의 없고, 두 번째 것은 제한적이기는 하지만 일정한 지적 가치가 있고, 세 번째 것은 사회변동 이론에서 중요한 도구로 사용된다. 좀더 흥미로운 해석이라고 할 수 있는 두 번째와 세 번째 방식에서는 변증법적 방법이 일상적인 '분석적' 언어로 진술될 수 있다. 따라서 변증법과 분석은 근본적으로 다른 추론 양식이라고 생각하는 사람들에게는 전혀 도움이 되지 않는다.

1.5.1. 변증법적 연역

헤겔은 《논리학》에서 오늘날까지도 분석이 불가능한 일정한 연역적 원칙들 각각으로부터 다양한 존재론적 범주들을 도출했다. 그것들의 연관관계는 원인과 결과의 관계도 아니요, 공리와 정리의 관계도 아니요, 주어진 사실과 가능성의 조건과의 관계도 아니다. 이른바 "개념의 자기규정"이라는 것인데, 이것은 자신이 중요하다고 생각한 여러 가지 현상들에 대해 헤겔이 소급적으로 적용한 느슨한 패턴이다. 《요강》을 쓸 당시, 마르크스는 헤겔의 책을 다시 읽었는데, 《요강》과 《자본론 I》에 그 영향이 뚜렷하게 나타난다.93) 특히 마르크스는 헤겔의 존재론적 논의의 잔해들로부터 경제적 범주들을 이끌어낼 수 있다고 믿었다. 그러나 헤겔의 범주들과는 달리, 경제적 범주들은 역사에 등장하는 순서에 따라 연대순으로 나타난다. 그러므로 마르크스가 해결해야 했던 문제는 논리적 연쇄를 역사적 순서와 연결시키는 것이었는데, 이 문제에 대한 일관성 있는 해답을 제시하지는 못했다.94)

93) Marx to Engels 1858. 1. 16.

《요강》과 《자본론 I》 앞부분의 논의를 종합해보면, 논리적 혹은 변증법적 연쇄는 다음과 같은 단계로 나타난다. 즉 생산-상품-교환가치-화폐-자본-노동이다. 이 연쇄에서 앞의 고리들은 《요강》에 다음과 같이 요약되어 있다.

> 생산물은 상품이 된다. 상품은 교환가치가 된다. 상품의 교환가치는 상품에 내재한 화폐 속성이다. 상품의 이 화폐 속성은 상품으로부터 분리되어 화폐의 형태를 지니면서, 다른 모든 상품들 및 그들의 자연적 실존방식과 구별되는 자기만의 일반적인 사회적 실존을 얻게 된다. 생산물이 교환가치로서 자신에 대해 갖는 관계는, 그것과 나란히 실존하는 화폐에 대한 생산물의 관계, 또는 화폐 — 모든 생산물들의 외부에 실존하는 — 에 대한 모든 생산물들의 관계가 된다. 생산물의 실제 교환이 그것의 교환가치를 낳듯이, 그것의 교환가치는 화폐를 낳는다.[95]

확실히 이것은 무엇이 과정을 이끌어가는지에 대한 설명은 아니다. 연속적인 단계들에 대한 그럴듯한 기술일 뿐이다. 마르크스 자신도 그렇게 느꼈기 때문에, 몇 페이지 뒤에 가서 이렇게 덧붙인다.

> 이 문제에 관한 논의를 중단하기 전에 관념론적 서술 방식을 나중에 교정할 필요가 있을 것이다. 관념론적 서술 방식은 그것이 마치 개념 규정의 문제인 것처럼, 그 개념들의 변증법에 관련된 문제인 것처럼 보이게 만든다. 예를 들면, 다음과 같은 구절이 그렇게 보일 수 있다. "생산물(또는 활동)이 상품이 되고, 상품은 교환가치가 되며, 교환가치는 화폐가 된다."[96]

---

94) 역사적 발전과 이론적(즉 변증법적) 발전과의 관계에 관한 지지부진한 논의에 대해서는 *Grundrisse*, pp. 102, 107, 247, 276, 505, 672 및 Marx to Engels 1858. 4. 2 참조.

95) *Grundrisse*, pp. 146~147.

96) *Ibid.*, p. 151.

그런데, 거의 동일한 연쇄가 (생산 일반에서 시작되는 것이 아니라 상품에서 시작되는 것만 다를 뿐) 《자본론 I》에 그대로 나타나 수많은 독자들을 혼란에 빠트리고, 어리둥절하게 만든다. 이 연쇄를 역사적 과정으로 해석한 대목은 무슨 말인지 경험적으로 이해할 수 있지만, 논리적 · 변증법적 연역 내용은 헛소리에 가깝다.

나아가 화폐가 자본으로 전화되는 과정에 대해 《요강》에 나와 있는 설명은 매우 혼란스럽다. 예를 들면 다음 구절을 보자.

> 우리는 화폐의 경우를 통해, 그 자체로 자립화된 가치 — 또는 부의 일반적 형태 — 는 자기확장이라는 질적 운동 이외에는 어떠한 운동도 할 수 없다는 것을 살펴본 바 있다. 그것은 개념상 모든 사용가치의 정수이다. 그러나 그것은 항상 일정량의 화폐 (여기에서는 자본) 이기 때문에, 그 양적 제한은 그 질적 성격과 모순된다. 따라서 그것은 본성상 끊임없이 자신의 장벽을 뛰어넘으려고 한다. … 바로 그러한 이유로 인해, 이미 자신을 가치로서 고수하는 가치는 증대를 통해 자기 자신을 보존한다. 즉 자신의 양적인 장벽을 끊임없이 뛰어넘음으로써만 보존되는데, 이것은 자신의 형태규정, 자신의 내적 일반성과 모순된다.[97]

여기에서 마르크스는 개념적으로 교묘한 속임수를 부린다. 막스 베버는 초기 자본주의에서 재투자 동기가 어떻게 나타나는지 설명하기 위해 방대한 경험적 연구를 진행했다. 이 문제에 대해서는, 이미 대답을 알고 있지 않은 한, 지름길은 없다. 저축과 투자를 설명하기 위해서는 개별 경제주체들의 동기를 조사해야 한다. 화폐에 대한 개념적 분석만으로 그것을 알 수는 없다.

화폐의 개념에서 자본(즉 자기증식적 가치) 을 끌어냈기 때문에, 이제

---

97) *Ibid.*, p. 270. 또한 *Capital I*, pp. 151~152 참조.

마르크스는 잉여의 창출이 어떻게 가능한지를 설명해야 한다. 《자본론 I》에서 마르크스는 일반적 잉여가 존재하기 위한 가능성의 조건으로서 노동력을 등장시킨다. 이것은 상품소유자가 타인들을 희생시켜 얻는 잉여와는 다른 것이다.[98] 3.2.3에서 자세히 설명하겠지만, 이 연역은 타당하지 않다. 왜냐하면 어떤 상품이든지 경제를 생산적으로 만들 수 있고, 따라서 잉여를 창출할 수 있기 때문이다. 하지만 이 연역은, 화폐에서 자본을 이끌어낸 근본적으로 그릇된 추론과는 달리, 정직한 실수에 해당한다. 자본으로부터 노동을 이끌어낸 것이 비록 성공적이었다 하더라도, 이로부터 얻을 수 있는 통찰이 무엇인지는 여전히 알기 어렵다. 그러한 증명이 생산과정에서 노동이 어떻게 착취되는지에 대한 설명이 될 수는 없다. 이렇게 된 이유는 전제, 즉 자본의 존재 자체의 기반이 허약하기 때문이다.

개념적 연역의 결함은 방법론적 전체론의 결함과 관련이 있다. 사실 자본의 자기규정이 개념적인 것인지, 행태적인 것인지, 아니면 이러한 구별 자체를 버려야 하는 것인지 결정하기 어렵다. 이러한 문제들을 논의하다 보면, 누구나 익히 아는 어려움에 부딪히게 된다. 즉 주장에 일관성이 없고, 혼란스럽기 때문에 어떤 반증을 제시해야 충분한 반론이 되는지 알 수가 없다는 것이다. 나는 여러 측면에서 반론을 제시했는데, 이들을 모두 모아보면 설득력 있는 반론이 될 수 있으리라 생각한다.

1.5.2. 변증법의 법칙

엥겔스는 《반듀링론》(*Anti-Dühring*)에서 두 개의 변증법적 법칙을 제시하는데, 부정의 부정 법칙과 양질 전화의 법칙이 그것이다(엥겔스 사후

98) *Capital I*, pp. 167ff.

에 간행된 《자연변증법》(*Dialectics of Nature*)에서 좀더 일반적인 세 번째 법칙을 추가하지만, 이것은 무시한다). 이 법칙들을 증명하기 위해 그가 제시한 예시들 중에는 황당하기 짝이 없는 것들도 있지만, 그렇다고 해서 그 법칙들 자체가 완전히 무의미하다고 할 수는 없다. 분석적 정신을 가진 독자들은 흔히 그렇게 주장하지만 말이다.99) 그것들을 '법칙'이 아니라 '흔히 볼 수 있는 변화유형'으로 보면 그 나름의 의미를 가질 수 있다. 또한 이 유형들을 명확하게 정의해야 한다. 서로 이질적인 '사례들'을 이것저것 나열하여 그 속에 들어 있는 모호한 내용을 독자가 알아맞히도록 해서는 안 된다. 아래에서 내가 제안한 정의는 동질적인 사례들로부터 이끌어낸 것이다. 물론 엥겔스가 말한 모든 사례들을 동원한 것은 아니다.

부정의 부정에 해당하는 전형적인 사례는 자본주의에서 공산주의로의 이행이다. 엥겔스와 마르크스도 이 예를 든다.100) 2.4.2에서 자세히 논의하겠지만, 이 사례는 미분화 상태의 통일에서 분화와 분열(첫 번째 부정)이 일어나고, 다음으로 더 고차적인 분화된 통일(두 번째 부정)이 수립되는 과정을 보여준다. 이것을 정·반·합이라는 용어로 표현할 수도 있겠지만, 마르크스는 이 용어를 쓰지 않았으며, 오히려 그런 삼조법(*triads*)을 즐기는 사람들을 비난하기까지 했다.101) 시험 삼아 내 생각을 말해보겠다. 이 과정의 특징은 p-q-r 세 개의 연속적인 단계로 이루어져 있다는 것이다. ① 셋 중 어느 두 가지도 양립할 수는 없다. ② p에서 직접 r로 갈 수는 없다. ③ q에서 p로 되돌아갈 수도 없다. 이 유형은 신념형성의 사례를 가지고 설명할 수도 있다. 독단적인 신념에서 회의(懷疑)

---

99) 예를 들어 Acton, "Dialectical materialism"은 그런 법칙들이 한마디로 의미 없는 주장이라고 일축한다.

100) *Capital I*, p. 763.

101) Marx to Engels 1868. 1. 8; Marx to Engels 1870. 5. 11.

를 거쳐 마지막으로 좀더 반성적인 신념에 도달하는 과정을 보라.[102] 이 과정은 확실히 흔히 볼 수 있는 것이기는 하지만, 결코 보편적인 변화유형은 아니다. 두 가지 측면에서 제한이 있다. 첫째, 그 유형은 과정 자체에 들어 있는 것이 아니라, 과정을 기술하는 개념이다. 어떤 과정을 놓고 그렇게 기술할 수도 있지만, 달리 기술할 수도 있다. 둘째, 이 유형이 모든 과정을 잘 설명할 수 있는 것은 아니다. 아무리 흥미롭게 설명해도 그 유형을 찾아보기 어려운 과정도 있다.[103]

어떤 과정을 부정의 부정의 사례로 드는 것은 그 사례가 그런 양상을 보이고 있고, 그런 특징을 가지고 있다고 말할 수 있다는 것을 의미할 뿐, 변증법적 부정이라는 특별한 형태가 존재한다는 증명이 될 수는 없다. 표준적인 논리적 부정은 부정을 반복하면 다시 긍정이 되지만 변증법적 부정은 부정을 반복해도 처음으로 되돌아가지 않는다. 마르크스의 글을 보면, 변증법적 부정은 되돌릴 수 없는 성질의 부정이라는 점을 다소 불분명한 형태로 보여주는 구절이 있다. 그의 수학 원고를 보면, 부정의 부정 법칙의 예로 미분의 효과를 거론한다. 함수 $y = ax$에서 x가 증가하여 x_1이 되면 y도 증가하여 $y_1 = ax_1$이 되지만, x_1이 x에 접근할 경우에는 그 차 $y_1 - y = a(x_1 - x)$는 $0 = 0$이 된다고 쓴 다음 마르크스는 이렇게 덧붙인다.

> 미분을 한 후에 이를 되돌리면, 글자 그대로 영(零)이 되고 만다. 그러나 이러한 단순한 절차와는 달리 미분은 결과가 아무것도 없는 것은 아니다. 미분

---

102) Tocqueville, *Democracy in America*, pp. 186～187은 이 과정을 훌륭하게 보여준다. "굳은 신념이 양쪽 끝에 있고, 그 가운데 의심이 있다."

103) 비유기적 혹은 유기적(비인간적) 자연에는 이러한 방식으로는 제대로 기술할 수 없는 과정들이 있다. 이것은 "자연변증법"이 성립할 수 있는지의 여부와 관계가 있다.

의 효과를 이해하기 어려운 이유가 바로 여기에 있다. 일반적으로 **부정의 부정**도 마찬가지다.[104)]

이 관념이 나중에 더 발전되지는 않는다. 말이 나온 김에 마르크스가 미적분학을 어떻게 생각했는지 간단히 언급하기로 하자. 그의 미적분학은 결코 독창적이지는 않지만 엥겔스의 것보다는 훨씬 조심스럽고 일관성 있다. 엥겔스는 제 맘대로 쓴 《반듀링론》에서 설명할 수 없는 분수 0/0이 무(無)에서 유(有)가 창출되는 변증법의 힘을 증명하는 것이라고 주장했다.[105)] 그는 미분학이 모순의 실재를 증명한다고 생각했다. 이에 비해 마르크스는 모순 없이도 미분이 가능하다는 합리적인 태도를 취했다. 그는 미분값 dx와 dy는 그 자체로 의미 있는 것이 아니라 오직 문맥 속에서만 의미 있다는 것을 알았다. 또한 그는 극한의 개념이 무한소(無限小)라는 모호한 개념을 푸는 열쇠이며, '무한소'는 사실상 '부정소'(不定小)라고 부르는 것이 옳다고 생각했고, 달랑베르의 미분학이 신비적인 느낌을 주는 뉴턴이나 라이프니츠의 미분학보다 합리적이라고 생각했다.

엥겔스가 제시한 예를 보면, 양질 전화의 법칙에 해당하는 것으로 보이는 사례로는 두 가지가 있다. 하나는 다른 하나의 특수 사례에 속한다. 첫째는 물이 얼음이 되는 사례인데, 이것은 독립변수와 종속변수 간에 **불연속적** 함수관계가 존재하는 것을 보여준다. 둘째는 나폴레옹에게서 가져온 재미있는 군사적 사례인데, 두 명의 마멜루크 인〔중세 이집트의 노예기병 — 옮긴이〕이 세 명의 프랑스 인과 싸우면 마멜루크 인이 이기지만, 1천 명의 프랑스 병사가 1,500명의 마멜루크 인과 싸우면 프랑스 병사가 이긴다는 것이다. 이 사례는 가장 일반적인 **비선형** 함수관계를 보여

---

104) *Mathematische Manuskripte*, p. 51.
105) *Anti-Dühring*, p. 128.

준다. 이와 관련된 유명한 예는 규모의 경제인데, 마르크스도 비선형 관계를 보여주는 예로 규모의 경제를 든다.[106] 불연속성과 비선형적 특성을 보여주는 자연적·사회적 과정들이 많이 있다는 것은 길게 설명할 필요가 없으며, 모든 과정들이 이러한 특성을 가지고 있는 것은 아니라는 것도 두말할 필요가 없다.[107] 하지만 불연속성과 비선형적 특성을 보이는 사례들이 있다는 것을 상기할 필요가 있다. 비선형 혹은 최소한 연속성 모형을 사용하여 연구하는 것이 훨씬 쉽다. 따라서 모형 구축 단계에서 주로 비선형 혹은 연속성 모형을 사용하게 되는데, 이로 인해 현실도 그렇다고 믿을 위험성이 있기 때문이다.

이 문제와 관련하여 자주 제기되는 논의 한 가지만 더 언급하고 넘어가자. 변증법의 법칙에 관한 언급이 마르크스의 저작에는 별로 나타나지 않지만, 그가 《반듀링론》의 원고를 읽은 것이 분명한 이상, 그가 반대의견을 가졌다면 반대의사를 분명히 나타냈을 것이라는 주장이 있다. 나는 이런 주장은 잘못된 것이라고 생각한다. 마르크스는 기질적으로 원 자료를 스스로 확인하고 철저한 연구를 통해 확신이 든 다음에야 결론을 제시했다. 엥겔스에게 보낸 편지에서 그는 이렇게 썼다. "〔내 저작에〕 결함이 없지 않겠지만, 완성도가 높다는 점만은 자부할 수 있습니다. 나는 〔연구대상이〕 전체적으로 내 앞에 드러난 다음에야 출판하기 때문입니다."[108]

---

106) *Capital I*, p. 399 및 엥겔스에게 보낸 편지(1867. 6. 22)에서 마르크스는 유기화학에 유사한 사례가 있다고 언급하는데, 세 명의 화학자를 거론하면서 그 중 한 명이 특히 중요하다고 말한다. 《자본론 I》 제2판에는 두 사람만이 거론되어 있다. 엥겔스는 제3판에서 마르크스가 그들의 중요성을 과대평가하였다고 설명한다. 마르크스는 자연과학에 대해 무지했는데, 이것은 2.1 이하에 인용되어 있는 프라스(Fraas)와 트레모(Trémaux)에 대한 그의 논평을 보면 알 수 있다.

107) 더 자세한 논의는 Georgescu-Rogegen, *The Entropy Law and the Economic Process* 참조.

108) Marx to Engels 1865. 7. 31.

이 구절을 보면, 그의 출판된 저작들의 성격을 알 수 있고, 또한 그의 수많은 원고들이 왜 출판되지 않았는지를 알 수 있다. 그는 결코 2차 자료를 통해 어떤 주장을 펴는 일은 없었다. 그는 개인적인 친분으로 인해 엥겔스의 저작을 우호적으로 언급한 적이 여러 번 있지만, 그렇다고 해서 그가 엥겔스의 견해를 완전히 승인했다고 볼 수는 없다. 적극적인 반대가 없었다고 해서 이를 적극적인 찬성으로 해석할 수는 없다.[109] 또한 마르크스가 변증법의 법칙에 주목했더라면 그것을 받아들였을 것이라는 주장에도 동의할 수 없다. 그는 프루동부터 라살레에 이르기까지 헤겔식 추론양식을 기계적으로 적용하려는 모든 시도를 비판했다. 라살레의 법철학에 대해 그는 이렇게 말한다. "변증법적 방법을 잘못 적용하고 있다. 헤겔의 변증법은 다수의 '사례들'을 하나의 일반원칙으로 뭉뚱그리는 것이 아니다."[110] 그런데 엥겔스가 만든 변증법의 법칙들이야말로 잡다한 사례들을 하나의 일반원칙으로 뭉뚱그린 것이다.

1.5.3. 모순론

마르크스는 《자본론 I》에서 존 스튜어트 밀에 대해, 평범한 모순은 저지를 줄 알지만 "모든 변증법의 원천인 헤겔의 모순은 그에게 낯선 것"이라고 비판한다.[111] 분석철학자들은 헤겔의 모순이 오히려 모든 혼란의 원천이라고 생각한다.[112] 이는 대체로 옳은 말이다. 그러나 "진정한 모

---

109) 지노비에프(Alexander Zinoviev)의 주장에 따르면, 이러한 오류가 마르크스의 가르침을 해설할 권한을 가진 정권의 핵심에 자리 잡고 있는데, 그들이 마르크스의 가르침이라고 그릇되게 주장하는 것들은 다 이러한 오류를 저지르고 있고, 그런 것 중 하나가 변증법의 법칙들이다. 자세한 내용은 졸고 "Négation active et négation passive" 참조.

110) Marx to Engels 1861. 12. 9.

111) *Capital I*, p. 596.

순"이라고 합당하게 말할 수 있는 것이 있고, 이것을 기초로 강력한 방법론이 구축될 수도 있기 때문에 이 문제에 대해 살펴보고자 한다. 우선 모순이라는 말을 현실에서 어떤 진술과 그 진술의 부정이 동시에 그리고 동일한 측면에서 사실이라는 뜻으로 사용한다면 이런 의미는 받아들일 수 없다. 헤겔은 확실히 이런 상태가 있을 수 있다고 생각한 것 같다. 만일 변화와 운동이 가능하다면 그럴 수밖에 없다고 생각한 것 같다.[113] 현대의 논리학자들은, 약간의 예외는 있지만, 이런 주장은 터무니없는 것이라고 배격한다.[114] 마르크스가 한 말 중에는 논리학자들이 흠잡을 만한 구절이 별로 없고, 있다 해도 그리 중요한 말은 없다.[115] 헤겔의 《논리학》을 요약하면서 한 말들뿐이며, 이러한 언명의 문제점은 이미 앞에서 지적하였다.

후일의 마르크스주의자들은 모든 형태의 갈등과 투쟁과 대립을 '모순'이라고 불렀지만, 마르크스는 그렇게 하지 않았다. 이 사실이 잘 드러나지 않은 이유는 독일어 'widerspruch'(모순, 반대)와 'gegensatz'(대립, 대조)를 영어나 프랑스어로 번역할 때 모두 'contradiction'(모순, 대립)이라는 용어를 사용했기 때문이다.[116] 마르크스는 헤겔학도였기 때문에 그가 이 두 용어를 같은 뜻으로 사용했을 가능성은 거의 없다. 실제로 그

---

112) 예컨대 Popper, "What is dialectic?" 참조.

113) Hegel, *The Science of Logic*, vol. II, p. 67.

114) 모순 상태의 가능성을 옹호하려는 야심적인 시도는 Routley and Meyer, "Dialectical logic, classical logic and the consistency of the world"에서 찾아볼 수 있다. Johansson, "Der Minimalkül"은 일부 불충분한 논리 체계에서 모순이 수용되는 경우가 있지만, 하나의 모순적 진술을 인정한다고 해서 모든 논리적 진술을 받아들여야 하는 것은 아니며, 이것은 표준적인 논리수학에서도 마찬가지라는 것을 보여준다.

115) 예컨대 *Grundrisse*, p. 401 참조.

116) 예를 들면 Marx and Engels, *Collected Works*, vol. 5, pp. 52, 432; vol. 10, p. 589; vol. 14, p. 143; *Capital III*, pp. 386, 440 참조.

는 두 용어를 분명하게 구별하여 사용했다. 우선 내가 아는 한, 그는 계급 간의 투쟁을 '모순'이라고 부른 적이 없다. 이런 경우 '대립'이라는 용어를 사용했다.[117] 마르크스가 '모순'이라는 용어를 단 한 가지 뜻으로 일관되게 사용했다는 말은 아니다. 그러나 그는 '모순'이라는 말을 광범위한 현상을 가리키는 말로 무차별적으로 사용하지는 않았다. 이 점에서 그의 '모순' 개념은 모택동의 《모순론》에서의 '모순' 개념과는 다르다.

그러면, 진정한 의미에서의 모순이 논리적 개념으로 성립할 수 있을까? 서로 모순되는 두 개의 진술을 다 진실이라고 받아들이라는 말일까? 결코 그런 것이 아니다. 모순이 어떻게 논리적 개념이 될 수 있는지에 대해서는 다른 곳에서 자세히 설명했으므로 여기에서는 간단히 언급하겠다.[118] 사르트르의 저작은 물론이고, 《정신현상학》에서도 심리적 모순과 사회적 모순은 구별된다. 심리적 모순은 내용상 모순되는 정신적 상태를 가리킨다. 예를 들면 한 개인의 믿음과 욕망이 논리적으로 모순되는 경우가 있을 수 있다. 사회적 모순은(이것이 우리의 주제이다) 여러 사람들이 각자 상대방에 대해 자신의 믿음을 가지고 있는데, 그 하나하나를 놓고 보면 각각 진실일 수 있지만, 논리적으로 볼 때 모두의 믿음이 다 진실일 수는 없는 경우를 가리킨다. 어떤 진술이 행위주체 **누구에게나** 진실일 수 있으나 논리적으로 볼 때 **모두에게** 진실일 수는 없는 경우에 이러한 일이 발생한다. 어느 한쪽의 믿음이 옳으면 다른 한쪽의 믿음이 옳을

---

117) 그러나 마르크스는 자본과 노동 간의 관계를 나타낼 때 "모순"이라는 말을 사용하기도 했다. (나는 *Logic and Society*, p. 90 note 1에서 이 점에 대해 잘못 말했다.) 예컨대 *Zur Kritik (1861~1863)*, pp. 2014, 2056 참조. 여기에서 "모순"이라는 말은 계급투쟁을 가리키는 것이 아니라, 자본이 (임금을 줄이기 위해) 가능한 한 노동을 적게 고용하려 하면서도 동시에 (잉여가치의 증대를 위해) 가능한 한 많은 노동을 고용하려 한다는 사실을 가리킨다.

118) 자세한 내용은 졸저 *Logic and Society*, 제 4장과 제 5장 및 졸고 "Négation active et négation passive" 참조.

수 없는 상황에서 각 개인들이 자신의 믿음이 옳다는 전제하에 행동할 경우, 그들의 행동은 1. 3. 2에서 말한 비의도적 결과 메커니즘에 의해 결과적으로 비극을 초래한다. 어려운 말로 하면, 반종극성은 합성의 오류가 현실로 나타나는 것이다.

이러한 복잡한 구조를 마르크스는 '모순'이라는 용어를 사용하여 논의하는데, 두 가지 의미를 분명하게 구별하여 사용한다. 우선 합성의 오류를 지칭하는 '모순'이라는 용어의 두 가지 용법(그중 하나가 반종극성이다)에 대해 살펴보기로 하자. 이 두 개념은 마르크스주의에서 이론적으로 중요할 뿐만 아니라, 마르크스의 저작에서 제목이나 부제로 자주 등장한다. 이것은 마르크스가 그 용어를 특별한 뜻으로 사용하고 있다는 것을 보여준다. 《자본론 I》에 "자본의 일반적 정식의 모순"이라는 제목의 절이 있다(영어판에서는 장으로 편성되어 있다). 여기에서 마르크스는 이렇게 말한다. "자본은 유통에서 발생해야 하는 동시에 유통에서 발생해서는 안 된다."[119] 만일 "잉여가치가 유통에서 발생하는 것이 아니라면 외부의 어디에서 발생할 수 있겠는가? 유통은 상품소유자들의 모든 상호관계의 총체이다. 여기에서 상품소유자는 오로지 그들이 소유한 상품에 의해서만 규정된다."[120] 그러나 잉여가치가 유통에서 발생한다는 가정은 합성의 오류를 범하고 있다는 사실이 드러난다. 마르크스는 드 트라시(Destutt de Tracy)의 다음과 같은 주장을 인용한다. "산업자본가들은 '모든 것을 그 생산에 든 비용보다 비싸게 팔아' 이득을 얻는다. 그러면 그들은 누구에게 판매하는가? 우선 서로에게다." 그런 다음 이렇게 논평한다. "전체로서의 자본가 계급은 어느 나라에서건 자기 자신에게 속임수를 쓸 수는 없다."[121] 상품소유자는 누구든지 다른 사람을 희생하여 이

119) *Capital I*, p. 166.
120) *Ibid.*, p. 165.
121) *Ibid.*, p. 163.

득을 얻을 수 있다. 그러나 교환 전체의 합은 일정하다. 이러한 딜레마는 앞에서 말한, 잉여가치가 가능한 조건으로서 노동력의 구매와 판매에 대한 연역을 통해 밝혀질 수 있다. 즉 여기에서 보이는 모순은 오직 표면적인 모순일 뿐이다. 그러므로 논의의 구조는 이렇게 된다. 즉 잉여가치는 유통에서 발생할 수밖에 없다. 그렇지 않다고 가정하는 것은 불합리하다. 그러나 잉여가치가 유통에서 발생한다는 가정은 합성의 오류를 범하고 있다. 유통에 있어서의 속임수는 국지적으로만 가능할 뿐인데, 이것이 보편적으로도 가능한 것처럼 일반화하는 것은 자기모순이다. 마르크스는 독자를 어리둥절하게 만든 다음 노동력이라는 개념을 제시하기 위해서 그런 설명방식을 택한 것일 뿐이다. 그것이 추론의 본질은 아니다. 마르크스의 설명이 흥미롭기는 하지만 여기에서 내가 발견한 것은 개별 상품소유자가 할 수 있는 것과 모든 상품소유자가 할 수 있는 것 간의 논리적 대비이다.

《자본론 III》에는 "법칙의 내적 모순의 전개"라는 제목이 붙은 중요한 장이 있다. 여기에서 법칙은 이윤율의 저하 경향 법칙을 말한다. 3.4.2에서 살펴보겠지만, 이 제목은 잘못된 것이고 적절하지 못하다. 하지만 마르크스가 보여주려 한 모순은 그의 이론에서의 모순이 아니라 현실에 존재하는 모순이다. 이윤율 하락에 들어 있는 모순은 매우 불분명한 것이기는 하지만, 이것이 반종극성 메커니즘을 의미하는 것으로 볼 수 있는 구절이 하나 있다.

> 새로운 생산방법이 아무리 생산성이 높고 잉여가치율이 높다 하더라도 그것이 이윤율을 저하시키는 것이라면 어떤 자본가도 그러한 생산방법을 자발적으로 도입하지는 않는다. 그러한 새로운 생산방법은 모든 상품을 저렴하게 만든다. 따라서 자본가는 그렇게 생산된 상품을 원래의 생산가격보다, 아마도 그것의 가치보다 더 높게 팔게 된다. 그 자본가는 자신의 생산비용과 그

보다 높은 생산비용으로 생산되는 다른 상품의 시장가격 간의 차액을 가져간다. 그가 그렇게 할 수 있는 이유는 이 상품의 생산에 사회적으로 요구되는 평균노동시간이 새로운 생산방법에서 요구되는 노동시간보다 더 크기 때문이다. 그의 생산방법은 사회적 평균보다 수준이 높다. 그러나 경쟁으로 인해 이 새로운 생산방법은 일반화되고, 마침내 일반 법칙을 따르게 된다. 즉 이윤율이 하락하는 것이다. 이러한 현상은 아마도 해당 생산부문에서 먼저 일어나고 그런 다음 차례로 다른 생산부문으로 확대될 것이다. 이것은 그 자본가의 의지와는 완전히 무관한 것이다.[122]

로머가 이 구절에 대해 지적한 것처럼, 여기에서 "이윤율이 하락한다"는 말이 새로운 이윤율이 처음의 이윤율보다 낮아진다는 뜻인지, 아니면 새로운 이윤율이 점차 하락한다는 것인지는 분명하지 않다.[123] 1. 3. 2에서 살펴본 것처럼, 전자의 경우에만 반종극성이 있다고 할 수 있다.[124] 문맥을 놓고 볼 때 이것이 올바른 해석이다. 여기에서 마르크스가 설명하려고 하는 것은 이윤율이 점차 하락하는 경향을 보인다는 것이지, 이윤율이 기대 이하로 하락할 수 있다는 것이 아니기 때문이다. 이러한 독해가 맞다면, 이 구절은 자본가의 행동의 모순적인 성격에 대한 논의가 된다. 개별 자본가가 이윤율을 높일 목적으로 하는 행동은 집합적으로 이윤율의 하락을 가져온다. 한 자본가 혼자만 그런 노력을 한다면 성공할 수 있지만, 모든 자본가가 그렇게 하면 실패하게 된다. 바로 국지·전역 대립이라는 모순이 나타나는 것이다. 이윤율 하락 이론은 형식적으로는 결함이 있지만, 그의 일반적 논의구조에는 이렇다 할 영향을 미치지 않는다. 이에 대해서는 3. 4. 2에서 설명하겠다. '모순'이라는 용어를 사용하지는 않았지만, 동일한 논리구조를 가진 마르크스의 분석들을 추가로

---

122) *Capital III*, pp. 264~265.

123) Romer, *Analytical Foundations*, p. 109.

124) 각주 62) 참조.

제시하겠다. 1.3.2에서 인용한 바 있는, 케인즈 학파의 원조라고 볼 수 있는 《요강》의 구절 외에 다음과 같은 언급도 매우 인상적이다.

> 여기에서 한 자본가가 **다른** 자본가의 노동자들에 대해 가지는 관계는 원래 우리의 논의와 무관하다. 그것은 각 자본가의 환상을 보여줄 뿐 노동에 대한 자본 일반의 관계에는 아무런 변화도 일으키지 않는다. 모든 자본가들이 알고 있는바, 각 자본가는 자신의 노동자와의 관계에서 생산자와 소비자의 관계가 아니며, 따라서 가능한 한 노동자의 소비, 즉 그의 교환능력, 그의 급료를 제한하려 한다. 물론 그는 **다른** 자본가들의 노동자들이 가능한 한 **자신의** 상품의 최대 소비자이기를 원한다. 그러나 각 자본가의 **자기** 노동자에 대한 관계는 **자본으로서의 노동과의 관계**이며, 이것이 그 관계의 본질이다. 그러나 바로 여기에서 하나의 환상이 일어난다. **자기** 노동자 **이외의** 나머지 노동자 계급 전체를 노동자가 아니라 **소비자**로서 교환에 참여하는 자로, 화폐 지출자로 여기게 되는 것이다. 이 환상은 다른 모든 자본가들과 구별되는 개별 자본가에게는 사실이다.[125]

자본주의 경제에 대한 어떤 환상들은 자본주의의 작동방식으로부터 자연스럽게 생겨난다는 중요한 주장에 유의하라. 이 점에 대해서는 2.3.2와 8.2.3에서 자세히 논의하겠다.

《잉여가치 학설사》의 한 구절도 자본주의 국가 내의 상황과 국가 간의 상황이 모순된다는 점을 잘 보여준다.

> 생산과 소비는 본래 분리될 수 없다. 그러나 자본주의적 생산체제에서는 이들이 분리되어 있다. 그러므로 양자의 대립을 통해 통일성이 회복된다. 즉 A가 B를 위해 생산하면, B는 A를 위해 소비해야 한다. 개별 자본가는 소비자들이 돈을 헤프게 써서 그의 소득을 높여주길 원한다. 이것은 낡은 중상주

125) *Grundrisse*, p. 420.

의 체제가 자기나라 국민들은 검소해야 한다고 생각하면서, 외국의 국민들이 즐길 사치품을 생산해야 한다고 생각하는 것과 같다.[126]

마지막으로 마르크스가 '모순'이라는 말을 지금까지 논의한 것과는 다른 의미로 사용한 경우를 살펴보겠다. 가장 중요한 것은 '생산력과 생산관계 간의 모순'인데, 5. 1. 3에서 자세히 논의한다. 마르크스는 《요강》과 《자본론 III》에서 이 모순이 이윤율 하락의 바탕에 깔려 있는 것과 동일한 것이라고 말한다. 하지만 나는 어떻게 이렇게 말할 수 있는지 이해할 수 없다. 생산력과 생산관계 간의 모순은 생산력의 **실질적인** 발전 속도와, 다른 생산관계 아래에서 획득 가능한 **가정적인** 발전 속도 간의 대비를 가리키는 것이고, 이윤율의 하락은 자본가의 **의도된** 행동과 **실질적인** 결과 간의 차이에서 발생하는 것이다. 이 두 가지 '모순'은 공존할 수도 있고, 인과적으로 연관될 수도 있지만, 개념적으로는 구별된다. 이 문제는 3. 4. 2에서 살펴보겠다.

제 2인터내셔널의 마르크스주의에서는 '사회적 생산과 사적 전유 간의 모순'이 주요한 화두였는데, 엥겔스는 이러한 표현을 자주 썼지만, 내가 알기로 마르크스는 1861~1863년의 《비판》에서 딱 한 번 이렇게 말했다.

> 자본주의가 **보편적인 사회적 힘**으로 발전하면 그 힘은 이러한 사회적 생산조건에 대한 **개별 자본가의 사적인 힘**과 모순을 일으키게 되고, 이 모순이 심화되면 둘 사이의 관계는 무너진다. 왜냐하면 그것은 곧 물질적 생산조건의 보편적인 발전을 의미하는 것이고, 따라서 공동체적인 사회적 생산조건으로의 발전을 의미하기 때문이다.[127]

---

126) *Theories of Surplus-Value*, vol. 1, p. 283.

127) *Zur Kritik (1861~1863)*, pp. 1672~1673. Ste Croix, *The Class Struggle in the Ancient Greek World*, p. 548 note 2는 《자본론 III》의 두 곳(pp. 266, 440)을 또 다른 사례로 언급하지만, 둘 중 앞의 것은 모호하고, 뒤의 것은

그러나 이 모순은 말이 모순이지 키 큰 아내와 키 작은 남편과 같은 뚜렷한 대조를 의미할 뿐이다. 실제로는 모순이 아니다. 왜냐하면 그 모순이 무기한 계속되지 못할 어떠한 이유도 없기 때문이다. 사회적 모순이라는 개념의 이론적 기능은 불안정과 변화의 원인을 찾아내는 것이지, 조화가 상실된 지점을 알아내는 것이 아니다.

'모순'이라는 말은 여러 곳에 등장하는데, 통찰력이 돋보이는 곳도 있고, 엉뚱한 곳도 있다. 그러나 내가 분류한 개념과는 맞지 않기 때문에 이것을 일일이 인용할 필요는 없다. 마르크스는 자본주의의 모습 중 기대에 어긋나거나, 삐뚤어져 있거나, 혹은 종말을 예고하는 모습이 발견되면 '모순'이라는 말을 사용했다. 이렇게 사용된 '모순'이라는 말은 이론적으로 별로 중요하지 않다. 따라서 이 책에서는 그 말이 중요한 의미로 사용된 경우에 한하여 분석하였다. 내 주장은 ① 마르크스의 논의에는 자주 등장하는 논의 유형이 있는데, 이것은 '사회모순론'이라고 부를 만하고, ② 그 논의에는 '모순'이라는 용어가 자주는 아니고 가끔씩 등장한다는 것이다. 그러나 ③ 마르크스가 사회모순론을 전면에 내세웠다고 주장할 생각은 없고, ④ 이러한 사고방식이 그의 지적 배경에 깔려 있었기 때문에 특별히 체계적인 방법으로 이를 설명할 필요를 느끼지 못했다고 생각한다. 행위주체들이 상대방에 대해 가진 믿음이 합성의 오류를 내포하고 있을 때 비의도적 결과가 발생한다는 개념은 매우 강력한 것이다. 나는 바로 이것이 사회과학방법론에 대한 마르크스의 가장 중요한 공헌이라고 생각한다. 그의 내생적 신념형성 이론과 결부하여 생각해보면 이 점을 뚜렷하게 알 수 있다. 이러한 방법을 '변증법'이라고 하든 '사회모순론'이라고 하든 그 명칭은 부차적인 문제에 속한다.

원문에 'Widerspruch'가 아니라 'Gegensatz'이다.

제1부

철학과 경제학

제 1부는 오늘날 철학자와 경제학자가 연구하는 문제들을 다룬다. 제 2부는 역사, 사회학, 정치학에 더 가까운 문제들을 다룬다. 편의에 따라 구분한 것이기는 하지만, 주제들을 조직하는 매우 유용한 방법이다. 좀 더 자세히 말하자면, 제 1부에서는 자본주의 경제체제에 대한 마르크스의 분석과 비난, 그리고 그의 사고의 바탕에 깔려 있는 공산주의 사회에 대한 열망을 논의한다. 제 2부에서는 사회적 변화와 집합행위가 논의의 중심이 된다. 주로 자본주의에서 공산주의로의 이행에 관한 마르크스의 이론을 이해하기 위한 것이지만, 그것만 있는 것은 아니다. 이러한 동태적인 문제들은 제 1부에서도 자본주의의 위기(3. 4)를 논의하는 과정에서 나오기는 하지만, 그것들은 자본주의의 균형에 대한 분석이나 그것이 인간에게 어떤 의미를 갖는지에 대한 규범적인 평가에 비하면 부차적인 것이다.

대체로 제 2장과 제 4장은 규범적인 문제들에 관한 것이다. 제 2장에서는 마르크스가 말한 자본주의에서의 소외에 대해, 그리고 이와 밀접하게 연관된 물신숭배와 물화(物化) 현상에 대해 그 복잡한 구조를 해명하고자 한다. 마르크스의 소외론을 제대로 이해하기 위해서는 좋은 삶이 어떤 것인지에 대한 규범적인 관점에 비추어 이 문제를 보아야 한다는 것이다. 구체적으로 말하면, 그것은 모든 분야에 걸쳐 창조적인 활동을 하는 생활을 말한다. 경제적 생산도 그중 하나이지만 결코 유일한 것은 아니다. 자본주의 아래에서 어떤 왜곡이 일어나는지에 대한 마르크스의 논의가 워낙 방대하기 때문에 그 이상(理想)이 무엇인지 재구성할 필요가 있기는 하지만, 그의 논의에 들어 있는 전망은 명확하다. 여기에도 물론 약간의 공상적 요소가 들어 있기는 하다. 예를 들면 어느 누구나 모든 일을 할 수 있고, 또 실제로 그렇게 할 것이라는 가정은 확실히 공상적인 성격을 지니고 있다.

제 4장에서는 분배적 정의의 문제를 살펴보겠다. 착취는 자본주의의

주된 결점으로 여겨진다. '기여에 따른 분배'의 원칙을 위반하기 때문이다. 마르크스가 분배적 불의를 근거로 자본주의를 비난했다고 주장하는 학자들도 있지만, 나는 그렇게 생각하지 않는다. 마르크스가 이 문제보다는 소외에서 야기되는 자아실현의 결여를 더 중요한 문제로 여겼다는 것이 내 생각이다. 하지만 공산주의를 논의하는 곳에서 분배 문제도 함께 논의하겠다. 자아실현에도 물질적인 재화가 필요하기 때문에 자아실현도 희소재에 속한다고 볼 수 있다. **누구든지** 실제로 모든 일을 할 수 있다고 가정한다 하더라도, **모든 사람**이 그렇게 할 수 있을 것이라는 결론이 나올 수는 없다. 이러한 문맥에서 공산주의적 정의의 원칙인 '필요에 따른 분배'의 원칙을 논의한다.

제 3장은 마르크스의 자본주의 아래에서의 균형과 불균형 이론에 관한 것으로서 분석적인 성격을 지니고 있다. 여기에는 노동가치설에 대한 비판적 검토, 자본주의적 위기 이론에 대한 비판적 논의, 축적과 기술변혁에 대한 마르크스의 견해 및 이에 대한 다소 긍정적인 평가 등이 포함되어 있다. 이 장은 두 가지 이유로 일부 독자들에게는 실망스러울지도 모른다. 첫째, 내가 말하려고 하는 것이 대체로 부정적이기 때문에 마르크스에게서 아직도 가치 있는 것이 무엇인지 찾고자 하는 독자들은 여기에서 얻을 것이 별로 없다. 둘째, 주제 자체가 계량적인 성격을 지니고 있기 때문에 다른 곳에 비해 전문용어들이 많이 나온다. 이러한 문제들로 인해 야기될 반론에 대해 한두 가지 준비한 대답이 있다. 마르크스의 경제 이론은 그의 다른 영역과 밀접히 관련되어 있기 때문에, 가치 있는 것들이 무엇인지 알기 위해서라도 그의 경제 이론을 잘 알고 있어야 한다는 것이다. 마르크스의 착취, 물신숭배, 자본주의의 모순 개념에서 유용한 것과 무용한 것을 가려내기 위해서는 그의 노동가치설 혹은 이윤율 하락 이론이 왜 그릇된 것인지를 알아야 한다. 또한 약간의 공식을 사용하지 않고서는 경제적인 문제들을 제대로 논의할 수 없다. 마르크스가 오류를

범한 이유는 계량적인 기법으로만 다룰 수 있는 문제들을 서술적으로 해명할 수 있다고 믿었기 때문이다. 계량적인 기법을 사용하면 반대방향으로 작용하는 여러 경향들의 효과를 제대로 측정할 수 있다. 그의 실수를 이해하기 위해 우선 우리부터 그런 실수를 되풀이하지 말아야 한다.

제2장

철학적 인류학

이 책은 주로 사회과학자로서의 마르크스에 대한 논의로서 그 배경에는 규범적·인류학적 전제들이 있는데, 이 장에서 이러한 전제들을 살펴본다. 이들 배경 이론의 인식론적 지위는 아주 다양하다. 그중 일부는 주로 경험적인 것으로서 사회인류학, 심리학, 진화생물학의 경계선상에 있다. 어떤 것은 작용과 상호작용의 의미를 규명하는 등 개념적 분석이 주를 이룬다. 또 어떤 것은 성격상 사변철학에 해당하는 것으로서 오늘날에는 더 이상 받아들여지지 않는다. 마지막으로, 어떤 것은 아리스토텔레스의 도덕철학 전통을 물려받은 것으로서 인간의 본성에 대한 분석을 통해 좋은 삶이 무엇인지 규명하려 한 것이다. 각각의 경우에 대해 마르크스가 말하고자 한 바가 무엇이며, 어떤 의미에서 사실로 받아들일 수 있는지를 밝힐 것이다.

인간은 자연과 상호작용하며(2.1), 다른 인간과도 상호작용한다(2.3). 이러한 상호작용은 인간의 본성을 구성하는 욕구와 능력을 바탕으로 이루어진다(2.2). 나아가 이 상호작용은 세계사의 틀 내에서 이루어진다(2.4). 이러한 명제들이 이 장에서 살펴볼 내용이다. 다른 관점에서 보면, 이것은 세 개의 주제로 정리할 수 있다. 첫째, 자본주의하에서는 인간의 본성과 사회가 병리현상을 일으킨다. 여기에는 여러 가지 현상이 있는데, 텍스트가 허락하는 범위 내에서 조목조목 제시하겠다. 정신적 소외(2.2.5)는 인간의 욕구가 미발달 혹은 미충족 상태에 있을 때 발생한다. 사회적 소외(2.3.3)는 인간의 공동활동의 산물이 독립적인 존재가 되어 제작자의 손을 벗어날 때 발생한다. 자연법칙에 반하는 독립이라는 주제는 또한 물화 이론(2.2.6)의 기초를 이루는데, 물화 이론은 인간의 욕구와 능력이 어떻게 편향적이고 강박적인 성격을 가지게 되는지를 보여준다. 마지막으로 물신숭배(2.3.2)는 대상들의 관계적 속성을 마치 그 대상 속에 들어 있는 자연적 속성인 것처럼 여기게 되는 인식과정을 말한다.

다음으로 마르크스가 생각한 좋은 삶에 대해 논의한다. 그는 좋은 삶이 공산주의에서 실현될 수 있다고 생각했다(2.2.7). **창조**와 **공동체**, 이 두 단어가 핵심어다. 인간의 본성은 타인을 위해 창조하고, 자신의 창조적 능력을 인류를 위해 발휘하는 것이다. 이러한 열망의 심리적 기초에 대해 논의할 것이며, 이와 관련된 몇 가지 경험적·논리적 난점에 대해서도 살펴볼 것이다.

마지막으로 여기에서 거기로 이행하는 문제가 있다(2.4). 마르크스의 역사철학에서 자본주의는 공산주의로 가기 위해 반드시 필요한 디딤돌이다. 이 문제는 제5장에서 논의할 경험적 이론들과 밀접히 연관된 것이기는 하지만, 다른 문제에 속한다. 헤겔과 마찬가지로, 그는 소외가 인류의 힘의 발전과정에서 필수적인 단계라고 보았다. 또한 헤겔과 마찬가지로, 소외를 목적론적으로 필연성의 관점에서 설명하였다. "인간의 해부가 원숭이의 해부에 열쇠가 되는"[1] 것처럼, 공산주의는 자본주의를 이해하기 위한 열쇠이다. (그리고 자본주의는 전자본주의적 생산양식을 이해하기 위한 열쇠이다.) 이러한 목적론적 관점은 1.4에서 논의한 기능적 설명 성향과 관계가 깊다.

마르크스 이론의 배경에 있는 이러한 전제들은 매우 중요하다. 마르크스가 이에 대해 직접 언급한 저작은 얼마 안 되지만, 그가 일생동안 고난을 감내하면서 투쟁한 본질적인 동기가 바로 여기에 있다. 그는 공산주의에 대한 열망과 공산주의가 필연적으로 도래하리라는 확고한 신념을 단 한 번이라도 포기한 적이 없었다. 이러한 동기와 신념으로 인해 그의 사고에 엄청난 편견들이 생긴 것이다. 그의 인간 본성에 대한 이론은 바람직한 것은 또한 가능하다는 전제를 가지고 있고, 그의 역사철학은 바람직하고 가능한 것은 불가피하다는 관념을 가지고 있다. 열정은 있되, 왜곡을 동반하지는 않는 그런 열정을 바라는 것은 어쩌면 지나친 요구일 수도 있다.

2.1. 인간과 자연

이 주제에 관해서는 마르크스가 많은 주장을 한 것으로 알려져 있지만, 언급할 만한 것이 별로 없다. 이 주제에 관한 마르크스의 견해는 산만하고, 일관성도 없고, 중요하지도 않다. 그러나 몇 가지 흥미로운 관찰이 들어 있다. 2.1.1에서 우선 마르크스의 철학적 유물론, 즉 물리적 세계와 인간의 의식 간의 관계에 관한 이론을 살펴보겠다. 2.1.2에서는 자연이 인간에 의해 변형되는 정도에 관한 그의 무모한 주장을 살펴보겠다. 2.1.3에서는 인간이 자연에 의해 속박된다는 주장을 살펴보고, 이에 대해 논평하겠다. 이 논의는 마르크스가 지리적 결정론을 어느 정도로

1) *Grundrisse*, p. 105.

받아들이고 있었는지를 판단하는 데 도움이 된다.

2.1.1. 철학적 유물론

이 주제와 관련하여 언급할 필요가 있는 것은 마르크스가 일관성 있는 유물론적 견해를 가진 바 없으며, 가졌다 하더라도 역사적 유물론과는 별로 관계가 없다는 것뿐이다. 외부 세계는 인간의 존재와는 관계없이, 인간의 존재에 앞서 존재한다고 믿었다는 점에서 확실히 마르크스는 유물론자였다.[2] 물론 그렇지 않다고 볼 여지가 있는 구절들도 있다.[3] 마르크스가 의식에 관한 유물론적 이론 — 어떤 형태이든 — 을 주장했다고 볼 수 있는 구절을 나는 알지 못한다. 의식에 관한 유물론적 이론에는 여러 형태가 있다. 정신은 존재론적으로는 물질과 독립해 있지만 인과적으로는 물질에 의존해 있다는 부수현상설(附隨現象說)도 있고, 정신은 다른 방식으로 기술한 물질이라는 동일설도 있다. 마르크스는 존재가 의식에 우선한다고 주장한 적이 있는데,[4] 여기에서 의식이 의식 그 자체를 가리키는지 아니면 의식의 내용을 가리키는지는 분명하지 않다. 또한 우선의 형태가 어떤 것인지도 분명하지 않다. 《신성가족》(*The Holy Family*)에 나와 있는 유물론에 대한 언급에서도, 혹은 《경제학 · 철학 원고》에서 그가 실재론, 자연주의, 인간주의라고 부른 것들에 대해 정력적인 반론을 제기한 논의에서도 일관성 있는 이론을 찾을 수가 없다.[5]

그러나 마르크스의 논의와 관계없이 철학적 유물론을 옹호할 수는 있

---

2) *The German Ideology*, p. 40. Ruben, *Marxism and Materialism*, pp. 71ff에는 같은 취지의 여러 문장들이 인용되어 있다.

3) 예를 들면, *Economic and Philosophical Manuscripts*, p. 305.

4) *The German Ideology*, p. 37.

5) Ruben, *Marxism and Materialism*; Wood, *Karl Marx*, part IV.

고, 역사적 유물론과 흥미로운 상관관계가 있다고 주장할 수는 있다. 예를 들면, 마르크스의 역사 이론은 물질에 설명적 우위를 부여하기 때문에 유물론적이라고 주장할 수도 있다. 그러나 이러한 주장은 성립할 수 없다. 마르크스의 역사 이론이 어느 의미로 보더라도 정신보다 물질이 우선한다고 보는 견해는 아니기 때문이다. 그는 과학이나 언어도 기술과 마찬가지로 '정신적' 생산력이며, 사회변동 과정에서 중요한 역할을 한다고 본다. 코헨이 주장한 바와 같이, '물질적'의 대응어는 '사회적'이지 결코 '정신적'이 아니다.[6] 생산력을 전체적으로 물질적인 것이라고 한다면, 이것은 사회적 생산관계와 대립하는 것이지 정신의 산물 및 활동과 대립하는 것은 아니다.

또한 정신과 물질의 관계는 경제적 토대와 정치적·이데올로기적 상부구조의 관계와 유사하다는 주장도 성립할 수 없다. 물론 두 경우 모두 물질이 비물질에 대해 설명적 우위를 가지고 있지만, 우위의 메커니즘이 다르기 때문에 이 둘을 유사한 것으로 취급하는 것은 혼란만 초래한다. 1. 4. 4와 1. 4. 5에서 논의한, 토대와 상부구조 간의 관계에 관한 코헨의 설명을 상기해보라. 코헨에 따르면 토대의 우위는 기능적 설명의 문제로서, 상부구조가 토대에 미치는 영향이라는 관점에서 상부구조를 설명할 수 있다는 것이다. 그의 주장을 다 받아들일 수는 없다 하더라도, 이것이 어떤 경우에는 사실이라는 것을 부정할 수 없다. 이것을 정신-물질 관계로 바꾸어놓으려는 시도는 결국 상호작용론으로 가고 만다. 유물론이라는 말을 아무리 넓게 사용하더라도 상호작용론을 유물론이라고 할 수는 없다. 철학적 유물론과 역사적 유물론 사이에 완전한 유사성이 있다는 것을 증명한다 하더라도, 전자의 타당성이 후자의 타당성을 보장하지는 않으며, 전자가 타당하지 않다고 해서 후자도 타당하지 않다는 주장을

---

6) Cohen, *Karl Marx's Theory of History*, p. 47 and ch. IV.

할 수는 없다. 연역적 연관을 주장할 수 있는 경우에만 철학적 유물론은 역사적 유물론의 기초가 될 수 있으며, 혹은 (가능성은 희박하지만) 그 반대가 성립할 수 있다. 나는 아직까지 그러한 연역적 연관을 조금이라도 찾아낸 어떠한 이론도 보지 못했다.

2.1.2. 인간에 의한 자연의 변형

마르크스는 당대의 자연이 인간 노동의 결과로서 인간화된 것이라는 극단적이고 과장된 견해를 가지고 있었다. 《독일 이데올로기》에서 그는 포이어바흐의 사변적 · 감성적 유물론을 이렇게 비판한다.

> 그를 둘러싼 감각 세계는 결코 영원으로부터 주어진, 항상 동일성을 유지하는 것이 아니라, 산업의 산물이며 사회상태의 산물이다. … 가장 단순한 '감각적 확실성'의 대상조차도 산업적 · 상업적 교통이라는 사회적 발전을 통해 그에게 주어진 것이다. 벚나무는 다른 과실수처럼 불과 수 세기 전에 상업을 통하여 이 지역에 이식되었으며, 이러한 특정 시대의 특정 사회의 행위에 의해 '감각적 확실성'이 포이어바흐에게 부여된 것이다. … 인간의 역사에 앞서 존재한 자연은 결코 포이어바흐가 현재 사는 자연이 아니다. 그 자연은 이 세상 어디에도 존재하지 않으며(최근에 생긴 오스트레일리아의 몇몇 산호초에서나 찾을 수 있을까), 따라서 포이어바흐에게도 존재하지 않는다.[7]

그러면 사람의 힘이 미칠 수 없는 수백만 개의 태양계는 어떻게 되는가?[8] 자연이 인간에 의해 변형되는 정도에 대한 마르크스의 주장은 확실

7) *The German Ideology*, pp. 39～40.

8) Papaïoannou, *De Marx et du Marxisme*, p. 70.

히 과장된 것이고, 빗나간 것이다. 그럼에도 불구하고 그는 15년 후까지도 같은 생각을 유지한다. 1861~1863년의 《비판》에서 그는 이렇게 쓰고 있다.

> 천연 산물을 제외하면, 노동의 재료는 항상 이전의 노동과정을 거친다. 어떤 한 산업부문에서 노동의 재료처럼 보이는 것, 예를 들면 원자재 같은 것도 다른 산업부문에서는 생산물로 나타난다. 엄청나게 많은 대상물이 (식물이나 동물 같은) 자연의 산물처럼 생각되지만, 실상은 인간의 감독 아래 변형의 과정을 거친 것이며, 수 세대에 걸친 인간 노동의 결과물로서, 그 과정에서 형태와 내용이 모두 변형되어왔다.[9]

1868년에 그는 독일 농부 프라스(Fraas)가 "기후와 식생(植生)이 역사 시기에 따라 변해왔다"는 점을 증명했다고 말하면서, "그는 다윈 이전의 다윈주의자이며, 인류도 역사 시기에 따라 등장한다는 것을 보여준다"고 치켜세운다.[10] 자연이 노동에 의해 지속적으로 매개된다고 보는 이러한 자연관이 마르크스에게 깊이 뿌리박혀 있었다. 인간은 어디에서나 "자신이 창조한 세계 속에서 자기를 보게 되고", 자연은 자기 자신을 비춰주는 영원한 거울이라는 생각이 마르크스의 좋은 사회에 관한 이론에 들어 있다. 그러나 이러한 주장은 일정한 전제를 필요로 한다. 즉 사회가 합리적으로 조직되어 있어서 인간의 여러 활동들이 인간 상호 간에 그리고 자연과 파괴적인 방식으로 충돌하지 않는다는 전제가 필요하다. 같은 편지에서 마르크스는 프라스가 다음과 같은 사실을 어렴풋이 알고 있다고 칭찬한다.

---

9) *Zur Kritik (1861~1863)*, p. 50.

10) Marx to Engels 1868. 3. 25. 또한 Lucas, "Marx und Engels' Auseinandersetzung mit Darwin", 특히 p. 438, note 1 참조.

그는 개간의 결과, 정도의 차이는 있지만 농부들이 그토록 좋아하던 '습기'가 사라졌고(따라서 남부에서 북부로 옮겨온 식물들도 사라졌고) 마침내 스텝지대가 형성되었다고 주장하고 있습니다. "개간이 처음에는 좋아보였지만 결국 남벌로 인한 황폐화를 초래하고 있다. … 개간을 하고 그대로 둔 채 통제하지 않으면 (물론 한 사람의 부르주아로서 그가 여기에까지 이르지는 못하겠지만) 페르시아나 메소포타미아, 그리스 등에서 보는 것처럼 곧 사막이 되고 말 것이다" 등. 여기에서 또 한 번 그가 의식하지 못하는 사회주의적 성향을 발견하게 됩니다.

《자본론 III》에도 유사한 언급이 있다. 사적 소유에 기초한 농업에서는 "토지의 생명력을 착취하고 낭비한다. … 항구적인 공동체적 소유에서는 토지의 의식적·합리적 개간이 이루어진다. 이것이 바로 대대로 이어지는 인류의 존재와 재생산을 위한 소외되지 않은 조건이다".[11] 마르크스는 생산력은 지속적으로 진보한다고 보는 반면, 자연은 지속적으로 파괴된다는 우울한 전망을 하고 있어서, 흥미로운 대조를 보인다. 이 두 가지 관념은 서로 충돌할 수도 있다. 개간된 토지는 그 자체로 생산력으로 간주될 수도 있기 때문이다. 마르크스가 생산력의 각 구성요소가 역사를 통해 진보한다고 주장한 것으로 보아야 할 이유는 없다. 그의 텍스트나 의도에 비추어볼 때, 생산력은 전체적으로 증가하는 경향이 있다고 주장한 것으로 볼 수도 있기 때문이다. 전자본주의 사회에 관한 특별한 문제가 하나 있다. 마르크스는 전자본주의 사회의 기술 수준이 보잘것없었다고 생각했지만(5. 1. 1), 무분별하고 무계획적인 착취로 인해 환경을 파괴할 능력은 충분히 있었다고 생각했다. 이러한 환경파괴가 생산력에 미치는 순효과는 부정적이라는 결론을 내릴 수 있다.

---

11) *Capital III*, p. 812; *Ibid.*, p. 620; *Capital I*, pp. 239, 265 참조.

2.1.3. 지리적 결정론

마르크스는 결코 비트포겔과 같은 지리적 결정론자는 아니었다.[12] 하지만 그의 사고에서 일부 그런 요소들이 발견된다. 우선 나중에 비트포겔이 "수력(水力) 사회"라고 부른 것에 대한 마르크스의 견해를 살펴보자.

> 기후와 지형조건으로 인해 사하라에서부터 아라비아, 페르시아, 인도, 타타르를 거쳐 아시아의 고원지대에 이르기까지 동양에서는 운하와 수로에 의존하는 관개농업이 이루어졌다. … 수자원의 경제적 활용과 치수의 필요성이 서양에서는 플랑드르와 이탈리아에서 보는 바와 같이 사기업의 자발적인 결사를 가져왔지만, 동양에서는 문명수준이 아주 낮고 영토가 너무 넓어 자발적인 결사가 형성되기 어려웠기 때문에 중앙집권화된 정치권력의 개입을 가져왔다.[13]

마르크스는 엥겔스의 편지에 근거하여 이 글을 썼는데,[14] 엥겔스에 비하면 지리적 결정론의 정도가 약하기는 하지만, 논점이 모호하다. 동양과 서양의 차이를 설명하기 위해 생산력의 수준('문명')과 지리적 조건의 차이를 거론했다. 이러한 두 설명 요인의 상대적 중요성을 이해하기 위해 《자본론 I》의 중요한 구절 하나를 보기로 하자.

> 자본주의적 생산을 전제로 하면, 다른 사정이 변하지 않고 노동일의 길이가 일정한 경우 잉여노동의 크기는 노동의 자연조건, 특히 토지의 비옥도에 따라서 변동할 것이다. 그렇다고 가장 비옥한 토지가 자본주의적 생산양식의

---

12) Wittfogel, "Die natürlichen Ursachen der Wirtschaftsgeschichte"; *Oriental Despotism*.

13) *New York Daily Tribune*, 1853. 6. 25.

14) Engels to Marx 1853. 6. 6.

> 성장에 가장 적합한 토지라고 말할 수는 없다. 이 생산양식은 자연에 대한 인간의 지배를 전제로 한다. 지나치게 풍성한 자연은 "어린애를 보행기에 의지하게 만들듯이 인간을 자연의 손에 의지하도록 만든다". 자연은 인간 스스로의 발달에 어떠한 필연성도 부여하지 않는다. 식물이 무성한 열대지방보다 오히려 온대지방이야말로 자본의 모국이다. 토지의 비옥함이 아니라 토지의 분화나 천연산물의 다양성, 계절의 변화 등이 사회적 분업의 자연적 기초를 이루며, 자연환경의 변화를 통해 인간을 자극하고 인간 자신의 욕구, 능력, 노동수단, 노동양식을 다양화한다.[15]

그러므로 인류의 발전은 어떤 의미에서 지리적 조건이 만들어낸 사건이다. 풍요로운 열대와 가혹한 극지방 사이에 중간지대가 없었더라면,[16] 발전의 필요성과 가능성은 함께 가지 못했을 것이다. 그렇다고 해서 발전이 끝까지 지리적 조건의 제약을 받는 것은 아니다. 일단 발전이 일어나 욕구와 생산력이 확장되는 자기강화 과정이 진행되면(2.2.4), 지리적 조건은 주어진 시기에 가능한 기술적 변화를 제약하는 데 그칠 뿐이다. 그러므로 마르크스에 따르면, 경제적 구조는 이러한 제약과 기타 제약 내에서 가능한 최대한의 생산력 발전을 도모할 수 있는지의 관점에서 설명된다. 이러한 논리를 수력 사회에 적용하면, 광대한 영토와 초기의 낮은 생산력 수준으로 인해 자발적인 결사보다는 중앙집권적 정부가 생산력 발전에 더 적합했다 — 물론 나중의 발전단계에서는 그 반대가 타당할 수도 있다 — 는 것이다. 문명의 발전을 이러한 지리적 조건과 결부시키는 마르크스의 견해를 비판할 수는 있지만,[17] 그의 견해가 역사적 유물

---

15) *Capital I*, pp. 513~514.

16) 마르크스는 포스터(N. Forster)의 말을 이렇게 인용한다(*Ibid.*). "노동으로 개간이 불가능한 토지는 노동하지 않고서도 수확이 가능한 토지만큼이나 나쁘다."

17) 노스는 이렇게 비판한다. "이 주장은 증가하는 인구 압력과 공동소유 자원 간

론과 모순된다고 주장할 수는 없다.

마르크스의 출판된 저작들은 지리적 조건의 중요성에 대해 균형 잡힌 시각을 보여준다. 그러나 편지글에서는 과도한 주장을 하기도 했다. 엥겔스에게 보낸 편지를 보면, 열정과 편견에 이끌려 지리적 조건의 중요성을 과도하게 평가한 주장들이 발견된다. 트레모(P. Trémaux)의 책에 대한 논평이 그러한데, 트레모의 책은 마르크스가 높이 평가했다는 이유 하나만으로 지금까지 기억되고 있다.[18]

> 역사적 · 정치적 적용에 있어서 그 책은 다윈보다도 훨씬 더 중요하고 내용도 풍부합니다. 국적 등의 문제에 관한 자연적 근거는 오직 이 책에서만 발견할 수 있습니다. 예를 들면, 저자는 폴란드인 두친스키를 바로잡아주고 있습니다. 러시아와 서슬라브의 지질학적 차이에 관한 것인데, 그 폴란드인의 주장과는 달리, 러시아인은 슬라브인이 아니라 타타르인이며, 러시아의 토양 때문에 슬라브인들이 타타르인이 되었고, 몽골인이 되었다는 것입니다. 또한 그는 (아프리카에 오래 살았는데) 보통의 흑인종은 더 고등한 인종이 퇴화한 것이라 주장하고 있습니다. "자연의 대법칙을 벗어나면, 인간의 계획은 재앙을 가져온다. 폴란드 인민을 러시아인으로 만들려는 러시아 황제들의 시도가 바로 그것을 보여준다. 동일한 본성, 동일한 능력이 동일한 토양에서 다시 태어난다."[19]

확실히 마르크스는 트레모의 견해를 수용했다. 자신의 러시아 공포증이 지리적 결정론의 형태로 과학적 근거를 얻었다고 생각했기 때문이다.[20]

의 근본적인 딜레마를 무시한다." 그에 따르면 "인간은 야생상태에서 수확량이 많은 비옥한 땅을 발견하였고, 이 지역을 외부의 침략자들로부터 지키기 시작했다고 볼 수 있다". North, *Structure and Change in Economic History*, p. 87

18) Conry, *L'Introduction du Darwinisme en France au XIXe Siécle*, p. 220 참조.

19) Marx to Engels 1866. 8. 7.

러시아인의 성격에 대한 이전의 평가는 인종차별적 태도를 직접적으로 드러냈지만,[21] 지질학을 동원함으로써 유물론적 설명 형태를 띠게 되었다. 엥겔스가 답장을 보내면서 트레모의 주장이 엉뚱하다고 언급했지만,[22] 마르크스는 다음과 같이 주장했다.

> 내가 보기엔, 토지의 영향에 관한 트레모의 기본적인 생각은 (이러한 영향의 역사적 변형에 대한 평가가 결여되어 있고, 이러한 역사적 변형에는 농경 등을 통한 표토의 화학적 변화가 포함되어야 하며, 석탄 같은 것들의 다양한 생산방법이 미친 여러 가지 영향들도 포함되어야 하지만) 공표될 가치가 있습니다. 이것은 과학에 있어서의 시민의 권리에 관한 문제이며, 트레모의 표현방식과는 별개의 문제입니다.[23]

이에 대해 엥겔스가 다시 통렬하게 비판하는 답장을 보내오자,[24] 마르크스는 더 이상 이 문제를 거론하지 않았다.

---

20) 마르크스의 러시아 공포증에 대해서는 Papaïoannou, *De Marx et du Marxisme*, pp. 461ff 참조.

21) 마르크스의 러시아에 대한 언급으로는 *The Secret Diplomatic History of the Eighteenth Century*; Marx to Engels 1865. 6. 24 참조.

22) Engels to Marx 1866. 10. 2.

23) Marx to Engels 1866. 10. 3.

24) Engels to Marx 1866. 10. 5.

2. 2. 인간의 본성

2.2.1. 문제

인간의 본성(*human nature*)에 대한 분석은 세 가지 형태가 있을 수 있는데, 셋 다 마르크스에게서 찾아볼 수 있다. 첫째, 모든 인간에게 공통되는 것이 무엇인가 하는 질문을 제기할 수 있다. 물론 정신지체나 정신병, 치매 같은 질병상황은 제외한다.[25] 이들 공통점 중 일부는 인간이 동물과 다른 점이 될 것이고(2. 2. 2), 나머지는 인간과 (최소한 일부) 동물에게 공통되는 점일 것이다. 다음으로, 인간이 개발할 수 있는 특성의 범위가 어디까지인지를 탐구해볼 수 있다. 이것은 현재 존재하거나 존재했던 사회에서 반드시 관찰된 것이어야 할 필요는 없다. 마지막으로, 개발 가능한 범위 안에 있는 특성들 중 어떤 것이 개발되어야 하느냐는 질문을 제기할 수 있다. 두 번째 질문에 대한 마르크스의 대답은, "당위는 가능을 포함한다"는 원칙에 따라, 대체로 세 번째 질문에 대한 그의 대답으로부터 재구성된다. 바람직한 특성이 어떻게 개발될 수 있느냐에 대한 질문은 인간의 본성에 관한 이론의 범위 밖에 있다. 그러나 그 이론으로부터 다음과 같은 추론은 가능하다. 즉 바람직한 특성들 중 일부는 오직 부산물로만 생겨난다는 것이다. 왜냐하면 그런 특성을 개발하려는 인위적인 시도 중에는 처음부터 실패가 예정된 경우들도 있기 때문이다.[26]

---

25) 내가 아는 한 마르크스는 이런 질병이나 혹은 기타 인간이 직면할 수 있는 불행이나 사고들에 대해서는 논의한 적이 없다. 또한 인간이 한시적인 인생을 살아간다는 것이 갖는 의미에 대해서도 언급한 바가 없다. 그러나 인생이 한시적이고, 얼마나 오래 살게 될 지 알 수 없다는 사실, 또한 인간이 여러 가지 형태로 쇠약해질 수 있다는 사실은 인간의 본성과 관련하여 중요한 의미를 갖는다. 공산주의에서도 시간의 절약이 매우 중요한 문제가 될 것이라는 견해는 바로 이러한 인생의 유한성을 암묵적으로 전제한다.

마르크스에 따르면, 인간의 본성은 욕구(2.2.3)와 능력의 관점에서 논의될 수 있고, 또한 평가될 수 있다. 인류의 발전은 욕구와 능력의 상호작용(2.2.4)을 통해 일어난다. 욕구를 충족하기 위해 능력이 개발되고, 개발된 능력은 새로운 욕구를 낳는다. 이 과정이 초기단계에서 봉쇄되면, 열대지방의 '울창한 초목'처럼, 욕구와 능력은 미발달상태에 머물게 된다. 이 과정은, 봉쇄까지는 아니라고 하더라도, 어느 한 방향으로 고정될 수도 있다. 이 경우에는 편향적인 발전이 일어나거나, 혹은 다른 바람직하지 못한 발전이 일어난다. 이런 경우들을 제외하면, 이 과정은 바람직한 방향으로 꾸준히 혹은 무한히 진행될 수 있다. 욕구와 능력에 대한 규범적인 평가는 여러 가지 문제들을 노정한다는 사실에 유의하라. 어떤 욕구와 능력은 미발달 상태에 있을 수도 있다. 또 어떤 것은 발달되었으나 충족되지 않은 상태, 혹은 발휘되지 못한 상태에 있을 수도 있다. 또 어떤 것은 발달되었고, 충족되거나 발휘되었으나, 전체적으로 인격과 통합되지 못한 상태에 있을 수도 있다. 앞의 두 가지는 정신적 소외(2.2.5)라고 할 수 있겠는데, 나는 이것을 다시 객관적 소외와 주관적 소외로 나누어서 살펴보겠다. 세 번째 것은 물화(*reification*) (2.2.6)라고 할 수 있다. 인간의 본성에 대한 이러한 병리학적 고찰을 배경으로 하여 긍정적인 측면, 즉 좋은 삶에 대한 마르크스의 견해(2.2.7)가 무엇인지를 살펴보도록 하겠다.

2.2.2. 인간과 동물

마르크스는 인간이 동물과 다른 점은 ① 자기의식, ② 의도성, ③ 언어, ④ 도구사용, ⑤ 도구제작, ⑥ 협동에 있다고 보았다. 이 여섯 가지

---

26) 그런 상황들이 본질적으로 부산물이라는 생각에 대해서는 졸저 *Sour Grapes*, ch. II 참조.

는 서로 긴밀히 관련되어 있으나 분명히 다른 것이므로 별도로 논의할 필요가 있다. 게다가 이러한 특성들 모두 비판에 직면하여 살아남을 수 없다. 어떤 학자가 지적했듯이, "인간의 특성으로 여겨진 것들이 지난 수십 년간 서서히 소멸하고 있음을 우리는 목도하고 있다".[27]

먼저 자기의식부터 살펴보자. 《경제학 · 철학 원고》에서 마르크스는 이렇게 말한다.

> 동물은 자신의 생명활동과 직접적으로 통일되어 있다. 동물은 자신과 자신의 생명활동을 구별하지 못한다. 동물 **자신이** 바로 **생명활동**이다. 인간은 생명활동 그 자체를 자기 의지와 의식의 대상으로 만든다. 인간은 의식적 생명활동을 한다. 인간의 생명활동은 인간 자신과 직접적으로 통합되어 있는 것은 아니다. 인간의 의식적 생명활동은 동물적 생명활동과는 확연히 구별된다.[28]

《독일 이데올로기》에서도 비슷한 구분을 발견할 수 있다. "관계가 존재하는 경우, 그 관계는 나를 위해 존재한다. 그러나 동물은 자신을 그 어떤 것과도 '관련짓지' 못한다. 동물에게는 '관계' 자체가 없다. 동물의 경우 자신과 타자와의 관계는 관계로서 존재하지 않는다."[29] 앞에 인용한 문장에 이어 마르크스는 자기의식의 기원 혹은 조건들에 대한 논의로 나아간다.[30] 하나는 생산과 관련되어 있는데, 인간은 "자기가 창조한 세계

---

27) Beck, *Animal Tool Behavior*, p. 218.

28) *Economic and Philosophical Manuscripts*, p. 276.

29) *The German Ideology*, p. 44.

30) 내가 여기에서 "기원(*origin*) 또는 조건(*condition*)"이라고 한 이유는, 마르크스가 자기의식의 발생에 관한 인과적 이론을 제시하고 있는지, 아니면 자기의식이 가능한 조건들에 관한 선험적 논증을 제시하고 있는지가 분명하지 않기 때문이다.

속에서" 자신을 봄으로써 자기 자신을 인식하게 된다는 것이다.[31] 또 하나는 인간의 자기 자신에 대한 의식이 '유적 존재'(*species-being*)로서의 자기 자신에 대한 의식과 관련되어 있다는 것이다. 이것은 좀 모호하고, 아마 틀린 주장일 것이다. 다른 사람들이 자기를 의식한다는 사실에 대한 인식을 통하여 인간이 자기를 의식한다는 것은 사실이다. 그러나 마르크스가 이 말을 하려고 한 것 같지는 않다. 마르크스가 주장하려 한 것은 인간의 자기 자신에 대한 의식은 인류의 일원으로서의 자기 자신에 대한 인식과 관계가 있다는 것이다. 이것은 초기 원인(原人, *hominid*)에게는 적용하기 어려운 개념일 것 같고, 또한 개념적인 문제라기보다는 경험적인 문제라는 점을 덧붙여야겠지만, 어쨌든 자기의식을 구별기준으로 삼는 것은 충분히 있을 수 있다. 하지만 동물들도 자기의식을 가지고 있다고 주장할 수 있는 상황을 그리 어렵지 않게 생각해낼 수 있다.[32]

《자본론 I》의 유명한 구절에서, 마르크스는 의도적 계획 능력을 인간의 두드러진 특징으로 든다.

> 거미는 직공(織工)과 비슷하게 활동하고, 꿀벌은 벌집을 지으면서 많은 건축가를 부끄럽게 만든다. 그러나 아무리 형편없는 건축가도 가장 훌륭한 꿀벌보다 낫다. 건축가는 건축을 하기 전에 그 구조를 마음속에 그리고 있다는 점에서.[33]

《경제학·철학 원고》에서도 비슷한 대비를 보여준다. 동물의 정형화된 건축과 인간의 자유로운 건축은 다르다는 것이다.[34] 나는 아래에서 도구

31) *Economic and Philosophical Manuscripts*, p. 277.
32) Dennett, *Brainstorms*, pp. 273ff.
33) *Capital I*, p. 178.
34) *Economic and Philosophical Manuscripts*, p. 277.

와 관련하여 이러한 대비가 억지에 가깝다는 것을 논증할 것이다. 동물들도 공간적으로나 시간적으로나 멀리 떨어져 있는 '상'(*images*)에 따라 집을 짓거나, 혹은 '상'과 관련지을 수 있는 능력을 가지고 있다. 또한 동물들에게도 새로운 문제가 생겼을 때 독창적인 해결방법을 생각해낼 수 있는 능력이 있다.

다음으로 언어 문제를 살펴보자. 앞에서 인용한 《독일 이데올로기》의 구절 바로 다음에 마르크스는 이렇게 말한다.

> 언어는 의식만큼이나 오래된 것이다. 언어는 또한 다른 사람들을 위해 존재하는 실천적 · 현실적 의식이며, 바로 그런 이유로 나를 위해 존재한다. 언어는 의식과 마찬가지로 오직 다른 사람들과의 교통의 필요성에서, 그 필연성에서 생겨난다.[35]

이어서 마르크스는 인간이 자기 자신과의 관계를 생각할 수 있는 능력이 있다는 주장을 펴기 때문에, 여기서 말하는 '의식'이란 의식 일반이 아니라 자기의식을 의미함에 틀림없다. 위의 인용구가 언어와 자기의식을 관련짓고, 자기의식은 오직 인간에게만 있다고 주장하는 것으로 보아, 언어도 오직 인간에게만 있다는 주장이 성립할 수 있다. 35년쯤 뒤에 쓴 《바그너 평주》(*Comments on Wagner*)에도 비슷한 견해가 나온다.

> 인간이 처음 하는 일은 "외부 세계의 사물들에 대한 이론적 관계 속에서 자신을 발견"하는 일이 아니다. 인간은 다른 동물과 마찬가지로 우선 먹고 마시는 등의 일을 한다. 즉 관계 속에서 "자신을 발견"하는 것(*in einem Verhältnis zu stehen*)이 아니라, 우선 행동하고(*sich aktiv zu verhalten*), 그 행동을 통해 외부 세계에 있는 어떤 것들을 소유물로 만들고, 이로써 욕구를 충족시킨

---

35) *The German Ideology*, p. 44.

다. (이와 같이 인간이 우선 하는 일은 생산이다.) 이 과정을 반복함으로써 외부 세계의 사물들이 가진, '욕구를 충족시키는' 성질을 두뇌 속에 간직하게 된다. 동물들과 마찬가지로 인간도 외부의 사물들, 특히 그들의 욕구를 충족시켜주는 외부의 사물들을 '이론적으로' 구별하는 법을 배운다. 진보가 어느 단계에 도달하면, 욕구의 발달과 그 욕구를 충족하기 위한 활동들이 수없이 반복된 후에는 언어의 도움을 받아 그 사물들을 범주화한다. 이름을 붙여놓으면 외부 세계의 다른 사물들과 구별할 수 있다는 것을 경험적으로 알고 있기 때문이다.[36)]

앞의 문장과 비교해보면, 두 가지 차이가 있다는 것을 알 수 있다. 마르크스는 여기에서 동물들에게도 어떤 인식능력, 심지어는 이론적 능력이 있다는 것을 인정한다. 또한 언어의 기원을 사회적 상호작용에서가 아니라 생산과정에서 찾고 있다. 즉 언어가 욕구 및 능력의 상호작용을 통해 발전한다는 것이다. 이 문제는 2.2.4에서 자세히 살펴볼 것이다. 그러므로 이 대목을 보면, 인간이 동물과 다른 점은 언어를 통한 인식능력에 있다고 주장하는 것처럼 보인다.

마르크스는 '기술적 역사개념'을 가지고 있었다. 인간의 본성에 대해서도 기술적 개념을 가지고 있었을까? 만일 그렇다면, 그것이 역사적 유물론과는 어떤 관계가 있을까? 나는 먼저 인간은 욕구충족을 위해 도구를 사용한다는 견해부터 살펴볼 것이다. 그런 다음, 인간의 특징은 도구를 사용한다는 데 있는 것이 아니라 생산에 있다는 견해를 살펴볼 것이다.

《독일 이데올로기》에 이런 구절이 있다.

인간은 의식이나 종교 등에 의해 동물과 구별될 수도 있지만, 인간이 동물과 구별되는 것은 자신의 생활수단을 **생산**하기 시작하는 바로 그 순간부터이

---

36) *Comments on Wagner*, pp. 362~363.

다. 이러한 생산행위는 인간의 신체구성의 제약을 받는다. … 그러므로 무엇을, 어떻게 생산하는가 하는 것이 바로 인간의 본성을 규정한다.[37]

나는 이것을 인간은 도구를 사용하여 생산을 한다는 점에서 동물과 다르다는 주장으로 이해한다. 물론 텍스트의 진술은 모호하지만 나는 그렇게 읽을 수도 있다고 생각한다. 어쨌든 이러한 해석은 마르크스의 다른 여러 주장들과 잘 맞는 해석이다.

이 주장을 평가하기 위해 벤자민 베크의 《동물의 도구행위》(*Animal Tool Behavior*)를 살펴보기로 하자. 베크에 따르면, 도구의 사용은 인간에게만 고유한 것도 아니요, 인식능력의 필요조건도 아니다. 동물들도, 심지어는 하등동물들조차도 도구사용이라고 볼 수 있는 행동을 하기 때문에 도구사용이 인간에게 고유한 것은 아니다. 예를 들면, 게도 공격이나 방어 목적으로 말미잘의 침을 이용한다. 어떤 동물들은 의도성이 요구되는 도구사용 행동을 하기도 한다. 도구를 얻은 지점에서는 보이지 않는 곳까지 그 도구를 운반하기도 하고, 심지어는 예비용까지 준비하기도 한다. 게다가 그러한 도구사용이 시행착오에 의한 것이 아니라 직관에 의한 것으로 보이는 경우도 종종 있다. 도구사용은 인식능력의 필요조건도 아니다. 직관이나 의도성은 동물들의 비도구적 행동에서도 나타날 수 있기 때문이다. 갈매기가 조개를 높은 곳에서 떨어뜨려 껍질을 부수고 속살을 먹는 행동은 도구를 사용하는 것은 아니지만 "조개가 떨어지는 장소에 대한 공간적·시간적 판단이 필요한 행동"이며, 따라서 곧 나타날 상황에 대한 '상'을 미리 가지고 있었다고 추론할 수 있다.[38] 일본원숭이 이모(Imo)[39]는 모래와 밀이 섞인 먹이를 받으면, 물에 넣어서 모래

---

37) *The German Ideology*, p. 31; 또한 *Capital I*. p. 179 참조.

38) Beck, *Animal Tool Behavior*, p. 206.

39) 〔옮긴이주〕 '이모'는 유명한 동물학 연구에 등장하는 꼬리 짧은 원숭이 암컷

는 가라앉고 밀만 남게 만든다. 의도성과 직관을 보여주는 행동이지만 도구를 사용하는 것은 아니다.[40] 앞에서 나는 마르크스가 《자본론 I》에서 동물들에게는 계획적인 행동능력이 없다고 한 것이 틀렸다고 지적한 바 있는데, 나의 주장이 옳다는 것은 이러한 예에서도 확인된다. 또한 의도적인 작업에는 반드시 도구가 요구된다는 그럴듯한 주장도 도구사용자만이 의도적 작업을 할 수 있다는 뜻이든, 의도적인 작업은 반드시 도구를 사용한다는 뜻이든, 사실이 아님을 알 수 있다. (인류의 진보 과정에서 도구행위가 인식에 선행했다는 주장은 가능하기는 하지만 불확실하다.) 마르크스가 그렇게 주장했다고 단정할 수는 없지만, 마르크스의 견해가 그런 주장에 가까운 것만은 확실하다.

마르크스는 《자본론 I》에서 인간의 특징을 "도구를 만드는 동물"이라고 한 프랭클린(Benjamin Franklin)의 말을 두 번 인용하는데, 한 번은 비꼬는 투로,[41] 또 한 번은 지지하면서[42] 언급한다. 도구의 제작을 왜 중시했는지는 쉽게 알 수 있다. 기술이 사회변화에 미치는 중대한 영향과는 별도로, 도구의 제작은 인간의 본성 발달에, 특히 시간에 대한 의식에 중대한 영향을 미치기 때문이다. 도구의 제작은 현재와 미래를 서로 연결한다. 보통 도구를 제작하는 일은 미래에 더 많이 소비하기 위해 현재 일정량을 미리 사용하는 일이기 때문이다. 말하자면 "일보 후퇴, 이보 전진"의 규칙과 같은 것인데, 이것이야말로 의도적 행위의 특징이라고 할 수 있다.[43] 또한 제작된 도구의 사용은 현재와 과거를 연결해준다고

의 이름이다. Humberto R. Maturana & Francisco J. Varela, *The Tree of Knowledge: The Biological Roots of Human Understanding*, Boston: Shambhala Publications, Inc., 1987, pp. 200~201.

40) Wilson, *Sociobiology*, p. 171.

41) *Capital I*, p. 326. 이러한 견해는 "양키 나라의 특징"이다.

42) *Capital I*, p. 179. 마르크스가 도구사용과 도구제작을 구별하지 않기 때문에 문장이 모호하게 되어 있다. 또한 *Zur Kritik (1861~1863)*, p. 87 참조.

주장할 수도 있다. 산 노동과 함께 죽은 노동이 투여되는 일이기 때문이다. 도구를 제작하기 위해 도구를 사용하는 일 — 나중에는 "기계에 의한 기계의 생산"[44] 이 되지만 — 은 과거와 미래와 현재를 하나로 묶는 일종의 시간종합운동이 된다.

이와 관련하여 세 가지 문제를 제기해볼 수 있다. 첫째, 도구제작이 인간에게만 고유한 활동인가? 마르크스는 이렇게 주장하는 것으로 보이지만, 이를 반증(反證)하는 증거들이 있다. 베크의 책에 자세히 나와 있는 것처럼, 동물들도 다양한 도구제작 행동을 한다. 동물이 도구를 제작하기 위해 도구를 사용하는 사례는 물론 보고된 바 없다. 하지만 그런 사례들이 앞으로 발견될 수도 있는 것이고, 단지 마르크스가 그렇게 주장했다는 이유로 그런 일이 불가능하다고 단정할 수는 없다. 둘째, 도구제작이 미래에 대한 의식의 원인 혹은 조건인가? 내가 아는 한 마르크스가 그렇게 주장한 일은 없다. 하지만 다른 여러 주장들을 살펴보면 그렇게 주장하는 것처럼 보인다. 이런 주장 역시 앞에서 인용한 사례들을 보면 틀렸다는 것을 알 수 있다. 마지막으로, 도구제작이 과거에 대한 의식의 원인 혹은 조건인가? 마르크스가 그렇게 주장한 일도 없다. 우리가 제작된 물건의 기원을 생각하게 되는 때는 그 물건들이 불완전하여 누가 그 물건을 만들었나를 생각할 때라고 말한 적은 있다.[45] 또한 과거에 대한 인식의 결여가 재앙을 가져올 수도 있다고 주장한 적은 있다. 즉 인간이 활동하여 얻은 생산물임에도 불구하고, 그 속에 자신의 노동이 들어 있다는 사실을 인식하지 못하면 그 생산물은 독립적인 형태, 심지어는 적대적인 형태를 띠게 된다는 것이다. 이 문제에 대해서는 2. 3. 3에서 자세히 살펴볼 것이다. 그러므로 생산의 시간적 차원은 인간이 자기 자신의 생산물

---

43) 졸저 *Ulysses and the Sirens*, ch. I. 3 참조.

44) *Capital I*, pp. 384~385.

45) *Ibid.*, pp. 182~183.

로부터 해방될 수 있는 가능성을 열어준다. 과거의 활동이 자기 자신의 것이라는 의식이 있어야 해방을 얻을 수 있기 때문이다. 그러나 생산과정 자체에서 이러한 인식이 생기지는 않는다.

마지막으로, 협업에 대해 살펴보자. 마르크스는 때때로 동물들에게는 동종(同種) 간의 협업도 없고, 이종(異種) 간의 협업도 없다고 주장한다. 《경제학 · 철학 원고》의 다음 구절은 동종 간의 협업을 부정한다.

> 동물들은 자기 종(種)에 속한 구성원들의 서로 다른 속성들을 결합할 줄 모르기 때문에 그 어떤 것도 자기 종의 **공동의** 이익과 편의를 위해 이용하지 못한다. 그것이 바로 **인간**과 다른 점이다. 인간은 서로 다른 재능과 서로 다른 활동들을 이용할 줄 안다.[46]

이러한 주장과는 달리, 《잉여가치 학설사》에는 다음과 같은 놀라운 내용이 있다. "동물의 왕국이나 식물의 왕국과 마찬가지로 인간의 왕국에서도 종의 이익은 항상 개인의 이익을 희생하면서 실현된다."[47] 이 문장이 위의 인용문과 완전히 모순된다고 할 수는 없겠지만, 이면에 깔려 있는 정신은 서로 다르다.

이종 간 협업을 부정하는 예는 《요강》에서 찾아볼 수 있다.

> 갑의 욕구는 을의 생산물로 충족될 수 있고, 또한 그 역(逆)도 성립한다는 사실, 갑은 을의 욕구의 대상물을 생산할 능력이 있다는 사실, 서로서로 상대방이 욕구하는 대상물의 소유자로서 대립하고 있다는 사실 — 이로부터 우리는 다음과 같은 것을 알 수 있다. 즉 그들 각각이 자기 자신의 특정 욕구 등을 넘어선 하나의 **인간적 존재**(*human being*)가 되었다는 것, 서로서로 인

46) *Economic and Philosophical Manuscripts*, p. 320.
47) *Theories of Surplus-Value*, vol. 2, p. 118. 전문(全文) 및 자세한 논의는 2.4.2 이하에 나와 있다.

> 간으로서의 관계를 맺고 있다는 것, 모두가 공통의 유적 존재(*species-being*)를 인식하고 있다는 것 등이 그것이다. 이런 일은 다른 곳에서는 일어나지 않는다. 코끼리가 호랑이를 위해 생산하는 일은 없다. 어떤 동물도 다른 동물을 위해 생산하지는 않는다.[48)]

여기에서의 대비는 약간 이상하다. 인간은 동종 간에 서로 협업하는데, 동물에게는 이종 간 협업이 없다고 말하고 있기 때문이다. 게다가 동물들에게는 이종 간 협동이 없다는 주장도 사실이 아니다. 동물들의 경우에도 이종 간의 이타적 행동이나 공생관계 등을 얼마든지 찾아볼 수 있다.[49)] 여하튼 여기에서 중요한 것은 동종 간의 협업을 부정한 마르크스의 주장이 틀렸다는 점이다. 최근의 사회생물학적 연구들은 그의 주장이 틀렸다는 것을 도처에서 보여준다.[50)] 마르크스가 현대 생물학 이론을 몰랐다고 비난할 수는 없다. 또한 출판하려고 쓴 것도 아닌 글의 내용을 놓고 시비를 걸 수는 없다.[51)] 하지만 마르크스의 전제, 즉 그가 보여준 대비가 과연 타당한지에 대한 의문을 제기할 수는 있다. 마르크스의 대비가 타당하지 않다고 말할 수 있는 이유 중 하나는, 마르크스가 인간의 특징이라고 설명한 내용은 보이지 않는 손(*invisible hand*)의 작용이지, 협동을 위한 의식적·의도적 노력이라고 볼 수 없기 때문이다. 후자는 인간의 고유한 특징이지만,[52)] 전자는 아니다. 마르크스는 엥겔스에게 이렇게 쓴 적이 있다.

---

48) *Grundrisse*, p. 243.

49) Trivers, "The evolution of reciprocal altruism".

50) 자세한 내용은 Axelrod and Hamilton, "The evolution of cooperation" 참조.

51) 〔옮긴이주〕《정치경제학비판 요강》은 마르크스의 7권의 《연구노트》(1857~1858)를 1939년 소련에서 출판한 것이다. 제목도 편집자인 리아자노프(D. B. Riazanov)가 붙인 것이다.

52) Moore, *Marx on the Choice between Socialism and Communism*, p. 15.

> 다윈은 동물과 식물의 세계에서 자신의 모국 영국 사회를 보고 있습니다. 노동의 분화, 경쟁, 새로운 시장들의 등장, '발명들', 그리고 맬서스의 '생존투쟁', 이런 것들 말입니다. 그것은 홉스가 말한 **만인에 대한 만인의 투쟁**(*bellum omllium contra omnes*)입니다. 헤겔의 《현상학》도 같다고 할 수 있겠지요. 다윈이 동물의 왕국을 시민사회로 그렸다면, 헤겔은 시민사회를 '정신적 동물의 왕국'이라고 했으니까요.[53]

따라서 이렇게 해야 적절한 대비가 된다. 즉 의식적 협동행위는 인간만이 할 수 있지만, 이기적 행위(혹은 "이기적 유전자"[54])의 비의도적 결과들이 가져오는 호혜(互惠)는 인간과 동물 모두에게 있다고 말이다.

결론적으로 마르크스가 인간의 특징이라고 주장한 것 가운데 가장 강력한 것은 자기 자신에 대한 인식과 언어의 사용이다. 의도성, 생산, 도구사용, 도구제작 같은 것들은 동물에게도 발견된다. 마르크스가 말한 비의도적 형태의 협업도 마찬가지다. 자기의식과 언어가 인식능력에 속하는 것이라고 해서 이 사실이 역사적 유물론을 부정할 수 있는 근거가 되지는 않는다. 동물과 달리 오직 인간만이 가진 특징들이 반드시 인간의 역사적 발전과정의 특징이어야 할 이유가 없기 때문이다. 역으로 역사적 유물론에서 기술이 매우 중요한 개념이라고 해서, 인간과 동물의 차이점을 논하는 이론에서도 그 개념이 똑같이 중요할 것이라는 가정도 성립하지 않는다. 도구제작 및 도구사용은 인간에게도 있고 동물에게도 있는 능력이다. 그러나 인간의 경우, 욕구와 적절한 환경 조건이 갖추어지면, 그 능력으로 동물과는 비교할 수 없을 정도로 위대한 발전을 이룩

---

53) Marx to Engels 1862. 6. 18; *Capital I*, p. 356 참조.

54) 〔옮긴이주〕 영국의 생물학자 도킨스(Richard Dawkins)는 그의 유명한 저서인 《이기적 유전자》(*The Selfish Gene*, 1976)에서 "유전자는 자신이나 자신과 가장 유사한 형태의 유전자를 늘리려는 데에만 모든 노력을 쏟는 이기적 특성이 있다"고 주장한 바 있다.

할 수 있는데, 그것은 바로 인간만이 가진 인식능력 때문이다.

2.2.3. 욕구

인간의 '욕구'(*needs*)는 마르크스의 인간의 본성에 관한 논의에서 매우 중요한 개념이다. 마르크스가 생각하는 좋은 사회는 사람들의 욕구도 풍부하고, 그 풍부한 욕구가 풍요롭게 충족되는 사회다. 반면에 자본주의 사회는 불완전한 사회다. 사람들의 욕구도 빈약하고, 그 욕구마저도 제대로 충족되지 않기 때문이다. 이 문제는 2. 2. 5에서 다시 논의하겠다. 여기에서는 욕구의 종류에 관한 마르크스의 개념적 분석에 관해서만 살펴보기로 하자. 내가 여기에서 논하는 욕구(*needs*)는 주관적으로 인식된 욕구의 존재를 말하는 것으로, 비타민 C 결핍(*need*) 같은 것은 논의의 대상이 아니라는 점에 유의하기 바란다.

욕구는 대상을 가지고 있다. 이 대상은 일반적인 대상일 수도 있다. 예를 들면 나는 어떤 특정한 책이 아니라 (일반적 대상으로서의) 책을 욕구할 수 있다. 특정한 책에 대한 심리적 태도 같은 것은 **욕망**(*a desire*)이라고 부르도록 하겠다. 이것은 마르크스의 어법에 따른 것이다. 마르크스는 각각의 욕구가 "욕망의 기초를 형성한다"고 하였다.[55] 모든 욕구는 욕망의 충족을 통해 충족된다. 그러나 그 반대는 반드시 성립하지는 않는다. 일반적 욕구에서 비롯되지 않은 욕망도 있을 수 있다. 예를 들면 대체물이 없는, 특별한 대상을 향한 욕망 같은 것이 있을 수 있다. 또한 특별한 욕망이 둘 이상의 일반적 욕구로부터 비롯될 수도 있다. 그러니까 특정한 옷에 대한 욕망이 옷에 대한 욕구에서 비롯된 것이 아니라 다른 욕구, 예를 들면 위신에 대한 욕구나 인정받고 싶은 욕구에서 비롯된 것

---

55) *The German Ideology*, p. 256.

일 수도 있다는 말이다. 이런 경우 시계가 있어도 동일한 위신을 유지할 수 있다면, 다른 어떤 옷이 아니라 시계가 바로 대체물이 될 수 있다.[56)]

마르크스의 욕구 분류 방법은 다음과 같다. 이 부분은 아그네스 헬러의 논의를 많이 참고하였다.[57)] **육체적 욕구**(*physical needs*)는 육체적 또는 생물학적 필요(*necessities*)를 말한다.[58)] 그러한 욕구는 단순한 생존 수준에서조차 어떤 욕망들로 나타나느냐에 따라 여러 가지 대상물에 의해 충족될 수 있다. 이에 대해서는 1. 2. 2에서 논의한 바 있다. 욕구충족을 위해 어떤 대상물을 선택하느냐 하는 것은 개인의 선호(*preferences*)에 달려 있으며, 이 선호는 보통 문화적 요인에 의해 좌우된다. **필수적 욕구**(*necessary needs*)는 마르크스가 "역사적 · 도덕적 요소"라고 부른 것을 포함하는 욕구를 말한다.[59)] 이 욕구는 특정한 시간과 장소에서 특정 집단의 사람들이 관습적으로 받아들이는 생활기준을 따른다. 마르크스는 자본주의 사회에서 노동자의 노동력 가치는 오로지 그의 필수적 욕구에 의해 규정된다고 믿었다.[60)] 하지만 이것은 틀린 말이다. 왜냐하면 필수적 욕구는 여러 가지 형태의 욕망들 중 하나에 의해 실현될 수 있는데, 그 욕망들의 충족에 필요한 노동가치가 항상 동일하다고 할 수는 없기 때문이다. 또한 노동자들이 받는 화폐 임금이 제한되어 있는 경우, 동일한 액수의 화폐로 산 상품들이라 하더라도 그 속에 들어 있는 노동의 내용이 반드시 동일하다고 할 수는 없다(3. 2. 2). **향락적 욕구**(*luxury needs*)는 노동자의 통상적인 생활기준을 넘어서는 대상물에 대한 욕구, 혹은 노동자들

---

56) Lancaster, "A new approach to consumer theory"에서 제시된 '특성' 이론 참조.

57) Heller, *The Theory of Needs in Marx*.

58) 마르크스는 이것을 '자연적 욕구'(*Capital I*, p. 171)라고 부르는데, 오해하기 쉬운 표현이다.

59) *Capital I*, p. 171.

60) *Ibid*. 또한 앞의 1. 2. 1 참조.

이 사기에는 너무 비싼 대상물에 대한 욕구라고 할 수 있다.[61] 보통 이 두 가지는 서로 일치한다.

사회적 욕구(*social needs*)는, 헬러에 따르면, 마르크스가 네 가지 의미로 사용한다. 이 중 두 가지 의미에 대해 살펴보고, 그런 다음 세 번째 의미 — 마르크스가 분명하게 말한 것은 아니지만 — 에 대해서도 살펴보겠는데, 이것은 마르크스가 알기 어렵게 말한 여러 가지 내용들을 이해하는 데 도움이 된다. 첫째, 사회적 욕구는 사회적 원인을 가진 욕구, 즉 원인이 생물학적인 것이 아니라 사회적인 것을 말한다. 둘째, 사실상 혹은 이치상 공공생활을 통해서만 충족될 수 있는 욕구를 말한다. 교육에 대한 욕구(과외선생을 따로 둘 수 없는 한), 혹은 다른 사람들과의 사교에 대한 욕구 같은 것이 여기에 해당한다. 이 둘 외에 하나를 더 추가하자면, 셋째, 그 욕구의 대상이 본질적으로 다른 사람과 관련 있는 욕구를 말한다. 이 욕구는 원인이 사회적인 것이 아니라 내용이 사회적인 것이다.[62] 공공생활을 통해서만 충족될 수 있는 욕구는 (사교에 대한 욕구가 보여주듯이) 이 부류와 중첩되기는 하지만, (교육에 대한 욕구가 보여주듯이) 이 부류에 속하는 것은 아니다. 또한 다음 예에서 보는 것처럼 두 번째 의미의 사회적 욕구가 세 번째 의미의 사회적 욕구를 포함하는 것도 아니다. 우선 지위재화(*positional goods*)에 대한 욕구를 생각해보라. 이것은 상대적 우월성에 대한 욕구, 다른 사람보다 더 많이 가지려는, 더 잘 하려는 욕구이다.[63] 다음으로 다른 사람과 같아지려는 욕구, 혹은 달라지려는 욕구, 즉 순응주의와 반순응주의를 생각해보라.[64] 마지막으로 다른 사

61) Heller, *The Theory of Needs in Marx*, pp. 35ff. 또한 *Capital II*, p. 403.

62) Cohen, *Karl Marx's Theory of History*, pp. 94, 95, 103 참조. 또한 졸저 *Sour Grapes*, ch. I. 3 참조.

63) Hirsch, *Social Limits to Growth*.

64) *Sour Grapes*, ch. I. 3.

람들에게 화려한 소비를 과시하려는 욕구 같은 것을 생각해보라. 이 경우 대상물의 소비는 그 대상물이 주는 직접적인 만족을 위해서가 아니라, 다른 사람들이 어떻게 생각하는가를 보기 위해, 그로부터 얻는 만족을 위해 이루어진다.[65] 이 세 번째 의미의 사회적 욕구가 지닌 중요한 특징은 개인적으로나 집단적으로나 자멸적일 수 있다는 점이다.[66] 지위재화에 대한 욕구는 집단적으로 자멸적이다. 모든 사람들이 지위재화에 대한 욕구를 가질 경우, 그렇지 않은 경우에 비해 상황은 더 나빠질 것이다.[67] 다른 사람들에게 과시하려는 욕구는 개인적으로 자멸적일 때가 많다. 남에게 감동을 주려는 시도는 알다시피 감동과는 완전히 거리가 먼 일이기 때문이다.[68]

욕구들은 서로 연관되어 있다. 모든 욕구들이 동시에 존재하지는 않으며, 또한 동시에 충족될 수도 없다. 이것은 개인의 경우나 집단의 경우나 마찬가지다. 집단의 경우 집단구성원들의 욕구는 상호 제약관계에 놓인다. 먼저 개인의 경우를 생각해보자. 마르크스는 《독일 이데올로기》— 그의 욕구 이론을 이해하기 위한 주요 저작 — 에서 이렇게 말한다. "공산주의 사회에서는 모든 욕구가 정상적으로 충족될 것이다. 욕구 그 자체에 의한 제약이 있을 뿐이다."[69] 여기서 말한 제약 중 하나는 시간의 제약일 수도 있다. 시간이 없으면 모든 욕구를 충족시키는 것이 불가능할 것이기 때문이다. 마르크스는 《요강》에서 사회도 개인과 마찬가지로 "그 향유와 활동이 시간의 절약에 달려 있다"고 말한 바 있다.[70] 또 다른

---

65) 예를 들면, Veblen, *The Theory of the Leisure Class* 및 Bourdieu, *La Distinction* 참조.

66) 이러한 특징에 대해서는 Parfit, "Prudence, morality and the Prisoner's Dilemma" 참조.

67) Haavelmo, "Some observations on welfare and economic growth".

68) *Sour Grapes*, ch. II. 5.

69) *The German Ideology*, pp. 255~256.

제약은 어떤 욕구들은 다른 욕구들을 억누르기도 한다는 것이다. 예를 들면 포식을 하고 싶은 욕구는 날씬해지고 싶은 욕구에 의해 억제된다. 이런 이유로 일부 욕구들의 충족이 다른 욕구들의 충족을 가로막을 수도 있다. 일부 욕구들은 다른 욕구들이 처음부터 생겨나지 못하도록 가로막는 강제적인 성격을 지닐 수도 있는데, 이 문제에 대해서는 2. 2. 6에서 다시 살펴볼 것이다.

다음으로 여러 사람들의 욕구들 간의 관계에 대해 살펴보자. 마르크스는 이렇게 말한다.

> 지금까지의 모든 해방은 … 생산력이 제한된 상태에서 이루어졌다. 생산력이 제한되어 있었기 때문에 사회 전체를 위한 충분한 생산이 이루어질 수 없었고, 일부 사람들이 다른 사람들을 희생시키면서 그들의 욕구를 충족시키는 형태로 발전이 이루어졌다. 그러므로 일부가, 즉 소수(少數)가 발전을 독점하였다. 71)

이 문장에는 충분히 발전한 공산주의 사회에서는 그러한 욕구충족의 대립이 없을 것이라는 암시가 들어 있다. 마르크스는 공산주의 사회가 되면 풍요로워질 것이라는 유토피아적 진술만 했을 뿐 이를 논증할 만한 근거를 제시하지는 않았다. 하지만 그 근거가 될 만한 것을 한두 가지 생각해볼 수 있다. 첫째, 사람들이 '풍부한 욕구'를 갖게 되는 반면, 일부 욕구들은 사라질 것이라는 점이다.

> 공산주의적 사회구성은 현재의 관계에 의해 형성된 개인들의 욕망에 이중의 영향을 미친다. 이 욕망들의 일부, 즉 어떤 사회적 관계에서도 존재하기 때

---

70) *Grundrisse*, pp. 172~173.

71) *The German Ideology*, pp. 431~432.

문에 사회적 관계가 달라지면 그 형태와 방향이 변할 뿐인 욕망들은 공산주의적 사회에서 변화된다. 그러나 일부 욕망들, 즉 특정한 사회에서만, 특정한 〔생산조건〕 및 교통조건하에서만 존재하는 욕망들은 그 존재의 조건들이 완전히 박탈된다.[72]

후자에 속하는 욕망은 아마도 마르크스가 《경제학 · 철학 원고》에서 말한 "비인간적 욕망, 비열한 욕망, 비자연적 욕망, 공상적 욕망", "비속한 공상", "병적인 집착" 같은 것일 것이다.[73] 또한 위에서 말한 개인적으로 혹은 집단적으로 자멸적인 욕구들도 당연히 여기에 속할 것이고, 본질적으로 무한정 돈이 드는 욕구도 여기에 속할 것이다. 이러한 욕망들이 소멸된다는 것은 매우 중요한 사실이다. 왜냐하면 이러한 욕망들이 있는 한, 욕구의 완전한 충족은 본질적으로 불가능하기 때문이다.

두 번째 근거는 공산주의하에서는 정신적 욕구, 즉 생산적 · 창조적 활동에 대한 욕구가 물질적 재화에 대한 욕구보다 더 중요해질 것이라는 점이다. 이에 대해 다음과 같은 반론을 제기할 수 있다. 즉 이러한 정신적 욕구들도 충족되기가 매우 어려울 수 있다는 것이다. 모든 사람들이 그러한 욕구의 충족에 필요한 재능을 갖고 있지는 않으며(2. 2. 7), 정신적 욕구들도 제대로 충족되기 위해서는 상당한 물질적 재화가 필요할 수도 있기 때문이다(4. 3. 3).

2.2.4. 능력과 욕구의 발달

마르크스는 욕구의 확장에 대해 자주 언급한다. 즉 한 욕구의 충족은 다른 욕구를 새로 낳는다는 것이다. 이 과정을 매개하는 요소가 인간의

---

72) *Ibid.*, p. 256.

73) *Economic and Philosophical Manuscripts*. p. 307.

새로운 능력(*capacities*)의 발달이다. 마르크스는 이것이 바로 인간의 인식적 · 창조적 · 생산적 능력이라고 본 것 같다. 《독일 이데올로기》에서 마르크스는 생산이 "최초의 역사적 행동"이라고 말한 다음 이렇게 덧붙인다. "최초의 욕구의 충족, 즉 욕구충족 행위와 획득된 충족수단은 새로운 욕구를 낳는다. 이러한 새로운 욕구 창출이 최초의 역사적 행동이다."[74] 앞에서 인용한 《자본론 I》에 이에 대한 분명한 설명이 나와 있다. 즉 문턱 효과(*threshold effect*)가 작용하지만, 이 문턱을 넘어서면 "욕망과 능력과 노동의 수단 및 양식이 배가(倍加)된다"는 것이다.[75] 역시 앞에서 인용한 바 있는 《바그너 평주》에서는 언어의 등장을 "욕구의 … 배가와 발전 및 욕구충족을 위한 행동"의 일부로 본다.[76]

이러한 진술들은 너무 일반적이라서 현존하는 욕구의 충족이 어떻게 새로운 욕구를 낳는지에 대해 정확히 알 수가 없다. 마르크스의 저작을 보면, 완전히 서로 다른 두 가지 설명이 나타난다. 하나는 능력의 행사 자체가 하나의 욕구가 된다는 것이다. 《경제학 · 철학 원고》에서 마르크스는 이렇게 말한다. "공산주의 장인(匠人)들이 서로 단결할 경우, 이론, 선전 등이 그들의 최초의 목적이다. 그러나 단결을 이루고 나면 새로운 욕구, 즉 조합(*society*)에 대한 욕구를 가지게 되고, 수단으로 여기던 것이 목적이 된다."[77] 마찬가지로 공산주의에서는 "일은 생활의 수단일 뿐만 아니라 그 자체가 생활의 중요한 욕구가 된다".[78] 이 과정의 중요한 특징은 어떤 욕구의 충족을 위해 능력을 발전시킨 바로 그 개인들에게서 새로운 욕구가 창출된다는 점이다.

---

74) *The German Ideology*, p. 42.

75) *Capital I*, p. 514. 전문(全文)은 2. 1. 3에 나와 있다.

76) *Comments on Wagner*, p. 363.

77) *Economic and Philosophical Manuscripts*. p. 313.

78) *Critique of the Gotha Program*, p. 21.

또 하나의 설명은 앞의 것과는 메커니즘이 다르다. 여기에서는 발전의 주체가 개개인이 아니라 인류(*humanity*)로 나타난다. 《경제학·철학 원고》에 있는 중요한 진술 하나를 살펴보자.

> 인간이 자기 자신을 유적 존재(즉 인간적 존재)로 느끼고 **활동하는** 일은 인간이 실제로 **유적 존재로서의 힘**을 발휘할 수 있을 때에만 가능한 일이며(또한 이것은 역사적 발전의 결과, 모든 인류가 협동행위를 할 때에만 가능한 일이다), 이 힘들을 대상물로 여길 때에만 가능한 일이다. 이것은 처음에는 외화(外化, *estrangement*)의 형태로 나타날 수밖에 없다.[79]

1861~1863년의 《비판》에서 마르크스는 인간 능력의 확장을 욕구의 확장과 분명하게 연결시킨다.

> 일련의 욕구가 충족되자마자 새로운 욕구가 분출 혹은 창출된다. 이것이 인간의 발전을 지배하는 법칙 속에 들어 있다. 그러므로 자본은, 노동자의 자연적 욕구의 충족에 필요한 한계를 넘어 노동시간을 연장하면서 동시에 사회적 노동(사회 전체의 노동)의 분화를 촉진한다. 자본은 생산의 다양성을 확대하고, 사회적 욕구의 수준을 확장한다. 물론 그 욕구들을 충족시킬 수단들도 생산하지만. 그러므로 자본은 인간의 생산력 발전에 기여함과 동시에 인간의 능력이 새로운 방향으로 발달하도록 조장한다. 그러나 잉여노동시간이 자유시간의 전제조건이듯이, 욕구수준의 확장과 욕구충족 수단의 확장은 노동자의 희생 위에서, 노동자들이 최저생활수준에 묶여 있는 대가로 이루어진다.[80]

이 문장에서 보면, 욕구가 확장된 사람과 능력이 확장된 사람은 동일인

---

79) *Economic and Philosophical Manuscripts*. p. 333.

80) *Zur Kritik (1861~1863)*, p. 175

이 아님이 분명하다. 욕구의 계속적인 확대는 착취 계급 내에서 이루어지는 것이고, 생산력의 발전은 피착취 계급 내에서 이루어진다. 피착취 계급 내에서도 개별 노동자의 능력은 결코 배가되지 않는다. "말단 노동자의 일면성(*one-sidedness*)과 결핍은 그가 집단노동자의 일부가 될 때 완성된다."[81] 또한 "집단노동자를 만들기 위해, 그를 통해 자본을 얻기 위해, 사회적 생산력을 풍부하게 하기 위해, 개별 노동자는 개인적 생산력이 약화되어야만 한다".[82] 이 과정에서 "노동자는 모든 욕구를 상실한 무감각한 존재로 변하고",[83] 자본가의 욕구는 종종 비정상적인 증대를 보인다. 자본가는 노동자의 희생 위에서 문명창조의 세계사적 사명을 완수한다. 노동자의 궁핍이 바로 그것을 가능하게 하는 것이다. 이러한 양면적 진행과정은 "생산과 소비에 있어서 전면적(*all-sided*) 성격을 지니는 풍부한 개인성의 발전"[84]과 만나게 되지만, 이 통일은 오직 장구한 분리의 역사를 거쳐서 이루어진다. 코헨의 말을 다시 인용하자면, 공산주의 이전의 인간 역사는 인간 개개인의 발전이 아니라 보편개념으로서의 인간의 발전이다.

이 논의에 들어 있는 목적론적 주장에 대해서는 나중에(2.4) 자세히 살펴보기로 하고, 여기에서 내가 강조하고 싶은 것은 생산력의 발전은 인간의 '유적 능력'(*species-powers*)의 일반적인 발전의 일부에 불과하다는 사실이다. 예를 들면 예술적 창의력 같은 것도 인간의 '유적 능력'의 일부로서 생산력 못지않게 중요하다. 공산주의 사회에서는 인간의 능력이 완전히 개발되고 발휘되지만, 모든 개인이 생산력의 성장을 촉진하는 일에 종사하지는 않는다. 물론 공산주의 사회의 생산력은 전대미문의 성장률

81) *Capital I*, p. 349.

82) *Ibid.*, p. 361.

83) *Economic and Philosophical Manuscripts*, p. 308.

84) *Grundrisse*, p. 325.

을 보일 것으로 기대되지만. '유적 능력'은 좀더 일반적이고, 목적론적으로는 훨씬 더 중요한 개념이기는 하지만, 생산력이 더 우선적인 개념이다. 왜냐하면 유적 능력의 일반적인 발전과 발휘에 필요한 시간을 생산하는 것이 바로 생산력이기 때문이다. 생산력의 증대는 유적 능력의 발전을 위한 구성요소이자, 다른 구성요소들의 발전을 위한 조건이기도 하다. 이러한 이유 때문에 역사적 유물론의 초점과 마르크스의 철학적 인류학의 초점은 서로 다르다. 역사적 유물론은 주로 생산력의 발전에 관한 것이고, 철학적 인류학은 일반적으로 인간의 창조적 능력의 발달을 강조한다.[85]

2.2.5. 정신적 소외

자본주의에서 발생하는 소외는 마르크스의 저작에 일관되게 나타나는 주제이다. 이 개념은 《경제학 · 철학 원고》에서부터 후기의 경제학적 저작에 이르기까지 나타난다.[86] 그러나 그 개념은 논의가 여러 갈래, 혹은 여러 요소들로 나누어지는데, 시기에 따라 강조하는 내용이 다르다. 하지만 나는 마르크스의 사고 발전과정을 다루면서 이 문제를 특별히 강조하지는 않겠다. 왜냐하면 시기에 따라 이 문제에 관한 그의 견해에 뚜렷한 대조가 있다거나 혹은 단절이 있는 것으로 보이지는 않기 때문이다.

존 플라메나츠와 알렌 우드[87]의 견해를 따라 마르크스의 소외 개념을

---

85) 이 차이에 대한 더 자세한 논의는 Cohen, "Reconsidering historical materialism" 참조.

86) 본 장과 제 8장에서는 소외에 관한 텍스트를 후기 저작에서 인용한다. 그중 일부는 그보다 앞선 원고에 똑같은 문장으로 나왔을 수도 있다. 뒤의 8. 2. 1에 인용되어 있는 《직접적 생산과정의 결과》에 나오는 웅장한 문장을 보라 (*Results of the Immediate Process of Production*, p. 990).

87) Plamenatz, *Karl Marx's Philosophy of Man*, p. 141; Wood, *Karl Marx*,

두 가지로 나누어 보기로 하자. 첫째, 자아실현의 결여(우드), 혹은 정신적 소외(플라메나츠)라고 할 수 있는 것이 있는데, 이것이 본 절의 주제이다. 둘째, 인간이 생산한 생산물이 생산자인 인간에 대해 갖게 되는 권력이 있는데, 이것은 2.3.3에서 논의할 것이다.

정신적 소외는 의미에 대한 감각이 없어지는 것으로 볼 수도 있고, 무의미하다는 느낌으로 볼 수도 있다.[88] 그런데 이 중요한 문제에 대해 마르크스도 마르크스 해설가들도 모두 모호하게 말한다. 《경제학·철학 원고》에서 마르크스는 이렇게 묻는다.

> 그러면, 노동의 소외를 구성하는 것은 무엇인가? 첫째, 노동이 노동자에게 **외적인** 것이라는 사실, 즉 노동이 노동자 자신의 내적 본성에 속하지 않는다는 사실, 따라서 일을 할 때 그는 자신을 긍정하는 것이 아니라 자신을 부정한다는 사실, 만족을 느끼는 것이 아니라 불행을 느낀다는 사실, 육체적·정신적 능력을 자유롭게 발휘하는 것이 아니라 육체를 병들게 하고 정신을 황폐하게 한다는 사실이다. 그러므로 노동자는 일을 하지 않을 때 자기를 느끼고, 일을 할 때는 자기가 없다고 느낀다. 일을 하지 않을 때 편안함을 느끼고, 일을 할 때는 편안함을 느끼지 못한다.[89]

여기에서 중요한 사실은 노동자가 일을 할 때 "자기가 없다고 느끼는 것"인가, 아니면 "편안함을 느끼지 못한다"는 것인가? 부정적인 느낌의 존재인가, 아니면 긍정적인 느낌의 부재인가? 우드 역시 소외 문제를 논의하면서 이러한 구별을 하지 않은 채 "'의미'에 대한 감각이 없어지는 것",[90] 그리고 "자기 자신과 인생이 공허하다는 느낌"[91] 이라고 모호하게 설명한

p. 50.

88) 이와 비슷한 구별은 Cohen, "Bourgeois and proletarians", p. 118 참조.

89) *Economic and Philosophical Manuscripts*, p. 274.

90) Wood, *Karl Marx*, p. 8.

다. 이러한 구별을 하지 못하는 이유는, 흔히 범하는 실수인데, 외적 부정과 내적 부정을 혼동하기 때문이다.[92] 현재 문맥에서 이러한 혼동은 치명적이다. 왜냐하면 소외와 이를 극복하기 위해 취해야 할 집단적 행동 간의 관계는 어느 문장을 취하느냐에 달려 있기 때문이다.

두 문장에 대한 우드의 논의는 모호하기는 하지만, 그는 정신적 소외 전체를 객관적인 개념으로 본다. 즉 "그것은 나의 인간의 본성에 객관적으로 현존하는 잠재적 가능성들을 내 인생이 실현하고 있느냐의 문제"[93]이지, "나의 의식적인 욕망들이 충족되었느냐, 내가 내 인생에 대해 어떻게 생각하느냐의 문제"[94]는 아니라는 것이다. 소외를 이렇게 정의해놓고서, 그는 이것이 사회변화의 지렛대가 될 수 있다는 모순된 주장으로 나아간다.

> 일반적으로 말해서, 사회적 원인에서 비롯된 체계적 소외의 정도는 그 사회의 생산력에 포함된 인간의 잠재적 가능성이 실제로 어느 정도 실현되었느냐에 따라 다르다. 사회의 생산력이 증가하면 소외의 가능성도 증가한다. 생산력이 증대되면 인간의 실제 생활과 가능한 생활과의 괴리가 커지기 때문이다. 따라서 사회적 노동에 의해 가능해진 풍부한 인간적 능력을 모든 사람들이 공유하고자 하는 **압력이 사회제도에 가해지고 점점 커진다.**[95]

이 주장에 대해 두 가지만 논평하자면, 첫째, 이 주장은 생산력의 발전 문제에 관한 한, 5.1.3에 나오는 것과 유사한 주장이다. 우드는 소외가

---

91) *Ibid.*, p. 9.

92) 이러한 구별에 대한 자세한 분석과 이를 무시할 경우 생기는 결과에 대해서는 졸고 "Négation active et négation passive" 참조.

93) Wood, *Karl Marx*, pp. 23~24.

94) *Ibid.*, p. 23.

95) *Ibid.*, p. 45. 강조 추가.

자아실현의 현실과 이상 간의 격차로 측정되고, 자아실현의 이상은 생산력의 발전수준에 의해 규정된다고 주장한다. 마찬가지로 생산력과 생산관계 사이의 모순도 생산력의 현실적인 변화율과 가능한 변화율 — 사회적 생산관계가 달라질 경우, 달성 가능한 생산력 수준 — 간의 격차로 측정된다. 여기에서 하나는 생산력의 부적절한 혹은 비인간적 사용에 관한 문제이고, 또 하나는 부적절한 발전에 관한 문제이다. 마르크스는 자본주의에 내재한 이 두 가지 결함을 혼동했는데, 이 두 가지는 분명히 다른 현상이다. 이에 대해서는 5. 1. 3에서 자세히 논의한다.

둘째, 우드의 주장은 우리가 이 책에서 계속해서 만나게 될 문제 하나를 제기한다. 즉 자본주의에는 어떤 특성이 있는데, 바로 그 특성으로 인해 자본주의가 폐기된다는 것이며, 그런 특성이 없는 사회도 있다는 주장이다. 그러나 자본주의의 폐기가 어떻게 이루어지는 것인지, 그 특성이 어떤 방식으로 폐기의 원인으로 작용하는지에 대해서는 대답이 없다. 만일 자본주의에 완전히 객관적인 소외가 존재한다면 "사회제도에 대한 압력"이 나타나기를 기대할 이유가 없다. 소외 — 여기에서는 정신적·객관적 의미에서의 — 가 격심해지면, 그때 자본주의가 붕괴된다고 주장할 수도 있다. 하지만 이것이 격심한 소외가 원인이 되어 자본주의가 붕괴된다는 말은 아니다. 소외와 자본주의의 폐기 사이에 상관관계 같은 것이 있어서, 자본주의의 폐기에 이르는 과정은 동시에 소외가 격심해지는 과정이라고 주장할 수도 있다. 그러나 이것 역시 상관관계에 관한 주장이지 인과 주장은 아니다. 마지막으로, 어떤 지점에서 객관적으로 존재하는 소외를 인식하게 되고, 이로써 소외를 야기한 제도를 폐기하려는 동기가 생겨난다고 주장할 수도 있다.[96] 그러나 변화의 객관적 필요성

96) 코헨은 객관적 소외는 좀 복잡하고 간접적인 방법으로 주관적인 동력으로 변할 수 있을 것이라고 나에게 말했다. 관념적으로 보면, 노동자들이 객관적으로 소외되어 있다는 사실을 자본가들이 인식할 수도 있고, 노동자들이 이 사

(인간에게 객관적으로 좋은 것이 무엇인가에 따라 평가된 필요성) 그 자체가 바로 그러한 변화를 가져온다고 주장할 수는 없다. 자본주의는 착취에 기반을 두기 때문에, 혹은 생산력과 생산관계 사이의 모순을 야기하기 때문에 폐기될 것이라고 주장하는 경우에도 비슷한 문제들이 발생한다. 이에 대해서는 나중에 자세히 살펴보겠다. 2.4에서 자세히 논의하겠지만, 마르크스는 이러한 난점을 무시한 관념적인 역사철학을 즐겼거나, 아니면 최소한 이 문제에 대해 필요한 만큼의 주의를 기울이지 않았다. 이 문제는 결론 부분에서도 다시 언급할 것이다.

소외 문제는 두 가지 시각에서 바라볼 수 있다.[97] 하나는 소외가 증가하면 소외된 사람들이 점점 불행해지고 불만을 느끼고 반항하기 쉬워진다고 보는 것이다. 또 하나는 소외가 증가한다 해도 불만은 증가하지 않은 채 그대로 있다고 보는 것이다. 예컨대 현실적 욕구가 일정할 경우, 욕구충족의 객관적 가능성이 커진다고 해도 빈곤이 증대되지는 않는다. 욕구충족의 가능성이 증대해도 욕구가 감소한다면, 소외의 증대에도 불구하고 빈곤은 오히려 감소할 수도 있다. 따라서 소외는 현실적 욕구의 미충족 상태에서도 발견될 수 있고, 혹은 충족 가능한 욕구의 비충족 상태에서도 발견될 수 있다. 전자의 경우 소외는 집합행위를 야기하지만, 후자의 경우 오히려 집합행위에 장애가 될 수 있다.

마르크스가 이 둘 중 어느 것을 더 중요하게 여겼는지는 분명하지 않다. 《경제학 · 철학 원고》는 유적 존재로부터의 소외를 강조하는데, 유적 존재의 개념은 아리스토텔레스적 이상(理想)에 해당하는 것이므로,

---

실을 인식하게 될 것이 두려워 (왜 두려워해야 하는지 모르겠지만) 자본가들이 어떤 조치를 취한 결과 노동자들의 주관적 좌절 상태가 야기될 수도 있다.

97) 불교에서 '고통'을 바라보는 시각도 이와 유사하다. 하나는 고통을 주관적 · 심리적 상태로 보는 것이고(Kolm, *Le Bonheur-liberté*), 또 하나는 불교 이론의 전개를 위한 이론적 구성물로 보는 것이다(Collins, *Selfless Persons*).

이로부터의 일탈은 순전히 객관적인 현상으로 보인다. 《신성가족》에서,[98] 그리고 후기의 《직접적 생산과정의 결과》(*Results of the Immediate Process of Production*) 에서[99] 마르크스는 자본가와 노동자를 이렇게 대비한다. 즉 자본가는 소외의 상태에서 만족을 느끼지만, 노동자는 소외의 상태에서 분노를 느끼고, 그것을 일종의 노예상태로 여기게 된다는 것이다. 그렇다면 최소한 노동자들에 관한 한 소외는 주관적 개념이다. 《요강》에서도 자본주의가 풍부한 욕구 — 자본주의가 다 충족시킬 수 없는 — 를 창출한다고 예찬한다.[100] 또한 같은 책에서 전(前)자본주의적 생산양식과 자본주의적 생산양식을 이렇게 대비한다. 즉 전자본주의적 생산양식에서는 인간이 작은 욕구 순환에 상대적으로 만족하였으나, 자본주의적 생산양식에서는 욕구는 팽창하는데 욕구충족의 수단이 이를 따라가지 못한다는 것이다.[101] 노동자들은 하고 싶은 일도, 갖고 싶은 것도 많다. 그들은 사회의 생산력을 합리적으로 이용할 수 있도록 사회가 조직된다면 그것이 가능하리라고 믿는다. 따라서 그들은 좌절을 느끼고 불행을 느낀다. 이것이 바로 주관적, 정신적 의미에서의 소외이다.

전자본주의 사회에서는 사람들이 객관적으로 소외되어 있지는 않았다. 왜냐하면 생산을 재조직한다 하더라도 당시의 욕구충족 상태를 훨씬 뛰어넘는 욕구충족은 가능하지 않았을 것이기 때문이다.[102] 오히려 그들은 충족 가능한 범위 내의 욕망만을 가지려고 애썼다. 나는 다른 책에서 이것을 '적응적 선호'(*adaptive preferences*) 라고 부를 것을 제안한 바 있

---

98) *The Holy Family*, p. 36.

99) *The Results of the Immediate Process of Production*, p. 990.

100) *Grundrisse*, pp. 283, 325, 409.

101) *Ibid.*, pp. 162, 488.

102) 내가 아는 한, 마르크스는 전자본주의 사회들을 논의하면서 "소외"라는 말을 사용한 적이 없다. 또한 소외가 오직 자본주의에서만 일어나는 현상이라고 명시적으로 말한 구절도 나는 알지 못한다.

〈표 1〉 정신적 소외와 욕구충족과의 관계

	현재의 욕구	충족된 욕구	충족 가능한 욕구
적응적 선호	작다	작다	작다
주관적 · 정신적 소외	크다	작다	크다
객관적 · 정신적 소외	작다	작다	크다
공상적 선호	크다	작다	작다
공산주의	크다	크다	크다

다.[103] 지금까지 논의한 내용을 표로 나타내면 〈표 1〉과 같다.

실제 욕구는 충족된 욕구보다 더 작을 수 없고, 충족된 욕구는 충족 가능한 욕구보다 더 클 수 없기 때문에 〈표 1〉은 현실적으로 가능한 모든 경우를 망라한다. 공상적 선호는 섣부른 혁명을 야기할 수 있는 반면, 객관적 소외는 가능할 수도 있는 혁명을 오히려 가로막는다. 이에 비하면 적응적 선호나 주관적 소외는 어떤 의미에서 각각의 사회 상황에 적합한 상태라고 할 수 있다. (전자본주의 사회에서도 현재의 욕구와 충족 가능한 욕구 사이에 격차가 있을 수 있다. 왜냐하면 가능한 것에 대한 선호의 적응은 적절한 선을 넘어서는 경향이 있기 때문이다.[104] 이런 경우가 발생하는 한, 적응적 선호는 적합하지 않다.)

2.2.6. 물화

나는 물화(*reification*)라는 말을 욕구와 능력이 자신의 인격 전체에 통합되지 못하고, 고정되고, 고립되고, 독립되어 있는 현상을 가리키는 특수한 용어로 사용하겠다. 독일어로는 'Verselbständigung'인데, 이에 해당하는 말이 영어에는 없는 것 같다. 마르크스는 '물화'에 해당하는 독일

103) 졸저 *Sour Grapes*, ch. III 참조.

104) Veyne, *Le Pain et le Critique*, p. 313; *Sour Grapes*, pp. 118~119.

어로 'Verdinglichung', 'Versachlichung', 'Verknöcherung' 등과 같은 말을 썼는데,[105] 주로 사회적 소외(2. 3. 3)를 가리킬 때 이런 용어들을 사용했다. 내가 알기로는, 이 '물화'라는 말을 사람의 심리가 부분화되는 것을 가리키는 용어로 처음 사용한 사람은 루카치이다.[106] 먼저 욕구의 물화에 대해, 즉 인간의 욕구들이 편향적·강박적 성격을 갖게 되는 과정에 대해 살펴본 다음, 언어를 포함한 능력의 물화 문제를 살펴보겠다.

욕구(혹은 그에 상응하는 욕망)가 물화된다는 것은 "그것이 추상적, 고립적 성격을 지닐 경우, 낯선 힘으로 나와 대립할 경우, 따라서 하나의 정념이 편향적으로 충족되는 형태로 만족이 올 경우"[107]를 말한다. 이런 일은

> 의식이 아니라 존재에 달려 있는 문제이며, 사고가 아니라 생활에 달려 있는 문제이다. 물화는 그 개인의 삶이 실제로 어떻게 발전하고 어떻게 나타나는가에 달려 있으며, 이것은 또한 세계 속에서 그가 획득한 삶의 조건에 달려 있다. 그 개인의 삶의 환경이, 다른 자질은 모두 희생시킨 채 오직 한 가지 자질만 편향적으로 발달하도록 요구한다면, 그가 이룩할 수 있는 것은 편향적·기형적 발전밖에 없다.[108]

특히 자본주의에서의 욕구는 하나같이 소비의 욕구이며 수동적 향락의 욕구이기 때문에 자신의 능력을 개발하고 발휘하는 일은 질식되고 만다. 이러한 진단은 일종의 고발이다. 이 고발의 전제는 좋은 사회에서는 일 그 자체가 하나의 욕구가 되어야 한다는 것이며, 또한 인간의 좋은 삶은

---

105) 특히 《자본론 III》의 〈세입과 그 원천〉 및 《잉여가치 학설사 III》 참조.

106) Lukacs, "Die Verdinglichung und das Bewusstesein des Proletariats", pp. 263ff.

107) *The German Ideology*, p. 262.

108) *Ibid*.

(근무시간이든, 근무 이외의 시간이든) 능동적인 창조의 삶이지 수동적인 소비생활은 아니라는 것이다. 이것을 이상으로 삼았기에(그리고 그 실현 가능성을 믿었기에) 마르크스는 자본주의가 편향적인 '소비자 경제'(*consumer economy*)라고 비판한다.

> 모든 사람이 타인의 새로운 욕구를 불러일으키는 일에 골몰한다. 그리하여 그를 **새로운** 희생자로 만들고, 새로운 의존상태에 놓이게 하고, 새로운 양식의 **향락**을 즐기도록 유혹하고, 마침내 경제적 파멸에 이르도록 만든다. 모든 사람이 자신의 이기적인 욕구 충족을 위해 타인에게 **낯선 힘**이 되려고 애쓴다. 그러므로 대상물이 양적으로 증가하면 자신을 지배하는 낯선 힘의 영역도 따라서 확장된다. 모든 새로운 생산물은 상호 간에 사기와 약탈의 새로운 **가능성**을 보여준다. 이로써 인간으로서의 품격은 점점 더 빈약해지고, 그 적대적인 힘을 지배하려는 생각에서 **돈**에 대한 욕구는 점점 커진다.[109]

달리 말하면, 물질적 소비에 대한 편향적인 갈망이 돈에 대한 병적인 집착을 낳는다는 것이다. 이것이 바로 자본주의 경제체제에 의해 개발된 "진정한 욕구"이며, "유일한 욕구"이다.[110] "모든 정열과 모든 활동은 탐욕 속에 파묻히고 만다."[111] 그러나 마르크스에 따르면, 그 자체가 목적인 돈에 대한 추상적인 욕구는 그러한 욕구를 낳은 체제를 붕괴시키는 경향이 있다. 탐욕은 재화에 대한 유효수요를 방해한다. 이때 "정치경제학 분야에서 논쟁이 벌어지는데",[112] 바로 절약을 권고하는 사람들과 사치를 옹호하는 사람들 사이의 논쟁이다.

여기에서 한 가지 짚고 넘어가야 할 것이 있다. 마르크스는 초기 저작

---

109) *Economic and Philosophical Manuscripts*, p. 306.
110) *Ibid.*, p. 307.
111) *Ibid.*, p. 309.
112) *Ibid.*

에서는 소비자가 돈에 대한 욕구를 가지게 된다고 강조하였는데, 후기 저작에서는 생산자에게서 그런 현상이 발생한다고 하였다. 소비자는 교환가치를 욕구 대상물의 사용가치와 바꾸는 사람이고, 생산자는 사용가치보다는 잉여가치의 생산이 주 목적인 사람이다. 즉 돈에 대한 추상적인 욕구를 초기에는 소득의 저축과 관련지었는데, 후기에는 이윤의 재투자와 관련짓는다. 구두쇠가 돈을 조금도 쓰지 않으려고 하는 것은 그 사람의 심리적 기벽(奇癖)인 반면, 자본가의 재투자 욕구는 "자본의 하수인"으로서의 역할을 하기 위한 것이다.113) 후기 저작에서 마르크스는 이렇게 말한다. "구두쇠의 돈 욕심은 그의 개인적인 특이성이지만, 자본가의 경우에는 사회적 메커니즘의 효과이며 자본가는 그 메커니즘의 한 부품일 뿐이다."114) 앞의 1. 2. 1에서 나는 이 의심스러운 주장에 대해 논의한 바 있다. 여기에서는, 마르크스가 초기 저작에서 논의한 것처럼, 자본주의가 소비자로서의 개인에게 미치는 영향에 대해서 논의하고 있다는 사실에 유의하기 바란다.

앞에서 인용한 구절에 두 가지 중요한 주장이 나타난다. 자본주의에서 욕구는 능동적 창조가 아니라 수동적 소비를 향해 **편향적으로** 발달한다. 또한 이 욕구가 낯선 힘으로 다가오면, **강박충동**으로 변한다. 혹은 비유적으로 말하자면 그가 욕구를 갖는 것이 아니라 욕구가 그를 갖게 된다. 이 두 가지 주장은 논리적으로도 경험적으로도 분명히 구별되는 주제이다. 왜냐하면 강박충동에 사로잡히지 않고서도 물질적인 부에 탐닉할 수 있기 때문이다. 마르크스가 말한 강박충동이 무엇인지, 혹은 그 자신의 말을 빌리자면 "낯선 힘으로 나와 대립한" 욕구와 욕망이 무엇인가에 대해 묻는다면, 다음과 같은 대답들이 가능할 것이다. 욕구에서 비롯되지

---

113) *Capital III*, p. 264.

114) *Capital I*, p. 592.

않은 욕망이 있을 수 있다. 이것은 어떤 욕구를 충족시킬 수단으로서 대상을 원하는 것이 아니라, 어떤 특별한 대상 그 자체를 원하는 경우를 말한다. 욕구에서 비롯된 욕망의 특징은, 보통 대체품이 있기 때문에 환경이 달라지면 다른 대상물로도 충족이 가능하다는 점이다. 이와는 달리 물화된 욕망, 혹은 강박충동은 이렇다 할 이유도, 뚜렷한 목적도 없이 어떤 대상에 집착하는 것이다. 마르크스주의 용어로서가 아니라 프로이트가 말한 **페티시즘**(*fetishism*)이 그 예가 될 수 있다. 또한 강박충동은 채워도 채워도 채워지지 않는 성격을 지니고 있고, 한계효용 체감의 법칙[115]도 작용하지 않는다. 내 욕구가 결코 채워지지 않는다면, 그 근처에도 가지 못한다면, 나는 강박충동에 사로잡힌 채 같은 행동을 반복하게 될 것이다. 이러한 강박충동의 주요한 예로 마르크스는 돈에 대한 끝없는 갈망을 든다. "부를 축적하고자 하는 욕망은 본질적으로 끝이 없다."[116] 마르크스는 이렇게 말한 적도 있다. "이 끝없는 낭비는, 논리적으로는 상상의 한계가 소비의 한계이므로, 진주 샐러드를 먹어치우는 지경에까지 이른다."[117] 마찬가지로 지위재화에 대한 욕구나 남에게 과시하려는 욕구도 자멸적 성격을 지니고 있기 때문에 강박충동으로 나타난다. 마지막으로 강박충동은 남들이 보는 앞에서 충동을 성공적으로 억제한 사람들이 흔히 갖게 되는 완고한 성격으로 나타날 수도 있다.

115) 〔옮긴이주〕 '한계효용'이란 일정한 종류의 재화가 잇따라 소비될 때 최후의 한 단위의 재화로부터 얻어지는 심리적 만족도를 말한다. 1개의 빵의 효용은 보통 1개째의 빵의 효용보다도 2개째의 것이 작고, 다시 3개째는 더욱 작아지는 경향이 있다. 이와 같이 재화의 소비량이 증가되어갈 때의 추가 1단위당 효용, 즉 '한계효용'이 차츰 감소하는 것을 '한계효용 체감의 법칙'(고센의 제 1법칙)이라 한다. 한계효용은 보통 욕망의 정도에 정비례하고 재화의 존재량에 반비례한다.

116) *Ibid.*, p. 133.

117) *Grundrisse*, p. 270.

능력의 물화는 대체로 다른 능력은 모두 사장된 채 어떤 능력이 한쪽으로만 발달할 때 나타난다. 자본주의 초기단계에 매뉴팩처에서 분업 노동을 하던 노동자들은 일부 능력은 비대발달하고, 나머지 능력들은 모두 위축되는 불구적 상황에 이르곤 했다. 이 체제는 "노동자들을 불구로 만들었다. 노동자들은 맡은 일만 기민하게 처리하라는 강요를 받았기 때문에 자신의 다른 생산적 능력들은 모두 희생시킬 수밖에 없었다".[118] 자본주의 후기에 이르면 기계공업이 발달하는데, 여기에서는

> 사활을 걸고 오늘날의 말단 노동자, 즉 평생 한 가지 하찮은 일만 반복하여 불구가 되고, 부분적 인간이 되고 만 노동자를 전면적으로 발달한 개인, 즉 다양한 종류의 노동을 할 수 있고, 생산의 변화에 대처할 수 있는 인간으로 바꾸어야 하는 상황이 벌어진다. 전면적으로 발달한 개인이 수행하는 다양한 사회적 기능들은 그들 자신에게는 선천적, 후천적 능력을 자유롭게 발휘하는 다양한 활동양식이 된다.[119]

이 인용문에서 보는 바와 같이, 마르크스는 이러한 일이 이미 자본주의 사회에서도 일어나고 있다는 사실을 알고 있었다. 끊임없는 기술변혁으로 인하여 능력이 다방면으로 개발된 노동자에 대한 요구가 생긴다고 설명하기 때문이다. 이미 그 시대에도 일과 교육,[120] 그리고 직장과 가정생활[121]을 연계시키는 일이 일어나고 있었는데, 마르크스가 이러한 사실을 알고 있었음에도 불구하고, 그러한 일이 오직 공산주의 사회에서만 가능하다고 주장한 것은 '공상적'이라기보다는 어이없는 일이다. 이런 주장이 관찰을 통해서, 혹은 사회학적 이론화를 통해서 나올 수는 없다. 그

---

118) *Capital I*, p. 360.
119) *Ibid.*, pp. 487~488.
120) *Ibid.*, p. 484.
121) *Ibid.*, p. 489.

런 견해는 자본주의는 **전체적으로도**, **부분적으로도** 자신의 폐기를 위한 조건들을 창출할 수밖에 없다는 사변적인 헤겔식 가정이다.

《독일 이데올로기》에서 마르크스는 '직업'이라는 관념 자체가 물화된 인간 개념이라고 주장한다.

> 공산주의 사회에서는 지방적으로나 전국적으로나 예술적 재능이 일부 사람들에게 집중되고, 일반 대중들에게는 그러한 재능을 개발할 수 있는 기회가 없어지는 현상은 벌어지지 않는다. 그런 현상은 노동의 분업에서 생겨나는 것이다. 또한 화가나 조각가 등으로 개인을 특정 예술에 종속시키는 현상도 사라진다. 화가, 조각가, 이런 이름들은 그의 능력개발이 편협하게 이루어졌다는 것을, 그가 노동의 분업에 의존하고 있다는 것을 보여줄 뿐이다. 공산주의 사회에서는 화가라는 전문직업인은 존재하지 않으며, 오직 다른 여러 활동을 하면서 그림도 그리는 사람들이 존재할 뿐이다.[122]

마르크스의 언어 이론도 이러한 관점에서 볼 수 있다. 언어야말로 인간이 가진 특별한 능력인데, 계급 사회가 단계적으로 지속되면서 발전하기도 하고 왜곡되기도 한다. 철학자들의 추상적 언어에 대한 마르크스의 비판은, 언뜻 보면 후기 비트겐슈타인(Wittgenstein)과 아주 비슷해 보인다. "철학자들은 자신들의 언어를 버리고 일상 언어로 돌아가야 한다. 그들이 사용하는 언어는 일상 언어로부터 추상된 것이며, 현실 세계를 왜곡하는 언어이기 때문이다."[123] 마르크스는 계속해서 이렇게 말한다. "언어는 독립적인 존재를 획득하는 순간 진부한 문구로 변한다."[124] 이런 이유로 마르크스는, 슈티르너(Stirner)가 논증을 하는 것이 아니라 어원학(語源學)을 하고 있으며, 현실의 관계들을 보는 것이 아니라 말의

122) *The German Ideology*, p. 394.
123) *Ibid.*, p. 447.
124) *Ibid.*

유사성을 따지고 있다고 비판한다.[125] 그러나 중요한 차이가 있다. 마르크스는 철학자들의 언어가 현실과 유리된 일상 언어라는 점을 폭로하는 데 그치지 않고, 자본주의 사회의 일상 언어까지도 비판한다.

> 부르주아는 이 언어를 사용하여 상업적, 개인적, 심지어 보편적, 인간적 관계까지도 쉽게 증명할 수 있다. 왜냐하면 그 언어 자체가 부르주아 계급의 산물이기 때문이다. 부르주아의 경우 현실에서든 언어에서든 매매관계가 다른 모든 것들의 기초를 이룬다.[126]

그 예로 마르크스는 **아이겐툼**(*Eigentum*: 영어로는 소유를 뜻하는 'property')과 **아이겐샤프트**(*Eigenschaft*: 영어로는 소질 또는 자질을 뜻하는 'property')의 유사성을 들고 있다. 이 두 단어의 어원이 같다는 것은 결코 우연이 아니다. 하지만 두 단어의 관련성은 역사적인 것, 일시적인 것이지 결코 본질적인 것은 아니다. 역사적 발전과정 중 어떤 단계에 와서야 개인들의 관계를 상업적 용어로 나타내게 된 것이다. 바로 이 단계에 이르러 비슷한 용어로 지칭된 현상들은 본질적으로 유사한 현상이라고 생각하게 되었다. 그 결과 개인의 자질과 개인들의 관계는 본질적으로 소유 및 상업과 관련 있다는 그릇된 결론을 내리게 되었다. 마르크스는 이런 주장을 하면서, 헤겔을 직접 거론하지는 않았지만, 아마도 사적 소유를 개인성(*individuality*)의 본질적 조건이라고 본 헤겔을 떠올렸을 것이다.[127]

언어에 나타나는 기본적 물화는 동사에서 명사가 생기는 과정이다. "모든 단어의 어원은 **동사**이다."[128] 동사에서 명사가 생겨나면, 다른 일

---

125) *Ibid.*, pp. 229~230, 275~276. 상세한 논의는 Erckenbrecht, *Marx's materialistische Sprachtheorie*, I. 3에 있다.

126) *The German Ideology*, p. 231

127) Hegel, *The Philosophy of Right*, p. 236.

128) *The German Ideology*, p. 276. 이러한 주장은 《바그너 평주》에서 논의한 언

도 하면서 그림도 그리는 사람을 화가라고 부르게 된다. 이러한 언어적 물화는 인간 능력의 현실적 물화와 일치한다. 언어가 물화된 활동을 명사처럼 물화된 동사로 지칭할 경우 언어와 현실은 괴리된다. (참고로 덧붙이는 말인데, **사물**(*thing*)〔causa, Sache, Ding〕이라는 낱말은, 로망스어에서도 게르만어에서도 원래 **과정**(*process*) 또는 **숙고**(*deliberation*)를 뜻하는 말이었다. '사물'이라는 낱말 자체가 물화된 과정이다!) 129)

2.2.7. 인간의 좋은 삶

마르크스가 공산주의를 옹호한 이유는 공산주의 사회야말로 중요한 면에서 자본주의 사회보다 더 훌륭한 사회가 될 수 있다고 믿었기 때문이다. 하지만 마르크스의 논의에서 공산주의의 장점들이 똑같은 비중으로 다루어지는 것은 아니다. 공산주의가 생산력의 발전(5. 2. 3) 측면에서도 더 우월하고, 분배 정의(4. 3)의 측면에서도 더 우수하다고 마르크스가 믿었다는 사실에는 의심의 여지가 없다. 하지만 내가 보기엔 효율성과 정의의 문제는 마르크스에게 부차적인 문제다. 물론 그러한 고려들이 자본주의 사회에서 살아가는 사람들을 자극하여 체제 전복에 나서도록 하는, 그렇게 해야 할 아주 좋은 이유가 될 수는 있다. 그러나 마르크스가 자본주의를 비난한 가장 중요한 이유는 자본주의가 주로 인간적 발전과 자아실현을 좌절시키기 때문이었다. 따라서 그는 공산주의 사회가 되면 인간이 진정한 인간이 될 수 있을 것이라고, 즉 전인적(全人的) 창조자로서의 잠재적 가능성을 완전히 실현할 것이라고 믿었다. 효율성이 높아지는 것은 부산물로 나타나는 현상이다. 왜냐하면 사람들이 자신의 잠재

어의 기원에 관한 이론(2. 2. 2에 인용)과 잘 연결되지 않는다.

129) 이 문제에 대해서는 파페아누와 니담(Rodney Needham)의 가르침을 얻었다.

력을 실현하기 위해 과학적 방식으로 일을 하게 되면 생산성은 역사상 그 어느 때보다도 높아질 것이기 때문이다. 분배 정의의 문제가 어떻게 해결되는지, 혹은 해소되는지는 분명하지 않다.

마르크스가 공산주의 사회의 앞날을 내다본 것으로는 내가 보기엔 다음의 두 문구가 가장 인상적이다.

> 공산주의가 이전의 운동들과 다른 점은 이런 것이다. 공산주의는 기존의 모든 생산관계와 교통관계의 기초를 전복시키고, 역사상 처음으로 모든 자연발생적 전제들을 지금까지 존재한 사람들이 만들어낸 것으로 인식하고, 연합된 개인들의 힘으로 그 자연적 성격을 박탈한다. … 공산주의가 만들어내는 현실은, 현실 자체가 개인들의 교통의 산물인 한, 결코 개인으로부터 독립하여 존재하는 일은 없다.[130]

> 그러나 제한된 부르주아적 형태가 제거되고 나면, 보편적 교환을 통해 창출될 개인의 욕구와 능력과 기쁨과 생산력의 보편성이 바로 부가 아니겠는가? 자연의 힘에 대한, 인간 자신의 본성과 이른바 자연의 힘에 대한 인간적 지배의 완성이 바로 부가 아닌가? 〔인간적 존재의〕 창조적 능력의 절대적 발휘가 바로 부가 아닌가? 이러한 총체적인 발전은 지금까지의 역사적 발전 이외에 그 어떠한 전제조건도 필요로 하지 않는다. 미리 정해진 척도에 따라 평가되는 것이 아니라 그 자체가 목적인 인간적 능력을 지금까지의 역사적 발전 그 자체가 보장하기 때문이다. 하나의 전문성으로 자신을 재생산하는 것이 아니라 전인(全人)으로 자신을 생산하는 일이, 자신이 획득한 것을 유지하기에 급급하지 않고 인간이 되어가는 절대적 운동 속에 놓이는 일이 어디에서 가능하겠는가?[131]

---

130) *The German Ideology*, p. 81.

131) *Grundrisse*, p. 488.

첫 번째 인용문에서는 공산주의 사회가 되면 사회적 소외(2. 3. 3)도 없어질 것이며, 개인의 욕구와 능력의 물화도 더 이상 없을 것이라고 말한다. 또한 그 어떤 개인 이하의 실체도, 초개인적 실체도 독립적으로 존재하지 못한다. 자본주의 사회에서는 개인이 양 극단의 "한가운데 갇히는" (1. 3) 일이 벌어지지만. 두 번째 인용문에서는 공산주의 사회에서 인간이 가지게 될 개인성과 창의성을 말한다. 공산주의 사회가 되면 정신적 소외, 즉 자아실현의 잠재적 가능성과 현실 간의 격차가 없으며, 또한 잠재적 가능성이 무한히 발전한다는 것이다.

이러한 견해에 대해 나는 몇 가지 질문을 제기하고자 한다. 왜 마르크스는 창조를 그토록 강조하고, 수동적 형태의 향락에는 반대했을까? 마르크스는 모든 사람들이 창조적인 활동을 통하여 높은 수준의 자아실현을 달성할 수 있다고 정말로 믿었던 것일까? 만일 그게 사실이라면, 그의 생각이 옳다고 할 수 있을까? 이러한 형태의 자아실현이 모든 사람들이 광범위한 활동을 할 것이라는 생각과 양립할 수 있을까? 그런 일이 가능한 사람이 있다고 하더라도 그런 방식으로 과연 모든 사람들이 자아실현을 달성할 수 있을 것인지에 대한 문제는 4. 3. 3에서 살펴보도록 하겠다.

우선 마르크스가 공산주의 사회에서는 인간이 일을 할 때든 하지 않을 때든 자아실현이 가능하다고 믿었는가 하는 만만찮은 문제부터 살펴보자. 텍스트의 내용이 모호하기 때문에 단정적인 대답을 할 수는 없지만, 다음과 같은 세 가지 추론이 가능하다. 첫째는 일이 "인생의 가장 중요한 욕구"[132]가 된다는 것이다. 윌리엄 모리스가 사회주의적 이상으로 제시한 바와 같이,[133] 숙련된 장인들의 경우에는 그럴 수 있다. 《경제학·철학 원고》와 《제임스 밀 평주》(*Comments on James Mill*)에 이런 견해가 나

132) *Critique of the Gotha Program*, p. 21.

133) Thompson, *William Morris*, pp. 641ff 참조. 마르크스와 모리스의 관계에 대해서는 pp. 751ff 참조.

타나 있다.[134] 둘째는 공산주의 사회가 되면 일은 하지 않아도 될 것이라는 견해다. 생산과정은 대부분 자동화될 것이고, 인간은 간접적으로 혹은 총체적 방식으로 그 과정에 개입할 것이기 때문이다.

> 생산과정에 그렇게 많은 노동이 필요하지는 않을 것이다. 인간이 하는 일은 생산과정 그 자체를 감시하거나 통제하는 일 정도일 것이다. … 노동자가 대상물과 자기 자신 사이의 연결과정으로 변화된 자연물을 투입하는 일은 없을 것이다. 노동자는 자기 자신과 비유기적 자연 사이의 수단으로서 산업적 과정으로 변형된 자연적 과정을 투입할 것이며, 그 과정을 지배할 것이다. 노동자는 생산과정의 주역이 아니라 생산과정 옆에 서 있게 된다. 이러한 변화가 생기고 나면 노동을 해야 할 필요도, 일정한 노동시간을 투여해야 할 필요도 없어진다. 인간이 해야 할 일은 사회적 존재로서 자기 자신의 생산력을 전유하는 일, 자연을 이해하고 지배하는 일, 간단히 말하면 생산과 부의 위대한 초석이 될 사회적 개인의 발전뿐이다.[135]

마지막으로, 인간은 일을 하지 않을 때 자기를 실현한다는 견해이다. 이 경우 인간이 꼭 해야 하는 노동은 가능한 한 최소화되고 인간화된다.

> 자유의 영역은 필요를 충족시키기 위한 노동이 그치는 곳에서 시작된다. 즉 그것은 본질적으로 물질적 생산의 영역 저편에 있는 것이다. 미개인이 욕구충족을 위해, 생활을 유지하고 재생산하기 위해 '자연'과 싸워야 하듯이 문명인도 그렇게 해야 한다. 인간이 선택한 모든 사회형태에서 모든 가능한 생산양식에서 그렇게 해야 한다. 물질적 필요의 영역은 인간의 발달, 욕구의 발달과 더불어 확대된다. 그러나 동시에 이 욕구를 충족시키는 생산력도 확

---

134) *Economic and Philosophical Manuscripts*, pp. 296ff; *Comments on James Mill*, pp. 227~228(아래에 일부 인용).

135) *Grundrisse*, p. 705.

대된다. 이 영역에서 자유는 인간이 자연의 맹목적인 지배를 벗어나 사회화된 인간, 즉 연합된 개인으로서 인간과 자연과의 신진대사를 지배하고 통제할 경우에, 그리고 최소한의 에너지를 소모하여 인간의 본성에 가장 적합한 형태로 자연을 지배할 경우에 얻어진다. 그러나 이것은 여전히 필연의 영역이다. 참된 자유의 영역은 이 필연의 영역 저편에 있는 것으로서 여기에서는 인간의 힘의 발전 그 자체가 목적이 된다. 그러나 자유의 영역은 언제나 필연의 영역을 토대로 꽃을 피울 수 있다. 노동일의 단축이 그 기본적인 전제조건이다.[136]

다음과 같이 종합할 수 있을 것 같다. 공산주의에서는 모든 개인들이 창조적 활동을 통해 자기 자신을 실현하는데, 그 형태는 서로 다르다. 생산과정에 참여하여 과학적 · 기술적 능력들을 발휘함으로써 그렇게 하는 사람들도 있고, 생산과정 밖에서, 즉 예술적 활동이나 순수학문과 같은 일에 열중함으로써 그렇게 하는 사람들도 있다. 하지만 누군가는 해야 하는 고된 일이 여전히 있을 것이다. 이 문제는 제 9장에서 자세히 살펴보겠다.

다음으로 창조를 소비보다, 활동성을 수동성보다 더 중요시한 것에 대해 살펴보자. 이 문제를 논의하면서 마르크스의 말을 직접 인용하겠지만, 일부 내용은 내가 추정한 것이다. 첫째, 라이프니츠가 말한 명언을 생각해보자. "나는 근심이 인간의 행복에 필수적이라고 생각한다."[137] 마음의 평안과 만족이 아니라 장애를 극복하면서 행복을 얻게 된다는 뜻이다. 이것이 바로 창조적인 일을 할 때 얻어지는 만족의 원천이다.

〔아담〕 스미스는 '건강, 근력, 활동, 기술, 능력이 정상적인 사람'에게도 그에 비례하는 노동이 필요하고 휴식의 정지가 필요하다는 사실을 모르는 것

136) *Capital III*, p. 820.

137) Leibniz, *Nouveaux Essais*, p. 175.

같다. 노동의 의미는 외부에서, 즉 달성해야 할 목표에서, 그리고 그 목표를 달성하기 위해 극복해야 할 장애에서 온다. 그러나 스미스는 **그러한 장애의 극복 자체가 해방을 주는 활동**이라는 사실을 전혀 모른다. … 〔노동은〕 매력적인 일이 되고, 개인의 자아실현이 된다. 푸리에(Fourier)가 천진난만하게 생각한 재미, 놀이 따위와는 성질이 다르다. 진실로 자유로운 일, 즉 무엇인가를 만들어내는 일은 정확히 말해서 엄청나게 진지한 일이며, 가장 노력이 필요한 일이다.[138]

위 인용문에서 내가 고딕체로 강조한 두 구절은 욕구불만이 행복의 필수불가결한 부분이라고 말하는 것으로 이해될 수 있을 것이다. 확실히 **적당한 욕구불만**(*optimal frustration*)[139] 이라는 것이 있을 수 있다. 그 긴장이 이완될 때 지극한 행복감을 느끼게 되는 그런 욕구불만이 있을 수 있다. 그렇다면, 수동적 소비 또한 행복을 가져올 수 있다. 예를 들면 밥을 먹는 활동이 아니라 소설을 읽는 것으로도 확실히 행복을 느낄 수 있다. 소설이 공상보다 더 큰 만족을 주는 이유 중 하나는 결말이 어떻게 날지 사전에 알지 못하기 때문인 것이 분명하다. 결말에 이르고 나면 그때 긴장이 이완된다.[140] 긴장의 이완을 행복의 주요척도로 삼기로 하면, 욕구불만이 너무 많은 사회 — 욕구불만이 결코 해결되지 않거나 너무 늦게 해결되는 사회 — 도 거부해야 하고, 욕구불만이 너무 적은 사회 — 욕구가 소박하여 즉시 충족될 수 있는 사회 — 도 거부해야 한다. 마르크스는 자본주의 사회가 전자에 해당하고, 전자본주의 사회가 후자에 해당한다고 보았다. 전자본주의 사회에서는 "제한적 의미에서의 만족이 있었던 반면, 〔자본주의 사회에서는〕 만족이 없다".[141] 매우 훌륭한 공리주의적 주

138) *Grundrisse*, p. 611.

139) 졸저 *Sour Grapes*, p. 138 참조.

140) Ainslie, "Beyond microeconomics" 참조.

141) *Grundrisse*, p. 488.

장이 될 수 있다.

하지만 과연 이러한 독해가 마르크스의 의도를 제대로 읽은 것인지에 대해서 의문을 제기할 수 있다. 왜냐하면 이러한 관점을 유지하려면 일부 소비 형태와 능동적 창조를 같은 지위에 놓아야 하기 때문이다. 공산주의를 만족한 정신상태의 관점에서 논의하는 것은 그 사회에 대한 마르크스의 기본적인 열망과 어울리지는 않는다. 이러한 공리주의적 해석에 대한 더 자세한 반론은 로널드 드워킨[142]의 책을 보면 알 수 있다. 위대한 예술가나 과학자가 하는 일이 잘 되지 않아서, 혹은 자신이 설정한 기준에 미치지 못해서 고통을 받고 일생동안 불행을 느꼈다고 생각해보자. 그의 불행은 그의 능력과 통찰력 때문이 아닌가? 자기가 한 일이 이상에 미치지 못한다는 것을 알기 때문이 아닌가? 그가 한 일이 인류의 불멸의 업적이 될 수도 있지만, 그가 느낀 자기의 인생은 비참한 것일 수도 있다. 마르크스는 공산주의에서는 그런 일이 일어나지 않으리라고 믿었던 것 같다. 하지만 마르크스가 만일 그럴 가능성을 인식했더라면 그런 인생도 자아실현으로 여겼으리라는 것이 나의 추측이다.

창조를 강조한 것이 헤겔의 영향이라는 논의도 있다. 자기가 누구인지, 무엇인지 알기 위해서 인간은 말로 혹은 일로 자기 자신을 외화(外化)해야 한다. 그래야 자신의 내적 본성에 타자가 접근할 수 있고, 공통의 세계에서 지위를 확보하게 된다. 소비만 하는 인생은 실체 없는 인생이며, 기껏해야 유미주의자의 인생이다. 그런 인생은, 자신의 본성을 외화하려는 어떠한 시도도 그 지극한 본질을 배신할지도 모른다고 근심하는 "아름다운 영혼"이다.[143] 창조적인 일을 해야 개체적 존재에 필수적인 이타존재성(*existence-for-others*)을 얻을 수 있다. 하지만 이런 일이 공

---

142) Dworkin, "What is equality? Part I", pp. 211, 222.

143) Hegel, *The Phenomenology of Spirit*, pp. 399ff. 또한 p. 187 참조.

산주의 사회에서만 가능한 것은 아니다. 자본주의 사회에서도 예술가나 과학자들이 동료들의 인정을 받으려고 열심히 경쟁하는 모습을 볼 수 있다.[144] 공산주의 사회의 특징은 창조와 생산이 다른 사람들을 위해 이루어진다는 점이다. 즉 창조적 과정의 목적이 다른 사람들이 즐겨 쓸 것들을 생산하는 데 있다는 것이다. 따라서 자본주의 사회에서 보이는 개인과 공동체 사이의 대립은 없으며, 양자가 완전한 보완관계에 있다.

> 우리가 인간적 존재로서 생산을 수행했다고 생각해보자. 우리 각자는 자기와 남을 두 가지 방식으로 긍정하게 된다. ① 생산을 통해 나의 개체성, 즉 나의 고유한 특성이 객체화된다. 따라서 생산활동을 하는 동안 내 생명이 나타나는 것을 즐길 수 있을 뿐만 아니라, 대상물을 보면서 내 개성이 객관화되고, 가시화되는 것을 인식하는 개인적 기쁨을 가지게 되고, 따라서 의심의 여지 없이 힘을 느끼게 된다. ② 나의 생산물을 남이 사용하는 것을 보면서 느낄 수 있는 직접적인 기쁨이 있다. 즉 나의 일이 인간의 욕구를 충족시킨다는 사실, 즉 인간의 가장 중요한 본질을 객체화시킨다는 사실을 인식하는 기쁨이 있고, 이로써 다른 인간의 가장 중요한 본질에 상응하는 대상물을 창조했다는 기쁨이 있다. … 우리의 생산물은 하나하나가 우리의 가장 중요한 본질을 비춰주는 거울이 될 것이다.[145]

하지만 이 논의에는 앞뒤가 맞지 않는 주장이 들어 있다. 이 문장을 놓고 보면 창조를 소비보다 더 중요시해야 할 이유가 없다. 창조를 가치 있게 여기는 이유가 남을 위한 것이기 때문이라면, 그것은 어떤 의미에서 소비에 기대는 것이고, 따라서 모든 창조에는 소비에 부여된 더 낮은 가치가 함께 따라다닐 수밖에 없다. 심하게 말하자면, 전적으로 활동적·창조적 개인들로만 구성된 사회에서는 아무도 책을 읽거나 영화를 보거나,

---

144) *Ibid.*, pp. 237ff.

145) *Comments on James Mill*, pp. 227~228.

혹은 다른 사람이 생산한 것을 즐기거나 하는 일이 없을 것이다. 그런 것들로 공부하는 사람은 있겠지만 말이다. "나는 책을 읽고 싶으면 내가 직접 쓴다"고 말하는 사람이 작가일 테니까. 이 문제를 더 이상 따지고 싶지는 않지만, 나는 이것이 결코 터무니없는 문제제기는 아니라고 생각한다. 이타주의와 타인을 위한 행동을 강조하는 모든 사회운동에 이러한 문제가 들어 있다. 이타적 행위는 적어도 한순간은 이기적으로 행동하는 개인들의 존재를 전제하지 않고서는 논리적으로 불가능하다. "자기만 생각하지 말고 공동체를 위하라"고 하는 가르침도 모든 사람이 실천하려 들면 모순된 결과를 빚는다. 너무 나간 중국의 문화혁명이 이런 경우가 아닐까 싶다. 마찬가지로 마르크스가 한편으로는 창조와 생산을 강조하고 다른 한편으로는 공동체를 강조한 것은 끝까지 따져보면 일관성을 유지하기 어렵다.

자본주의하에서 인간(*man*)의 자아실현은 개개인들의 희생 위에서 이루어진다. 개별 노동자의 불구를 대가로 집단노동자가 완성되는 것이다. 공산주의에서는 인간 개개인(*men*)의 자아실현이 가장 중요한 가치이기 때문에 그런 희생은 있을 수 없다. "무엇보다도 '사회'가 개인과 대립한 추상적 존재가 되는 일이 또다시 있어서는 안 된다."146) 마르크스는 확실히 이러한 개인들의 자아실현을 통해 전례 없는 인간성의 개화가 있을 것이라고 믿었다. 마르크스는 이 두 가지 목표가 충돌하거나 혹은 타협이 필요한 일이라고는 조금도 생각하지 않았던 것 같다. 내 생각은 다르다.

내가 반론을 제기하는 이유는, 아래에서 좀더 자세히 설명하겠지만, 재능이 사람마다 다르다고 생각하기 때문이다. 자기가 생각한 대로 일을 해낼 수 있는 사람은 아무도 없다. 아무리 좋은 조건이 갖추어져 있어도 그렇다. 이 문제에 대해 마르크스가 어떤 생각을 가지고 있었는지는 그

---

146) *Economic and Philosophical Manuscripts*, p. 299.

리 분명하지 않다. 《독일 이데올로기》에서 마르크스는 슈티르너가 푸리에를 비롯한 "노동 조직가들"을 오해했다고 비판한다. "슈티르너가 오해한 것처럼, 모든 사람이 라파엘로와 같은 활동을 해야 한다는 것이 아니라, 누구든지 그와 같은 소질이 있는 사람은 잠재력을 방해받지 않고 개발할 수 있어야 한다는 것이 그들의 견해이다."147) 이어서 마르크스는 이렇게 말한다. "라파엘로 같은 사람이 자신의 재능을 개발할 수 있느냐의 문제는 전적으로 수요에 달려 있고, 이 수요는 노동의 분업과 그로 인한 문화적 조건들에 달려 있다."148) 이 문장을 보면 사람들의 재능이 같지 않다는 것을 마르크스도 인정한 것으로 생각되지만, 다른 방식의 해석도 가능하다. 마르크스는 《요강》에서 생산과정에서 인간이 하는 일은 지적인 일, 과학적인 일이 될 것이며 따라서 필요노동시간도 단축될 것이므로, "그때에는 개개인의 예술적·과학적 발달은 해방될 것"이라고 말한다.149) 여기에서도 보편개념으로서의 인간이 그렇다는 것인지, 인간 개개인이 그렇다는 것인지가 분명하지 않지만, 각각의 모든 인간(*each and every individual*)에게 해당한다고 주장한 것으로 보아야 할 것이다. 그렇게 보는 것이 마르크스의 전체적인 주장 — 내가 아는 한 선천적 재능의 차이에 대한 고려가 없는 — 과 잘 어울리는 해석이기 때문이다.

마르크스가 그렇게 주장했고, 그리고 그의 말이 옳다면, 보편개념으로서의 인간과 개개인으로서의 인간의 자아실현은 서로 충돌하지 않는다. 하지만 그가 틀렸다면(그럴 가능성이 아주 크지만) 다음과 같은 어려운 문제들이 생겨난다. 만일 이미 성공하기로 되어 있는 사람들만 창조적인 일, 지적인 일에 종사한다면, 사회적 최적(*social optimum*)에 필요한 수보다 더 적은 사람들이 그 일에 종사하게 될 것이다.150) 라파엘로 같은

147) *The German Ideology*, p. 393.
148) *Ibid.*
149) *Grundrisse*, p. 706.

재능을 가진 사람은 누구든 재능을 발휘할 수 있다면, 자기에게 라파엘로 같은 재능이 있다고 그릇되게 믿는 사람들은 다 좌절하고 말 것이다. 이것은 자신만이 알 수 있는 작품상의 결함 때문에 좌절을 느끼는 성공적인 예술가의 좌절이 아니라, 누구나 알 수 있는 결함 때문에 예술가로서 실패한 사람들의 광범위한 좌절이다. 마르크스가 예술적·과학적 활동을 성공의 가능성이 매우 불확실한 도박이라고 생각하지 않았다면, 실제로 성공한 사람들의 경우만 생각했기 때문에 그랬을 수도 있다. 그는 이렇게 쓴다. "밀턴(Milton)은 누에가 비단을 생산하는 것과 같은 이유로 《실락원》(*Paradise Lost*)을 낳았다. 그것은 그의 본성의 활동이었다."[151] 하지만 밀턴이 성장의 모든 단계에서 그랬던 것은 아니지 않은가? 약간의 예외를 제외한다면 (모차르트가 생각나지만) 예술가와 과학자에게도 고난의 세월이 있는 법이고, 말하자면 벗나갈 때도 있지 않은가? 어느 길이 제 길인가를 발견하는 만족이 누구에게나 오는 것은 아니며, 온다 하더라도 인생의 말년에 올 수도 있다.

같은 예를 들어 또 다른 반론을 제기해보겠다. 공산주의 사회에서는 욕구와 능력이 편향적으로 발달하지는 않는다고 했는데, 나는 마르크스의 이러한 견해도 수긍할 수 없다. 만일 밀턴이 《실락원》을 쓴 것이 누에가 비단실을 낸 것과 같다고 한다면, 어떤 의미에서 밀턴은 다른 사람이 될 수는 없었을 것이다. 확실히 그는 오후에는 고기 잡는 어부가 되고, 저녁에는 비평작업을 하는 비평가가 되기 위해 시간을 낼 수는 없었을 것이다.[152] 공산주의에서 창조적인 일은, '엄청나게 진지한' 일이기는 하

150) "본인의 희망이 여하하든 성공가능성에 대한 기준을 정해놓고 그 기준에 도달하는 사람들에게만 그 길로 나설 수 있도록 한다면 소설가도, 배우도, 과학자도 훨씬 줄어들 것이다. 새로운 생산품도, 병을 치료하는 방법도, 새로운 정치운동도, 새로운 과학 이론도 마찬가지다."(Nisbett and Ross, *Human Inference*, p. 271).

151) *Theories of Surplus-Value*, vol. 1, p. 401

지만, 사람을 지배할 정도는 아니다. 공산주의자 밀턴은 작가가 아니라 여러 가지 활동들을 하는 가운데 글도 쓰는 사람이 되었을 것이다. 실로 믿기 어려운 일이다. 앞에서 말한 성공했지만 스스로는 비참하게 느끼는 예술가나 과학자도 마찬가지다. 작품을 만들어보려고 열심히 노력했지만 스스로는 비참을 느끼는 지경에 이르렀다면 그의 창작 욕구는 거의 강박감 수준이라고 할 수밖에 없다. 마르크스는 이런 가능성은 생각해보지 않은 것 같다. 그가 생각한 공산주의적 인간의 모형은 라파엘로나 밀턴 같은 사람이 아니라 레오나르도 다 빈치 같이 다방면에 걸쳐 다재다능하고 내키는 대로 이것도 할 수 있고, 저것도 할 수 있는 사람이다. 솔깃한 생각이기는 하지만, 다소 비현실적이다. 마르크스가 "불행은 존재의 왜소함에서 오는 것이지, 깊이의 부재에서 오는 것은 아니라"고 믿었다는 것이 문제 될 것은 없다.[153] 문제는 보편적 인간의 자아실현과 인간 개개인의 자아실현 사이에 타협이 필요한 것과 마찬가지로, 넓이와 깊이 사이에도 타협이 필요하다는 사실을 마르크스가 고려하지 않았다는 점이다.[154]

지금까지 한 논평은 이 절의 앞부분에서 언급한 두 번째 인용문과 관련된 것이다. 첫 번째 인용문에 대해서도 몇 마디만 덧붙이고 싶다. 그 문구는 긍정문의 형태가 아니라 부정문의 형태로 되어 있다. 공산주의에서는 개인의 활동의 산물이 독립적인 존재가 되는 일은 없다는 것이다. 2. 3. 3에서 이러한 견해의 가장 중요한 의미, 즉 인간들의 협동의 산물은

---

152) *The German Ideology*, p. 47 참조.

153) Papaïoannou, *De Marx et du Marxisme*, p. 110.

154) 마르크스의 견해에 아주 잘 맞는 그럴듯한 사례가 이런 것인지도 모르겠다. 처음에는 누구나 자기가 원하는 방향으로 자신을 발전시킬 수 있다. 하지만 일단 어느 방향으로 선택을 하고 나면 직업을 바꾸는 것이 어렵거나 불가능하다. 인간의 가전성(可展性)에 대한 이러한 '찰흙' 모형은 푈레스달(Dagfinn Føllesdal)에게 들었다.

그들의 지배 아래 놓일 것이며 결코 그 산물의 지배를 받는 일은 없을 것이라는 생각에 대해서 다시 살펴보겠다. 여기에서는 개인의 심리와 관련된 문제에 대해 몇 마디 언급하고자 한다.

사람이 자신의 과거 행위의 속박 — 그 행동에 의해 정해진 제약들 — 을 받지 아니한 채 행동하는 것이 과연 가능한 일일까? 사람이 어떤 행동을 하면, 그 행동에 의해 외부 세계에서 어떤 과정이 작동하기 시작하는데, 이 과정은 나중에 그의 행동을 제약하게 된다. 여기에 더하여 사람에게는 **습관** 혹은 기질 같은 것이 생겨나기도 하여 그 방향으로 행동하게 된다. 마르크스는 완전한 인간적 생활은 결코 습관이나 혹은 좀더 일반적으로 말해서 과거의 행위에서 비롯된 성격특성 같은 것의 제약을 받아서는 안 된다고 생각한 것 같다. 이러한 극단적인 견해는 성립할 수 없다. 왜냐하면 습관이 전혀 없는 피조물을 생각할 수 없기 때문이기도 하고, 또한 습관을 버리려는 시도는 성공하는 경우에도 이롭기보다는 오히려 해롭기 때문이다.[155]

저절로 생긴 습관은 많은 철학자들, 심리학자들, 경제학자들이 옹호해온 용의주도한 성격기획 과정과는 다른 것이다.[156] 확실히 알 수는 없지만 마르크스는 이러한 종류의 자기통제 방법에 대해서도, 과거의 자기가 미래의 자기를 제한하려는 시도라는 이유로 마땅치 않게 생각했을지도 모른다. 하지만 이것은 그 사람의 '배후에서' 진행되는 과정이 아니라 의식적인, (말하자면) 합리적인 활동이다. 마르크스는 이 문제와 관련 있는 언급을 딱 한 번 부정적으로 한 적이 있다. "민주주의에서 사람들은 잠

---

155) Rorty, "Akrasia and self-deception"는 이런 현상들은 주로 습관의 존재에서 비롯되지만, 그럼에도 불구하고 습관은 삶의 일관성을 위해 꼭 필요한 것이라고 주장한다.

156) 자세한 내용은 졸저 *Ulysses and the Sirens*, ch. II 및 *Sour Grapes*, ch. II 참조.

간 동안 주권을 행사하고 나서는 자신들의 권위를 포기하고 만다." 정치적 비유로서는 대체로 맞는 말이다. 마르크스는 이런 견해를 "혁명주의자들과 반동주의자들이 유포하고 있다"[157] 고 지적하면서 "관념주의적 국가개념"이라고 물리쳤다. 이로써 보건대 마르크스는 자기가 스스로를 속박할 필요성은 받아들이지 않았을 것이 틀림없다. "〔어제〕 제 스스로 만든 법을 내일 자기의지(*self-will*)가 억압으로 느낄 것인지의 여부는 새로운 상황이 발생하는지, 그리고 자기의 관심사가 변하는지의 여부에 달려 있다." 그러나 이것은 제 스스로 만든 법을 억압으로 느낄 수도 있는 제3의 이유를 무시한 주장이다. 인간은 변덕[158] 때문에, 혹은 의지의 박약함 때문에 제 스스로 만든 법이 허락하지 않는 행위를 하고자 하는 유혹을 받을 수도 있다. 이러한 곤경은 사람들이 일반적으로 겪는 일일 수도 있으며, 자기통제를 위한 전략들은 이 곤경을 해결하기 위해 꼭 필요한 것일 수도 있다. 하지만 마르크스는 이런 가능성을 전혀 생각하지 않았다. 마르크스는 공산주의에서의 사회적 관계의 투명성을 믿은 것은 물론이고[159] 나아가 인간 개개인의 자율성을, 그것도 타락할 가능성이 전혀 없는 무조건적 자율성을 굳게 믿었다.

결론적으로 마르크스의 자본주의에 대한 고발의 핵심은 인간의 본성에 대한 그의 규범적 견해에 있다기보다는 인간에게 열려 있는 가능성의 범위에 관한 이론에 있다. 그의 견해가 유토피아적 성격을 지니게 된 것은, 공산주의하에서도 여전히 어려운 선택들이 있을 수 있고, 또한 가치들 간의 충돌이 있을 수 있다는 사실을 인정하지 않으려 했기 때문이다.

---

157) *The German Ideology*, p. 333. 민주주의에서는 대표들을 언제든지 해임 및 취소할 수 있어야 한다고 마르크스는 생각했다(7. 3. 1).

158) 자기 자신의 변덕을 막기 위해 만들어진 법에 대한 논의는 *Contribution to the Critique of Hegel's Philosophy of Law*, pp. 100ff 참조.

159) Cohen, "Karl Marx and the whithering away of social science" 참조.

규범적 이론의 날카로움은 오직 그런 충돌이 일어났을 때 나타나는 것이기 때문에 자아실현을 최상의 인간적 가치로 본 그의 견해를 평가하기는 어렵다. 내가 보기에 그의 이론이 가진 주요한 약점은 다음과 같이 요약될 수 있다. ① 그는 보편개념으로서의 인간과 인간 개개인의 자아실현이 서로 충돌할 수 있다는 사실을 무시했다. 인간이 가진 재능의 완전한 발전을 보장하는 체제에서는 그 부산물로 반드시 성공하지 못한 개인들의 좌절이 나타난다. ② 마찬가지로 그는 개인의 객관적 자아실현과 주관적 행복감이 서로 충돌할 수 있다는 사실을 무시했다. ③ 그는 또한 개인의 전면적 발전과, 하나의 활동에 대한 편향적인 몰두 — 창의력이 뛰어난 사람들의 특징인 — 가 서로 충돌한다는 사실을 무시했다. ④ 마지막으로 그는 과도한 충동의 문제를 간과했으며, 이를 막기 위해 만든 장치들은 사람들을 지나치게 완고한 성격으로 이끌 위험이 있다는 사실을 간과했다. 공산주의에서 개인은 이드(*id*) 도 없고 슈퍼에고(*superego*) 도 없는 인간이 되고 만다.160)

그렇다면, 마르크스의 심리학 이론은 주로 희망적 사고에 바탕을 두고 있다. 마르크스는 개개인의 완성이 계급 사회와 공산주의에서 어떻게 서로 다른지를 극명하게 보여주었지만, 이것은 인간의 본성이 가진 주요한 특징들을 부정하거나 무시한 채 이루어졌다. 그렇다고 해서 그의 몇 가지 진지한 주장들까지 부정해도 좋다는 말은 아니다. 인간의 가소성(可塑性) 이나 만능성(萬能性) 에 대한 과장된 주장은 버린다고 하더라도 '공작인'(工作人, *homo faber*) 에 대한 강조는 여전히 살릴 만하다. 소비자 사회에 대한 비판도 여전히 타당하고, 또한 여러 가지 측면에서 중요하다. 자율성, 창의성, 공동체는 가장 귀하게 여겨야 할 가치들이다. 다른 것

---

160) 〔옮긴이주〕 '이드'는 '개인의 본능적 충동'을 의미하고, '슈퍼에고'(초자아, 상위자아) 는 '자아를 감시하는 무의식적 양심'을 말한다. 이드가 없으면 슈퍼에고도 필요하지 않다.

들이 같다면, 그 세 가지 각각은 가능한 한 증진되어야 한다. 그러나 그렇지 않다면, 다른 곳에서 길을 찾아야 한다.

2.3. 사회적 관계

여기에서는 마르크스의 사회적 관계에 관한 이론 — 사회적 관계의 본질과 자본주의 사회에서의 왜곡된 모습 — 을 논의한다. 2.3.1에서 먼저 마르크스의 논의와는 상관없는 사회적 관계에 관한 일반 이론을 살펴보겠다. 이것은 나중에 착취와 계급에 관해 분석할 때 도움이 될 것이다. 2.3.2에서는 마르크스의 물신숭배 이론을 살펴볼 것이다. 물신숭배 이론은 자본주의하에서 인간의 사회적 관계가 대상물의 자연속성처럼 보이게 된다는 주장이다. 2.3.3에서는 플라메나츠가 말한 '사회적 소외'에 대해 논의한다. '사회적 소외'는 인간 활동의 산물이 인간으로부터 벗어나 인간과 대립하게 되는 현상을 말한다.

2.3.1. 관계 이론[161]

라이프니츠에 따르면, "관계는 비교 관계이거나 연관 관계이다".[162] 흔히 외적 관계와 내적 관계로 구분하기도 한다.[163] 이 두 종류의 관계 개념은 연관이 있기는 하지만, 서로 다른 것이라는 점을 알아둘 필요가

161) 이하의 논의는 졸저 《논리와 사회》 20쪽 이하의 내용을 코헨의 충고에 따라 단순화한 것이다.

162) Leibniz, *Opuscules et Fragments Inédits*, p. 355.

163) 외적 관계와 내적 관계에 대한 나의 정의는 올만(Ollmann)의 《소외론》과 굴드(Gould)의 《마르크스의 사회적 존재론》에 나오는 것과는 전혀 관계가 없다는 것을 밝혀둔다.

있다. 둘 다 마르크스의 이론을 이해하는 데 도움이 된다.

마르크스의 일부 진술들은 이것과 직접 관계가 있다. 그중 하나는 2.2.2에서 인용한 바 있는데, 《바그너 평주》에서 그는 "관계 속에 놓이는 것"과 "능동적으로 관계를 맺는 것"을 구별한다. 이러한 구별은 《경제학·철학 원고》에서 더욱 분명하게 나타난다.

> **무소유**와 **소유**의 대립(*Gegensatz*)은 노동과 자본의 대립으로 파악되지 않는 한 여전히 무차별적인 대립이고, **실제적 관계 곧 내적 관계에 있어서의** 대립이 아니며, 아직 **모순**(*Widerspruch*)으로서 파악되지 않는 대립이다.164)

소유와 무소유의 관계는 양적 차이에 불과한 것으로서 실질적 연관이 아니라 비교 관계이다. 그것을 자본과 노동으로 부를 때에만 비로소 상호의존이 명백하게 드러난다.165)

외적 관계와 내적 관계에 대한 논의를 다음과 같은 진술에서부터 시작해보자.

> ① A는 B보다 돈이 더 많다.
> ② A는 B를 착취한다.

진술 ①의 서술어는 A와 B의 비교를 통해 주어지는데, 이 둘이 어떤 형

---

164) *Economic and Philosophical Manuscripts*, pp. 293~294.

165) 상호의존은 인과적인 것이지 개념적인 것이 아니라는 점에 유의하라. 개념적인 것에 대해서는 마르크스는 헤겔의 용어를 사용하여 '반성적 규정'(*Reflexionsbestimmungen*)이라고 부른다(*The German Ideology*, p. 440; *Capital I*, p. 57). 이것은 '반대 개념'(*polar concepts*)이라고도 하는데, 진짜 동전과 가짜 동전의 관계처럼 둘 사이에 실질적인 관계가 있는 것이 아니라 순전히 개념적으로만 의존해 있는 관계를 말한다.

태로든 상호작용할 필요는 없다. 반면에 진술 ②는 A와 B 간의 직접적·인과적 연관을 나타낸다. 그러므로 다음과 같이 말할 수 있다.

> **잠정적 정의:** '관계 ab'는 술어 $F_1 \cdots F_n$과 $G_1 \cdots G_m$이 존재하고, 진리함수 'F_1a', 'F_2a' … 'F_na'와 'G_1b', 'G_2b' … 'G_mb'로부터 그 관계를 도출할 수 있을 때, 오직 그 경우에만 외적 관계를 나타낸다.

이 정의에 따르면, ①은 외적 관계를 나타낸다. "A는 10달러를 가지고 있다"는 진술과 "B는 5달러를 가지고 있다"는 진술로부터 그 관계를 도출할 수 있기 때문이다. 그러나 ②는 유사한 방식으로 환원시킬 수 없다. 즉 관계어에 대한 단항술어를 찾아낼 수 없다.[166] 그러나 이러한 설명은 불만족스럽다. ①과 다음의 ③을 비교해보자.

> ③ A는 B보다 키가 더 크다.

잠정적 정의에 따르면, ①과 ③은 외적 관계이다. 그러나 술어들을 환원하면 논리적 형태는 크게 달라진다. "몇 달러를 가지고 있다"는 술어는 "키가 몇 센티미터다"는 술어와는 달리 **관계적으로 정의**된다. 돈을 얼마 가지고 있다는 말의 뜻을 밝히기 위해서는 반드시 다른 사람들에 대한 언급을 해야 한다. 다음의 진술을 보자.

---

166) **진리함수**로의 환원이 필요한 이유에 대해서는 제4장과 제6장에서 논의하겠지만, 술어 '착취자이다'와 '착취당한다'는 착취관계가 전혀 없는 상황에서도 성립할 수 있다. 그러므로 라이프니츠가 제안한 것처럼, 술어를 바꾸어 다음과 같이 정의할 수 있다. 즉 "A는 B를 착취한다"는 진술은 "A는 착취자이며, 바로 그 사실에 의해 B는 착취당한다"는 진술과 같다. 그러나 연결사 '바로 그 사실에 의해'(*eo ipso*)는 진리함수의 술어가 아니다. 따라서 착취관계는 외적 관계가 될 수 없다.

④ A는 B보다 더 큰 권력을 가지고 있다.

⑤ A는 B에 대해 권력을 가지고 있다.

여기에서 ⑤는 A와 B 사이의 내적 관계를 말하는 반면, 잠정적 정의에 따르면 ④는 외적 관계를 말한다. 그러나 권력을 가지고 있다는 것이 무슨 말인지 밝히기 위해서는 다른 사람들에 대한 언급을 하지 않을 수 없다. 아주 단순하게 말하면 내가 가진 권력의 총량은 내가 통제할 수 있는 사람 수로 정의될 수 있는데, 이것은 권력의 관계적 속성을 분명하게 보여준다. 좀더 복잡하게 말하면, 나의 권력은 다른 사람들이 관심을 가지고 있는 자원들에 대한 나의 통제력에 달려 있다. 이 역시 관계적으로 정의된 속성이다.[167] 마찬가지로 돈의 소유도 그 의미를 밝혀보면 타인에 대한 언급을 포함하게 된다. 즉 다른 사람들이 내 돈을 지불수단으로 인정한다는 사실이 전제되어야 한다. 비트겐슈타인이 어디에선가 말한 것처럼, "태양에서 다섯 시"라는 말은 의미 없는 말이고, 로빈슨 크루소가 홀로 사는 섬에서 금화를 가지고 있다고 해서 부자라고 말할 수는 없다.

①과 ④의 진술에서 흔히 B가 A에 대해 부자라거나 혹은 권력이 더 크다고 말한다. 이것은 곧 A와 B를 단항술어로는 기술할 수 없고, 둘을 관련시킬 수밖에 없다는 것을 의미한다. 왜냐하면 둘은 이미 술어를 통해 서로 연관되어 있기 때문이다. 따라서 잠정적 정의는 다음과 같이 수정된다.

수정된 정의: '관계 ab'는, 잠정적 정의의 조건을 충족시키면서 동시에 F_i 속에 b라는 가치와 관계있는 관계적 구조가 숨어 있지 않아야 하고, G_j 속에 a라는 가치와 관계있는 관계적 구조가 숨어 있지 않아야 한다.

---

167) 첫 번째 정의는 Kemeny, Snell and Thompson, *Introduction to Finite Mathematics*, p. 384 참조. 두 번째 정의는 Coleman, *The Mathematics of Collective Action* 참조.

일반적으로 말해서, ③과 같은 경우를 제외하면, 사회에 대한 분석에서는 고립된 개인에 대해 서술을 한 후 그들 사이의 관계에 대한 서술로 진행하는 것은 불가능하다. 처음부터 (상호작용적) 관계가 제시되어야 한다.[168] 사회에 대한 연구에서는 관계가 술어에 선행한다. 사회과학에 대한 경험론적 방법론은 반대방향으로 나아간다. 이 문제를 여기서 깊이 다룰 필요는 없다.

그러므로 외적 관계와 내적 관계를 전형적으로 보여주는 것은 ③과 ②이다. 하지만 ①과 ②의 차이도 중요한데, 이 점에 대해서는 6. 1. 3에서 설명한다. A가 B를 착취한다는 말은 이 두 사람이 실질적으로 상호작용한다는 뜻이다. A가 B보다 돈이 더 많다는 말은 A와 B가 개인들의 상호작용 네트워크에 속해 있다는 뜻일 수도 있다. 둘이 만날 경우 B는 A의 돈을 지불수단으로 기꺼이 받아들이겠지만, 영원히 만나지 않을 수도 있다. 그러므로 나는 ①을 **비교 관계**로, ②를 **상호작용 관계**로 보고자 한다. 상호작용 관계는 반드시 내적 관계이지만, 그 역이 반드시 성립하지는 않는다.

2.3.2. 물신숭배

마르크스가 말하는 상품물신은 인간의 사회적 관계가 대상들의 (자연적) 속성처럼 보이는 것을 말한다. 《자본론 I》에 나오는 유명한 문구는 다음과 같다.

---

168) 이것은 오직 방법론적 문제일 뿐, 내용에 어떤 영향을 미치는 것은 아니다. ④의 진술은 원시 진술이 될 수 없지만, 그렇다고 해서 반드시 ⑤의 형태로 환원되어야 하는 것은 아니다. ①과 ②의 관계도 마찬가지다. ①은 상호작용적 관계의 일종이지만, 반드시 ②의 형태로 환원되어야 하는 것은 아니다.

> 따라서 상품형태의 비밀은 다음과 같은 점에 있다. 즉 상품형태는 인간의 노동 속에 들어 있는 사회적 성격을 노동생산물 자체에 들어 있는 대상적 성격으로 보이게 만들고, 총 노동에 대한 생산자들의 관계도 그들 사이에 존재하는 사회적 관계가 아니라, 노동생산물들 사이의 사회적 관계로 보이게 만든다. … 상품형태, 그리고 이 상품형태가 나타내는 노동생산물들의 가치관계는 그것들의 물리적인 성질이나 그로부터 생겨나는 물적 관계와는 아무런 상관이 없다. … 그것은 인간 자신들의 일정한 사회적 관계일 뿐이며, 여기에서 그 관계가 사람들의 눈에는 물체와 물체의 관계라는 환상적인 형태를 취하게 된다. 그와 유사한 관계를 찾기 위해서는 신비한 종교적 세계로 들어가야 한다. 여기에서는 인간 두뇌의 산물이 독립적인 생명을 부여받고 그 자신들끼리 또는 인간들과 관계를 맺는다. 마찬가지로 상품세계에서는 인간의 손이 만든 산물이 그런 모습으로 나타난다. 이것이 바로 물신숭배인데, 노동생산물이 상품이 되는 즉시 달라붙기 때문에 상품생산과 불가분의 관계에 있다.[169)]

이 구절은 위에서 내린 정의에 부합되지는 않는다. 여기에서 말하는 물신숭배는 인간 간의 관계가 사물 간의 관계로 형태변화를 일으키는 것이지, 사물들의 속성으로 변하는 것이 아니다. 그러나 다른 텍스트에서는 사물들의 속성으로 변한다고 주장한다. "상품물신은 사물들에 각인된 사회적 · 경제적 관계가 생산과정을 거치는 동안 그 사물들의 물질적 성격에서 유래하는 자연적 속성으로 형태변화를 일으키는 것"이라는 언급도 있고,[170)] "자본주의적 생산에 참여하는 자들은 마법의 세계에서 살아간다. 그들 자신의 관계가 사물들의 관계로 보인다"는 언급도 있다.[171)] 또 다른 곳에서는 상품물신이 인간 간의 사회적 관계가 사물들의 속성으로,

---

169) *Capital I*, p. 72.
170) *Capital II*, p. 225.
171) *Theories of Surplus-Value*, vol. 3, p. 514.

그리고 사물들 간의 관계로 둔갑하는 과정이라고 말하기도 한다.172) 또한 그는 베일리(Bailey)에 대해 이렇게 말하기도 한다. "그는 물신숭배자이다. 왜냐하면 그는 가치를 (고립적으로 관찰된) 개별적인 대상의 속성으로 보지는 않지만, **대상들 상호 간의 관계**로 보기 때문이다. 그러나 그것은 인간 간의 관계가 대상 속에 재현된 것이며, 객관적으로 표현된 것이다."173) 두 개의 정의 사이의 차이는 별로 중요하지 않다. 중요한 것은 대상물 사이의 관계는 비교 관계로서 각각 단항술어를 가질 수 있다는 점이다. 그러므로 물신숭배는 인간 간의 상호작용 관계가 사물 간의 비교 관계로 나타나는 것으로 정의할 수 있다. 좀더 자세히 말하면, 그것이 외적 관계로 나타나는 것이다. 왜냐하면 비교 대상이 되는 대상들의 속성은 관계적 속성을 갖지 않고(즉 인간 간의 관계를 나타내지 않고), 그 대상들의 자연적 속성으로 나타나기 때문이다. 일반적인 형태로 간명하게 진술하자면, **상품생산 사회에서는 일부 단항술어들에 들어 있는 관계적 성격이 간과되는 경향이 있다**고 말할 수 있다. 이러한 단항술어들이 비교의 근거로 사용되는지의 여부는 외적 관계에서는 본질적인 문제가 아니다.

마르크스의 가장 널리 알려진 저작에서 상품물신이 매우 중요한 위치를 차지하기 때문에 상품물신이 물신숭배의 가장 잘 알려진 예이기는 하지만 유일한 것은 아니며, 가장 중요한 경우도 아니다. 상품, 화폐, 산업자본, 대부자본 등이 모두 물신적 성격을 지닐 수 있다. 상품물신은 앞에서 살펴본 바와 같이 그 상품들이 무게나 색깔을 **가지고** 있는 것과 같은 의미에서 가치를 **가지고** 있다고 생각하는 것을 말한다. 누가 이런 터무니없는 생각을 하느냐고 반문할 수도 있다.174) 마르크스도 이에 수긍한다. "상품의 경우에는 신비화가 매우 단순한 형태로 이루어진다. 교환가치로

---

172) *Ibid.*, pp. 130, 137.

173) *Ibid.*, p. 147.

174) Cohen, *Karl Marx's Theory of History*, p. 127, note 1 참조.

서의 상품들의 관계는 실제로는 생산적 활동에 대한 사람들 상호 간의 관계라는 것은 누구나 어느 정도 알고 있다."[175] 진짜 신비는 화폐에서 나타난다. 이에 대해서는 나중에 살펴보겠다. 그러나 여기서 지적해둘 것이 있다. 상품이 교환가치를 갖는 이유가 그 상품의 인간과의 관계 및 인간 간의 관계 때문이라는 마르크스의 주장은 올바르지만, 이 관계가 생산과정에 들어 있다는 주장은 오류다. 완전히 자동화된 경제체제나 혹은 우연히 발견된 보석의 경우를 생각해보라. 이런 경우 보석은 사회적 생산과정에 의해 생산되지 않았지만 교환가치를 가질 수 있다. 여기에서 보석의 교환가치는 사람들이 그것을 가치 있게 여기기 때문, 즉 사람들의 욕구를 충족시키는 성질을 가지고 있기 때문이다. 그리고 이것은 사실상 보편적으로 타당하다. 대부분의 경우 생산비용이 가치를 결정하지만, 이것은 보편적으로 타당한 것은 아니다. 이 문제에 대해서는 3. 2. 3에서 자세히 논의한다.

화폐의 물신적 성격은 순서상 다음 단계에 나타난다.

> 〔상품물신에 들어 있는〕 단순성은 좀더 복잡한 생산관계에서는 사라지고 만다. 화폐제도에 대한 모든 환상은 화폐〔혹은 금[176]〕가 고유한 속성을 지닌 자연적 대상이긴 하지만 생산의 사회적 관계를 나타낸다는 사실을 인식하지 못할 때 발생한다.[177]

사실상 "화폐의 수수께끼는 상품의 수수께끼일 뿐이다. 번쩍인다는 것이 다를 뿐이다".[178] 번쩍이기 때문에 눈멀게 한다. 화폐에 대한 환상은 상

---

175) *A Contribution to the Critique of Political Economy*, p. 22.
176) 마르크스는 자신의 소장본에 "화폐"(*Geld*) 대신 "금"(*Gold*)이라고 고쳐 썼다.
177) *A Contribution to the Critique of Political Economy*, p. 22.
178) *Capital I*, p. 93.

품에 대한 환상보다 그 정체를 파악하기가 훨씬 더 어렵다. 헤크셔(Eli Heckscher)가 분명하게 말한 것처럼, 중상주의 정책과 이론은 화폐와 진정한 부를 혼동했기 때문에 불합리에 빠지고 말았다.179) 이러한 심리적 혼란이 일어나는 이유는 대부자본의 경우 화폐가 이자를 낳기 때문인데, 이에 대해서는 아래에서 자세히 논의한다. 이러한 환상은 마치 화폐 그 자체가 목적인 것처럼 축적에 몰두하는 강박적인 경향과도 관계가 있다(2.2.6). 화폐의 물신적 성격과 언어의 물화 사이의 복잡한 관계에 대해서도 적당한 선까지 살펴보겠다.180)

"정치경제학의 루터"181) 아담 스미스는 중상주의적 물신숭배를 비난하였다. 그러나 마르크스에 따르면, "화폐제도의 환상을 비웃는 근대 경

179) Heckscher, *Mercantilism*, vol. II, p. 202 and *passim*.

180) 화폐와 언어의 비교는 오랜 전통을 가지고 있다. 화폐와 언어는 모두 유용한 상징으로서 각각 비화폐적 실재와 비언어적 실재를 상징한다. 이 상징을 실물의 성질과 결부시킬 경우 오류가 발생하며, 그 역도 마찬가지다. 그러나 마르크스는 화폐와 언어 사이의 유사성을 명시적으로 거부한다(*Grundrisse*, pp. 162~163). 왜냐하면 그의 관심사는 언어와 세계와의 관계가 아니라, 언어와 사고와의 관계였기 때문이다. 그는 물신숭배에 관해 이야기하면서 "실재의 패러독스는 대중적 화법의 패러독스로 나타나기도 한다"고 했는데(*Theories of Surplus-Value*, vol. 3, p. 137), 이것은 물신숭배와 언어의 물화 사이의 연관을 시사한 주장으로 볼 수 있다. 이와 유사한 주장은 곳곳에서 발견된다(Erckenbrecht, *Marx's Materialistische Sprachtheorie* 1.5에 풍부하게 나와 있다). 그중 여러 곳에서 가격이 상품의 '화폐 이름'이라고 말한다. 여기에서 몇 가지 질문이 제기될 수 있다. 관계를 단항술어로 바꾸어놓는 물신숭배 경향과, 동사(즉 관계를 나타내는 말)를 명사로 바꾸어놓는 물화 경향 사이에 어떤 관계가 있을까? 언어적 물화는 경제적 물신숭배의 인과적 표현인가, 아니면 그것을 안정화하는 것인가? 달리 말하면, 언어적 물화를 물신숭배의 관점에서 설명하고자 할 경우, 인과적으로 설명할 것인가, 기능적으로 설명할 것인가? 나는 이러한 문제들이 고찰할 가치가 있는지 뚜렷한 확신은 없지만, 고찰할 가치가 있을 수도 있다.

181) *Economic and Philosophical Manuscripts*, p. 290. 전문(全文)은 8.3.2에 인용되어 있다.

제학자들도 자본과 같은 좀더 복잡한 경제적 범주에 대해서는 동일한 환상을 보여준다". [182] 예를 들면, "노동수단들은 고정자본"이라는 현학적인 정의는 "부르주아 정치경제학에만 있는 물신숭배의 극치를 보여준다"는 것이다. [183] 자본이 사물이 아니라 관계라는 사실을 경제학자들은 알지 못한다. 왜냐하면 그는 "오로지 눈에 보이는 사물이나 관념만 알고 있을 뿐, 관계는 그들에게 존재하지 않는다". [184]

자본물신은, 코헨에 따르면, "생산에서 발휘하는 자본의 힘이 노동 과정에서 생기는 것이 아니라, 마치 자본 그 자체에 들어 있는 능력처럼 보이는 것"을 말한다. [185] 이것은 사용가치의 생산에 대해서도, 잉여가치 혹은 이윤의 생산에 대해서도 타당하다.

사용가치의 생산에 대하여 마르크스는 이렇게 주장한다. 노동자를 한 자리에 모아 놓았기 때문에 생겨나는 생산력은 "자본에게는 아무런 비용도 들지 않는다. 다른 한편 이 생산력은 노동자의 노동 자체가 자본가의 것이 되기까지는 노동자 자신에 의해 발휘되지 않는 것이기 때문에 자본이 선천적으로 가진 생산력으로 나타난다". [186] 누구에게 이런 일이 벌어지는가? 주로 노동자들에게다. 이에 대해서는 제 4장과 제 8장에서 논의한다.

자본물신의 또 다른 형태는 고정자본과 가변자본이 똑같이 이윤을 생산한다는 환상이다. 실제로는 가변자본만이 잉여가치를 낳는다. 고정자본과 가변자본이 똑같이 이윤을 얻기 때문에 그 둘이 똑같이 이윤을 창출

---

182) *A Contribution to the Critique of Political Economy*, p. 22.

183) *Capital II*, p. 225.

184) *Zur Kritik (1861~1863)*, p. 133.

185) Cohen, *Karl Marx's Theory of History*, p. 117. 이하의 논의는 코헨의 분석에 크게 의존하였다.

186) *Capital I*, p. 333.

하는 것처럼 보인다. 누구에게 이런 일이 생겨나는가? 확실히 자본가들에게다. 그들에게는 이 모든 생산요소들이 "똑같이 비용가격의 형성에 관여하기 때문이다".[187] 자본가들이 이러한 생각을 하고 있다는 마르크스의 지적은 옳다. 그러나 그러한 생각이 그른 것이라는 주장은 그르다. 오직 산 노동만이 잉여가치를 낳는다는 전제는 성립할 수 없다(3. 2. 3). 다른 곳에서 마르크스는 다음과 같은 알쏭달쏭한 주장을 한다. 즉, 각 생산영역에서 이윤과 잉여가치의 비율이 서로 다르며, 이로 인해 "이윤의 진정한 본질과 원천은 자본가에게도 은폐되고 노동자에게도 은폐되는데, 자본가는 이러한 자기기만으로 특별한 이익을 얻는다".[188] 마르크스가 물신숭배를 자기기만과 연결시키는 이유가 바로 여기에 있다. 8. 2. 3에서 자세히 논의하겠지만, 이것은 인지적 환상이지 동기에 기초를 둔 과정이 아니다.

"자본에 들어 있는 관계들의 외면적 성격과 물신적 성격은 대부자본에서 가장 분명하게 나타난다."[189] 화폐가 생산과정과 무관하게 증식되고 과실을 낳는다면, 그것이 신비하게도 생산적이라는 결론을 내리고 싶어진다. 사실은 그것이 생산과정에 투자되어 생산적으로 사용될 때에만 생산적이지만, 금융자본가의 눈에는 이것이 보이지 않을 수도 있다. 금융자본가는 "모든 자본가가 자신의 돈을 빌려주기만 하고, 아무도 그것을 생산적으로 사용하지 않는 경우에도"[190] 화폐자본이 이자를 낳을 것이라는 터무니없는 결론을 내릴 수도 있다. 이 문제는 제 8장에서 자세히 논의하겠다.

---

187) *Capital III*, p. 35; *Grundrisse*, p. 759; Cohen, *Karl Marx's Theory of History*, p. 123.

188) *Capital III*, p. 168.

189) *Capital III*, p. 391.

190) Cohen, *Karl Marx's Theory of History*, p. 118.

마르크스의 물신숭배 이론은 심리경제학에 중요한 공헌을 한다. 노동가치설에 의존하는 부분은 별로 쓸모가 없고, 다소 과장된 부분도 있어서 전체적으로 다 수용할 수는 없지만 말이다. 경제주체들이 마르크스가 세세하게 기술하는 신비한 힘을 믿고 상품과 생산수단을 투자하는 것은 아니다. 화폐가 신비한 것이기는 하지만, 마르크스가 제시한 이유는 그중 일부에 불과하다. 화폐는 그보다 더 허구적이고 파악하기 어려운 형태를 취한다. 화폐의 속성들이 인간 사이의 사회적 관계로부터 파생된다는 것은 선험적으로 알 수도 있다. 그러나 어떻게 파생되는지 알 수 없기 때문에 신비한 성격을 띤다. 경제 이론과 정책의 역사를 살펴보면, 화폐의 물신성이 마르크스가 말한 형태로 나타난다는 것을 알 수 있다. 신고전파 경제학에서 말하는 생산요소로서의 "집합자본"의 개념도 물신숭배의 일종이라고 할 수 있다. 이것은 "자본논쟁"을 보면 알 수 있다.191)

2.3.3. 사회적 소외

《경제학 · 철학 원고》에서 《자본론》에 이르기까지 마르크스의 사상에서 가장 핵심적인 하나의 주제가 있다면, 그것은 자본주의하에서 인간의 생산물이 독립적인 존재를 얻고서 생산자와 대립한다는 것이다. 이러한 과정의 대표적인 사례가 세 가지 있는데, 종교, 국가, 자본이 바로 그것이다. '주객전도'의 일반적 논리는 8. 2. 1에서 논의한다. 여기에서는 경제적 영역에서 일어나는 소외에 대해서만 언급하기로 한다. 여기에는 여

191) "자본논쟁"은 다음을 참조하라. Harcourt, *Some Cambridge Controversies*; Bliss, *Capital Theory and the Distribution of Income*. 자본논쟁의 대상이 된 집합 개념의 여러 가지 오류들은 물신숭배와 관계가 있다. 즉 개별적 실체들 간에 성립하는 관계가 집합적 실체들에게도 똑같이 성립한다고 생각하기 때문이다.

러 가지 측면들이 있다. 인간은 물질적 대상을 생산하면서 동시에 사회적 관계를 '생산'하며, 물질적 대상에는 소비의 대상도 있지만, 동시에 생산수단도 있기 때문이다. 사회적 관계로부터의 소외는 1.3.2와 1.5.3에서 논의한 초의도적·변증법적 과정과 밀접한 연관이 있고, 소비수단으로부터의 소외는 2.2.5에서 논의한 정신적 소외와 관계가 있다. 생산수단으로부터의 소외는 후기 경제학 저작에서 중심적인 주제가 된다.

《독일 이데올로기》에서 마르크스는 소외의 일반적 개념을 소개한다. 여기에는 사회적 제도들로부터의 소외와 기타 집합적인 현상들이 포함되어 있다.

> 사회적 활동의 이러한 고착화, 우리 자신이 생산한 것이 물질적인 힘으로써 우리 위에 군림하는 이러한 응고가 (우리의 통제를 벗어나고, 우리의 기대를 무산시키고, 우리의 계산을 수포로 만들면서) 지금까지의 역사적 발전에서 주요한 요인 중 하나를 이루고 있다. 이러한 사회적 힘의 원천은 개개인의 협동이 가져온 배가된 생산력이다. 그러나 이러한 협동은 자발적인 것이 아니라 노동의 분화에 의해 결정된 자연적인 것이기 때문에 그들 자신의 단결된 힘이 아니라 그들 외부에 있는 낯선 힘으로 나타난다. 그들은 그 힘이 어디에서 와서 어디로 가는지 전혀 알지 못하며, 그 힘을 통제할 수도 없다. 그 힘은 인간의 의지와 행동과는 독립된 일련의 국면과 단계들을 거쳐 간다. 아니, 인간의 의지와 행동을 지배하는 힘으로 등장한다.192)

여기에서 마르크스는 다음과 같이 논증한다. 즉 인간이 자신들의 활동의 집합적 결과로부터 소외되는("철학자들이 이해하기 쉬운 용어를 사용하자면") 경우는 ① 그 결과물이 자신들의 활동의 집합적 결과임을 알지 못할 때, ② 그 결과물을 통제하거나 변화시킬 능력이 없을 때이다. 또한 다소

192) *The German Ideology*, pp. 47~48. 또한 p. 245 참조.

모호하긴 하지만 다음과 같이 덧붙인다. 즉 인간은 이러한 집합적인 결과들의 목적지가 어딘지 알지 못할 때 소외된다. 여기에서 당장 문제가 발생한다. 누구를 위한 목적지인가? 이 문제는 2.4에서 논의하기로 하자. 여기에서 강조하고 싶은 것은 ①이 성립하지 않는 경우에도 ②는 성립할 수 있다는 점이다. 인간은 자신의 사회적 환경이 자신의 행위의 산물이라는 것을 잘 알고 있다 하더라도 그것을 통제하지 못할 수도 있다. 그런 사실을 알고는 있지만 그들의 행동이 어떻게 해서 그런 못마땅한 결과를 빚는지 알지 못할 때 그런 일이 벌어질 수 있다. 이것은 결코 사소한 통찰이 아니다. 농부들이 자신들의 생산물 가격 등락이 심할 때 더 이상 날씨나 정부를 탓하지 아니하고, 자신들이 스스로 만들어낸 거미집 속에 들어 있다는 사실을 깨달았다면,[193] 이것은 일보 전진한 것이다. 비록 그들의 행위 중 어떤 것이 잘못된 것인지 알지 못해도, 나아가 상황을 개선하기 위해 어떤 조치를 취해야 하는지 알지 못해도 그렇다고 할 수 있다. 또 다른 경우를 보면, 행위주체들이 인과 메커니즘을 알고 있다 하더라도 그에 대해 아무것도 할 수 없는 경우가 있다. 즉 어떤 행위가 어느 누구에게도 이익이 되지 않는 경우에는 그들이 함께 그런 행위를 하는 일은 생기지 않는다(6.2).

《요강》에 보면, 조건 ①과 조건 ②가 반드시 함께 일어나지는 않는다. 개별적인 행위주체들은 경제제도에 대한 정보를 얻어 자신의 개인적 지위를 개선할 수도 있고, 결과를 예측할 수도 있다. 그러나 그 결과를 결코 통제할 수는 없다.

> (각 개인의 활동이 포함되어 있는) 세계시장의 자립화는 화폐관계(교환가치)의 발전과 더불어 성장하며, 그 역도 성립한다. 또한 생산과 소비에서의 일

193) 반종극성의 패러다임으로서의 '거미집'에 대해서는 졸저 *Logic and Society*, pp. 111ff 참조.

반적인 연관과 전면적인 의존은 소비자와 생산자 상호 간의 독립 및 무관심과 더불어 성장한다. 그리고 이 모순은 공황에 이른다. 그러므로 이러한 소외가 발전됨에 따라, 동일한 기초 위에서 소외를 지양하려는 노력이 생긴다. 다른 사람들의 활동에 관한 정보를 획득하고 자신의 활동을 그에 따라 맞추려는 시도가 이루어진다. 예를 들면, 시세표, 환율, 편지나 전보 등을 통한 상인들 간의 상호연결 등이 바로 그것이다. … (전체적인 공급과 수요는 각 개인의 행동과는 독립적인 것이지만 모든 사람들이 그에 관한 정보를 얻으려 하고, 이러한 정보는 전체적인 공급과 수요에 실제로 영향을 미친다. 이러한 수단들 자체에 의해 소외가 극복되지는 않지만, 이로써 낡은 관점을 지양할 가능성을 내포하는 관계와 연결들이 생겨나게 된다.)[194]

이 구절로부터 우리는 두 가지 의미 있는 사실을 이끌어낼 수 있다. 첫째, 물신숭배 없이도 사회적 소외가 있을 수 있다는 것이다. 사회적 관계의 불투명성과 '실체화'(사회적 관계가 사물들의 자연적 속성으로 변화하는 것)가 집합적으로 바람직하지 않은 결과를 초래하지만, 그런 결과들은 사회적 관계가 완전히 투명한 경우에도 일어날 수 있다는 것이다. 문제는 정보에 있는 것이 아니라 협동에 있다. 둘째, 여기에서 논의된 소외는 계급 내부의 상호작용에서 생기는 것이지, 계급 간의 투쟁에서 생기는 것이 아니라는 점이다. 사실상 집합적 행동의 문제들은 자본가 계급 내부에서는 물론이고 노동자 계급 내부에서도 일어난다(6.2).

그러나 노동자 계급의 경우, 자본가 계급에게는 적용되지 않는 특수한 의미의 소외가 발생한다. 이것은 소비수단과 생산수단의 생산자로서의 노동자의 역할과 관계가 있다. 먼저 《경제학·철학 원고》의 한 구절을 보자.

194) *Grundrisse*, pp. 160~161.

노동자는 자신의 노동 생산물과 낯선 대상처럼 관계를 맺는다. 이러한 전제에 비추어볼 때, 노동자가 더 많이 일할수록 그가 창조한 낯선 대상의 세계는 더욱 강력한 힘으로 그와 대립하며 그 자신은, 그의 내적 세계는 점점 빈곤해진다. 종교의 경우도 마찬가지다. 인간이 신의 품에 안길수록 자신은 점점 사라진다. 노동자는 자신의 생명을 대상에 쏟아 넣지만, 그의 생명은 더 이상 자기 것이 아니며 대상에 속하게 된다. 이러한 활동이 많아질수록, 노동자는 더 많은 대상을 상실하게 된다. 그의 노동 생산물이 무엇이든, 그 속에 그는 존재하지 않는다. 그러므로 이러한 생산물이 많아질수록 그는 점점 작아진다. 자신의 생산물을 통한 노동자의 소외는 그의 노동이 대상, 즉 외적인 존재가 되었다는 것을 의미할 뿐만 아니라 그것이 그의 외부에, 그와는 무관하게, 그에게 낯선 어떤 것으로 존재하고, 그와 대립하는 힘이 된다는 것을 의미한다. 그것은 곧 그가 대상에 쏟아 넣은 생명이 그에게 적대적이고 낯선 힘이 되어 대립한다는 것을 의미한다.[195]

이 논증은 불합리하다. 몇 페이지 뒤에 가서는 소외된 노동이라는 사실로부터 자본가와 사적 소유를 연역하는데, 이 역시 불합리하다.[196] 이 구절은 노동자의 곤경에 대한 진술로서는 의미가 있지만, 이 경우에도 뜻이 모호하다. 노동자가 소외되는 대상을 두 종류(소비재와 생산수단)로 나누어보면 뜻이 좀더 명확해진다. 마르크스도 초기의 원고에서는 이러한 구분을 한 적이 있다. "노동자는 생활에 필요한 대상도 빼앗기고, 일에 필요한 대상도 빼앗긴다."[197] 이 문장에서 소비수단이 먼저 강조되고, 그 다음 생산수단이 언급된다. 15년쯤 후에 쓴 글에서는 강조 순서가 바뀐다. "노동의 실현을 위해 요구되는 대상적 요소들은 그에게 낯선 것

195) *Economic and Philosophical Manuscripts*, p. 272.

196) *Ibid.*, pp. 278~279. 여기에서 마르크스는 소외된 노동이 사유재산의 원인이라는 (의심스러운) 논리적·변증법적 연역을 하는데, 이것은 속임수다. 앞의 1.5.1을 참조하라.

197) *Economic and Philosophical Manuscripts*, p. 272.

으로 나타난다. 생계수단도 생산수단도 모두 자본가에게 속해 있기 때문이다."[198] 이처럼 후기 경제학 저작들에서는 생산수단으로부터의 소외가 훨씬 더 중요한 주제로 등장한다.

노동자가 자신이 생산한 소비재로부터 소외된다는 사실은 정신적 소외와 밀접한 관련이 있다. 소비재의 생산은 동시에 욕구의 창출을 가져오지만, 이 욕구는 자본주의적 생산양식하에서 종종 좌절된다. 이것은 확실히 투명한 연관관계이다. 그러나 노동자가 생산수단으로부터 소외된다는 사실이 왜 노동자를 좌절하게 하는지는 그다지 분명하지 않다. 노동자에게 소비재가 필요한 것과 동일한 의미로 생산수단이 필요하다고 말할 수는 없기 때문이다. 생산수단으로부터의 소외는 외견상 명백한 것 같지는 않지만, 매우 중요한 의미를 지니고 있다. 생산수단으로부터의 소외가 결정적으로 중요한 이유는 그것이 곧 소비수단으로부터의 소외를 낳는 구조로 작용하기 때문이다. 즉 노동자는 생산수단이 없기 때문에 생산물 전체에 대한 소유권을 주장할 수도 없고, 노동과정에 대한 완전한 통제권도 가질 수 없으며, 이로 인해 자신의 창조적인 능력을 온전히 발휘할 수 없게 된다. 이에 대해 좀더 자세히 살펴보자.

자본주의적 생산과정에서는 산 노동이 죽은 노동의 지배를 받고, 노동자는 자신이 생산한 생산수단의 지배를 받는다. 생산수단은 그 자체가 과거 노동의 산물이다. 이러한 지배는 다소 복잡한 구조를 가지고 있다. 세 가지 측면에서 논의될 수 있는데, 《요강》에서 다소 긴 세 구절을 인용하여 설명하겠다. 첫째, 노동자는 고정자본의 지배를 받는다. 왜냐하면 노동자가 기계의 부분품으로 전락하기 때문이다.

대상화된 노동에 의한 산 노동 — 자립적으로 가치를 창조하는 힘 또는 활동

---

198) *Zur Kritik (1861~1863)*, p. 119.

—의 전유는 자본의 개념 속에, 기계에 의한 생산 속에 들어 있다. 즉 그것은 물질적 요소와 물질적 운동을 포함하는 생산과정 그 자체의 성격이다. 생산과정은 더 이상 노동과정이 아니다. 그 과정이 노동에 의해 지배되는 총괄적 통일체가 아니기 때문이다. 여기에서 노동은 살아 있는 기관(器官)일 뿐이며, 기계설비의 곳곳에 분산 배치된 노동자들에게 흩어진 상태로 기계설비에 포섭되어 있다.[199)]

이것은 노동자의 정신적 소외와 관계가 있다. 노동자는, 마르크스의 말을 빌리면, "자본에 완전히 포섭됨"[200)] 으로써 주관적으로 혹은 객관적으로 궁핍화된다. 초기 자본주의에서 노동자는 형식적으로만 포섭되어 있었다. 자본이 착취를 한다는 의미에서만 자본에 의한 지배가 이루어졌다. 그러나 이 형태의 지배가 자본주의적 지배의 근본적인 형태이다. 이로써 완전한 포섭이 가능하기 때문이다. "교환의 지점에서" 노동과 자본 사이에 일어나는 일은 "생산의 지점에서" 일어날 일을 결정한다(4. 1. 5). 주관적으로 혹은 현상학적으로 생산과정에 대한 통제의 상실은 착취만큼이나 견딜 수 없는 일이 될 수도 있다. 그로 인해 노동자가 생산자에서 **말하는 도구**(*instrumentum vocale*)로 전락하기 때문이다. 작업에 있어서의 결정력은 자아실현의 수단을 확실히 제한하였고, 자아실현 수단의 상실은 노동자의 욕구 혹은 욕구충족을 빈곤하게 만들었다.

지배의 두 번째 측면은 질적인 것이 아니라 양적인 것이다. 이를 설명하기 위해 제 3장에서 다루게 될 마르크스의 경제 이론을 간단하게 소개하기로 한다. 마르크스 경제학의 중심 개념은 자본의 유기적 구성, 혹은 가변자본에 대한 고정자본의 가치비율, 즉 c / v이다. v의 가치를 갖는 노동력이 잉여가치 s를 생산한다면, 자본의 가치구성은 $c / (v+s)$가 된다.

---

199) *Grundriss*, p. 693.

200) 특히 *Results of the Immediate Process of Production* 참조.

앞의 가치비율과는 달리, 이것은 전적으로 기술에 의해 결정된다. 이것은 생산과정에서 산 노동에 대한 죽은 노동의 비율을 나타낸다. 아래 구절을 보면 알 수 있듯이, 마르크스는 이런 주장을 하려고 했음에 틀림없다. 즉 자본의 가치구성 증가는 노동에 대한 자본의 질적 지배 증가를 가져온다는 것이다.

> 노동생산력이 발전하면 노동의 객관적 조건들, 대상화된 노동이 상대적으로 산 노동에 비해 증가한다는 사실, 이것은 사실상 동어반복이다. 노동생산력이 증가했다는 말은 곧 더 많은 생산물을 창출하는 데 더 적은 직접적 노동이 필요하다는 말이 아니고 무엇이겠는가? 또한 그러므로 사회적 부가 갈수록 노동 자체에 의해 창출된 노동 조건들로 표현된다는 것이 아니고 무엇이겠는가? 이러한 사실은 자본의 관점에서 보면 사회적 활동의 한 계기 — 대상적 노동 — 가 다른 계기인 주체적 노동, 즉 살아 있는 노동에 대하여 한층 강력한 것이 되는 것이 아니라 … 노동의 객관적 조건들이 바로 그만큼 거대한 자립성을 띠게 된다는 것, 산 노동과 대립하게 된다는 것을 의미하고, 사회적 부가 낯설고 지배적인 힘으로서 더욱 강력하게 노동과 대립하게 되는 것으로 나타난다.[201]

마르크스는 또한 자본의 유기적 구성에서의 증가는 가치구성에서의 증가에 의해 야기된다고 생각했다.[202] 나아가 그는 자본의 유기적 구성과 이윤율 하락은 서로 관계가 있다고 주장했다(3.4.2). 그렇다면, 자본주의의 두 가지 결점, 즉 노동이 자본에 완전히 포섭됨으로써 생겨나는 정신적 소외와 이윤율 하락으로 인한 경제공황은 서로 관련 있게 된다. 자신이 생산한 생산물의 부속물로 전락한 노동자의 소외 증가 혹은 궁핍화는 자본의 가치구성에서의 증가와 함께 진행되고, 따라서 이윤율 하락과 함

---

201) *Grundrisse*, p. 831.

202) *Capital III*, p. 212.

께 진행된다. 노동자의 희생 위에 진행되는 자본의 증가는 노동자에게만 해로운 것이 아니라, 자본에게도 해롭다. 결국 모든 이윤은 산 노동에서 나오는 것이기 때문이다. 이러한 견해는 놀라울 정도로 '변증법적'이지만, 불행하게도 논리적으로는 맞지 않다. 기술의 진보로 기계의 값이 현저히 하락한 경우, 가치구성에서의 증가 없이도 질적 지배가 증가될 수 있다. 또한 실질임금의 하락이나 생산성의 증가로 노동력의 가치가 현저히 하락한 경우, 유기적 구성에서의 증가 없이도 가치구성에서의 증가가 있을 수 있다. 또한 (예컨대) 착취율이 증가할 경우, 이윤율 하락 없이도 유기적 구성에서의 증가가 있을 수 있다. 이 문제들은 3. 4. 2에서 논의하겠다.

셋째, 산 노동에 대한 죽은 노동의 지배는 자본주의의 또 하나의 큰 결점인 착취현상과 관련 있을 수 있다. 자본가가 생산수단을 소유하고 있기 때문에 사실상 자본가는 폭력을 사용하지 않고도 노동자를 착취할 수 있다. 사유재산만 보호하면 된다. 좀더 정확히 말하면, 자본가가 노동자를 착취할 수 있는 것은 노동자들이 그의 소유가 합법적인 것이라고 믿기 때문이다. 이러한 믿음은 그들이 생산수단으로부터 소외되어 있기 때문에 생긴다. 즉 노동자들이 현재 사용된 생산수단이 과거 노동의 산물이라는 사실을 알지 못한 채, 아무 생각 없이 현 세대 자본가들의 재산으로 인정하기 때문이다. 좀더 그럴듯하게 말하면,[203] 생산수단이 과거 노동의 산물이라는 것을 알고 있다 하더라도, 그들은 현재 자본가의 소유를 합법적인 것으로 인정한다. 이전 세대의 노동자들이 생산수단의 도움을 받아 그것을 생산했고, 그 생산수단은 이전 세대 자본가들의 합법적인 재산이었다고 생각하기 때문이다. 이렇게 보면, 소외와 착취는 서로 강

203) 이하의 표현은 졸고 "Marxism, functionalism and game theory"에 대한 코헨의 "응답"에서 가져온 것이다.

화하는 관계에 있다. 이처럼 안정된 과정을 누티(Mario Nuti)는 매우 적절하게 표현한다.

> 관심이 과거 노동에 있는 것이 아니라 과거 노동의 구현물의 현재 가치에 있다. 그것의 현재 생산성은 임금을 초과하는 현재 생산물의 잉여가치를 과거 노동의 구현물을 전유하고 있는 자의 몫으로 삼을 수 있는 정당화를 제공하며, 이로써 미래의 전유에 대한 기초를 제공한다.[204)]

내가 이해하기로는, 생산수단으로부터의 소외는 노동자들이 자신의 노동의 산물에 의해 부당하게 지배당한다는 사실을 알고서 억압을 느껴 생기는 것이 아니다. 그들이 과거 노동의 지배를 받고 있다는 사실은 알지만,[205)] 자본가들이 그 과거 노동을 불법적으로 소유하고 있다는 사실을 알지 못하기 때문에 발생한다. 그러므로 그들은 또한 자본가가 현재 생산물의 일부를 가져가는 것을 합법적인 것으로 인정한다. 물론 충족되지 못한 욕구 때문에 불평은 있을 수 있지만, 이것은 현재의 상태를 근본적으로 부당한 것으로 여겨 거부하는 것과는 성질이 다르다. 그러므로 내 분석이 맞는다면, 주관적·정신적 소외는 생산수단으로부터의 소외를 변화시킬 수 있는 그다지 큰 지렛대가 될 수 없다.

소외가 불의라는 점을 부각시키는 것은 논란의 여지가 있을지도 모른다. 나는 마르크스도 정의 이론을 가지고 있었다고 생각한다. 이 문제는 4.3에서 살펴보겠지만, 여기에서 중요한 증거 하나만 제시하고자 한다.

---

204) Nuti, "Capitalism, socialism and steady growth", p. 57.

205) 그러면 과거 노동은 누구의 것인가? 노동자들이 생산과정에서 사용하는 생산수단은 노동자들 자신과는 직접 관계가 없다. 그러므로 역사적 근거에 내세워 생산물 전체에 대한 소유를 주장할 수는 없다. 4.3.2에서 논의하는 바와 같이, 자본가 계급이 그것을 가져갈 자격이 없다는 점이 근거로 제시되어야 한다.

위의 논증과 잘 맞는 주장이기 때문이다. 《요강》에 다음과 같은 구절이 있다.

> 생산물이 자기 것이라는 노동의 인식, 그리고 노동이 그 실현조건으로부터 (강제적으로) 분리되는 것이 부적절하다(*ungehörig*)는 판단, 이것은 놀라운 깨달음(*enormes Bewusstsein*)으로서, 이 깨달음 자체가 자본에 기초를 둔 생산양식의 산물이며, 그 종말을 알리는 종소리이다. 이것은 노예가 자신이 **결코 다른 사람의 소유물이 될 수 없다**고 깨닫고, 자기 자신을 한 사람의 인간으로 인식할 때, 노예제는 식물상태가 되고 더 이상 생산양식의 기초가 될 수 없는 것과 같은 것이다.[206]

여기에서 '부적절하다'는 말이 모호하기 때문에, 이것이 반드시 '부당하다'는 뜻은 아니라는 주장이 나올 수 있다. 또한 이 구절에서 혁명의 인식적 조건에 대한 주장이 매우 엉뚱해 보일 수도 있다. 그러나 이러한 두 가지 의문은 《요강》으로부터 몇 년 후에 쓴 1861~1863년의 《비판》의 주목할 만한 구절을 보면 쉽게 해결된다. 여기에서 마르크스는 같은 내용을 거의 글자 그대로 반복하지만, 한 곳을 수정하였다. 《요강》에서는 생산수단으로부터의 분리를 '부적절하다'고 표현했지만, 여기에서는 '불의'(*ein Unrecht*)라고 고쳐 쓴 것이다.[207] 만일 마르크스가 자본주의적 소유가 부정한 것이라고 생각하지 않았다면, 이 구절을 옮겨 적으면서 소외의 '부적절함'을 '불의'로 바꾸지 않았을 것이다. 그리고 이 점이 중요하다고 생각하지 않았다면, 무엇보다도 그 구절 자체를 발췌하여 다시 쓰지도 않았을 것이다.

결론적으로 생산수단으로부터의 노동자 소외는 착취를 합법적으로 보

---

206) *Grundrisse*, p. 463.

207) *Zur Kritik (1861~1863)*, p. 2287.

이게 만든다. 자본주의에 대한 마르크스의 분석과 비판을 한 문장으로 요약한다면 이렇게 말할 수 있다. **소외로 인해 노동자는 착취의 부당성을 인식하지 못한다.** 이 문장에는 착취가 부당하다는 규범적 판단도 들어 있고, 그것이 정의롭게 보이는 이유에 대한 설명도 들어 있다. 자본의 물신성과 소외된 노동으로서의 자본을 비교해볼 필요도 있다. 둘 다 환상에 기초를 둔 것이지만 환상적인 믿음의 성질이 다르다. 자본의 물신성은, 물신숭배가 일반적으로 그러하듯이, 경제의 작동방식에 대한 환상적 인식이다. 소외된 노동으로서의 자본은 생산수단이 자본가의 것이라는 근거 없는 믿음을 노동자가 가지고 있을 때 생긴다. 전자는 인과관계에 대한 환상이며, 후자는 도덕성에 대한 환상이다. 자본주의 경제체제에서는 두 가지 환상 모두 자연적으로, 거의 강제적으로 생겨난다.

2. 4. 역사철학

마르크스는 역사에 관한 이론을 가지고 있었다. 그것은 잇달아 등장하는, 계급지배에 기초한 생산양식들에 관한 것이다. 이 문제는 제 5장에서 논의한다. 여기에서 살펴볼 내용은 그의 비경험적 역사철학이다. 계급 분화에 기초한 생산양식이 등장하기 전의 사회는 미분화 상태의 통일성을 가지고 있었고, 계급 사회가 붕괴된 이후에는 다시 통일성을 회복하지만, 분화된 형태로 이루어지므로 개개인의 전면적인 발전이 가능하다는 주장이 바로 그것이다. 이러한 주장이 반드시 **선험적** 가정이 있어야만 성립할 수 있는 것은 아니다. 자본주의 내의 여러 경향들을 놓고 볼 때 공산주의 사회가 도래할 가능성이 아주 높다는 주장을 경험적 근거에 입각하여 펼칠 수도 있다. 그러나 내가 주장하고자 하는 바는 마르크스가 비경험적 · 사변적 근거에서 공산주의로의 이행의 필연성을 믿었다는 것이다. 내가 인용한 텍스트에 대해 나와 다른 해석을 할 수도 있겠지만, 관련 구절들을 전부 모아놓고 볼 때 마르크스가 역사에 대해 목적론적인 견해를 가지고 있었다는 점에는 의심할 여지가 없다는 것이 내 생각이다.

먼저 문제의 역사적 배경에 대해 간단히 언급하겠는데, 중심주제는 라이프니츠와 헤겔이 제안한 역사철학이다(2. 4. 1). 그런 다음 마르크스의 주장을 초기의 원고에서부터 언론매체에 발표한 정치적 논평들과 후기의 경제학 저작에 이르기까지 시간 순서대로 살펴보겠다(2. 4. 2). 마지막으로 이들 텍스트에 근거하여 몇 가지 특징을 도출하고, 마르크스의 역사철학이 그의 설명 및 정치적 목적과 어떻게 연관되는지에 대해 언급하겠다(2. 4. 3).

2.4.1. 배경

마르크스는 헤겔에 깊이 빠져 있었지만, 라이프니츠에게도 빠져 있었다.[208] 라이프니츠를 살펴보는 이유는 그가 마르크스에게 직접 영향을 미쳤기 때문이 아니라, 헤겔에게 미친 영향 때문이다. 라이프니츠의 역사철학은 그의 신정설(神正說, *theodicy*)의 일부분이다. 신정설은 현실세계가 모든 가능한 세계 중 최선의 세계라는 견해를 말한다.[209] 논리적으로 말하면, 모든 가능한 세계 중 최선의 세계가 반드시 모든 가능한 사회 중 최선의 사회를 포함해야 할 이유는 없다. 또한 전체로서의 우주의 현재 질서가 인간의 모든 가능한 역사 중 최선의 역사를 포함해야 할 이유도 없다. 신정론의 일반 논리는 전체적 최적은 하부단위에서의 최적을 요구한다는 것이다. 하부단위에서의 최적이 전체적 최적의 필요조건이

208) 자세한 것은 졸고 "Marx et Leibniz" 참조.

209) 이하의 내용들은 졸저 *Leibniz et la Formation de l'Esprit Capitaliste* 제 6장 및 기타 여러 곳에서 가져온 것이다.

라는 주장도 있고, 필연적인 부산물이라는 주장도 있다. 라이프니츠는 전자의 입장이고, 말브랑슈(Malebranche)는 후자의 입장이다. 어느 쪽이든 전체로서의 우주의 최적은 인간의 역사가 전개되는 작은 영역에서도 최적의 상태가 구현될 것을 요구한다는 것이다. 라이프니츠는 모든 인간의 역사가 가능한 모든 경로 중 최선의 경로를 밟아왔다고 믿은 것으로 보인다. 라이프니츠에 대해 일반적으로 그렇게 이해한다.

라이프니츠에 따르면, 최적의 발전이 하부단위에서의 최적을 요구하는 방식이 두 가지가 있다. 첫 번째는 나중에 토크빌[210]과 슘페터[211]에 의해 독립적으로 발전되었는데, 소정의 시점에서 주어진 가능성을 최대한 이용하는 체계는 시간이 흐름에 따라 그렇게 하지 않는 체계보다 열등한 것이 될 수 있다는 것이다. 특허제도가 좋은 예가 될 수 있다. 특허제도는 지식의 전파를 제한하지만, 이로써 더 많은 지식이 전파될 수 있도록 한다.[212] 라이프니츠는 이것을 "도약을 위한 후퇴"(*reculer pour mieux sauter*)라고 불렀다. 이 보 전진을 위한 일 보 후퇴가 필요할 때도 있다는 것이다.[213] 투자도 마찬가지다. 지금 덜 쓰면 나중에 더 쓸 수 있다. 여기에서 중요한 문제는 이 최적화 방법들이 의도적 행위주체를 필요로 한다는 것이다. 일 보 후퇴에서는 나중에 주어질 더 좋은 기회를 얻기 위해 현재 주어진 좋은 기회를 거부할 수 있어야 하고, 이 보 전진에서는 미래에 주어질 매우 좋은 기회를 얻기 위해 현재 주어진 나쁜 선택을 수락해야 한다. 두 경우 모두 그 행동의 최적성은 미래에 얻게 될 소득의 관점에서 평가된다. 그러나 미래를 평가기준으로 삼는다는 것은 곧 의도적으로 행동한다는 뜻이다.[214] 라이프니츠의 철학에서는 이 주장이 충분히 성

---

210) Tocqueville, *Democracy in America*, p. 224.

211) Schumpeter, *Capitalism, Socialism and Democracy*, p. 83.

212) Robinson, *The Accumulation of Capital*, p. 87.

213) 관련 구절은 *Leibniz et la Formation de l'Esprit Capitaliste*, pp. 233ff 참조.

립할 수 있다. 왜냐하면 인간 역사의 경로는 신이 여러 가지 가능한 세계 중에서 지금과 같은 세계를 선택한 결과이기 때문이다. 신은 의도적인 행위주체이며, 그의 목적은 모든 가능한 세계 중 최선의 세계를 창조하는 것이므로, 이를 위해 우주의 부분적 · 일시적 결함이 있을 수 있다.

그러므로 라이프니츠의 역사철학에 따르면 역사에는 목적도 있고, 창조자도 있다. 물론 이 둘은 함께 간다. 그러나 헤겔의 경우 불행하게도 역사에 목적은 있지만, 이 목적에 따라 행위를 일으키는 의도적인 행위주체가 없다.[215] 헤겔의 역사철학은 세속적 신정론인데, 이것은 말이 안 된다. 그의 《역사철학 강의》(*Lectures on the Philosophy of History*) 와 《정신현상학》(정도는 약하지만) 은 실체 없는 의도, 행위자가 결여된 행위, 주어 없는 동사에 의존한다. 그의 '이성의 간지'는 맨더빌의 '개인의 악덕, 공공의 이익'이나 아담 스미스의 '보이지 않는 손'과 관계가 있지만, 같지는 않다. 헤겔은 행위자가 의도하지 않은 결과가 의미나 목적을 가진다고 생각했다. 라이프니츠는 신유학 철학자들에 대한 논평에서, 그들이 질서 있는 우주에 대한 믿음을 가지고 있다면 창조자로서의 신을 믿어야만 한다고 주장했다. "현자(*sage*) 를 인정하지 않으면서 현명(*sagacity*) 을 논하는 공허한 주장을 이해할 수 없다."[216] 헤겔이 바로 이런 경우에 해당한다. 마르크스도 어느 정도 이러한 사고유형을 가지고 있었다는 점을 밝힐 것이다. 두 사람은 종교적 역사관과 세속적 역사관이 반반 섞인 집에 갇혀 있었다.

---

214) 졸저 *Ulysses and the Sirens*, ch. I. 2 참조.

215) '정신'과 '이성'은 비유일 뿐, 이를 행위주체로 볼 수는 없다. 자세한 논의는 Grégoire, *Etudes Hégéliennes* 참조.

216) Bodemann, *Die Leibniz-Handschriften*, p. 105.

2.4.2. 텍스트

마르크스는 역사에 대해 꽤 일관성 있는 목적론적 태도를 취했지만, 시간이 지남에 따라 변화된 입장을 보이기도 했다. 《경제학 · 철학 원고》에서 취한 입장을 《독일 이데올로기》에서는 부정했다가, 1850년대와 1860년대의 저작에서는 다시 강조하기도 한다. 《독일 이데올로기》와 다른 저작들 간의 뚜렷한 차이에 대해서는 엥겔스의 영향 이외에는 달리 설명할 길이 없다. 엥겔스는 거침없이 공상을 즐기긴 했지만, 역사에 대해서는 마르크스에 비하면 있는 그대로 보고자 했다. 특정한 역사적 사건들에 대한 판단도 더 우수했다.[217] 물론 이에 대해서는 논란의 여지가 있다.[218]

《경제학 · 철학 원고》에서 마르크스는 이런 질문을 던진다. "대부분의 인류가 추상적 노동으로 환원되는 이러한 사태가 인류의 진보에서 어떤 의미(*Sinn*)를 갖는가?"[219] 그는 이에 대해 즉답을 하지 않고 나중에 다시 이 문제로 되돌아온다.

> 인간이 **현실**과 활동 속에서 자신을 유적 존재로 확인하기 위해서는 … 자신의 모든 **유적 능력**이 발휘되어야 하며, (이것은 인류의 협동을 통해서만, 역사의 결과로서만 가능하다) 이 힘들을 대상으로 취급해야 한다. 이것은 또한 무엇보다도 소외의 형태로만 가능하다.[220]

이 구절을 제외하면, 《경제학 · 철학 원고》의 강조점은 소외의 역사적

---

217) Anderson, *Lineages of the Absolutist State*, p. 23, note 12.

218) 《신성가족》(p. 93)에 나타난 엥겔스의 주장은 이러한 추측을 뒷받침하는 근거가 될 수 있다. 여기에서 그는 대체로 반목적론적인 태도를 보인다.

219) *Economic and Philosophical Manuscripts*, p. 241.

220) *Ibid.*, p. 333.

의미가 아니라 소외의 고통이다. 《독일 이데올로기》에는 역사적 의미 부분이 완전히 빠져 있다.

> 역사는 각 세대들이 대를 이어 살아가는 것일 뿐이다. 각 세대는 이전 세대로부터 물려받은 재료와 자본과 생산력을 사용한다. 그러므로 한편으로는 완전히 달라진 환경에서도 전통적인 활동이 계속되고, 다른 한편으로는 완전히 달라진 활동으로 낡은 환경을 변화시킨다. 이로 인해 마치 나중의 역사가 이전 역사의 목적인 것처럼 왜곡되기 쉽다. 아메리카의 발견이 나중에 프랑스 혁명이 일어나기 위한 것이었다는 식으로.[221]

이러한 태도는 곳곳에서 분명하게 나타난다. 슈티르너가 철도의 발명과 같은 모든 긍정적인 사건들을 그 부재의 제거로 이해하는 데 대해 비판하는 대목도 여기에 포함된다.[222]

1852~1853년에 마르크스는 4개의 신문 논설을 썼는데, 여기에서 우리는 목적론적 형태의 주장을 엿볼 수 있다. 별로 중요한 글은 아니지만, 그런 태도가 가장 분명하게 드러난 글은 터키에 대한 러시아의 태도에 관한 논설이다. "러시아는 자신의 자유로운 충동에 의해 그렇게 하고 있는가, 아니면 자신도 모르는 사이에, 원하지 않으면서도 현대의 숙명인 혁명의 노예가 되어 그렇게 하고 있는가? 나는 후자라고 믿는다."[223] 이 구절은 수사(修辭)가 너무 심해 비중 있게 다루기 어렵다. 다른 것은 너무 짧다. 영국의 부르주아 계급이 귀족 계급과의 격렬한 충돌을 피할 것이라는 점을 설명하면서 마르크스는 이렇게 말한다. "역사적 필연성과 토리당이 그들을 압박하여 앞으로 나아가도록 하고 있다."[224] 매우 중요하

221) *The German Ideology*, p. 50.
222) *Ibid.*, pp. 302ff.
223) *New York Daily Tribune*, 1853. 6. 9.
224) *Ibid.*, 1852. 8. 25.

게 생각되는 한 논설에서 마르크스는 이렇게 주장한다.

> 임금의 등락, 그로 인해 야기되는 주인과 일꾼들 간의 계속되는 갈등은 현대의 산업조직에서는 노동 계급의 정신을 고양시키는 불가결한 수단이다. 이것은 노동 계급으로 하여금 하나의 거대한 조직으로 단결하여 지배 계급의 침탈에 저항하도록 만들고, 무관심하고 분별없는 잘 사육된 생산수단으로 전락하지 않도록 막아준다. … 불경기, 번영, 흥분, 공황, 절망 등 현대 산업이 주기적으로 겪는 순환 국면들, 이로 인한 임금의 등락, 임금과 이윤의 변화에 따른 주인과 일꾼들 간의 끊임없는 전쟁 등이 없다면 영국의 노동 계급은, 그리고 유럽의 모든 노동 계급은 상심하고, 소심하고, 지치고, 무기력한 대중이 되어, 고대 그리스와 로마의 노예들이 그러했던 것처럼, 자기를 해방시키는 일이 불가능할 것이다.225)

이 구절에는 자본주의의 병폐를 바라보는 두 개의 시각이 긴장상태를 보이고 있다. 자본주의의 병폐는 노동자의 해방을 위한 도구적 '수단'인가? 아니면 단순히 필수조건인가? 전자라면 주기적인 공황이 노동 계급의 투쟁성에 도움이 된다고 설명할 수 있지만, 후자라면 그렇게 말할 수 없다. 여전히 모호하긴 하지만 도구적 · 목적론적 견해가 좀더 강하게 드러난 글로는 "영국의 인도 지배"가 있는데, 결론 부분이 이렇게 되어 있다.

> 영국이 인도에서 비열한 이익을 추구함으로써 사회적 혁명이 야기되었고, 그것도 우둔한 방식으로 실행되었다는 것은 사실이다. 그러나 그것은 문제가 되지 않는다. 문제는 인류가 아시아 사회상태의 근본적인 변혁 없이 자신의 운명을 실현할 수 있는가 하는 것이다. 그렇게 할 수 없다면, 자신의 죄악이 무엇이었든 간에 영국은 무의식적으로 역사의 도구가 되어 그러한 변혁을 가져온 것이다. 그렇다면, 낡은 세계가 무너지는 광경이 개인적인 감

---

225) *Ibid.*, 1853. 7. 14.

정으로는 아무리 비참하게 보이더라도, 역사의 관점에서 보면 우리는 괴테의 말을 빌려 이렇게 외칠 권리가 있다.

이 고문이 어찌 우리에게 고통이 되겠는가.
더 큰 즐거움을 주고 있으니.
티무르의 지배도
무수한 목숨을 앗아가지 않았던가?[226]

이 구절도 수사가 지나치기 때문에 진지하게 받아들일 필요가 없다고 주장할 사람이 있을지도 모른다. 그러나 발표할 생각 없이 쓴 글에도 유사한 내용들이 있기 때문에 그런 주장은 받아들일 수 없다. 예문을 소개하기 전에 위의 인용 구절에 관해 두 가지만 언급하고 넘어가자. 첫째, 마르크스가 인도의 고통을 진보의 불가피한 부산물로 보았는지, 아니면 진보를 위한 인과적 조건(혹은 진보의 도구적 수단)으로 보았는지 분명하지 않다. 영국 자본주의에 대한 글에서는 노동 계급의 고통이 두 가지 방식으로 진보의 조건이라고 주장했다. ① 경기순환에 관한 구절이 보여주듯이, 주기적으로 찾아오는 노동자의 궁핍은 인과적으로 혁명의 필요조건이다. ② 노동자의 착취는 자유시간 창출과 문명발전의 인과적 조건이다. 그러나 인도에 관한 글에서는 오믈렛 만들기와 계란 깨기의 관계로 설명한다.

둘째, 괴테의 시구처럼 자본주의의 병폐를 정당화하는 것은 오직 '역사의 관점에서'만 가능하다는 것이다. 마르크스는 몇 년 후에도 그 4행시를 인용하는데, 이때에는 '맨체스터 학파'를 공격하면서 사용했다. 그러나 이 시구는 (그럴 가능성이 거의 없지만) 오히려 맨체스터 학파가 노동자의 착취를 정당화하기 위해 사용할 수도 있는 구절이다.[227] 마르크스가

---

226) *Ibid.*, 1853. 6. 25.

자본주의적 착취자를 진보의 행위자로 이해하고 있었다 하더라도, 이로부터 그 행위자의 행동이 정당하다는 논증이 성립할 수는 없다. 그러한 논증이 명백히 자기중심적이고 위선적이기 때문만은 아니다. 근본적으로 그런 일이 일어난다면 환영할 만한 사건들이 있지만 자기로 인해 그런 일이 일어나기를 원하지는 않을 수도 있다.[228]

후기의 경제학 저작에서 목적론적 진술을 찾는다면, 1861~1863년의 《비판》과 《잉여가치 학설사》에서 다량으로 발견할 수 있다. 《요강》에도 자본주의적 소외가 공산주의를 위한 필요조건이라는 주장이 많이 나오지만, 전반적으로 도구적 · 목적론적 분위기는 아니다. 중요한 예외는 위의 2. 3. 3에서 인용한 구절에 바로 이어지는 다음과 같은 구절이다.

> 여기에서 문제는 **대상화되었다**는 것이 아니다. **소외되었다**는 것, 빼앗겼다는 것, 팔렸다는 것, 사회적 노동이 거대한 객관적인 힘과 대립하게 되었다는 것이다. 이렇게 된 이유는 노동의 계기 중 하나가 노동자에게 속하지 아니하고 인격화된 생산조건, 즉 자본에 속해 있기 때문이다. 자본과 임금노동의 관점에서 보면 대상화된 활동이 직접적인 노동능력과 대립하는 것이고, 노동의 관점에서 보면 이러한 대상화의 과정은 소유의 박탈과정이며, 자본의 관점에서 보면 소외된 노동을 전유하는 과정이다. 이러한 왜곡과 전도는 노동자와 자본가의 상상 속에서만 존재하는 것이 아니라 **현실**로 존재하게 된다. 그러나 분명히 이러한 전도 과정은 특정한 역사적 출발점 혹은 기초에서 보면 생산력 발전을 위한 필연, 즉 **역사적** 필연일 뿐 결코 생산의 **절대적** 필연은 아니다. 그러므로 그것은 사라질 필연성이다. 이러한 전도과정의 결과는, 그리고 그 내재적 목적은 자기 자신의 기초와 형태를 무너뜨리는 것이다.[229]

---

227) *Neue Oder Zeitung*, 1855. 1. 20.

228) Williams, "A critique of utilitarianism" 참조.

229) *Grundrisse*, pp. 831~832. 각주 201)에 이어지는 구절.

이 구절에는 모호한 점이 전혀 없다. 공산주의 창출은 자본주의적 소외의 '결과'이자 '그 과정의 내재적 목적'이다.

《요강》에서 마르크스는 역사를 3단계로 구분하는데, 이것은 부정의 부정 공식을 그대로 따른다.

> 최초의 사회적 형태는 (완전히 자생적으로 출현한) 인격적 의존관계로서, 여기에서 인간의 생산능력은 작은 범위에서 고립된 상태로 발전된다. 두 번째 형태는 **객관적인** 의존에 기초한 인격적 독립관계이다. 여기에서 일반적인 사회적 물질대사, 보편적 관계, 전면적인 욕구와 보편적 능력의 체계가 비로소 형성된다. 세 번째 단계는 자유로운 개인이다. 이 단계는 개인들의 보편적인 발전에 기초를 두며, 개인들의 공동체적 · 사회적 생산성이 곧 그들의 사회적 부가 된다. 두 번째 단계는 세 번째 단계의 조건을 창출한다.[230)]

문맥을 통해 알 수 있듯이, 전자본주의적 생산양식은 첫 번째 단계에 속한다. 《잉여가치 학설사》에는 약간 다른 시대 구분이 나오는데, 모든 계급 사회를 두 번째 단계에 넣고 있다.

> 노동자와 생산조건 간의 본원적 통일성은 (노동자가 객관적인 조건에 속하는 노예제를 제외하면) 두 가지 형태가 있다. 아시아적 공동체 형태(원시공산주의)와 가족에 기반을 둔 (그리고 가내공업의 형태를 띤) 소규모 농업이다. 둘 다 맹아적 형태이며 노동을 **사회적** 노동으로, 사회적 노동의 생산력으로 발전시키기에는 적합하지 않다. 따라서 필연적으로 노동과 소유의 분리, 균열, 대립이 나타난다(여기에서 소유는 생산조건을 말한다). 이러한 균열의 가장 극단적인 형태가 바로 자본이다. 자본이 등장할 때 사회적 노동의 생산력은 가장 강력하게 발전한다. 본원적 통일성은 자본이 창조한 물질적 기초 위에서만, 그리고 이러한 창조 과정에서 노동 계급과 모든 사회가 겪게 될

---

230) *Grundrisse*, p. 158.

> 혁명이라는 수단을 통해서만 회복될 수 있다.[231]

베버나 뒤르켕처럼 마르크스 역시 현재까지의 역사의 진보를 끊임없는 분화의 과정으로 보았다. 그러나 그들과는 달리 이것이 불가역적인 과정이라고 생각하지는 않았다. 마르크스는 최종단계에서는 통합, 혹은 분화의 상실이 올 것이라고 예측했다. 그러므로 예를 들면,

> 자본주의적 생산은 농업과 매뉴팩처를 유치한 형태로 유지해온 낡은 유대를 여지없이 파괴한다. 그러나 동시에 그것은 미래의 더 높은 종합을 위한 물질적 조건들, 곧 농업과 공업의 결합을 가져온다. 농업과 공업은 일시적 분리를 통해 더욱 완전한 형태를 획득하고, 이 완전한 형태들이 결합된다.[232]

이와 같이 통합된 사회에서도 이전의 사회형태들에서와 마찬가지로 모든 사람들이 남김없이 공동체 내에 통합되지는 않는다. 사람들은 계급 사회에서 양육된 개인성을 그대로 유지 및 발전시킬 것이다. 그러나 "정신적 동물의 왕국"(2. 2. 7)에서와 같은 투쟁적이고 적대적인 성격은 없다. 사회는 말할 것도 없고 개인도 분리와 소외를 거치면서 풍부해진 전체를 다시 회복한다.

이것이 마르크스가 세계의 역사를 보는 관점이라는 것은 의심할 여지가 없다. 앞의 단계는 거역할 수 없이 다음 단계로 나아가고, 다음 단계에 대한 기여에 의해 평가된다. 이것은 목적론적 견해인가? 아니면 마르크스는 단지 잇달아 등장하는 역사적 단계들을 위한 일련의 필요조건들을 말한 것일 뿐인가? 다음에 인용하는 텍스트들을 놓고 볼 때, 내 생각에는 전자의 해석이 더 적절한 것으로 보인다. 《직접적 생산과정의 결

---

231) *Theories of Surplus-Value*, vol. 3, pp. 422∼423.

232) *Capital I*, p. 505.

과》에서 마르크스는 자본주의적 주객전도에 대해 이렇게 말한다.

> 주객전도는 불가피한 일이다. 그것이 없다면, 부가 창출될 수 없다. 사회적 노동의 거침없는 생산력만이 자유로운 사회의 물질적 기초를 형성한다. 부는 다수의 희생 위에서 창출된다. 이러한 적대적 단계는 피할 수가 없다.[233)]

1861~1863년의 《비판》에서 마르크스는 괴테의 시를 다시 인용하는데, 다음과 같은 구절 바로 다음에 나온다. "인류의 사회주의적 구성에 선행하는 역사 시기들에는 인간 전체의 발전이 개개인의 발전의 엄청난 소모를 통해서만 확보된다."[234)] 이 구절은 《자본론 III》에서[235)] 거의 글자 그대로 반복되는데, 이는 목적론적 사고틀을 벗어나서는 이해하기 어렵다. 앞에서 인용한 구절과 마찬가지로 주어 없이 동사의 수동태가 사용된다. 적대적인 단계를 "피할 수가 없다". 누가? 인류의 발전은 "확보된다". 누구에 의해?

마지막으로 1861~1863년의 원고에서 두 구절만 더 살펴보자.

> 잉여노동은 노동자의, 개인의 욕구의 한계를 넘어선 노동이다. 처음에는 자본가가 사회의 이름으로 이 잉여노동을 수취하지만, 그것은 사회의 이익을 위한 노동이다. 앞에서도 말한 것처럼, 이 잉여노동은 한편으로는 사회의 자유시간의 기초이며, 다른 한편으로는 사회와 문화 일반 전체의 발전을 위한 물질적 기초이다. 대다수의 사람들에게 자신의 직접적인 욕구를 넘어선 일을 하도록 강요함으로써 자본의 강제력은 문화를 창출한다. 이로써 역사적·사회적 기능을 완수하는 것이다.[236)]

---

233) *Results of the Immediate Process of Production*, p. 990.

234) *Zur Kritik (1861~1863)*, p. 327(원문이 영어임).

235) *Capital III*, p. 88.

236) *Zur Kritik (1861~1863)*, p. 173.

> 처음에는 유적 존재로서의 능력의 발전이 개개인 대다수의, 심지어는 계급들의 희생 위에서 이루어지지만, 마지막에 가서는 이러한 모순이 돌파되고 개인의 발전과 일치하게 된다. 이리하여 개인의 더 높은 발전은 개개인이 인류의 이익을 위해 희생되는 역사적 과정을 통해 얻어진다. 동물의 왕국이나 식물의 왕국에서처럼, 항상 개체의 이익을 희생하면서 구현된다. 왜냐하면 종의 이익은 오직 **일부 개체의 이익**과 일치하기 때문이다. 이러한 특권적 개체들의 힘은 이러한 일치에서 생겨난다.237)

첫 번째 텍스트에서 마르크스는 자본가들이 자신도 모르는 사이에 인류와 문명을 이끌고 있다고 극찬한다. 두 번째 텍스트는 항상 종의 이익이 실현된다는 취지의 목적론적 진술이다. 여기에서 그 실현의 메커니즘도 밝히고 있다고 볼 수 있는데, 일부 개인의 사적 이익과의 일치를 통해 실현된다는 것이다. 그러나 일부 개인의 사적 이익이 종의 이익과 일치한다고 해서 왜 그들이 우세한 힘을 갖는지에 대한 설명이 없기 때문에, 이 전제는 공허할 수밖에 없다.238)

2.4.3. 토의

지금까지 마르크스의 목적론적 역사관에 대해 살펴보았는데, 이는 1.4에서 논의한 기능적 설명 양식과 매우 밀접한 연관이 있음을 알 수 있다. 인류의 발전에서 주요한 사건 — 자본주의에 이르기까지 계급 사회의 등장에 따른 균열 — 은 공산주의로 가는 디딤돌로 설명되었다. 마르

---

237) *Theories of Surplus-Value*, vol. 2, p. 118.

238) 여기에서 마르크스가 한 말은 항상 종의 이익이 실현된다는 것이 아니라 종의 이익이 실현될 때 개인은 희생된다는 뜻으로 풀이할 수도 있겠지만, 텍스트 전체를 놓고 볼 때 이렇게 해석하기는 어렵다. 어느 쪽으로 해석하든 설명력은 없다.

크스의 목적이 일상적인 인과적 혹은 인과 · 의도적 언어로 균열을 설명하는 것이었다는 반론이 있을 수 있다. 즉 개인과 계급이 자신의 이익을 도모하면서 스스로 의도하지 않은, 그 어느 누구도 의도하지 않은 변화를 일으키게 된다는 것을 설명하고 있다는 것이다. 그러나 이러한 반론은 빗나간 것이다. 모든 사건을 두 번씩, 한 번은 목적론적으로, 또 한 번은 인과적으로 설명할 수 있는 것이 목적론적 전통의 특징이다. "두 개의 왕국이 있다. 작용인의 왕국과 목적인의 왕국이 그것이다. 어느 하나만 있으면 모든 것을 자세히 설명할 수 있다."[239] 신이 우주를 창조했을 때 그의 목적을 가장 잘 달성할 수 있도록 인과의 사슬을 만들어놓았고, 따라서 어떤 사건이든지 인과사슬에서의 선행사건으로 설명할 수도 있고, 그 사슬 자체를 최적으로 만드는 사건이라고 설명할 수도 있다. 이런 종류의 역사관이 어떻게 세속적인 형태로 살아남았는지 이해하기 어려운 일이긴 하지만, 확실히 헤겔의 역사관이 그러했고, 마르크스에게서도 큰 부분을 차지한다.

마르크스의 목적론적 사고를 분명하게 보여주는 진술은 종의 이익이 항상 실현된다는 전제이다. 마르크스의 **인류**는 헤겔의 '정신' 또는 '이성'이다. 둘 다 초개인적 실체로서 이들의 완전한 발전이 역사의 목적이다. 이들은 의도를 가진 행위주체가 아니면서도 그 목적을 실현하기 위해 **행동**한다. 방법론적 개체론에 따르면, 인류 같은 것은, 최소한 그것이 집합적 행위자가 되는 공산주의 사회가 도래하기 전까지는 행동할 수 없다. 공산주의 사회에서는 인간이 자신의 발전을 통제할 수 있겠지만, 아직 거기에 도달하지도 않은 상태에서 거기에 이르기까지 인류의 발전이 계속된다고 가정할 수는 없다. 설혹 마지막에 집합적 행위자가 등장하는, 그리고 역사의 벽두부터 그 행위자가 모든 역사적 과정을 인도하는 그런

239) Leibniz, "Considérations sur les principes de vie", p. 542.

방식의 발전이 역사의 가능한 경로 가운데 하나라 하더라도, 역사가 반드시 그런 방향으로 발전할 것이라고 주장할 수는 없다.

마르크스가 목적론적 사고를 하였다는 것을 인정한다 하더라도, 이러한 사고방식이 그의 다른 주장에 미친 영향에 관해서 논란이 있을 수 있다. 예를 들면, 그의 사변적인 역사철학이 그의 다른 저작이나 활동에는 영향을 미치지 않았다고 주장할 수도 있다. 이 책 뒷부분에 가서 그러한 주장을 자세히 논박하겠지만, 그의 목적론적 태도는 역사적 사건들을 설명하는 데도, 그의 정치적 활동에도 심대한 영향을 미쳤다. 프랑스 혁명에 관한 설명에서도, 1848년의 독일 혁명에서 그가 세운 전략에서도 동일한 역사철학을 읽을 수 있다(7. 2. 1). 공산주의 혁명을 위한 주관적·객관적 조건이 한 나라에서 함께 오리라는 턱없는 믿음도 동일한 역사철학을 보여준다(5. 2. 3).

정치 이론가이자 정치 조직가인 사람은 어떤 행위의 직접적인 결과가 바람직한 것이 아니라 하더라도, 자신의 이론에 따라 그 행위를 해야 하는 상황에 놓일 수 있다. 예를 들면 마르크스는 이렇게 말한다. "노동자들과 소부르주아에게 말하고자 한다. 현대 부르주아 사회에서 고통을 받는 것이 더 낫다. 현대 부르주아 사회는 산업을 통해 새로운 사회의 기초가 될 물질적 수단을 창출하기 때문이다. 새로운 사회가 오면 여러분 모두가 해방을 얻을 것이다. 그러므로 여러분들을 위한다는 구실을 내세워 온 나라를 중세적 야만으로 끌고 가는 낡은 사회형태에 현혹되지 않기를 바란다."[240] 이 문장에서 소부르주아 대신에 농민을 넣고, 현대 부르주아 사회 대신에 본원적 사회주의적 축적을 넣어보라. 스탈린주의를 정당화하는 고전적인 논리가 나오지 않는가?

정치 이론가가 순전히 공리주의적인 사고틀을 가지고 있으면 어떻게

240) *Neue Rheinische Zeitung*, 1849. 1. 22.

될까? 그는 결코 현 세대가 미래 세대의 이익을 마음대로 계산할 권리가 있다고 생각하지 않을 것이며, 1인칭 도덕이 따로 있고 3인칭 도덕이 따로 있다는 논리, 즉 이루어져야 할 것과 자신이 해야 할 일을 별개의 것으로 주장하는 논리를 결코 받아들이지 않을 것이다. 일정한 시간에 걸쳐 전체적인 행복을 최대한 증진시키는 일, 바로 그런 일을 하는 것이 올바르다고 주장할 것이다. 여기에서 발생하는 문제는 이 기준에 부합하는 행동을 어떻게 알아낼 수 있는가 하는 것이다. 자신의 정치 이론을 굳게 믿는 사람은 미래 세대를 위한 현 세대의 희생을 기꺼이 받아들일 것이다. 이런 종류의 확신의 바탕에는 사변적인 정치철학이 깔려 있다. 그러한 철학 없이는 강한 확신이 유지될 수 없다. 일반적으로 미래의 역사가 어떻게 전개될 것인지에 대한 신념에 근거하여 어떤 행동을 할 때에는 그러한 신념의 불확실성을 고려하게 된다. 이로써 신중해지고, 혹시 잘못 선택한 것으로 판명될 경우 되돌릴 수 있는 선택을 선호하게 되고, 불확실한 신념을 위해 현재 어떤 고통을 강요하는 일은 피하고자 한다. 그러나 이 신념이 총체적인 확실성에 근거한 것이라면 거리낌 없이 극단적인 행동을 취하게 된다. 그 바탕에 역사철학만 있는 것이 아니라 '객관적 연관성'을 정당화하는 기능적 설명까지 있으면, 그러한 신념은 더욱 강화된다.[241] 스탈린으로부터 홍위병에 이르기까지 이러한 세계관은, 방법론적으로 개인주의를 부정하는 것을 훨씬 넘어 개인을 경시하는 결과를 빚었다.

그러므로 '전진을 위한 후퇴'에 바탕을 둔 사변적인 역사철학에 반대하

241) Tsou, "Back from the brink", p. 63의 주장에 따르면, "기능적 설명은 보수주의를 위해서도 급진주의를 위해서도 이용될 수 있다". 예를 들어 중국의 경우 "기능적 설명을 정치적 무기로 오용한 결과 한 세대의 젊은 식자들, 과학자, 기술자, 물리학자, 인도주의자, 사회과학자, 작가, 예술가, 기타 전문가들이 사라졌다".

는 이유는 실천적인 것이지 결코 이론적인 것이 아니다. 그들의 지적 결함은, 지적 기준에 비추어볼 때 심각한 것이기는 하지만, 그 이론이 가져올 정치적 재앙에 비교하면 아무것도 아니다. 마르크스의 공산주의 이론에서 개인은 핵심적인 위치에 있고, 이 개인에 대한 존중은 반드시 유지되어야 한다. 그러나 공산주의가 오기 전까지의 개인을 희생양으로 여기는 역사철학은 버려야 한다.

경제학

이 장에서는 마르크스가 경제체제로서의 자본주의에 대해 분석한 중요 내용들을 살펴보겠다. 그의 분석은 노동가치설과 이윤율 하락 이론이라는 두 개의 중요한 축에 기초한다. 그러나 결론적으로 말해 두 이론 모두 타당하지 않다는 것이 입증되었다. 그러나 두 이론 모두 마르크스와 마르크스주의자들의 저작에서 중요한 위치를 차지하므로 여기서 그 이론들을 살펴보고자 한다. 더구나 마르크스의 경제 이론체계는 그 자신이 전개했던 것보다 더 확고한 명제를 전개하는 데 사용될 수도 있다. 그래서 비록 압축적이기는 하지만 마르크스의 이론에 대해 상세하게 논의하고자 한다. 3.1에서는 방법의 문제에 대해 간단하게 논의할 것이다. 3.2에서는 이론의 기본 개념을 정의하고, 마르크스가 가격과 이윤을 노동가치라는 측면에서 설명하려 했던 것에 대해 논의할 것이다. 3.3에서는 마르크스 경제학에서 가장 가치 있다고 생각되는 것, 즉 축적 이론과 기술변혁 문제를 살펴볼 것이다. 3.4에서는 마르크스가 제기한 중요한 문제, 즉 위기 이론을 개괄하는 것으로 결론을 내릴 것이다. 이 장에서 내가 말하려는 것 중 독창적인 내용은 몇 개 되지 않는다. 지난 수십 년에 걸쳐 오키시오(Okishio), 모리시마(Morishima), 바이츠재커(von Weizsäcker), 사무엘슨(Samuelson), 스티드만(Steedman), 로머 등이 그 문제들에 관해 자세히 밝혀놓았기에 약간의 주석을 다는 것 외에는 더 이상 보탤 것이 없다.

많은 독자들이 대체로 마르크스주의 경제학과 노동가치설을 동의어로 여길 것이다. 3.2에서 노동가치설을 본격적으로 살펴보겠지만, 다른 곳의 설명에서도 그 이론은 매우 중요하다. 내가 보기에 그 이론은 사람들을 현혹시키고 해로운 결과를 가져오는 쓸모없는 이론이다. 예를 들면, 노동가치설은 균형가격과 균형이윤율 형성을 설명하지 못한다(3.2.2). 또한 노동이 교환가치와 이윤의 원천이라는 주장은 비판적인 검증을 이겨내지 못한다(3.2.3). 마르크스가 생각한 노동가치 개념은 균형성장분석을 혼란스럽게 하며(3.3.1), 자원배분과 기술선택 이론을 위한 도구로서 잘못 이해되고 있다(3.3.2). 더구나, 마르크스는 노동가치설에 집착함으로써 자본에 대한 물신숭배를 틀리게 설명한다(2.3.2). 한편 노동가치의 개념은 착취 이론에서도 한몫을 한다(4.1). 이에 대해 심각한 반론들이 많이 있기는 하지만 말이다.

3.1. 방법론

제1장에서 논의한 것들 중 많은 부분이 마르크스의 경제 이론에도 그대로 적용된다. 합리적 선택 이론에 대한 분석(1.2.1), 비의도적 결과의 방법론(1.3.2)에 대한 논의 같은 것이 바로 그것이다. 그 외에 그의 경제학적 저작들과 구체적으로 연관되는 문제들이 또 있다. 3.1.1에서는 마르크스의 경제 '모형'을 현대적인 의미에서 모형이라고 할 수 있는지에 대

해 살펴볼 것이다. 또한 그가 경제적 관계들을 설명하기 위해 제시한 '경향 법칙'에 대해서도 살펴볼 것이다. 3. 1. 2에서는 본질과 현상을 구분한 헤겔의 구분법을 경제생활에, 특히 가치와 가격의 관계에 적용한 마르크스의 시도에 대해 언급한다. 이러한 적용은 완전히 실패했지만, 그의 경제 이론 중에는 발전성이 있는 것도 좀 있다. 물신숭배에 대한 분석(2. 3. 2)과 이데올로기에 대한 분석(특히 8. 2. 3)이 그런 것들이다.

3.1.1. 마르크스의 '모형'

마르크스는 경제 이론을 가지고 있었다. 그러나 그것을 경제 모형으로 만들어냈는지는 명확하지 않다.[1] 경제 모형을 만들려면 신중하게 단순화하면서 또한 수량적인 가정을 사용해야 한다. 이것은 현실성을 희생시키는 대가로 정확성을 얻기 위한 것이다. 모형의 이점들 — 서로 연관되어 있는 — 은 다음과 같다. ① 모형은 이론의 일관성을 평가하고, 이론으로부터 검증 가능한 함의를 도출할 수 있게 해준다. 어떤 이론이 단순히 말로만 제시되어 있는 한, 관련된 모든 관계의 순균형 효과를 결정하는 것이 불가능하다. ② 모형은 설명을 간결하게 해준다. 예를 들어, 어떤 명제에 대한 반증을 제시하고자 할 경우, 주장된 명제를 인도하는 선행사항들을 만족시키기만 하면, 그 반증의 내용이 아무리 추상적인 것이라도, 전혀 있을 법하지 않은 것이라도 상관없다. ③ 모형은 악마의 변호인 역할을 해준다. 사실관계를 정확하게 추정하는 것이 어려울 때에는 적어도 자신이 증명하려는 것에 유리한 가정을 함으로써 자신에게 유리하게 만들 수 있다. ④ 끝으로 모형은 한 번에 하나씩 말할 수 있도록 해

1) 마르크스주의에서 이론과 모형 사이의 관계에 관한 통찰력 있는 언급에 대해서는 Roemer, *Analytical Foundations*, pp. 1ff, 특히 *A General Theory*, pp. 152~153 참조.

준다. 물론 부분균형 이론에서 이끌어낸 결론, 혹은 다른 조건들이 같다고 가정한 이론에서 이끌어낸 결론을 모두 모으면 일반균형 이론을 얻을 수 있다고 생각하는 것은 위험천만한 일이다. 그러나 과학적 연구를 하려면 어느 지점에서든 시작은 해야 하고, 그러한 국지적인 연구가 지니는 한계를 아는 한, 모형은 지식의 진보에서 매우 가치 있는 도구이다.

마르크스는, 헤겔 풍의 학습 때문에 가끔 빗나가기도 했지만, 이것을 잘 알고 있었다. 마르크스가 자신의 기본 주장들을 대수적으로 또는 기하학적으로 증명하려고 했던 것을 보면 이 분야에서의 수학의 힘을 인식하였다는 것을 알 수 있다.[2] 오늘날의 관점에서 보면 아주 서툴러 보이지만 말이다. 그는 헤겔처럼 수학을 '오성' — '이성'과는 반대되는 — 이라는 하찮은 수준으로 내몰지는 않았다. 또한 엥겔스처럼 수학을 신비스러운 '변증법' 과목으로 만들려고 하지도 않았다(1. 5. 2). 마르크스는 복잡한 경제체제를 다루기 쉬운 주장으로 축약하기 위해서는 문제들을 한 번에 하나씩 다뤄야 할 필요가 있다고 생각했다. 그는 엥겔스에게 보낸 편지에서 '자본 일반'에 대한 논의 계획에 대해 언급하면서 다음과 같은 내용을 가정할 것이라고 말한다.

> 노동 임금은 최소한으로 설정되어 있습니다. 임금 노동에 대한 분석은 이 최솟값의 등락을 다루고 있습니다. 게다가 토지재산 = 0, 즉 특별한 경제관계로서의 토지는 우리의 관심사가 아닙니다. 이 절차를 통해서만, 모든 것이 모든 것과 관계가 있도록 만드는 필연성을 피하게 됩니다.[3]

같은 시기에 쓴 《요강》에서 그는 (다소 모호하지만) 이렇게 말한다. "이러한 모든 고정된 가정들 그 자체는 논의의 전개 과정에서 변할 수 있다.

---

2) Smolinski, "Karl Marx and mathematical economics" 참조.

3) Mark to Engels 1858. 4. 2.

그러나 처음에 그 가정들을 분명하게 해놓아야 모든 것을 혼동하지 않고 전개해나갈 수 있다."[4]

그는 실제로 그렇게 했다. 그는 《자본론 I》에서 가격은 노동가치에 정비례한다고 가정한다. 그러나 이것은 논의의 편의를 위해 단순화한 것으로서 나중에 버리게 될 가정이라는 점을 분명히 한다.[5] 그리고 그는 실제로 《자본론 III》에서 그 가정을 버렸다. 《자본론 II》에서 그는 단순재생산을 분석할 때에는 해외무역은 무시해야 한다는 점에 주목한다. 해외무역은 "문제나 그 해결책에서 어떤 새로운 요소로도 기여하지 못하면서 단순히 혼란만 유발할 수 있다".[6] 《자본론 I》에서 그는 비슷한 주장을 한다. "모든 혼란스러운 보조적인 상황이 없는, 순수한 형태로 우리의 연구 목표를 검증하기 위해서는 세계를 하나의 국가로 취급해야 하고, 자본주의적 생산이 어느 곳에서도 확립되어 있으며, 모든 산업분야에서 자본주의적 생산이 이루어진다고 가정해야 한다."[7] 1858년의 방대한 작업 — 전체가 6부로 이루어져 있는데 그중 1부가 《요강》이다 — 에서도 비슷한 추상화가 이루어진다. 여기에서는 자본, 토지, 노동이라는 순수한 경제적 범주들을 국가를 거론하기에 앞서 논의하였다. 국가는 먼저 그 내적인 측면에서, 그리고 그 다음 외적인 측면에서 논의되었고, 그런 다음에야 세계시장을 분석하여 전체의 체계를 완성했다.[8] 이러한 연속적인 근사화(近似化)는 그 자체로는 결코 주목할 만한 것이 아니지만, 이로써 적어도 마르크스는, 루카치 이후 서구 마르크스주의가 빠져든 때

4) *Grundrisse*, p. 817.
5) *Capital I*, pp. 166, 216.
6) *Capital II*, p. 470.
7) *Capital I*, p. 581.
8) 마르크스의 연속적인 연구계획에 관한 완전한 논의에 대해서는 Rubel, "Plan et méthode de l'Économie" 참조.

이른 전체화라는 함정에는 빠지지 않았다는 것을 알 수 있다.[9)]

마르크스는 또한 자본주의를 공격하는 데 있어서 모형이 지니는 이점도 알고 있었다. 그는 자본주의의 결점들은 그 체제 내에 본질적으로 존재하는 것이기 때문에 개혁과 같은 제한적인 변화를 통해서는 결코 제거될 수 없다는 것을 보여주고 싶었다. 1861~1863년의 《비판》에서 그는 노동력의 가치를 논하면서 일시적인 불황의 경우는 고려하지 않겠다고, 또한 여성이나 아이들을 생산에 활용하는 경우는 고려하지 않겠다고 말한다. "이와 같이 가장 참혹한 측면을 존재하지 않는 것으로 가정함으로써 우리는 자본에게 **공정한 기회**를 준다."[10)] 《요강》에서는 이렇게 주장한다. "여기에서는 임금이 **경제적으로** 공정하게 지불된다는 것, 즉 임금이 경제학의 일반 법칙에 의해 정해진다는 것을 항상 전제로 삼아야 한다. 모순은 일반적인 관계 그 자체로부터 나오는 것이지, 개별 자본가의 사기로부터 나오는 것이 아니다."[11)] 자본주의에 대한 고발을 가능한 한 일반적이고 강력하게 만들기 위해 마르크스는 뒤로 물러선다. 경쟁조건을 전제하려고 한 것도, 독점이나 수요독점 행위를 무시하려고 한 것도 다 그런 이유 때문이라고 나는 생각한다.

그러나 나는 마르크스가 헤겔적 관점으로부터 완전히 벗어났다고 생각하지는 않는다. 《법철학》(*Philosophy of Right*)의 한 구절은 헤겔의 관점을 잘 보여준다. "이러한 현실성으로부터 벗어나 개념 그 자체의 작용을 통해 성립된 모든 것은 덧없는 존재이며, 외적 우연성이며, 의견이며, 실체 없는 현상이며, 환상과 같은 것이다."[12)] 이러한 관점에서 보

---

9) Lukacs, "Die Verdinglichung und das Bewusstsein des Proletariats", part III. 또한 Sartre, "Question de méthode" 참조.

10) *Zur Kritik (1861~1863)*, p. 41. "공정한 기회"(*fair chance*)라는 말은 원문이 영어로 되어 있다.

11) *Grundrisse*, p. 426; *Capital I*, p. 314.

12) Hegel, *Philosophy of Right*, §1.

면, 우리의 이론에 의해 포착되지 않는 실재의 측면들은 **사실상** 고려할 가치가 없어진다. '자연적' 이자율의 결정가능성을 부정하는 마르크스에게서 이러한 자세가 나타난다.

> 여기에서 더 나아가 중간이자율의 범위를 왜 일반 법칙으로 만들 수 없는지 의문을 제기할 수도 있다. 그 해답은 바로 이자의 본성에 있다. 이자는 평균이윤의 한 부분일 뿐이다. 그리고 동일한 자본이 이중의 규정성으로 나타나는데, 즉 전주(錢主)의 수중에서는 대부 가능한 자본으로 나타나고, 기능자본가의 수중에서는 산업자본 혹은 상업자본으로 나타난다. 그러나 그 자본은 단 한 번만 기능하며, 이윤도 단 한 번만 생산한다. 일단 생산과정에 투입되고 나면, 그 자본은 더 이상 남에게 빌려줄 수 없다. 이윤을 가질 권리를 가진 전주와 기능자본가가 그 이윤을 어떻게 나누느냐 하는 것은 경험적인 문제에 속한다. 이것은 동업자가 공동 이익을 나눌 때처럼 전적으로 우연의 영역에 속한다.[13]

마지막으로 언급한 문제, 즉 협동으로부터 얻은 이익을 나누는 문제와 관련하여 마르크스는 펜(J. Penn)이 비판한 바 있는 바로 그런 실수를 범한다. 펜에 따르면, 쌍방독점과 같은 상태가 하나의 특정한 모형에 따라 결정되지는 않는다고 하더라도, 그렇다고 해서 그 상태가 **본질적으로** 비결정적인 것이라고 할 수는 없다.[14] 사실상 비결정적이라는 말은, 양자역학 분야를 제외하면, 아무 뜻도 없는 말이다. 사회과학에서 절대적인 의미에서의 우연적 현상은 없다. 이론상대적 우유성[15]이 있을 뿐이다.

---

13) *Capital III*, p. 364. 또한 Panico, "Marx's analysis of the relationship between the rate of interest and the rate of profit" 참조. 그도 비슷한 결론에 도달한다.

14) Pen, *The Wage Rate under Collective Bargaining*, pp. 91ff.

15) 〔옮긴이주〕 '이론상대적 우유성'(*theory-relative accidents*)이란, 어떤 이론에 입각하여 보느냐에 따라 그 사건이 우연으로 보이기도 하고 법칙으로 보이기

마르크스는 이윤율 하락의 법칙을 '경향 법칙'이라고 말한다. 마크 블로그가 지적한 것처럼, 법칙의 유효성을 단순화된 모형 안에서만 찾기로 하면, 마르크스의 주장에도 어느 정도 일리는 있다.[16] 세 가지 경우로 나누어서 생각해보자. 첫째, 주된 경향에 전적으로 외생적인 반경향을 무시하는 경우인데, 이것은 매우 합리적이다. 이것은 아마도 예를 들어 해외무역의 경우에 해당되는데, 자본주의의 내부동학을 자기충족적인 체계로서 다루기 위해 해외무역은 큰 문제없이 무시할 수 있다. (다른 한편, 우리가 실물 경제를 예측하는 데 관심을 갖는다면, 물론 그러한 '안전장치'는 큰 문제를 일으킬 수도 있다.) 둘째, 주경향이 낳는 역경향을 무시하는 경우인데, 과연 이렇게 해도 되는지는 의문이다. 자본가들은 이윤율 하락을 목격하고, 그것을 부분적으로 또는 완전히 상쇄시키는 조치들을 취할 수도 있다. 또한 이것이 해외시장을 개방하는 동기가 될 수도 있다. 이 경우 이윤율 하락은 인과관계상 우선적으로 발생한다는 점에 있어서 주경향(*main tendency*)이라고 말할 수는 있겠지만, 양적으로 지배적이라는 뜻으로 주경향이라고 말할 수는 없다. 주경향은 자신을 완전히 무력화시키는 역경향을 낳을 수도 있다. 이러한 경우에도 주경향을 분리하여 연구할 수는 있다. 그러나 연구의 결론은 그러한 주경향이 고립적으로 존재할 수 없다는 것을 보여주어야 한다. 헤겔이 《법철학》에서 보여주는 자본주의의 내부적 모순에 대한 분석은 정확하게 이러한 가설구조를 지니고 있다.[17]

셋째, 주경향과 인과적으로 관련되어 있는 역경향을 공통의 원인에서

도 한다는 것이다.

16) Blaug, *The Methodology of Economics*, pp. 66ff and *A Methodological Appraisal of Marxian Economics*, pp. 41ff.

17) 《법철학》(244ff)에서 헤겔은 국가의 존재에 대해 국가가 없을 때 발생하게 될 사회적 모순(1. 5. 3)을 지적함으로써 설명하고 있다.

비롯되었다는 이유로 무시하는 경우가 있는데, 이것은 정당화되기 어렵다. 마르크스가 바로 그렇게 하고 있다. "이윤율 하락 경향을 낳은 바로 그 원인이 일반적으로 역효과도 함께 낳는다는 것을 보아왔다. 즉 이러한 하락을 방해하고, 지연시키고, 부분적으로 무력화시키는 경향도 함께 발생한다."[18] 이것은 잉여가치율 상승과 고정자본 요소의 가치 하락에서 현저하게 나타난다. 역효과들은 이윤율이 떨어지는 '주' 경향과 동일한 원인, 즉 기술의 진보에서 비롯된다. 이런 경우 우리가 관심을 가져야 할 문제는 그 공통 원인 때문에 발생한 순효과에 관한 것이다. 여기에서 주경향과 역경향을 나누는 것은 인위적인 구분일 뿐이다.[19] 마르크스가 그런 방식으로 연구를 진행한 이유는 목적론적 관점에 서 있었기 때문이다. '자본주의는 스스로 붕괴의 길을 걷는다.' 마르크스는 자본주의가 어떻게 하여 자멸하게 되는지 그 메커니즘에 대한 분석을 하기 전에 이미 이것을 명백한 사실로 받아들이고 있었던 것이다.

3.1.2. 본질과 현상

마르크스는 경제적 생활에 대해 논의하면서 '본질'(*Wesen*)과 '현상'(*Erscheinung*)이라는 말을 자주 사용한다. 이 두 용어는 헤겔에게서 가져온 것이지만, 헤겔 이야기를 깊이 파고들 생각은 없다. 한 가지만 지적하고 넘어가자. 즉 잘 알려진 마르크스의 헤겔식 주장은 헤겔을 완전히 오

---

18) *Capital III*, p. 239.

19) 귀 부아(Guy Bois)의 주장, 즉 봉건제도의 쇠퇴가 '봉건세금율의 하락 경향'에 의해 설명될 수 있다는 주장에도 그러한 모호성이 있다(*Crise du Féodalisme*, pp. 203~204, 354~355). '경향'이라는 말 자체가 이미 역경향도 있다는 것을 의미한다. 그렇다면, 우리가 알고자 하는 것은 그들 사이의 인과적 관계(상관관계 또는 인과관계)가 무엇이며, 여러 요인들이 작용한 최종적인 결과, 즉 순효과가 무엇인가 하는 것이다.

해한 상태에서 이루어지고 있다는 점이다.

현상, 즉 나타나는 것의 반대말은 두 가지가 있다. 첫째, 감추어진 것, 명상에 의해서만 접근할 수 있는 것이 반대말이 될 수 있다. 예를 들면 탁자의 현상 이면에는 그 본질을 구성하는 원자구조가 있다고 말할 수 있다. 마르크스가 노동가치와 가격의 관계를 보는 시각이 대체로 이와 같다. 노동가치는 가격과는 다른, 가격보다 더 근본적인 존재론적 질서이지만, 경제주체에게 나타나는 것은 가격뿐이다. 가격은 표면에 나타난다. 직접적으로 관찰할 수도 있고, 더 심층적이고 근본적인 구조의 관점에서 설명할 수도 있다. 둘째, 현상의 **국지적** 성격에 초점을 맞추어 생각해볼 수도 있다. 나타나는 것은 항상 특정한 지점에서, 그리고 특정한 관점에서 관찰하는 사람에게 나타난 것이다. 그러므로 어떤 주어진 현상의 반대말은 특정한 지점에 얽매여 있지 않은, 현상들의 **전체적인 연결망**이 될 수 있다. 내가 이해한 바로는 헤겔의 본질과 현상 이론은 바로 이렇게 해석해야 한다. 헤겔이 말하는 본질은 **상호 관련된 현상들의 전체성**이지, 그 현상들의 '이면'에 있는, 그 현상들과는 전혀 다른 존재론적인 질서가 아니다.[20] 경제학에 나오는 부분균형과 일반균형의 관계가 하나의 예가 될 수 있다.

3.2에서 자세히 논의하겠지만, 가격에 앞서 존재하는 노동가치는 없다. 그러므로 마르크스의 이론은 폐기되어야 한다. 그가 헤겔을 잘못 이해했기 때문이 아니라 그의 주장이 틀렸기 때문이다. 그러나 그가 노동가치의 우선성을 주장하게 된 동기 중 하나가 헤겔에 대한 그릇된 이해였기 때문에 이 문제부터 살펴보기로 하자.

잉여가치, 즉 특정 생산영역에서 실제 생산된 이윤이 상품의 판매가격에 포

20) 나는 1966년 프랑스대학의 장 이폴리트(Jean Hyppolite)의 강의 덕분에 헤겔에 대해 이렇게 이해하고 있다.

함된 이윤과 일치한다면 그것은 우연에 불과하다. 통상 이윤율과 잉여가치율만 다른 것이 아니라, 이윤과 잉여가치의 크기도 사실상 다르다. 노동착취도가 일정할 때 특정 생산영역에서 생산된 잉여가치의 크기는 그 생산영역 내의 개별 자본가에게보다는 사회적 자본의 총 평균이윤, 즉 자본가 계급 일반에게 더 중요한 의미를 갖는다. 개별 자본가가 생산한 잉여가치는 그것이 평균이윤의 형성에 기여한다는 점에서 그에게 중요한 의미를 갖는다. 그러나 이것은 그의 배후에서 일어나는 과정이기 때문에 볼 수도, 이해할 수도 없고, 사실상 관심도 없다. …

그 내적 관련은 여기에서 처음 밝혀졌다. … 지금까지의 정치경제학은 잉여가치와 이윤, 잉여가치율과 이윤율을 구별하지 않은 채 이러한 억지를 바탕으로 가치 결정과정을 설명해왔다. 이것은 곧 가치 결정과정에 대한 설명을 포기한 것이며, 눈에 보이는 현상에만 집착하여 과학적 접근 자체를 아예 포기한 것이다. 이와 같은 이론가들의 혼란은, 경쟁에 눈이 멀어 현상을 꿰뚫어보지 못하는 현실의 자본가들과 마찬가지로, 겉으로 나타난 현상의 이면에 있는 내적 본질과 내적 구조를 인식할 능력이 그들에겐 전혀 없다는 것을 보여준다.[21]

이처럼 어떤 대상을 놓고 외적인 것과 내적인 것으로 나누는 것은 서툰 헤겔주의(*bad Hegelianism*)이며,[22] 이러한 서툰 헤겔주의로 얻을 것도 없다. 그러나 경쟁의 맹목효과에 대한 언급은 첫 번째 해석방식보다 더 낫고 흥미로운 두 번째 해석방식으로 읽을 만한 가치가 있다. 라이프니츠의 용어를 빌리면, 현상은 그 관점에서의 본질을 반영한다. 물론 이것은 왜곡된 본질이거나, 혹은 한쪽만 바라본 본질이다.

마르크스가 《자본론 I》에서 임금을 분석하는 방식은 바로 이와 같은

---

21) *Capital III*, pp. 167~168.

22) Hegel, *The Phenomenology of Spirit*, *passim* 참조. 중국 사상에서의 비슷한 오류에 대한 강력한 비판은 Levenson, *Confucian China and its Modern Fate*, vol. I, ch. iv 참조.

두 번째 방식이다. 그는 자신이 노동과 노동력을 구분했다는 점에 대해 큰 자부심을 가지고 있었고,[23] '노동의 가치'라는 개념을 강력하게 거부했다. '노동의 가치'라는 표현에는

> 가치 개념이 완전히 소멸되어 있을 뿐만 아니라 실제로 전도되어 있다. 그것은 마치 토지의 가치라는 말처럼 상상적인 표현이다. 그러나 이 상상적 표현들은 생산관계 그 자체로부터 생겨난 것이다. 그것들은 본질적인 관계의 현상 형태를 나타내는 범주들이다. 사물들이 때때로 현상 속에서 전도되어 나타난다는 사실은 정치경제학 이외의 다른 모든 과학에서 아주 잘 알려져 있다.[24]

몇 쪽 뒤에 같은 내용이 사회학적으로 볼 때 더 흥미로운 방법으로 기술되어 있다.

> 그러므로 임금의 형태는 필요노동과 잉여노동, 지불노동과 부불노동으로 분할되는 모든 흔적을 소멸시킨다. 모든 노동은 지불노동으로 나타나는 것이다. 부역노동에서는 농노 스스로를 위한 노동과 영주를 위한 강제노동이 공간적으로나 시간적으로 분명히 감각적으로 구별된다. 노예노동에서는 노동일 가운데 노예가 자기 스스로의 생활수단의 가치를 보전할 뿐인 부분, 곧 사실상 스스로를 위해 노동하는 부분까지도 그 주인을 위한 노동으로 나타난다. 따라서 그의 모든 노동은 부불노동으로 나타난다. 임금노동에서는 거꾸로 잉여노동 또는 부불노동조차 지불노동으로 나타난다. 앞의 경우에는 소유관계가 노예 스스로를 위한 노동을 은폐하고, 뒤의 경우에는 화폐관계가 임금노동자의 무상노동을 은폐한다.[25]

---

23) Engels, 1891 edition of *Wage Labour and Capital* 서문 참조.

24) *Capital I*, p. 537.

25) *Capital I*, pp. 539~540.

우리는 여기에서 물신숭배의 일반적 형태를 다루고 있는데, 그것은 경제가 어떻게 작용하는가에 대해 구조적으로 유도된 환상이다. 본질과 현상의 구분은 경제 이론에서 할 것이 아니라 경제사상의 사회학에서 하는 것이 더 적절하다고 생각할 사람들도 있을 것이다. 이것은 어느 정도 사실이다. 그래서 이 문제는 8. 2. 3에서 이데올로기적 문제의 일종으로 논의한다. 그러나 이 문제를 이데올로기 문제로만 생각하는 것은 잘못이다. 왜냐하면 경제적 신념의 형성과정을 설명하는 것도 경제 이론이 해야 할 일이기 때문이다. 경제주체들의 신념, 그에 따른 행위, 그 신념을 최초로 낳은 집합적인 구조를 설명하는 일은 지식사회학의 도움을 받을 수도 있다. 구조에 대한 (체계적으로 왜곡된) 신념은 ① 구조에 의해 설명되어야 하고, ② 그 구조가 지속되는 이유에 대한 설명이 있어야 한다. 나는 이것이 마르크스 경제 이론의 중심적이고 중요한 직관이라고 생각한다. 그 직관은 헤겔의 이론, 즉 본질은 자신이 낳은 바로 그 현상에 의해 지지된다는 이론에서 비롯되었거나, 적어도 양립 가능하다. 그러므로 나는 마르크스의 주요한 경제학 저작물의 제목 또는 부제목에 나오는 '비판'이라는 용어의 중심성을 믿는다. 경제를 설명하려면, 경제주체들이 그리고 정치경제학자들이 경제가 작동하는 방법에 대해 어떻게 그릇된 신념을 갖게 되는지를 설명할 수 있어야 한다.

3. 2. 노동가치설

노동가치설에 대한 설명과 이 장 뒷부분의 논의에 대한 예비단계로서, 3. 1에서 마르크스 경제학의 기본 개념을 살펴본다. 그 다음 노동가치설에 대한 몇 가지 해석들 및 이를 옹호하는 주장들을 살펴본다. 노동가치설은 다음과 같은 내용들을 설명하는 것으로 간주된다. 첫째, 균형에서의 상대가격과 이윤율, 둘째, 교환가치와 이윤의 성립 조건, 끝으로 계획경제에서의 재화의 합리적 배분이 그것이다. 이 셋 중 앞의 두 가지는 3. 2. 2, 3. 2. 3에서 각각 살펴보고, 마지막 것은 3. 3. 2에서 살펴보겠다.

3.2.1 기본 개념[26)]

마르크스는 경제가 2개 또는 3개의 부문으로 나누어진다고 생각했다. 가장 잘 알려진 모형은 자본재 부문과 소비재 부문으로 이루어진다. 3개 부문 모형에서는 소비재 부문을 노동자의 필수품을 생산하는 부문과 자본가의 사치재를 생산하는 부문으로 나눈다. 현대적인 분석은 보다 일반적인 n 부문 모형을 사용한다. 여기에서의 논의는, 2개 부분 모형이 더 적합한 경우를 제외하고는 대부분 현대적인 분석절차를 따르고자 한다. 부문들을 정하고 그들의 관계를 나타내기 위해서는 우선 생산에 동원되는 기술과 실질임금을 알아야 한다. 왜냐하면 이로부터 (이윤극대화와 완전경쟁이라는 제도적인 가정이 주어진 것으로 하고) 노동가치와 균형가격 및 균형이윤율이 도출될 수 있다. 가격과 이윤율의 연역은 3. 2. 2로 미루고, 여기에서는 노동가치를 도출해보기로 하자.

경제가 n 부문으로 나누어지고 그 각 부문은 동일한 종류의 재화를 생산한다고 가정한다.[27)] 규모수익 불변과 고정계수 생산함수를 가정한다.

---

26) 이 개념들의 정의와 관련된 참고문헌은 제시하지 않겠다. 독자들은 《마르크스-엥겔스 전집》(*Marx-Engels Werke*) 의 《자본론 I》과 《자본론 III》에 있는 찾아보기를 보면 그 출처를 알 수 있을 것이다.

27) 이것은 결합생산의 경우를 배제한다. 최근의 마르크스주의자의 저작물에서 그에 관해 많은 것이 이루어졌다. Pasinetti (ed.), *Essays on the Theory of Joint Production*. 이 중요한 개념은 고정자본을 개념화하기 위해 사용되었다. 그런데 고정자본은 감가상각되는 형태로 주생산물과 결합생산된다. Sraffa, *Production of Commodities by Means of Commodities*, p. 95가 보여준 것처

그런데 이러한 가정들은 단위 생산물당 생산요소 투입물은 생산규모와 생산요소의 가격과 독립적이라는 사실을 전제한다. 가정을 이렇게 할 수밖에 없는 이유는 마르크스의 원문으로부터 이 이상의 다른 가정을 할 수 없기 때문이다. 노동절약 기술과 노동사용 기술 사이에 선택이 존재하고, 대규모 생산이 더 효율적이라는 것은 명백한 사실이다. 마르크스도 이러한 사실을 인식하고 있었음을 그가 한 말에서 알 수 있다. 그러나 수치를 사용한 모형에서는 마르크스는 위의 2개 가정을 사용하고 있기 때문에 나도 여기서 똑같이 그 가정을 유지한다. 이러한 가정들에 의지하지 않으면 탄탄한 결론을 얻기가 어렵다. 고정계수 가정을 포기한 마르크스주의 경제학을 다룬 것들도 있으며,[28] 규모수익 불변 또는 수익 감소를 감안한 논의들도 있다.[29] 그러나 내가 알기로는 규모수익 증가를 감안한 논의는 없다.

이러한 가정 아래, 이제 j 부문의 기술 수준을 고려할 때, j 재화 한 단위를 생산하는 데에는 투입물로서 a_{oj} 단위의 노동 — 당분간 동질적이라고 가정된, 그리고 이른바 노동시간으로 측정된 — 과 재화 a_{ij} 단위가 필요하다고 가정하자. j 재화 한 단위의 노동가치는 그것을 생산하는 데 필요한 노동의 양이다. 여기에는 직접적인 것(a_{oj})도 있고, 간접적인 것(비노동투입물의 노동가치)도 있다. 이러한 정의에 들어 있는 순환성은 연립

럼, 마르크스가 고정자본을 이러한 방식으로 생각한 것으로 보이는 구절들이 있다. 그러나 내 의견으로는, 고정자본에 대해 완전한 결과를 이끌어내지 못한 것은 말할 것도 없고, 그 구절들의 양이 너무 적어서 그가 이 이론을 완전히 받아들였다고 말할 수 없다. 어떤 경우에도 나는 모든 고정자본은 순환자본, 즉 생산공정의 과정에서 완전히 소진되는 자본이라고 가정한다. 왜냐하면 선택한 추상화의 수준에서 그러한 논의는 내구자본이라는 더 복잡한 관념을 요구하지 않기 때문이다.

28) Roemer, *Analytical Foundations*, ch. 2.

29) *Ibid.*

방정식을 사용하면 쉽게 해결된다. x_j를 재화 j 한 단위의 노동가치를 나타내는 것으로 하면, 유입가치는 유출가치와 같다는 원리에 따라 다음 방정식을 얻는다.

$$x_j = a_{oj} + a_1x_1 + a_2x_2 + \cdots + a_{nj}x_n,\ j = 1,\ 2,\ \cdots,\ n \quad (1)$$

계수에 어떤 조건이 주어지면,[30] 이 수식은 모든 재화의 노동가치를 정의하는 경제적으로 의미 있는 해를 제공한다. 이러한 연립방정식을 사용하면, 역사적인 사실로서 생산수단 a_{ij}를 생산하는 데 사용된 기술에 의해 노동가치를 결정하는 것이 아니라, 현재 가장 효율적인 생산기술이 무엇인가에 의해 노동가치를 결정할 수 있는 장점이 있다. "가치를 결정하는 것은 생산물에 투입된 노동시간의 양이 아니고, 어떤 주어진 시기에 필요한 노동시간의 양이다."[31] 현재 사용되고 있는 생산수단이 과거의 노동에 의해 생산되었다는 사실은 규범적인 분석(4. 3. 2)을 하는 데 적절할 수도 있고 그렇지 않을 수도 있으나, 현재의 노동가치를 추정하는 분석적인 작업에는 확실히 적절하지 않다.[32]

그러나 연립 방정식을 사용하는 방법은 현재 가치를 과거의 노동투입물의 무한수열의 합으로 본다. 복잡한 행렬대수를 피하기 위해, 이것을 옥수수와 노동이 옥수수를 생산하는 데 사용되는 일부문 모형으로 설명해보자. 한 단위의 옥수수를 생산하는 데는 a 단위의 옥수수 씨앗과 b 단위의 노동이 필요하다. x가 옥수수 한 단위에 대한 미지의 노동가치를 나타낸다고 하면,

$$ax + b = x \quad (2)$$

---

30) *Ibid.*, p. 36.

31) *Grundrisse*, p. 135.

32) 졸고 "Note on hysteresis in the social sciences" 참조.

가 되는데, 이로부터 $x = b/(1-a)$를 얻는다. 그러나 다른 방법으로 같은 결과를 얻을 수 있다. 말하자면, 동일한 기술을 사용한다고 가정했을 때, 옥수수 씨앗 자체를 생산하는 데 어느 만큼의 직접 노동과 옥수수 씨앗이 필요했는가를 묻기로 하자. 방정식 (2)에 있는 각 투입물에 비례인수 a를 곱함으로써, a^2 단위의 옥수수와 ab 단위의 노동을 얻으면서 답을 얻는다. 그 다음 옥수수 씨앗 a^2에 대해 똑같은 질문을 하고, a^2는 a^3 단위의 옥수수와 a^2b 단위 노동의 도움으로 생산되었다는 답을 얻는다. 이 방법으로 계속하면, 한 단위 옥수수의 노동가치는 (무한대의) 과거 모든 노동투입물의 합으로 결정할 수 있다. $x = b + ab + a^2b + \cdots = b/(1-a)$. 이 식을 보면 가치가 역사적으로 결정되는 것처럼 보일 수도 있지만, 전 과정이 논리적인 순서에 따라 이루어지는 것이지, 역사적인 순서에 따라 이루어지는 것이 아니다. 그러므로 글자 그대로 그것은 현재가치를 결정하는 데 과거 인과관계의 중요성을 옹호하는 주장으로 간주될 수는 없다. 나는 경제계획(3. 3. 2)을 논의하는 과정에서도 이러한 구조를 사용할 것이다.

마르크스가 잘 알고 있었던 것처럼, 노동이 완전히 동질적이라는 가정은 정당성을 따져보아야 한다. 잘 알려진 구절에서, 마르크스는 임금률을 비교함으로써 숙련노동을 비숙련노동으로 바꿀 수 있다고 주장한 것처럼 보이지만,[33] 이것은 마르크스의 입장이 아니다. 그가 주장한 바는, 숙련노동은 다른 상품이 생산되는 것과 완전히 같은 방법으로 생산되는 보이지 않는 자본 또는 인적 자본, 즉 기술의 양에 비숙련노동을 더한 것으로 간주해야 한다는 것이다.

> 일반적인 인간의 본성을 변화시켜 일정한 노동 부분에서 기능과 숙련을 체득하여 발달된 특수한 노동력이 되기 위해서는 일정한 양성 또는 훈련이 필

33) *Capital I*, p. 44.

요하고, 여기에는 많든 적든 일정액의 상품 등가물이 소비된다. 노동력이 어느 정도로 매개된 성질의 것인가에 따라 그 양성 비용도 달라진다. 그러므로 보통의 노동력에 있어서는 미미할지라도 이 수업료는 노동력의 생산을 위해 지출되는 가치 속에 들어간다.[34]

그러나 이것은, 밥 로손이 지적한 바와 같이,[35] 모호하다. 이 구절에 따르면, 숙련노동자의 노동력의 가치는 그의 생존수단의 가치와 교육에 사용된 가치를 합한 것으로 설명된다. 이 합의 둘째 구성요소는 교육적 생산수단의 가치에 교육노동자의 생존수단의 가치를 합한 것으로 정의된다. 이러한 '내포된 가치'를 고려함으로써 비숙련노동으로 바꿀 수 있다. 그러나 이러한 계산방법은 실질임금에 변화가 생기면 비숙련노동으로의 변형률에 영향을 미치며, 따라서 노동력의 가치뿐만 아니라 모든 상품들의 노동가치에 변화를 초래하는 약점을 지닌다. 노동력이 아닌 상품의 노동가치는 오로지 생산의 기술적 조건만을 반영하고, 특히 기술적 조건들이 실질임금을 결정하는 부분요소로서의 계급투쟁과는 독립적인 것으로 간주되는 것이 바람직하다면, 계산을 오히려 반대로 해야 한다. 확실히 마르크스도 상품의 노동가치는 노동지출만으로 정의되어야 하고, 노동임금의 변화에 민감하지 않아야 한다고 생각했다.

그 구절을 읽는 또 다른 방법이 있다. 힐퍼딩(Hilferding)이 제안하고 로손이 더욱 정밀하게 만든 것인데, 교육부문 안에 고용된 고정자본의 가치나 가변자본의 가치보다는 교육부문에서 창출된 가치에 주목하는 것이다. 이렇게 하면 임금수준과 독립적으로 변형률을 결정할 수 있고, 로손이 보여준 것처럼 자본주의 경제에서 교육의 중요성에 대해 더 성과 있는 논의를 할 수 있다.

---

34) *Capital I*, p. 172; p. 198 참조.

35) Rowthorn, "Skilled labour in the Marxist system".

그러나 이 방식은 이질적인 노동의 문제를 해결하지 못한다. 두 가지 중요한, 풀리지 않는 그리고 아마도 풀 수 없는 어려움이 남아 있다. 첫째, 생산될 수 없는 기술의 문제이다.[36] 이것은 어린 나이에 가정에서 습득된 언어의 기술처럼 어느 시점에 습득되어 되돌릴 수 없는 기능이나 천성적인 재능을 포함한다. 이것은 바로 앞에서 말한 방법으로는 해결할 수 없는 정말로 이질적인 노동을 낳는다. 모든 노동이 비숙련노동이 되는 경향 때문에,[37] 마르크스는 때로는 이 문제를 무시할 수 있는 것으로 생각한 것으로 보인다. 그러나 이것은 모든 노동은 아주 특수화되고 과학적으로 조련될 것이라고 암시한 다른 구절들과 명백히 모순된다.[38]

둘째, 이안 스티드만은 노동 이질성의 다른 원천에 대해 주의를 환기시켰다.[39] 즉 수행하는 노동의 불쾌감에 따라 서로 다른 형태의 노동이 될 수 있다. 이것은 기술 수준과는 전혀 다른 문제이다. 경쟁적 노동시장에서 이것은 임금차별을 가져올 것이며, 노동가치설에 심각한 문제를 야기한다. 그러한 임금 차이가 있으면, 서로 다른 종류의 노동에 대한 상대적인 임금률을 통해 구체적인 노동의 서로 다른 형태들이 집약되어야만 마르크스 이론의 중심 주장이 유지될 수 있다는 것을 스티드만은 보여주었다.[40] 하지만 후자 해결안의 정신은 노동가치설 이면에 있는 의도와는 완전히 반대된다. 마르크스는 상품의 노동성분이 계급투쟁의 결과에 따라 달라진다는 것을 인정하지 않았다. 마찬가지로 그것이 어떤 유형의 일로부터 느끼는 주관적인 비효용에 따라 달라진다는 주장도 마르크스는

---

36) 이 어려움은 Blaug, "Another look at the reduction problem in Marx"와 Roemer, *A General Theory*, ch. 6에 잘 나와 있다.

37) 예컨대 *Capital I*, p. 198.

38) 예컨대 *Grundrisse*, pp. 705~706.

39) Steedman, "Heterogeneous labour, money wages and Marx's theory".

40) 예를 들어, 0의 이윤 또는 자본의 똑같은 유기적 구성이 전제되면, 가격은 가치에 비례한다는 마르크스의 견해를 유지하려면 이러한 총체화가 필요하다.

받아들이지 않았을 것이다.

결론적으로 말해서 마르크스 경제학에 있어서 암초는 이질성이 뚜렷한 환원 불가능한 노동이다. 이 문제를 심각하게 고려할 경우 노동가치설은 기본적인 개념조차 정의할 수 없고, 따라서 출발 자체가 불가능해진다. 이러한 어려움을 무시하고 노동가치의 **개념**을 정의했다고 하더라도 노동가치설에 그 개념이 들어설 자리가 없기 때문에 그 **이론**은 실패하고 만다(3. 2. 2). 이질적인 노동이 착취 이론에서 야기하는 어려움에 대해서는 다음 장에서 논의한다.

이제부터 한 가지 유형의 노동자와 한 가지 유형의 일(즉 기능과 작업의 불쾌감에 차이가 없다)만 있다고 가정하자. 노동력의 가치는 $v = b_1x_1 + b_2x_2 + \cdots + b_nx_n$라고 정의할 수 있다. 그런데 여기서 b_i는 노동자의 매일의 소비에 들어가는 상품 i의 양이다. 노동자가 하루에 h 시간을 일한다면 발생한 **잉여가치**는 $h - v$이다. 이것은 노동자가 창출한 가치와 그가 소비한 가치의 차이다. h를 증가시킴으로써 잉여가치를 증가시키는 것은 **절대적 잉여가치**가 올라가게 한다. 한편 v를 낮춰서 발생하는 증가분은 **상대적 잉여가치**를 창출한다. 후자는 상품의 가치변화, 또는 실질임금의 변화, 또는 둘 모두의 변화에 의해서 발생할 수도 있다. 4. 1. 4에서 **잉여가치율**(h / v) — 혹은 **착취율** — 이라는 이들 결정요소에 대해 좀더 자세히 논의한다. 이 장에서는 노동력의 가치를 주어진 것으로 간주한다.

자본은 생산요소의 하나로서 자본가에게 구입되어 '가격결정', 혹은 이윤창출을 위해 운영된다. **가변자본**은 고용된 노동력이고, **고정자본**은 생산의 비인적 요소들로 구성된다. 방정식 (1)에서 암묵적으로 가정한 것과 같이, 고정자본은 생산과정에서 완전히 소진된다고 가정한다. 이것은 결론에 심각한 영향을 주지는 않는다.[41] 따라서 주어진 부문에서 생

---

41) 보다 일반적인 경우를 완전히 다룬 것에 대해서는 Roemer, *Analytical Foun-*

산물의 가치는 세 가지 요소로 나누어진다. 첫째, 그 부문에 사용된 고정자본의 가치가 있다. 이것은 생산수단의 가치이다. 둘째, 가변자본의 가치가 있다. 이것은 노동력의 가치이다. 그리고 셋째, 그 부문에서 창출된 잉여가치가 있다. 이 세 가지 가치를 나타내기 위해 보통 부문 j에 대해 $C_j + V_j + S_j$로 쓴다. 재화 j 또는 부문 j에 있는 개별기업에 대해서도 비슷한 방법으로 분해해서 쓸 수 있다. 부문 j에서 자본의 유기적 구성은 비율 C_j / V_j이다. 이것은 자본 대비 고용된 노동자의 수에 의존할 뿐만 아니라 그들의 노동력에 의존하기 때문에, 순수한 기술적인 개념이 아니다. 자본집약에 대한 순수한 기술적인 개념은 비율 $C_j / (V_j + S_j)$로 나타낼 수 있을 것인데, 이것을 **자본의 가치구성**이라고 부를 수 있다. 그러나 마르크스는 이 개념을 사용하지 않는다. 그는 고용된 노동의 크기에 대한 '생산수단의 양적 비율'을 자본의 기술적인 구성이라고 부른다. 그러나 마르크스가 생산수단의 '양'을 측정하는 방법을 말하고 있지 않기 때문에, 이것은 잘못 정의된 개념이다. 아마도 그 구절은 그런 종류의 비율보다는 계수들의 집합 $(a_{oj},\ a_{1j}, \cdots,\ a_{nj})$으로 나타내는 것이 가장 이해하기 쉬울 것이다.

3.2.2. 가격과 이윤율의 도출[42)]

이제 이러한 개념들이 어디에 쓰일 수 있는지 생각해보기로 하자. 먼저 **마르크스 경제학의 기본방정식**이라고 할 수 있는 것이 무엇인지 살펴보자. 마르크스를 따라, 이윤율을 고용된 총자본에 대한 잉여가치의 비

---

dations, ch. 2를 볼 것.

42) 이하의 논의에 대한 상세한 내용은 Morishima, *Marx's Economics*, ch. 7; Steedman, *Marx after Sraffa*, chs. 3, 4; Roemer, *Analytical Foundations*, ch. 1. 원문은 주로 *Capital III*, chs. IX, X에서 찾을 수 있다.

율로 정의하기로 한다. $r = S / (C + V)$. 당분간 이러한 양들이 주어진 부문을 언급하는지 또는 경제 전체를 언급하는지 명시하지 않은 채로 두기로 한다. 분자와 분모를 모두 V로 나누어서, 기본 방정식을 얻는다.

$$r = \frac{S / V}{C / V + 1} \quad (3)$$

말로 풀어 쓰면, 이윤율은 착취율을 1이 증가한 자본의 유기적 구성으로 나눈 것과 같다. 마르크스 경제학의 두 개의 중심 이론은 모두 이 관계의 측면에서 논의될 수 있다. 노동가치설은 기본방정식이 분해될 때 발생하는 문제를 다룬다. 그래서 우리는 경제의 서로 다른 부문의 이윤율을 비교한다. 이윤율 하락 이론은 착취율의 추세와 자본의 유기적 구성, 그리고 그들의 이윤율에 대한 함의를 연구함으로써 방정식의 동적인 측면을 본다.

여기에서 일반적인 경우 균형가격이 노동가치에 비례할 수 없다는 사실을 귀류법으로 증명하는 데 이 방정식을 사용할 것이다. 예를 들어, 이 비례성이 얻어진다고 가정하자. 그러면 j 부문의 자본가는 그 부분과 관련하여 정의된 모든 크기들과 함께, 기본방정식에 의해 주어진 이윤을 인식할 것이다. C_j, V_j와 함께 고정자본과 가변자본을 지불하였으므로 그에게는 S_j와 기본방정식에 의해 정의된 이윤이 남을 것이다. 이제 마르크스는 모든 부문에서 착취율이 같다는 가정, 즉 모든 노동자들이 똑같은 실질임금을 받고 똑같은 시간을 일한다는 가정이 있을 때 성립할 수 있는 가정으로 나아간다. 즉, 각 부문에서 자본의 유기적 구성도가 다르면, 이윤율도 서로 다를 것이라는 가정이다. 부문에 따라 유기적 구성도가 다를 것이 틀림없기 때문에 경제에는 여러 개의 이윤율이 존재할 것으로 결론지을 수 있다. 그러나 이것은 모든 부문에서 이윤율이 같아야 한다는 균형조건을 위반한다. 앞서 지적한 바와 같이, 《자본론 I》에서 마르크스가 가치와 가격이 비례한다고 가정했을 때, 이것은 나중에는 포기해야 할 단순화라는 것을 그는 잘 알고 있었다.

《자본론 III》에서 마르크스는 좀더 정교하게 가치로부터 가격을 도출하는데, 이 과정은 두 단계로 진행된다. 먼저 모든 양을 경제 전체의 관점에서 정의하고, 이윤율을 기본방정식으로부터 도출했다. 이 절차는 정당화될 수 없으며, 사실상 잘못된 결과를 낳는다. 유기적 구성이 모든 부문에서 같기 때문에 가치와 가격이 일치할 때에만, 또는 잉여가치가 없을 때에만 기본방정식이 성립한다. 다음으로, 《자본론 III》의 수치 예에서 마르크스는 투입물의 가치에 $(1+r)$을 곱함으로써, 즉 평균이윤율을 가치에 가산하여 사용함으로써 가격을 도출했다.[43] 가치는 미지의 양이며 자본가에게는 감추어져 있기 때문에(그러므로 그것들을 계산에 반영할 수 없다) 이것은 오답이라고 말할 수 있다. 가치와 이윤을 혼동하는 것은 본질과 현상을 혼합하는 것과 같은 변증법적 죄를 저지르는 것이다. 모든 부문의 자본가가 생산요소들의 가치 측면의 비용이 아니라 생산요소들의 가격비용에 근거해서 똑같은 이윤율을 산출해내는 것이 균형조건이어야 한다. 틀린 절차를 반복했지만 올바른 결과로 수렴했다는, 모리시마가 밝힌 마르크스의 수학적 호기심은 해석적으로도 실질적으로도 중요하지 않다.[44]

올바른 절차는 연립방정식을 사용하는 것이다. 상품 j의 단위 가격을 p_j라고 하고 상품 1을 기준상품으로 삼아 $p_1 = 1$이라고 하자. 나아가서, b_i / h를 b'_i라고 하자. 그러면 b'_i는 노동자가 한 시간의 노동 대가로 받는 상품 i의 양을 나타낸다. 그러면 다음 방정식으로부터 이윤율과 상대가격을 도출할 수 있다.

---

43) *Capital III*, pp. 155ff.

44) Morishima, *Marx's Economics*, pp. 60, 77.

$$\{a_{0j}(b'_i + b'_2p_2 + \cdots + b'_np_n) + a_{1j} + a_{2j}p_2 + \cdots + a_{nj}p_n\}(1+r) = p_j;$$
$$j = 1,\ 2, \cdots,\ n \quad (4)$$

좌변의 큰 괄호 안의 첫 번째 괄호는 노동자가 노동을 제공하여 받은 상품 비용으로서의, 한 시간 노동에 대한 화폐임금을 나타낸다. 큰 괄호 전체는 생산된 재화 한 단위당 자본가에게 지급된 총 지출액을 나타낸다. 이를 바탕으로 이윤이 계산된다. 지출액과 그에 따르는 평균이윤율을 더한 것이 판매가격과 같아야 한다는 것이 균형조건이다. 이 식으로 계산하면 마르크스가 제시한 절차와 다른 결과가 나온다.[45]

해석상 좀더 근본적인 문제를 살펴보자. 노동가치설과 관련 있는 가격형성 이론은 네 가지가 있다.

1. **국지적 항등 해석.** 가격은 가치에 비례한다.
2. **전역적 항등 해석.**
   (a) 모든 가격의 합은 모든 가치의 합과 같다.
   (b) 잉여가치의 총합은 이윤의 총합과 같다.

---

45) 2개 부문 예에서 $a_{01} = 1$, $a_{11} = 1/2$, $a_{21} = 0$, $a_{02} = 1$, $a_{12} = 1/4$, $a_{22} = 0$, $b_1 = 0$, $b_2 = 1/3$이라고 하자. 마르크스의 방법에 따라, 위 (1) 식에 대응하는 방정식에 의해 값을 찾는다. 즉 $1 + x_1/2 = x_1$과 $1 + x_1/4 = x_2$, 그러므로 $x_1 = 2$, $x_2 = 3/2$. 그 다음 각 상품의 산출량 한 단위를 얻는 규모로 두 공정을 운영한다고 가정한다. 그래서 이 경제에서 창출된 가치의 총량은 2이다. 가변자본의 총 가치는 소비상품(재화 2)의 2/3 단위의 가치, 즉 1과 같다. 따라서 잉여는 1이고, 평균이윤율 $r = 1/\{1 + (\frac{1}{2} + \frac{1}{4})2\} = 0.4$이다. 재화 1 한 단위의 가격은 투입물$(\frac{1}{3} \times \frac{3}{2} + \frac{1}{2} \times 2)$에 1.4를 곱한 값, 즉 2.1이다. 마찬가지로 재화 2 한 단위의 가치는 $(\frac{1}{3} \times \frac{3}{2} + \frac{1}{4} \times 2) \times 1.4 = 1.4$이다. 상품 1을 기준상품으로 삼으면 $p_2 \approx 0.67$이 된다. 정확한 절차는 (4)에 대응하는 방정식에서 출발한다. $[p_2/3 + \frac{1}{2}](1+r) = 1$, $[p_2/3 + \frac{1}{4}](1+r) = p_2$이고, 대략 $r = 0.39$, $p_2 = 0.65$이다.

3. 헤겔의 해석.

(a) 가치는 가격과 독립적으로 정해질 수 있다. 그러나

(b) 가격은 가치와 독립적으로 정해질 수 없다.

4. **리카도의 해석.** 가격은 최종수요의 구성과 독립적이다.

마르크스의 원문을 보면 이 네 가지 해석이 모두 가능하다. 앞에서 말한 것처럼, 국지적 항등은 《자본론 I》에서 논의의 편의를 위한 단순화로서 주장되었는데, 모든 부문에서 자본의 유기적 구성이 똑같을 때, 또는 잉여가치가 0일 때('단순 상품생산')에만 타당하다는 것만 알아두면 될 것이다. 전역적 해석의 두 가지 견해는, 이를 옹호하려는 다양한 시도들이 있지만,[46] 혼란스럽고 하찮은 주장들[47]이므로 무시해도 좋다.

마르크스에게서 (3a), (3b)와 같이 아주 특수한 견해는 발견되지 않지만, 후일의 마르크스주의자들은 전통적으로 그런 견해를 취해왔다. 마르크스가 가치로부터 가격을 잘못 도출하기는 했지만, 제대로만 했다면, 가격이 가치로부터 도출될 수 있다는 것을 보여줄 수도 있었다. 그러나 가격이 이 과정을 거쳐서만 얻어질 수 있다는 것을 보여줄 수는 없었다. 후일의 마르크스주의자들은 가치로부터 가격을 유도하였는데, 이들의 논증이 공식적으로는 옳지만, (3b)를 증명하는 데에는 쓸모가 없다.[48]

---

46) 예컨대 Morishima, *Marx's Economics*, ch. 7 또는 Lipietz, "The so-called 'transformation problem' revisited"가 있다. 모리시마의 증명은 아주 제한적인 가정을 전제로 한다. 이것은 마르크스가 말한 것과도 별로 관계가 없고, 현실과도 별로 관계가 없다. 리피츠는 실질임금률이나 화폐임금률이 아니라 착취율을 주어진 것으로 취급하는데, 이것은 미시적 기초의 필요성을 완전히 무시한 것이다.

47) Steedman, *Marx after Sraffa*, p. 61.

48) 그래서 Sweezy, *The Theory of Capitalist Development*, pp. 116ff는 기술적 계수로부터 가치를 도출하고 이후 가치가 계수로 나타나는 방정식 체계에서 가격/가치 비율을 미지수로 사용한다. 멋진 솜씨이지만 실질적인 의미는 없다.

위에서 말한 올바른 절차는 가격을 직접 기술계수로부터 도출할 수 있다는 것을 분명히 보여준다. 따라서 헤겔의 해석의 둘째 부분은 오류이다.

다음으로 헤겔의 해석 첫째 부분 (3a)를 살펴보자. 고정생산계수 가정하에서는 식 (1)에서처럼 가치가 가격과 독립적으로 결정될 수 있다. 그러나 그 가정은 매우 의심스러운 것이며, 사실상 마르크스는 이 가정을 일관되게 유지하지도 않았다. 일단 기술선택을 인정하면, 선택은 현행 가격에서 비용을 비교함으로써 이루어진다. 따라서 가격과 기술은 노동가치에 앞서서 연립적으로 정해져야 한다.[49] 그러면 마르크스와 마르크스주의자들은 왜 고정계수 가정에 집착했을까? 여기에는 두 가지 이론적 압력이 있었다고 볼 수 있다. 첫째, 그 가정은 주관적인 사업가적 선택 (1. 2. 1)에 반대되는, 구조적 제약의 역할을 강조한다. 헤겔의 해석을 받아들인 이유는 여기에 있다. 하지만 이런 해석은 시시하기 짝이 없다. 가치에 의존하는 것이 아무것도 없는 상태에서, 가치가 가격에 의존하지 않는다는 것을 보여줌으로써 무엇이 증명되었는지 도저히 알 수가 없다.

마르크스는 리카도의 노동가치설에 대해 이렇게 논평한다.

> 생산에 소요되는 노동시간의 증가 혹은 감소는 생산가격을 상승 혹은 하락시킴으로써 가격의 움직임은 가치법칙의 지배를 받는다. 리카도가(그는 그가 말하는 생산가격이 상품의 가치와는 다르다는 것을 잘 알고 있었다) "독자가 주목해주길 바라는 문제는 상품의 절대가치가 아니라 상대가치의 변동의 효과에 관한 것"이라고 말한 것도 바로 이런 의미에서이다.[50]

위의 첫 문장에서 마르크스는 노동가치 변화가 가격 변화의 충분조건이

---

49) 동일한 결론에 대한 더욱 강력한 주장은 Roemer, *A General Theory*, ch. 5에서 제시된다.

50) *Capital III*, p. 179.

라고 말하는데, 동시에 필요조건이기도 하다는 것이 마르크스의 주장이라고 나는 생각한다. 이러한 주장은 다음과 같은, 흔히 들을 수 있는 반론에 부딪힌다. 수요가 증가하는 상품은 가격이 오르고, 수요가 감소하면 가격이 떨어지는 것이 명백하지 않은가? 그러나 이것은 완전히 논점을 벗어난 반론이다. 마르크스는 리카도를 따라 단기가격과 장기가격(또는 균형가격)을 구분했다. 수요가 증가하여 소비자들이 현행 가격에서 생산된 것보다 더 많은 재화를 원하면 가격은 올라가고 그것을 생산하는 부문의 이윤율도 올라간다. 이윤율이 높아지면 다른 상품을 생산하던 자본가들도 그 상품을 생산하기 시작하고, 이 부분의 이윤율이 다른 부문의 이윤율과 같아질 때까지 자본이 유입되고, 시장이 다시 균형에 이르면서 재화의 가격은 수요가 이동하기 이전과 같아진다. 이것이 바로 리카도의 해석에 따른 노동가치설이다.

처음에 제기된 반론에 대해 성공적인 반박을 했다고 하더라도, 또 다른 문제가 발생한다. 즉 노동 계급의 소비를 통해 수요가 다른 지점에서 그 체계에 들어가기 때문에 리카도의 견해는 실패한다.[51] 이윤율과 가격이 도출되었던 방정식 (4)에서, 소비계수 b_i는 미지의 가격변수의 계수로 나타난다. 따라서 수요의 이동은 리카도의 견해와는 반대로, 그 체계의 해에 영향을 줄 것이다. 그 견해는 사실상 노동자가 소비상품에 의해 생산되는 것이 아니라 화폐임금을 받는다는 가정 — 마르크스의 일반 절차와는 반대로 — 을 할 때에만 유효하다. 방정식 (4)에서 좌변의 큰 괄호 안에 있는 첫 괄호가 외생적으로 주어진 임금률 w로 대체된다면, 최종수요의 구성은 균형가격에 영향을 줄 수 없다. 이것은 기술 선택이 존재할 때에도 성립한다. 노동이 유일한 희소 재화(즉 생산될 수 없는 재화)

51) 따라서 가격은 자본가의 소비의 변화로부터 나오는 수요의 변동에 의해 영향을 받지는 않는다. 그렇다고 해서 리카도 식 해석이 정당화되는 것은 아니다.

일 때, 투입물 구성 선택은 수요와 독립적이다.52) (그러나 희소한 생산요소가 여러 가지일 때, 즉 토지와 노동 등이 모두 희소할 때에는 수요가 가격에 영향을 줄 것이라는 점에 주목해야 한다.)53)

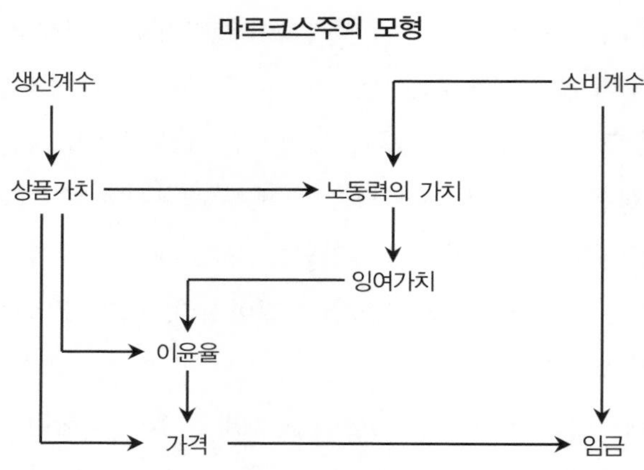

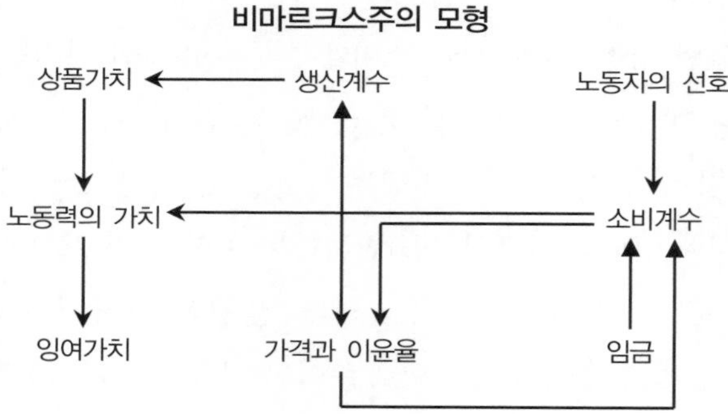

〈그림 1〉 가격과 이윤율에 관한 마르크스주의 모형과 비마르크스주의 모형

52) "비대체정리"에 대해서는 예를 들어 von Weizsäcker, *Steady-State Capital Theory*, p. 11 참조.

53) *Ibid.*, p. 12.

1.1.2에서 말한 바와 같이, 마르크스는 일반적으로 화폐소득보다는 노동자의 소비집합을 주어진 것으로 받아들였다. (마르크스 자신도 이것이 자본주의적 생산양식의 특성이 될 수 없다는 점을 분명히 알고는 있었다.) 이러한 전제에서 '노동력의 가치'라는 개념이 나온 것이다. 그러나 노동자들이 자신의 임금으로 서로 다른 소비집합을 선택할 수 있는 경우, 그 개념은 쓸모가 없어진다. 서로 다른 소비집합이란 가격은 동일하다 하더라도 그 속에 들어 있는 가치는 서로 다른 경우를 말한다. 가격은 일반적으로 가치에 비례하지 않기 때문에 이런 일이 생길 수 있다. 다른 한편, 이러한 절차로 인해 그는 리카도식 노동가치설의 확고한 기초를 확보하지 못했다.

〈그림 1〉은 마르크스주의적 견해와 표준적 견해 또는 비마르크스주의적 견해의 차이점을 요약하여 보여준다. 여기에서 화살표는 설명 우선순위이고 양방향 화살표는 설명의 동시성을 나타낸다. 가격과 이윤율을 유도하는 데 가치는 필요하지 않다. 가치는 부속물(*appendix*) 일 뿐이고, 막창자꼬리처럼 거의 쓸모가 없다.[54] 3.2.1에서, 노동가치의 개념이 비록 잘 정의되었다고 하더라도(그렇게 되지도 않았지만) 아무짝에도 쓸모없다고 말한 이유가 여기에 있다.

3.2.3. 두 개의 선험적 주장

가격과 이윤을 '설명'한다는 말은 여러 가지를 의미할 수 있다. 첫째, 그 두 변수의 정확한 수량을 결정할 수 있는 공식이 제시될 수 있다. 앞에서 본 바와 같이 노동가치는 이런 종류의 설명은 하지 못한다. 둘째, 가

---

54) 〔옮긴이주〕 'appendix'는 '부속물'을 의미하기도 하고 '막창자꼬리'를 의미하기도 한다.

격과 이윤이 도대체 어떻게 가능한가 하는 보다 근본적인 질문에 대한 대답의 형태를 띨 수도 있다. 그러한 질문은, 노직(Robert Nozick)이 지적한 바와 같이,[55] '칸트 형' 질문으로 보통 선험적 논증으로 여겨진다. 이러한 논증은 사실로서 주어진 것으로부터 출발하여, 그것이 가능하기 위한 조건을 추론하기 위해 거슬러 올라간다. 노동가치설이 양적인 크기를 결정하는 데 쓸모없다면, 이 질적인 질문에는 명쾌한 해답을 제시하고 있는가?

《자본론 I》의 앞부분에서 마르크스는 다음과 같은 두 가지 일반적인 주장을 제시한다. 첫 번째 주장은 교환이라는 사실로 시작하고, 노동을 교환이 가능한 조건으로 추론한다.

> 2개의 상품, 예를 들어 옥수수와 철의 경우를 생각해보자. 그것들의 교환비율이 어떠하든 간에 항상 일정한 양의 옥수수와 일정한 양의 철이 등치관계에 있다는 등식, 즉 1쿼터의 옥수수 = x 파운드의 철로 나타낼 수 있다. 이 등식은 무엇을 말해주는가? 이것은 두 개의 서로 다른 물적 존재, 곧 1쿼터의 옥수수와 x 파운드의 철 속에는 양자에 공통된 어떤 것이 같은 크기로 들어 있음을 뜻하는 것이다. 따라서 양자는 어떤 제 3의 것과 동등한데, 이 제 3의 것은 그 자체로서는 전자도 후자도 아닌 것이다. 그러므로 양자는 어느 것이든 그것이 교환가치인 한 이 제 3의 것으로 환원될 수 있어야 한다. … 이 공통의 '어떤 것'은 상품의 기하학적·물리적·화학적 또는 다른 어떤 자연적인 속성일 수가 없다. 상품의 물리적 속성은 일반적으로 상품을 유용하게 하고, 또 그리하여 사용가치를 갖게 하는 경우에만 고려되는 것이다. 그러나 다른 한편 여러 상품의 교환관계는 그 상품들의 사용가치를 추상함으로써 그것이 충분히 존재하기만 하면 그 밖의 다른 사용가치와 완전히 동등하게 인정된다. … 상품은 사용가치란 면에서는 질적으로 다르지만, 교환가치란 면에서는 오로지 양적으로만 다를 뿐이며, 따라서 사용가치를 조금도

55) Nozick, *Anarchy, State and Utopia*, pp. 261~262.

포함하지 않는다. 이제 상품의 사용가치를 문제 삼지 않는다면 상품에 남는 것은 하나의 공통 속성, 곧 노동생산물이라는 속성뿐이다.[56]

이 유명한 구절은 두 단계로 나눌 수 있다. ① 교환이 가능하려면, 교환되는 재화가 어떤 공통 요소를 가지고 있어야 한다. ② 이 공통 요소는 인간의 노동생산물이라는 속성일 수밖에 없다. 첫 번째 진술은 아주 모호하다. 이 구절의 시작 부분에서 마르크스는 각 상품 "속에 존재해야 하는" 공통 요소에 대해 언급한다. 그러나 끝에 가서는 "공통 속성"을 지녀야 한다고 말하는데, "공통 속성"은 관계적으로 잘 정의될 수 있는 개념이다. 노동생산물이라는 성질은 사실상 인간의 필요를 충족시키는 성질과 마찬가지로 관계적 속성이다. 노동생산물이라는 말이 인간의 욕구를 충족시키는 성질을 가지고 있다는 뜻이라면 첫 번째 진술은 옳다고 할 수 있다. 두 개의 재화가 일정한 비율로 규칙적으로 교환된다면, 이것은 그 상품들이 어떤 특성(아마도 관계적 특성)을 지니기 있기 때문임에 틀림없다. 반면에 두 번째 진술은 틀린 말이다. 첫째, 노동이 반드시 모든 상품의 구성요소인 것은 아니다. 둘째, 사실상 교환을 설명하는 다른 공통의 특성이 있을 수 있다.

첫 번째 반론과 관련하여, 아주 잘 훈련된 원숭이가 운영하는 경제에서도 잘 정의된 상대가격과 잘 정의된 이윤율이 존재할 수 있다. 노동이 없어도 말이다. 폰 노이만의 성장 모형도 사실상 이와 같은 것이다.[57] 좀더 구체적으로 완전히 자동화된 경제를 생각해보자. 이 경제는 자본가 계급과 월급이 형편없는 군인 계급으로 구성되어 있다고 하자. 재화는

---

56) *Capital I*, p. 37.

57) Kemeny, Snell and Thompson, *Introduction to Finite Mathematics*, pp. 434ff에 이 모형에 대한 자세한 설명이 있다. 닭과 달걀의 예에서 노동은 투입물로 등장하지 않지만, 여전히 상대가격과 이윤율(즉 성장률)은 잘 정의된다.

기업과 기업 사이에, 그리고 기업과 소비자 사이에 개념적으로 잘 정의된 가격에 따라 이전될 것이다. 그러나 재화 생산에 노동이 들어가지는 않는다. 사회적 갈등은 존재할지 몰라도 착취는 없을 것이다. 이러한 경제가 성립하기 위해서는 그 전에 인간 노동이 투입되어 있어야 한다는 반론을 펼칠 수도 있다. 그러나 '노동생산물'이라는 말을 역사적 의미로 확장하여 사용하지 않는 한, 그런 반론은 내 주장의 핵심과는 관계가 없다. 나는 마르크스가 '노동생산물'이라는 말을 그런 의미로 사용하지는 않았다고 생각한다.

두 번째 반론과 관련하여, '모든 재화의 공통 특성'이 될 수 있는 후보들이 여러 개 있다. 모든 실제 경제에는 스라파(Sraffa)가 말한 "기본 상품들"이 있다. 이것은 다른 모든 것을 생산하는 데 직접 또는 간접으로 투입되는 상품을 말한다. 그러나 에너지를 제외하면, 이것들은 그 지위에 오를 자격이 없다. 왜냐하면 위에서 노동과 관련하여 제기된 똑같은 반론에 부딪히기 때문이다. 즉 실제 경제에서는 그런 상품이 있다 하더라도, 모든 가능한 경제에서 반드시 있어야 한다고 주장할 수는 없다는 것이다. 문제의 핵심에 다가가 생각해보면, 공통의 '어떤 것'이 인간의 욕구를 충족시키는 성질, 효용, 혹은 사용가치일 수도 있다. 마르크스는 "상품의 교환은 사용가치가 완전히 추상된 상태에서 이루어지는 행위임이 명백하다"고 하면서, 다른 곳에서는 "상품에 투여된 노동은 다른 사람들에게 유용한 형태로 투여된 경우에 한하여 의미가 있다"[58] 고 주장했는데, 이 두 가지 주장은 양립하기 어렵다. 후자의 진술은 효용을 모든 재화의 공통 특성으로 뽑아낸 이유를 제시하는 것으로 보인다.

이에 대해 다음과 같이 수정된 견해를 제시하여 마르크스의 입장을 변호할 수도 있다. '재화가 교환될 때 그 재화들의 공통점은 **유용한** 노동생

58) *Capital I*, p. 85.

산물이라는 복합적인 성질이다.' 이 견해에 따르면, 노동은 선험적 조건의 전부가 아니라 일부가 된다. 그러나 이런 견해에도 여전히 문제는 있다. 그 두 가지 속성을 가진 재화가 바로 그 두 가지 속성으로 인해 교환되는가 하는 것이다. 위의 첫 번째 반론에서 말한 것처럼 노동생산물이 아닌 재화도 효용만 있으면 일정한 비율로 교환될 수 있다. 여기에서 효용이란 욕구를 충족시키기 위한 물품의 생산에 도움이 되는 것까지 포함하는 일반적인 의미를 지닌다. 사실상 재화는 유용성 외에 희소성도 가지고 있다. 그러나 인간의 노동생산물이 아니면서도 유용성과 희소성을 다 가진 재화가 존재할 수 있다. 재화의 희소성은 천연자원의 희소성 때문일 수도 있다. 따라서 이렇게 말할 수는 있다. 유용한 노동생산물이라는 속성을 지닌 재화는 유용성과 희소성으로 인해 교환된다고 말이다. 그러나 유용한 노동생산물이라는 복합적인 속성은 교환의 충분조건이기는 하지만 필요조건은 아니다.

또 하나의 선험적 주장은 1. 5. 1에 간단하게 논의되었다. 잉여가치와 착취로 인해 이윤이 가능하다는 주장 말이다. 모리시마는 착취율이 플러스일 때에만, 오직 그때에만 이윤율이 플러스가 될 수 있다는 것을 마르크스 경제학의 '기본정리'로 증명하였다.[59] 그러나 일반적인 상관관계가 인과관계의 존재를 보여주지 못하는 것처럼, 이러한 등치관계가 착취로 인해 이윤이 가능하다는 것을 증명하지는 않는다. 사실상 강철이나 기타 어떤 기본 상품에 대해서도 그와 유사한 '기본정리'를 얻을 수 있다.[60] 이러한 정리가 말해주는 것은 인간이 원재료와 에너지라는 인간 외부에 있는 자원들을 이용하기 때문에 이윤과 이자와 경제성장이 가능하다는 것

59) Morishima, *Marx's Economics*, ch. 5. 모리시마는 이러한 견해를 "Marx in the light of modern economic theory"에서 일반화시켰다. 한층 진전된 일반화는 Roemer, *Analytical Foundations*, ch. 2. 4 참조.

60) Roemer, *A general Theory*, Appendix to ch. 7.

이다. 전적으로 재생에만 의존하는 경제는 성장률이 마이너스가 될 것이다. 이것은 열역학 제 2법칙으로 증명할 수 있다.[61] 사실상, 어떤 주어진 경제 상태에서도 이윤의 여지를 남기지 않는, 노동자의 소비 수준을 생각할 수 있다. 그러나 노동자의 소비 수준이 어떠하건 이윤율이 플러스가 되는 경제 상태, 특히 기술 상태를 생각할 수 있다.[62] 결국 같은 말이기는 하지만, 이윤이 가능한 이유는 노동자가 순생산물 전체를 다 소비하지 않기 때문이다. 남는 것이 있어야 착취가 가능하다. 그러나 그렇다고 해서 이것이 노동자가 무에서 유를 창조하는 신비한 능력을 가지고 있다는 증명이 되지는 않는다. 요컨대, 인간은 환경을 이용하는 능력을 가지고 있기 때문에 주어진 소비 수준을 넘어서는 잉여가 생길 수 있다. 이 잉여를 노동자가 소비할 것인가, 자본가가 소비할 것인가, 아니면 자본가가 투자에 사용해야 할 것인가 하는 것은 '이윤의 궁극적 원천'이라는 문제와는 관련 없는 질문이다.

3. 3. 축적과 기술변혁

위에서 논의한 문제들은 정태적 경제, 즉 변하지 않는 경제를 전제로 한 것이다. 사실상 잉여가 있지만, 이는 전부 다 자본가들이 소비하는 것으로 가정하였다. 이제 동태적 경제로 나아가보자. 먼저 확대재생산 또는 고정기술 기반에서의 양적 균형성장에 대해 논의한다(3. 3. 1). 그런 다음 자본주의하에서의 기술변혁의 원인, 성질, 결과에 대해 살펴보겠다(3. 3. 2). 이 논의는 3. 4. 2에 계속된다.

---

61) Georgescu-Roegen, *The Entropy Law and the Economic Process*.

62) 사실상 이것은 $E = Mc^2$과 다른 제약조건들에 의해 제약될 수 있다. 그러나 이러한 제약 내에서 경제가 잘 운영될 수 있다고 가정하자.

3.3.1. 단순재생산과 확대재생산

균형개념은 보통 생각하는 경제 이론의 핵심이다.[63] 3. 2. 2에서 균형가격이 두 개의 균형조건으로부터 도출된다는 것을 보았다. 두 개의 균형조건은 ① 이윤율은 모든 부문에서 같아야 한다, ② 어떤 부문에서든 지출과 이윤의 합은 소득과 같아야 한다는 것이다. 그러나 여기에서 각 부문의 상대적 규모는 미결정 상태에 있다. 그러므로 가격균형과 구별되는 실물균형을 얻으려면 별도의 주장이 필요하다. 《자본론 II》에서 마르크스는 케네(Quesnay)를 따라 실물균형을 탐구하는 선구자가 되었다. 그는 순투자가 일어나지 않는 단순재생산과 잉여의 일부가 고정기술을 기반으로 재투자되는 확대재생산을 구분했다. 《자본론 II》는 지루하기 짝이 없는 저작이기는 하지만, 실물균형에 대한 분석은 기술적인 결함에도 불구하고 놀랄 만큼 독창적이다.

실물 재생산에 대해 논의하기 위해 마르크스의 2부문 모형을 사용한다. 부문 I은 자본재 부문이고, 부문 II는 노동자와 자본가를 위한 소비재를 생산한다. 그 부문의 산출물을 가치에 따라 분해하면 $C_1 + V_1 + S_1$과 $C_2 + V_2 + S_2$이다. 고정자본이 생산공정에서 완전히 소진된다고 가정하고 있으므로, 부문 I의 산출물은 균형에서 양 부문에 고용된 고정자본과 정확하게 같아야 한다. 즉 $C_1 + V_1 + S_1 = C_1 + C_2$이다. 또한 부문 II의 산출물은 균형에서 (가변자본에 해당하는) 노동자의 소비와 (순투자가 없으므로 잉여에 대응하는) 자본가의 소비에 정확하게 충당되어야 한다. 즉 $C_2 + V_2 + S_2 = V_1 + V_2 + S_1 + S_2$이다. 둘 다 같은 $C_2 = V_1 + S_1$의 공식으로 축약될 수 있다. 즉 단순재생산에 대한 실물균형은 소비 부문에 사용된

63) 주요한 예외는 Nelson and Winter, *An Evolutionary Theory of Economic Change* 참조.

고정자본의 가치가 자본부문의 부가가치와 같다는 것이다. 물론 이것은 균형을 얻기 위한 충분조건은 아니다. 고도의 총계수준에서 공식을 만든 것이기 때문에 낮은 단계에서는 불균형이 존재할 여지가 많이 있다. 또한 가치 대신 가격을 총계치로 사용해도 유사한 공식들을 얻을 수 있다.

잉여의 일부가 재투자될 때 어떠한 일이 일어나는지 생각해보자. 마르크스가 가치의 자기확장을 유도한 변증법적 주장에 대해서는 1.5.1에서 제기한 반론을 여기서 되풀이하지 않겠다. 일단 순투자가 일어난다고 가정하자. 그런데 마르크스가 이 경우를 다룬 방법은 아주 이상하다.[64] 그는 우선 부문 I에서 창출된 잉여가치의 일정 비율이 재투자된다고 가정한 다음, 부문 II의 잉여에 대해서는 균형성장을 허용하는 양을 찾아낸다. 따라서 두 부문에 재투자되는 잉여의 비율은 서로 다르다. 이것 자체에 대해 반론을 제기할 수는 없다. 두 부문의 자본가들이 동일 비율의 잉여를 투자하게 만드는 메커니즘은 존재하지 않는다. 잉여는 가치의 양이며, 따라서 관찰할 수도 없다.[65] 반론이 가능한 부분은 두 부문에서 저축 행위 사이에 어떠한 연결고리도 없다는 점이다. 제대로 된 가정은 이윤으로부터의 저축률이 동일하다는 가정이다. 그러나 이런 가정을 사용하면 필연적으로 가치의 세계로부터 이탈하게 된다. 성장하는 경제의 '균형 경로'를 찾는 동태적 연구에서도 가치계산은 쓸모없을 뿐만 아니라 오히려 방해가 된다.

64) *Capital II*, p. 512.

65) Tsuru, "Keynes versus Marx", p. 185; Bronfenbrenner, "*Das Kapital* for modern man", (더 모호하게는) Blaug, *Economic Theory in Retrospect*, p. 263. 모두 잉여가치로부터 저축률은 두 부문에서 똑같다고 가정한다. 올바른 설명은 Morishima, *Marx's Economics*, ch. 12 참조. 여기에 들어 있는 오류는 마르크스가 가치로부터 가격을 도출하면서 저지른 오류와 같다. 즉 노동가치가 행위주체에게 행위적 중요성을 지닌다고 가정한다.

3.3.2. 기술변혁

더 흥미 있는 문제로 눈을 돌려보자. 역설적으로, 마르크스는 기술변혁이 모든 세계 역사에서 중심적 사실이고, 또한 자본주의의 독특한 특징이라고 생각했다. 5.1.1에서 이러한 이율배반에 대해 자세히 살피고, 그것이 해결될 수 있는지에 대해 논의한다. 여기에서는 자본주의하에서의 기술변혁에 관한 이론에 대해서만 살펴보기로 한다.[66] 자본주의에서 기술변혁의 원인과 동기는 무엇인가? 어느 정도의 비율로 변혁이 발생하는가? 그 비율이 최적의 것인가, 아니면 자본주의에 그 혁신적 잠재력을 완전히 사용하지 못하도록 하는 장애물이 있는가? 기술변혁에 노동절약형 혹은 노동사용형 진보로 향하게 하는 어떤 일관된 경향이 있는가?

변혁을 유발하는 동기는 (변혁에서 파생되는 외부경제와는 구별되는 것으로서) 《자본론 I》의 상대적 잉여가치에 관한 장에 기술되어 있다. 우수한 신기술을 도입한 자본가는

> 그 상품의 개별적 가치 이상으로, 그러나 사회적 가치 이하로 상품을 판매할 수 있다. … 이렇게 증대된 잉여가치는 그가 가져간다. 그의 상품이 노동력의 일반적 가치를 결정하는 데 영향을 미치는 필요생활수단에 속하는지의 여부는 관계없다. 따라서 개별 자본가는 상품의 종류와 관계없이 노동생산성을 높여서 상품을 값싸게 만들려는 동기를 갖게 된다.[67]

1.3.2에서 지적한 것처럼, 마르크스는 이것을 '보이지 않는 손'의 예로 삼았다. 즉 이윤동기에 의한 개개인의 행동이 전체적으로 자본가 계급의 잉여가치를 창출한다는 것이다. 이윤극대화가 이러한 부산물을 낳을 수

---

66) 다음 내용은 졸저 *Explaining Technical Change*의 제7장에서 가져왔다.

67) *Capital I*, p.317.

있다는 것은 사실이다. 그러나 이윤극대화가 반드시 그것을 필요로 한다고 말할 수는 없다.[68] 두 부문 모형을 사용하여 이 문제를 살펴보자. 이 모형은 나중에 자본주의적 기술변혁의 하위최적 성격에 대해 논의할 때도 유용하게 사용될 것이다.

이 모형에서 자본재의 가격을 관행상 1로 놓는다. 소비재 단위로 측정한 실질 임금은 w이다. 이윤율은 r이고 소비재의 가격은 p이다. 그러면 방정식 (4)에 주어진 가격균형조건은 다음과 같은 형태가 된다.

$$\left.\begin{aligned}(a_{01} \times w \times p + a_{11})\,(1+r) &= 1\\(a_{02} \times w \times p + a_{12})\,(1+r) &= p\end{aligned}\right\} \quad (5)$$

이 방정식들로부터 w의 양함수로서 r을 얻을 수 있다. w를 가로축에 표시하고 r을 세로축에 표시한 좌표평면에서 이 함수는 우하향 그래프를 갖는다. 〈그림 2〉에 그러한 곡선 2개를 그렸다(단순화를 위해 직선으로 그렸다).[69] I과 II는 서로 다른 기술수준에서의 생산계수의 집합을 나타낸다. 임금수준이 w_0 이하인 경우, 기술 I은 가장 이윤을 많이 낼 수 있으며, 따라서 자본 이윤율을 극대화하려는 기업가에 의해 선택될 것이다. 임금수준이 w_0를 넘어설 경우에는 기술 II가 선호된다. 거리 OA(OB)는 기술 I(기술 II)이 사용될 때 근로자 일 인당 순생산으로 해석될 수 있다. 이윤이 없을 때에는 임금이 총생산물에 해당한다. 뒤에 나올 논의를 이해하기 위해, 단위 생산물의 노동성분은 기술 II가 사용될 때, 근로자 일 인당 더 많은 생산물을 허용하므로, 더 적을 수밖에 없다는 사실에 주목하라.

두 개의 가능성을 생각해보자. ① $o < w < w_0$이고 기술 II가 유일하게

---

68) 반 벤(Robert van Veen) 덕분에 이 문제에 관심을 기울이게 되었다.

69) 자본 논쟁에서 이러한 '직선가정'의 유의성에 대해서는 Harcourt, *Some Cambridge Controversies* 참조. 이러한 단순화 가정을 버리더라도 여기에서 논의하는 핵심적인 내용은 영향을 받지 않는다.

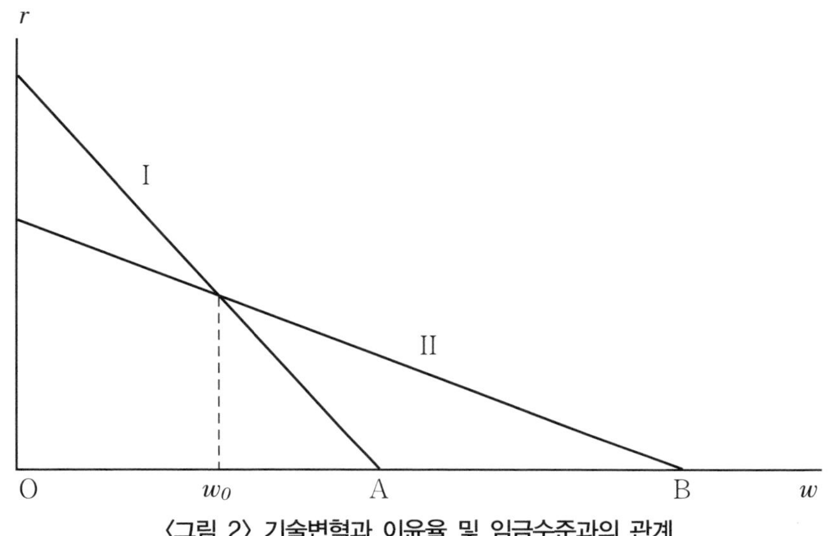

〈그림 2〉 기술변혁과 이윤율 및 임금수준과의 관계

알려진 기술이다. 기술 I이 도입되면, (주어진 임금수준에서) 이윤율이 더 높아질 것이므로 자본가는 곧 그 기술로 바꿀 것이다. 그러나 그렇게 되면 잉여가치율은 하락한다. 기술 II에서는 wB / Ow였는데, 이제 wA / Ow가 된다. ② $w_0 < w < A$이고 기술 I이 유일하게 알려진 기술이다. 기술 II가 도입되면 그것이 이윤극대화를 가져올 것이므로 선호될 것이고 잉여가치율의 증가를 가져올 것이다. 그러므로 이윤 동기에 따른 변혁이 잉여가치율의 증가를 가져온다는 것을 알 수 있다. 그러나 마르크스가 주장한 것과는 달리 반드시 그렇게 될 필요는 없다.

이 주장이 옳다는 것을 보여주기 위해 중요한 점 한 가지를 명확히 해둘 필요가 있다. 그림은 잉여가치율과 균형이윤율이 역비례 관계에 있을 가능성을 보여준다. 그러나 자본가의 관심은 균형이윤율, 즉 새로운 균형가격하에서 얻게 될 이윤이 아니라, 변혁 기술을 도입하기 이전의 균형가격하에서 신기술을 도입했을 때의 이윤에 있다. 물론 실질임금이 고정된 상태에서는 변혁 이전의 가격하에서 이윤을 남길 수 있는 모든 변혁은 변혁 이후의 가격에서도 여전히 이윤을 남길 수 있다.[70] 그러므로 앞 문단의 결론은 다음과 같이 수정되어야 한다. 즉 이윤동기에 따른 변혁은 균형이윤율의 상승을 가져오지만, 잉여가치율은 증가할 수도 있고, 그렇지 않을 수도 있다는 것이다. 좀더 구체적으로 말하면, ②의 경우는 기술변혁으로 생산물의 노동성분이 감소하면 잉여가치율이 이윤율과 함께 상승한다는 것을 보여주는데, 실제로 보통 이런 일이 발생한다.[71] 나중에 알게 되겠지만, 마르크스는 노동성분의 감소라는 성질이 기술변혁을 판단하는 데에 사회적으로 바람직한 기준이라고 생각했다. 또한 그는 기술변혁이 이익률을 결정하는 기준과는 다르다고 생각했다. 그러므로 그는 보이지 않는 손에 의해 이익률과 잉여가치의 창출이 일치하게 된다는 주장을 할 수 없었다.

이제 자본가가 기술변혁을 추구하는 동기에 대해 살펴보자. 자본가가 일관되게 이윤극대화를 추구한다고 가정할 경우, 그가 알고 있는 가능한 집합 내에서 최대한으로 기술변혁을 추구할 것이다. 마르크스는 가능한 집합의 결정인자들에 관해서는 거의 언급하지 않았다. 특히 그는 특허제도 도입에 의해 야기된, 경제적으로(기술적으로가 아니라) 이윤을 내는 발명들의 거대한 확장에 대해서는 아무런 언급도 하지 않았다.[72] 그러나 그는 자본가가 기술변혁을 추구하는 동기에 대해서는 앞에 인용한 일반

70) Okishio, "Technical change and the rate of profit"; Roemer, *Analytical Foundations*, ch. 4 참조.

71) Roemer, *Analytical Foundations*, ch. 4. 3.

72) 내가 아는 한 마르크스의 특허 제도에 대한 언급은 *Zur Kritik (1861~1863)*, p. 1682에 있다. 여기에서 그는 특허제도는 기술진보를 가속화하기보다는 지연시키는 효과가 있을 것이라고 말한다. 그러나 이것은 틀린 주장이다. 특허제도는 혁신의 확산을 지연시킴으로써 더 많은 혁신의 확산을 가져오기 때문이다. 마르크스가 생산력의 사용과 발전 사이의 이러한 정산관계를 알고 있었다는 증거는 없다(5. 1. 3에서 더 자세히 논의한다).

적인 진술에서 한 걸음 더 나아가 구체적으로 언급한다. 첫째는 기술변혁이 계급투쟁에 미치는 영향에 관한 것이고, 둘째는 변혁의 이윤극대화 기준의 하위최적 결과에 관한 것이다. 첫 번째 문제는 1. 2. 1에서 논의한 '극대화 대 만족화'의 문제와 연결되어 있다.

4. 1. 4에서 자세히 설명하겠지만, 임금은 부분적으로는 계급의식과 노동자의 투쟁성에 의해 정해진다. 그 다음에 공장 디자인, 노동자 집단의 기술, 그리고 작업공정에서의 협동의 형태와 같은 요소들의 영향을 받는다. 또한 이 모든 것들은 부분적으로 기술 선택에 의해 결정된다.[73] 그러므로 합리적이고 멀리 내다보는 자본가는 생산성과 임금에 미치는 영향을 고려하면서 최대한의 이윤율을 보장하는 기술이 어떤 것인지를 찾을 것이다.[74] 최근에 논의가 활발한[75] 이 개념은 《자본론 I》에 예고되어 있다.

> 그러나 기계가 임금노동자보다 우세한 경쟁자로서 끊임없이 노동자를 과잉으로 만드는 일만 하는 것이 아니다. 기계는 노동자에게 적대적인 힘으로서 자본가는 이러한 사실을 공개적으로 선언하고, 기계를 그렇게 이용한다. 기계는 파업을 진압하기 위한, 자본의 전제에 반항하는 노동자의 주기적인 반란을 진압하기 위한 가장 강력한 무기가 된다. 개스켈(Gaskell)에 따르면 증기기관은 처음부터 인력(人力)의 적수였다. 노동자들이 막 시작된 공장제도를 위기에 몰아넣으려 하자 자본가는 이를 통해 노동자들의 증가하는 요구를 굴복시켰다. 노동 계급의 반란을 진압하는 데 사용할 무기를 공급할

---

73) 기술과 노동 계급의 투쟁성 사이의 관계에 대한 공식적인 모형은 Roemer, *Analytical Foundations*, pp. 55ff 참조.

74) 합리성과 통찰력 외에 이 연결에서 발생하는 무임승차 문제를 극복하기 위해 다른 자본가와 연대하는 것도 고려해야 한다고 주장할 수도 있다.

75) Braverman, *Labor and Monopoly Capital* 및 Marglin, "What do bosses do?" 참조. 최근의 논의들은 *Monthly Review*(1976) 특별호, *Cambridge Journal of Economics*(1979), *Politics and Society*(1980) 참조.

> 목적으로 1830년대 이후 이루어진 발명만으로 한 권의 역사책을 쓸 수 있을 정도이다. 이 역사책의 첫머리에 뮬 방적기가 등장할 것이다. 자동체계의 새로운 시대를 열었기 때문이다.[76]

극대화의 관점에서 이것이 무엇을 의미하는지 살펴보자. 이윤을 극대화하려는 자본가는 모든 환경을 최대한 혁신하려 할 것이다. 일반적으로 기계효율이 증가하면 이윤도 증가하기 때문이다. 그러나 계급투쟁이 있기 때문에 기계효율의 증가가 반드시 이윤의 증가와 일치하지는 않으며, 따라서 자본가가 "혁신이 가능한 경계지점"까지 가지 않을 수도 있다.[77] 또는 계급투쟁으로 인해 자본가는 다른 종류의 혁신을 체계적으로 모색할 수도 있다. 이 혁신의 경계지점은 혁신 이전의 임금수준에서는 최적이 아닐 수도 있다. 그러나 계급투쟁은 계급투쟁이 없을 경우 자본가들이 할 수 있는 혁신 수준 이상으로 혁신을 하도록 만들지는 못한다.[78] 이것은 우리가 만족화 이론을 통해 보여주려고 한 것과 정확히 일치한다. 1. 2. 1[79]에서 살펴본 것처럼 마르크스도 "필요가 발명의 어머니"라고 말한 만큼, 위의 인용구절은 다음과 같이 해석할 수 있다. 즉 자본가는 노

76) *Capital I*, pp. 435~436. 또한 *The Poverty of Philosophy*, p. 207 참조. Moene, "Strike threats and the choice of production technique"은 기계가 오히려 파업을 초래했다고 주장한다. 기계가 도입된 상황에서 자본의 유휴상태가 발생하면 자본가의 손실이 더욱 커지기 때문이라는 것이다.

77) 이 개념에 대해서는 Kennedy, "Induced bias in innovation and the theory of distribution" 참조. 나는 이 주장을 받아들일 수 없지만(*Explaining Technical Change*, ch. 4), 이러한 종류의 개념은 신고전파에서 기술변혁을 설명하는 데 사용되고 있다. 이것이 그러한 접근법이 안고 있는 약점이다.

78) 이것은 혁신에 비용이 들지 않는다는 것을 가정하고 있다. 연구와 개발에 비용이 든다 하더라도, 노동자들에게 미치는 영향을 고려할 때 혁신의 기대가치는 음에서 양으로 바뀔 수 있다. (이것은 힐란드(Aanund Hylland)가 알려주었다.)

79) 〔옮긴이주〕 원문에 이렇게 되어 있으나 1. 2. 2의 착오로 보인다.

동자들 때문에 할 수 없이 기계를 도입하게 되었다는 것이다. 그게 아니라면 기계를 도입할 유인이 없다는 것이다. 이러한 견해는 정치적으로 매우 중요하다. 극대화 접근법에서는 계급투쟁은 생산력의 발전에 족쇄가 되지만, 만족화 접근법에 따르면 그것은 자본주의하에서의 기술혁신이 가속화되는 과정의 일부이다. 따라서 노동 계급은 공산주의의 기술적 기초를 형성하는 도구가 된다는 주장은 극대화 접근법보다는 만족화 접근법에서 더 잘 성립한다. 극대화 접근법에 따르면 이윤 동기는 노동자의 저항이나 국가의 규제와 같은 불리한 환경의 자극과 관계없이 항상 일정하게 존재하는, 거의 강제적인 힘이다. 그러나 텍스트를 놓고 볼 때 마르크스가 어느 쪽 견해를 가지고 있었는지는 확실하게 말하기 어렵다.

자본가가 극대화 행위자이건, 혹은 만족화 행위자이건 이윤을 추구한다는 사실에는 변함이 없다. 두 가지 기술이 주어진 경우 더 높은 이윤을 기대할 수 있는 기술을 선택할 것이다. 그 기술들이 어떻게 발전하게 되었는지는 관심 밖의 일이다. 마르크스는 이러한 선택기준이 사회적으로 하위최적이라고 주장했다. 사회적으로 바람직한 것은 생산물을 얻는 데 필요한 노동시간을 최소화하는 기술을 선택하는 것이다. 이 기준이 사회적으로 선호되는 이유는 '필요의 영역'을 줄이고, '자유의 영역'을 넓히기 때문이다(2. 2. 7). 그러나 자본주의에서 개별 자본가의 동기는 오로지 더 높은 이윤이다. 마르크스는 《요강》에서 이 두 가지 개념을 혼동하고 있다. 그는 이렇게 쓴다. 기계를 사용함으로써

> 주어진 물건을 생산하는 데 필요한 노동의 양은 최소한으로 줄어든다. 그러나 이것은 최대한의 수량에서 최대한의 노동을 실현하기 위한 것이다. 첫 번째 측면이 중요하다. 여기에서 자본은, 전혀 의도하지 않았지만, 인간의 노동, 즉 에너지의 지출을 최소한으로 줄여주기 때문이다. 이것은 노동이 해방되었을 때 도움이 될 것이며, 노동 해방의 조건이다.[80]

1861~1863년의 《비판》에서 그는 이 견해가 옳지 않다는 것을 알게 되었다. 그러나 그는 2. 4. 2에 인용된 텍스트에서 본 바와 같이 여전히 자본주의하의 기술진보는 문명의 발전을 위한 자유시간을 창출한다고 주장했다. 그는 이것이 이윤극대화에 따른 우연한 부산물이라고 주장했고, 또한 이로 인해 가능한 것보다는 작은 규모로 기술변혁이 일어난다고 주장했다.

> 여기서 다시 한 번 부르주아 생산의 한계를 깨닫고, 그것이 생산력의 발전에 가장 적합한 형태가 아니라는 것을 알게 된다. 오히려 그 둘은 어느 지점에서는 분명히 마찰을 일으키게 된다. 이러한 충돌의 한 측면은 계속되는 위기의 형태로 나타난다. 이러한 위기는 노동 계급의 한 부문에서 전통적인 직업이 쓸모없어진 것을 알아차릴 때 터진다. 그 바깥 한계는 노동자들의 잉여시간이다. 사회가 얻는 절대적인 잉여시간은 그들의 **관심사가 아니다**. 그러므로 **생산력의 발전**이 중요한 이유는 그것이 물질적 생산 일반에 필요한 노동시간을 줄여주기 때문이 아니라 근로자들의 잉여노동시간을 증가시키기 때문이다.[81]

《자본론 I》에서 마르크스는 자본가의 이윤은 "고용노동의 감소가 아니라 유급노동의 감소로부터" 나온다고 주장한다.[82] 제 2판에 추가된 각주에서 그는 다음과 같은 결론을 내린다. "그러므로 공산주의 사회에서는 부르주아 사회와는 다른 방식으로 기계를 사용하게 될 것이다." 노동극소화라는 관점에서 우수한 신기술이 이윤극대화라는 관점에서도 우수한 것은 아니다.

'실용적인' 또는 비용절약적인 기술혁신과 '진보적인' 또는 노동절약적

---

80) *Grundrisse*, p. 701.

81) *Zur Kritik (1861~1863)*, pp. 1670~1671.

82) *Capital I*, p. 393. 또한 *Capital III*, p. 262 참조.

인 기술혁신 사이의 관계에 대해서는 로머의 최근 저작에 상세히 나와 있다.[83] 핵심적인 내용은 앞의 〈그림 2〉를 통해 알 수 있다. 기술 II는 노동극소화 기준에서 우수하지만, 임금수준이 w_0 이하일 때에는 기술 I이 채택될 것이라는 점을 상기하라. 이 임금수준에서는 기술을 선택하는 사회적 기준과 개인적 기준이 서로 달라진다.

그러나 이러한 주장에는 중요한 단서가 하나 붙어야 한다.[84] 3.2.1에 있는 방정식 (2)로 돌아가보자. 이 방정식은 상품의 노동가치가 날짜가 다른 노동투입물의 무한수열의 합으로 표시될 수 있다는 것을 보여준다. 지적한 바와 같이, 이것은 주어진 기술에 대해 성립한다. 이제 무한수열로 계산될 수 있는 두 개의 기술이 존재한다고 가정하자. 노동극소화라는 단순한 기준에 따르며, 기술선택의 기준은 그 수열의 합이다. 그러나 그러한 선택이 사회적으로는 바람직하지 않은 상황도 발생한다. 경제의 성장을 위해서는 투입물의 시간적 분배도 고려해야 한다. 이 경우, 먼 과거의 노동은 가까운 과거의 노동보다 희소하기 때문에 가까운 과거의 노동을 더 많이 고용하고 먼 과거의 노동을 적게 고용하는 기술을 선택해야 한다.

이 주장은 정상상태 경제, 즉 고정된 기술 기초 위에서 확대재생산을 하는 경제 단계에서 명확하게 알 수 있다. 그러한 경제는

> 마치 많은 미래시기를 위한 소비재를 동시에 생산하는 것과 같다. 이 경제는 다가오는 시기에 이용할 소비재도 생산하고 그 다음 시기, 그리고 다음다음

---

83) Roemer, *Analytical Foundations*, ch. 4.

84) 아래 내용은 von Weizsäcker, *Steady-State Capital Theory*, part II. 3; Wolfstetter, "Surplus labour, synchronized labour costs and Marx's labour theory of value"; Roemer, *Analytical Foundations*, ch. 4. 4에서 가져왔다.

시기에 사용할 소비재도 생산한다. 즉 서로 다른 미래에 사용할 소비재 생산이 동시에 진행된다.[85)]

바이츠재커에 따르면, 체제의 성장률을 g라고 할 때, "정상상태 상황에서 오늘 소비재 i 한 단위를 추가로 공급하는 것은 내일 재화 i의 $(1+g)$ 단위를, 모레 동일 재화의 $(1+g)^2$ 단위를 … 등으로 추가 공급하는 것을 의미한다".[86)] 이러한 미래의 공급을 확실히 하기 위해서는 그에 상응하는 노동량이 오늘 배분되어야 한다. 오늘 한 단위의 재화를 생산하기 위해 과거의 n 시기 동안 필요했던 직접 노동투입을 a_n이라고 하면, 한 단위가 미래의 n 기간 동안 이용 가능하도록 만들기 위해서는 노동 a_n 단위를 오늘 배분해야 하고, 미래에 $(1+g)^n$이 이용 가능하도록 만들려면 $a_n(1+g)^n$ 단위의 노동을 오늘 배분해야 한다. 따라서 미래에 재화 공급이 정상적으로 증가하기 위해 오늘 배분되어야 하는 총노동량은 각 기간이 복리성장률로 가중된 노동투입물의 무한수열로 주어진다. 그 다음 기술을 선택할 때는 노동투입물의 단순합이 아니라 복리합을 비교해야 할 것이다. 성장률과 이윤율이 같으면, 이윤극대화 기준은 노동투입물의 복리합이 극소화되는 것과 동치가 될 것이다. 그러므로 이 경우에는 개인의 이윤추구가 사회적으로 바람직한 결과, 즉 고역(苦役)의 감소를 가져올 것이다. 사무엘슨은 이에 비추어볼 때 "마르크스의 가치 패러다임의 규범적 열등성"을 알 수 있다고 주장했다.[87)] 이에 대해 로머는 그러한 반론은 오직 축적 조건하에서만 성립할 수 있다고 반박한다. 이윤율을 극대화하는 기술이 반드시 합리적인 행위주체들에 의해 선택되는 것은 아

---

85) von Weizsäcker, *Steady-State Capital Theory*, p. 23.

86) *Ibid.*, p. 25.

87) Samuelson, "The normative and positivistic inferiority of Marx's values paradigm". "실증적 열등성"은 3. 2. 2에서 논의한 문제와 관련이 있다.

니기 때문에 두 기준이 서로 달라지는 상황이 존재한다는 것이다.[88] 그러나 사무엘슨의 반론은 사회적으로 바람직한 기술 선택과 관련하여 마르크스가 주장한 자본주의의 하위최적을 전제한다는 점을 인식해야 한다. 마르크스의 주장이 얼마나 정확한가 하는 것은 경험적인 문제이다.

자본주의 경제에서 혁신이 추구되는 동기에 대한 이러한 논의를 통해, 바람직하면서도 가능한 혁신이 신속히 진행되지 않는 두 가지 이유를 알 수 있다. 첫째, 현재의 임금수준에서 비용을 절감하는 혁신은 그것이 임금에 미치는 효과를 고려할 때에는 그렇지 않을 수도 있다. 둘째, 앞서 말한 중요한 단서 아래, 생산물에 투여되는 총 노동시간을 줄이는 혁신이 반드시 비용을 줄이는 혁신은 아니다. (두 개의 메커니즘은 상호작용할 수도 있다. 〈그림 2〉에서 w_0보다 높은 임금수준에서 노동절약형 기술 II를 채택할 경우, 임금을 w_0 이하로 낮출 수 있다면 기업은 기술 I을 채택할 것이다.) 또한 작업방식에 관한 '생산자의 선호'를 무시할 경우 너무 많은 혁신이 발생할 수도 있다.[89] 생산된 재화의 수량 증가로 얻게 될 추가 효용이 작업방식이 나빠서 잃게 될 효용보다 작을 경우, 기술적 효율성은 사회후생과 일치하지는 않는다. 5. 3. 1에서 자본주의하에서 기술혁신의 비최적률에 관한 몇 가지 문제들을 살펴볼 것이다.

기술변혁률에 관한 논의는 이 정도로 하고 그 방향에 대해, 그것이 노동절약적인지, 중립적인지, 자본절약적인지에 대해 살펴보기로 하자.

---

88) Roemer, "Choice of technique under capitalism, socialism and 'Nirvana'". 여기서 그는 자본이 소수 몇 사람의 손에 집중되어 있을 때의 기술 선택은 자본이 골고루 분포되어 있을 때와는 다를 수도 있다는 것을 보여준다. 이것은 개인들이 두 가지 경우 모두에 대해 동일한 선호 — 소비제약을 조건으로 가능한 한 적게 일하는 것과 더 일하지 않고서도 축적할 수 있을 때 축적하는 것 — 를 지니고 있을 때에도 성립한다.

89) 더 자세한 논의는 다음을 참조하라. Pagano, *Work and Welfare in Economic Theory*; Nove, *The Economics of Feasible Socialism*, pp. 199ff.

의심할 여지 없이 마르크스는 혁신이 노동절약적인 경향을 지니고 있고, 이러한 이유로 공공연하게 추구된다고 생각했다. 문제는 이러한 경향에 대해 그가 설명을 했는가 하는 것이다. 자본가들이 합리적 선택을 할 경우 그런 일이 발생한다고 설명하고 있는가? 많은 마르크스주의자들이 힉스(John Hicks)의 노동절약적 혁신 이론과 유사한 이론을 마르크스가 가지고 있었다고 주장해왔다. 이 견해에 따르면, 자본가들이 노동절약적 혁신을 체계적으로 추구하는 것은 노동력의 가격 상승에 대한 합리적인 반응이다.[90] 마르크스가 이러한 견해를 가지고 있었다고 볼 만한 구절이 딱 하나 있다.

> 1848년에서 1859년 사이에 영국의 농업 지방에서는 곡물 가격의 하락과 동시에 실제로는 보잘것없는 임금인상이 있었다. … 이것은 전쟁 수요 및 철도, 공장, 광산 등의 거대한 확장으로 인해 과잉 농업인구가 이례적으로 유출되었기 때문에 나타난 결과였다. … 농장주들은 어떻게 했는가? 이 대단한 임금이 아까워, 독단적인 경제학자들이 충고한 것처럼, 농업노동자들이 늘어나서 다시 임금이 하락할 때까지 기다렸던가? 그들은 더 많은 기계를 도입했고, 순식간에 노동자들은 농장주들이 만족스러워할 만큼 다시 과잉이 되었다. 이제 이전보다 '더 많은 자본'이 더욱 생산적인 형태로 농업에 투하되었다. 이리하여 노동에 대한 수요는 상대적으로 감소했을 뿐만 아니라 절대적으로도 감소했다.[91]

스위지는 이 구절을 인용하면서 다음과 같은 논평을 덧붙인다.

> 개별 자본가는 임금수준을 주어진 것으로 받아들이고 자신이 할 수 있는 최

90) Dobb, *Political Economy and Capitalism*, p. 125; Sweezy, *The Theory of Capitalist Development*, p. 88.

91) *Capital I*, p. 638.

> 선을 다하려고 한다. 그러므로 기계를 도입하는 이유는 임금 지출을 줄이기 위해서이다. 그러나 모든 자본가들이 이렇게 행동할 때 실업이 발생하고, 다음에 이것이 임금수준에 영향을 미치게 된다.[92]

이 '보이지 않는 손' 분석은 마르크스의 주장과 어긋나지는 않지만, 마르크스의 주장에서 한 걸음 더 나아간다. 게다가 스위지의 이 주장은 기계의 도입이 임금 상승에 대한 자본가 개개인의 합리적 반응이라는 것을 증명하지 못하고 있다. 임금 상승에 대한 합리적인 반응이 반드시 임금 절약 시도여야 할 이유가 없다.[93] 자본가가 임금이 미래에 계속 오를 것이라고 믿는다면, 노동을 절약하는 방향으로 혁신을 추구할 것이라는 견해가 있다.[94] 이 주장은, 사실이기는 하지만, 자본가가 그렇게 믿어야 할 합리적인 이유가 없다는 반론에 직면한다. 다른 자본가들이 자기보다 덜 합리적이고 노동을 절약하지 않는 경우에만, 그리고 오직 그때에만 임금이 상승할 것이다. 그러나 이것은 비합리적인 가정이다.[95]

어떤 경우든 나는 이것들이 마르크스가 혁신에 대해 노동절약적 관점을 갖게 된 근거라고 생각하지 않는다. 첫째, 《요강》에 힉스의 견해를 명시적으로 부정하는 구절이 있다. 더욱이 《요강》과 《자본론》에는 전혀 다른 설명이 나와 있다. 《요강》에서 마르크스는 레이번스톤을 다음과 같이 인용한다.

> 기계가 개인의 노동을 줄여주는 경우는 드물다. 기계의 사용으로 절약한 시간보다 더 많은 시간을 기계를 제작하면서 잃는다. 기계는 다수의 대중에게 영향을 미칠 때만, 즉 한 대의 기계가 수천 명의 노동을 지원할 수 있을 때에

---

92) Sweezy, *The Theory of Capitalist Development*, p. 88.

93) Salter, *Productivity and Technical Change*, pp. 43~44.

94) Fellner, "Two propositions in the theory of induced innovations".

95) 졸저 *Explaining Technical Change*, 제 4장 참조.

만 실제로 유용하다. 따라서 기계는 언제나 실업자가 많은, 인구 밀도가 높은 나라에서 가장 많이 사용된다. 기계가 사용되는 이유는 노동자가 부족하기 때문이 아니라 노동자들을 함께 작업시킬 수 있는 편리함 때문이다.[96]

몇 쪽 뒤에 그는 이러한 자신의 견해를 주장한다.

기계의 사용은 역사적으로 과잉인력을 전제로 한다(위의 레이번스톤 참조). 기계는 노동력 과잉이 존재하는 곳에서만 노동을 대체하기 위해 도입된다. … 노동력이 부족해서 이를 대체하기 위해서가 아니라 대량으로 존재하는 노동력을 필요한 정도로 감축하기 위해 도입된다.[97]

이 주장은 노동절약형 혁신이 많다는 주장과 양립한다. 노동절약적 기계의 도입을 노동의 부족과 연결시켜 설명하지 말라는 것이다. 마르크스 자신의 설명은, 분명한 표현을 사용하지는 않았지만, 기술적 진보는 그 성격상 노동절약적이라는 것이다. 《요강》에서는 심지어 이것이 동어반복이라고 주장한다.

노동생산력이 발전하면 노동의 객관적 조건들, 대상화된 노동이 상대적으로 산 노동에 비해 증가한다는 사실, 이것은 사실상 동어반복이다. 노동생산력이 증가했다는 말은 곧 더 많은 생산물을 창출하는 데 더 적은 직접적인 노동이 필요하다는 말이 아니고 무엇이겠는가? 또한 그러므로 사회적 부가 갈수록 노동 자체에 의해 창출된 노동 조건들로 표현된다는 것이 아니고 무엇이겠는가?[98]

---

96) *Grundrisse*, p. 690, *Capital I*, p. 430에도 인용되어 있다.
97) *Grundrisse*, p. 702.
98) *Ibid.*, p. 831.

《자본론 III》에 좀더 분명한 진술이 나와 있지만 여기에서 인용하기에는 너무 길다.[99] 다음과 같은 명제들로 나누어볼 수 있다. ① 경제성장은 일 인당 더 많은 산출물을 의미하거나 또는 그와 같은 말이다. ② 일 인당 더 많은 것이 생산된다면 각 노동자는 더 많은 원재료를 다룰 수 있어야 한다. ③ 더 많은 원재료를 다룰 수 있기 위해서 근로자는 더 많은 기계를 필요로 한다. ④ 고정자본은 주로 더 많은 원재료와 기계로 구성되어 있기 때문에 근로자 일 인당 자본의 양이 증가해야만 한다. 즉 기술진보는 본래 노동절약적이다. 전제 ②와 ③은 설득력이 있어 보이지만, 실제로는 그렇지 않다. 기술변혁을 협소한 관점에서 바라볼 때만 성립할 수 있는 주장이다. 기술혁신 중에는 폭약이나 무선과 같이 자본을 극적으로 줄여주는 혁신도 있다. 노동절약형 혁신이 다수를 이룬다는 마르크스의 주장은 타당하지 않으며, 결론은 틀릴 가능성이 아주 높다.[100]

기술변혁에 대한 이 논의는 주로 기술변혁의 의도된 결과와 관련된 것이다. 실제로 그런 결과가 나타난다면 그것은 우연이다. 특히 여기에서 혁신의 자본절약 혹은 노동절약의 개념은 혁신 이전의 균형 상태에서 고정자본의 가치(또는 가격)와 노동자의 수를 상대적으로 비교하는 **사전적**(事前的) 개념으로 사용되고 있다. 이것은 혁신의 동기를 논의할 때는 매우 적절한 개념이다. 3. 4. 2에서 사후적(事後的) 관점에 대해 살펴보고, 혁신 이전의 가치(또는 가격)에서의 노동절약형 혁신이 혁신 이후의 균형에서도 그러한지 논의한다.

99) *Capital III*, p. 212.

100) Blaug, "Technical change and Marxian economics".

3.4. 자본주의적 위기 이론

마르크스주의에서 가장 중심적인 문제는 자본주의가 스스로 붕괴되는 메커니즘이라는 것이다. 가장 일반적인 수준에서, 자본주의의 붕괴는 "생산력과 생산관계 사이의 모순" 때문에 발생한다(5.3.1). 그러나 마르크스는 그의 경제적 저작에서 이 생각에 많은 주의를 기울이지는 않았다. 아니, 자본주의적 위기에 대한 더 구체적인 자신의 견해의 일부가 일반 이론을 예시했다고 잘못 생각했다. 이러한 견해들 가운데 가장 잘 알려져 있고 가장 분명한 것은 이윤율 하락 이론이다(3.4.2). 기타 이런저런 다양한 이론들은 대체로 '불충분수요 이론'(3.4.3)으로 포괄될 수 있다. 이 이론들에 대해 자세히 살펴보기 전에 먼저 마르크스의 위기 이론이 가진 몇 가지 특징에 대해 언급하고자 한다.

3.4.1. 위기 이론의 구성요소

제1장과 3.1에서 언급한 방법론적 특징에 비추어볼 때, 또한 마르크스의 정치적 주장에서 위기 이론의 기능에 비추어볼 때, 자본주의적 위기는 다음과 같은 성질을 가지고 있는 것으로 보아야 한다. ① 위기는 **체제 내적인** 것이어야 한다. 외부적 충격에 의한 것도 아니요, 독점이나 기타 피할 수 있는 과실에 의해서 발생하는 것도 아니기 때문이다. ② **미시적인 기초**를 가지고 있어야 한다. 개별적인 행위주체들의 국지적 합리성이 총체적으로 불합리한 결과를 가져오기 때문이다.[101] ③ **불가역적인** 것이어야 한다. 자본주의 체제 내의 정치적 규제로 해결할 수 없는 문제

101) 엄밀하게 말해서 이것은 너무 많은 것을 요구하는 것이다. 방법론적 개체론은 개인의 동기에서 합리성을 요구하지 않는다(1.1). 그러나 여기에서 내가 요구하는 미시적 기초는 합리적 선택 설명을 말한다.

들이기 때문이다. ④ 자본주의를 폐기할 목적을 지닌 **정치적 행동의 동기**를 제공해야 한다. 이러한 조건들이 충족될 경우, 위기 이론은 경제 이론으로도 성립할 수 있고, 혁명적 행동에 관한 이론으로도 성립할 수 있다.

이러한 문제들에 관해 여기에서 논의할 내용의 요점은 다음과 같다. 다음 장에서 더 자세히 논의하겠지만, 생산력과 생산관계 사이의 모순이 혁명적 행동의 강력한 동기가 될 수는 없다. 기술변혁이 최적 이하일 경우에는, 비록 그 비율이 높고 심지어 증가하고 있다 하더라도, 혁명을 유발하기 어려울 것이다. 여러 종류의 수요위기(3. 4. 3)는 자본주의적 생산양식의 기초를 건드리지 않는 정치적 개혁을 통해 해결될 수 있다는 것이 분명하게 증명되었다. 이윤율 하락 이론은 불가역적인 기술진보와 관련이 있다는 점에서는 만족스럽지만, 미시적 기초를 결여하고 있다. '이윤율이 하락하는 경향'을 자본주의적 생산양식의 내재적 성질로 받아들이기 때문이다.

3.4.2. 이윤율 하락 이론[102]

이전의 고전경제학자들처럼, 마르크스는 이윤율이 하락하는 경향이 있다고 믿었다. 그러나 그는 이 주장된 사실에 대해 아주 다른 설명을 했다. 그 차이는 리카도나 맬서스의 《정치경제학 원리》[103]와 《자본론

102) 법칙 자체와 법칙의 작동을 방해하는 역경향은 《자본론 III》 제 13장과 제 14장에서 다루고 있다. 제 15장에서는 그 법칙을 더 일반적인 관점에서 다루고 있다. 그러나 너무 일반적이어서 별로 도움이 되지 않는다. van Parijs, "The falling rate-of-profit theory of crises"는 나중의 논쟁에서 혼란을 초래한 여러 가지 가짜 문제들을 잘 분석하고 있다. Roemer, *Analytical Foundations*, ch. 5는 최근의 논의들을 완벽하게 다루고 있다.

103) 〔옮긴이주〕 리카도의 《정치경제학과 조세의 원리》(*Principles of Political Economy and Taxation*, 1817) 및 맬서스의 1820년의 《정치경제학 원리》(*Prin-*

III》의 목차를 비교해보면 명백하게 알 수 있다. 리카도나 맬서스의 책에는 지대(地代) 다음에 이윤이 나오고, 이윤율 하락 경향은 농업생산성 체감의 결과로 추론된다. 반면에 마르크스는 이윤율 하락에 대한 분석을 지대가 나오기 전에 끝낸다. 《요강》에서 마르크스는 리카도가 "경제학으로부터" 도망쳐서 "유기화학에서 피난처를 찾고 있다"고 비난한다.[104] 이윤율 하락이 사회적 사실이 아니라 마치 자연적 사실인 것처럼 생각하고 있다는 것이다. 더욱이 그의 전임자들은 기술진보를 이윤율 하락 경향에 반대로 작용하는 힘으로 보았던 반면, 마르크스는 혁신이 바로 하락 경향의 전달수단이라고 주장했다. 마르크스는 "이윤율은 생산력 감소의 결과가 아니라 오히려 증가의 결과로 떨어진다"[105] 고 한 케리(Carey)의 주장이 옳다고 말한다. 그의 이러한 견해는 직관에 반할 뿐만 아니라 사실도 아니라는 것을 곧 알게 될 것이다.

우리는 《요강》에서 이윤율 하락이 생산력과 생산관계 사이의 모순을 보여주는 일례라고 주장 혹은 암시하는 구절을 찾아볼 수 있다. 이러한 주장을 보여주는 구절 중 하나는 좀 길지만 인용할 만한 가치가 있다. 이 구절은 마르크스가 자본주의적 생산양식의 쇠퇴나 몰락에 대해 이론적으로 혹은 시각적 이미지의 형태로 언급한 것 중 가장 강력한 진술일 것이다. 같은 내용이 《자본론》에서는 좀더 차분하게 진술되어 있는데, 이 대목을 읽을 때 《요강》의 예언적인 구절을 염두에 두면 도움이 된다.

> 〔이윤율 하락 법칙은〕 모든 점에서 근대 정치경제학의 가장 중요한 법칙이고, 가장 어려운 관계들을 이해하기 위한 가장 본질적인 법칙이다. 그것은

---

ciples of Political Economy Considered with a View to Their Practical Application, 1820)를 말한다.

104) *Grundrisse*, p. 754.

105) *Ibid.*, p. 558.

역사적 관점에서 볼 때 가장 중요한 법칙이다. 그것은 단순함에도 불구하고 지금까지 결코 제대로 파악된 적이 없고, 제대로 표명된 적도 없다. 이러한 이윤율의 하락은 의미상 다음과 같은 것이다. ① 이미 생산된 생산력 및 그 생산력이 새로운 생산을 위해 형성한 기초. 이는 동시에 과학적 능력의 거대한 발전을 전제한다. ② 직접적인 노동과 교환되어야 하는 이미 생산된 자본 부분의 감소, 즉 대규모 생산 물량에서 표현되는 거대한 가치의 재생산에 필요한 직접적인 노동의 감소. 이러한 대규모 생산 물량은 낮은 가격을 가진다. 가격 총액 = 재생산된 자본 + 이윤이기 때문이다. ③ 자본 일반의 규모. 고정자본이 아닌 부분을 포함한다. 그러므로 엄청난 규모의 교류, 대량의 교환활동, 대규모 시장, 동시 노동의 전면적 성격, 통신 수단 등 이 거대한 과정을 수행하기 위해서 필요한 소비 기금의 존재(노동자들의 식량과 주택 등). 그러므로 다음과 같은 사실도 명백하다. 물질적인 생산력이 이미 고정자본의 형태로 존재한다. 인구 등, 요컨대 부의 모든 조건, 부의 재생산 — 사회적 개인의 풍요로운 발전 — 을 위한 최대한의 조건들과 함께 존재한다. 생산력의 발전은 자본 자체의 역사적 발전에 의해 일어난 것이며, 일정한 지점에 도달하면 자본의 자기실현은 중지되고 더 이상 진행되지 않는다. 일정한 지점을 지나면 생산력의 발전은 자본에게 장벽이 된다. 따라서 자본 관계는 노동생산력의 발전에 장벽이 된다. 이 지점에 이르면 자본, 즉 임노동은 사회적 부와 생산력의 발전에 대하여 족쇄가 되고, 이 족쇄는 필연적으로 탈피된다. 길드와 농노제와 노예제가 그러했던 것처럼. …

지금까지 존재해온 생산관계들이 사회의 생산적 발전에 장애가 된다는 점은 첨예한 모순, 공황, 경기위축을 통해 나타난다. 자본의 폭력적인 파괴는 자본 밖에 있는 관계에 의해서가 아니라 자기보존의 조건으로서 진행된다. 이것은 자본에게 다음과 같은 명확한 충고를 던진다. 이제 그만 사라지고, 더 높은 사회적 생산 상태에게 양보하라는 것이다. 그것은 과학적 능력의 성장을 보여줄 뿐만 아니라, 고정자본으로 정립되어 있는 정도를 보여주고, 총체적인 생산력이 실현되는 범위와 폭을 보여준다. 마찬가지로 그것은 인구 등, 요컨대 생산의 모든 계기의 발전이다. 노동의 생산력은 기계의 사용과 마찬가지로 인구에 비례한다. 인구의 증가는 그 자체가 재생산될 사용가치, 따라서 또한 소비될 사용가치의 증가의 전제이자 결과이다. 이러한 이윤의 하락은 노동이 생산해놓은 대상화된 노동의 규모에 비하여 직접 노동이 상대적으로 감소하는 것을 의미하기 때문에 자본은 모든 수단을 동원하여 자본 일반에 대한 산 노동의 비율이 줄어들지 않도록, 따라서 또한 투하자본에 대한 상대적 이윤, 즉 잉여가치가 줄어들지 않도록 노력할 것이며, 사용된 총노동 중 필요노동은 줄이고 잉여노동의 양은 확대하고자 할 것이다. 그러므로 생산력의 최고의 발전과 현존하는 부의 최대한의 확대는 자본의 몰락과 노동자의 굴종과 노동자의 생명력의 극단적인 소진과 동시에 진행될 것이다. 이 모순들은 폭발, 파국, 공황에 이르는데, 이러한 상황이 도래하면 노동의 일시적인 중단과 자본의 대대적인 파괴에 의해 자본은 생존 가능한 수준까지 강제적으로 감소된다. … 그러나 파국은 규칙적으로 도래하면서 점점 더 심각한 규모로 반복되고 마침내 자본의 폭력적인 전복을 가져온다.[106]

2.3.3에서 살펴본 바와 같이, 마르크스는 자본주의의 세 가지 주요한 결점들이 서로 연결되어 있다는 것을 증명하려 하였다. 세 가지 결점이란 착취와 소외 및 이윤율의 하락에 포함되어 있는 '사회적 모순'을 말한다. 바로 앞에 인용한 구절에서는 이 셋 중 마지막 것과 역사적 유물론이라는 일반적인 명제를 연결시킨다. 역사적 유물론은 모든 생산양식은 생산력과 생산관계 사이의 모순 때문에 종말을 고한다는 주장을 말한다. 그러한 연결을 모색하는 것은 확실히 바람직한 일이다. 그런 연결이 없다면 역사적 유물론과 자본주의 경제 이론은 별개의 분석이 될 것이며, 두 개의 이론이 각각 독립적으로 자본주의의 붕괴를 설명하는 이론이 된다.[107]

---

106) *Ibid.*, pp. 748ff.

107) Kolakowski, *Main Currents of Marxism*, vol. 1에 따르면, 기술진보가 이윤율의 하락을 가져오고(p. 297), 그 다음 이윤율 하락은 기술진보를 제약하기 때문에(p. 301) 자본주의가 멸망한다. 이러한 두 경향을 서로 연결시킬 필요성에는 주목하지 않는다.

가능한 연결은 다음과 같다. 자본주의의 위기가 점점 더 심해짐에 따라 이윤율이 하락하고(주기적인 소강상태에 따라 이윤율 하락이 부분적으로 둔화되기도 하지만), 자본가의 투자 동기는 점점 약해진다. 이윤은 자본주의적 생산의 "생명의 불꽃"이며 "동력"이다. 투자가 줄어들면 기술변혁률도 낮아진다. 이것이 생산력과 생산관계의 모순에 들어 있는 이른바 "생산력에 족쇄를 채우는 일"이다. 그러나 이런 견해는 앞뒤가 맞지 않고, 《요강》의 다른 구절들과도 모순을 일으킨다. 앞뒤가 맞지 않는 이유를 말하자면, 생산력의 증가로 인해 이윤율이 떨어진다면, 기술이 정체되었을 경우에는 이윤율의 하락이 멈춰야 할 것이다. 일이 이렇게 되지 않는 모형을 만들 수는 있다. 그러나 실제로는 그렇게 된다. 마르크스는 그렇게 되지 않는 이유에 대해 아무런 설명도 하지 않고 있다. 마르크스는 5. 1. 3과 5. 2. 3에 인용된 구절에서 자본주의는 생산력을 발전시킬 수 없을 때, 그리고 그 이유 때문에 사라지는 것이 아니라 자본주의가 내재적으로 가지고 있는 한계로 인해 그 이상의 진보를 가로막을 때, 그리고 그 이유 때문에 사라진다고 주장했다. 여기에서 강조점은 자본주의의 한계이지 자본주의의 무능이 아니다. 이 한계는 자본주의적 생산양식의 항구적인 속성이지만 그럼에도 불구하고 역사적 중요성을 갖는 이유는 그러한 한계를 갖지 않는 다른 생산양식의 등장을 촉진하기 때문이다. 즉 자본주의는 스스로 파멸의 조건을 창출하는데, 이것은 자신의 힘을 위축시키는 형태로 이루어지는 것이 아니라 더 강력한 다른 체제의 수립을 촉진함으로써 이루어진다.

자본주의가 생산력 발전을 위한 최선의 체제가 아니게 될 때, 바로 그 때문에 사라질 것이라는 주장에 주목해보자. 이러한 역사적 유물론의 설명은 이윤율 하락 이론의 설명과 서로 충돌한다. 두 이론 각각의 예측은 충돌하지 않지만, 설명은 충돌한다. 자본주의가 더 이상 생산력 발전에 최적이 아닐 때, 그리고 이윤율이 자본가가 받아들일 수 있는 최저수준

이하로 떨어지기 때문에 사라진다는 주장은 진실일 수도 있다. 역으로 (그럴 가능성은 낮지만) 하위최적이 인과적으로 중요한 사실이고, 이윤율 하락은 부수적으로 나타나는 과정일 수도 있다. 앞 문단에서 살펴본 주장은 이윤율 하락이 생산력 발전에 족쇄를 채운다는 관념과는 다른 것이다. 후자의 관념을 채택할 경우 두 가지 설명은 서로 조화를 이룰 수 있다. 물론 자본주의의 몰락은 두 개의 개별적인 원인이 중첩적으로 작용한 결과로 나타난다고 주장할 수도 있다. 하지만 이런 설명은 궁여지책으로 보인다.

텍스트에 대한 분석은 이 정도로 하고, 이론 그 자체를 살펴보기로 하자. 먼저 그의 이론을 쉬운 용어로 설명한 다음, 왜 이것이 엄격한 기준에 부합하지 못하는 불충분한 주장인지를 지적하겠다. 모든 잉여노동의 원천, 따라서 이윤의 원천은 (그의 주장에 따르면) 산 노동이다. 황금알을 낳는 거위를 계속 살리는 것이 자본가 계급의 집합적 이익이다. 그러나 또한 산 노동을 죽은 노동으로, 즉 노동자를 기계로 대체하는 것이 개별 자본가의 이익이다. 좀더 생산적인 방법을 사용하면 개별 자본가는 초과이윤을 얻을 수 있다. 그가 도입한 혁신으로 말미암아 (심지어 이 혁신이 일반화되어) 평균이윤율이 하락한다 하더라도, 이 하락분은 너무 미미하여 이 때문에 기계도입을 포기하지는 않는다. 모든 산업분야에서 모든 사업가들이 같은 방식으로 행동할 경우, 이윤율이 꾸준히 침식되는 심각한 결과가 나타난다. 마르크스 경제학의 기본방정식(3. 3. 2)이 보여주듯이, 착취율이 일정하다고 가정할 때, 기계가 도입되면 자본의 유기적 구성이 높아지고, 이로 인해 이윤율은 하락한다.

이 주장의 근본적인 약점은 산 노동이 이윤의 궁극적인 원천이라는 가정이다(3. 2. 3). 이 가정의 오류가 이윤율 하락 이론과 어떤 관계에 있는지를 밝혀야 그 주장을 구체적으로 논박할 수 있다. 단순화를 위해 기본방정식이 타당하다고 인정하고, 가격이 가치로부터 벗어남으로 말미암아 생기는 문제는 무시하기로 하자. 여기에서 문제는 자본의 평균 유기적 구성의 변화 경향이지, 가치와 가격의 괴리를 가져오는 부문별 차이가 아니다.108) 이러한 가정 위에서 마르크스의 이윤율 하락 이론에 대한 세 가지 반론이 가능하다.

첫째, 혁신이 사전적 의미에서 일반적으로 노동절약형이라는 가정을 당연시하고 있다는 점이다. 앞에서 지적한 것처럼, 마르크스는 이것을 당연하게 생각했고, 따라서 별도의 논증이 필요 없다고 생각한 것 같다. 그리고 그의 이론에 어떠한 논증을 추가하더라도 그 가정을 정당화하기는 어려울 것 같다. 물론 이런 이야기를 덧붙일 수는 있다. 즉 고정된 기술기반 위에서 노동력의 희소성을 극복하면서 (근로인구의 증가율이 경제의 확장비율보다 낮다고 가정한다) 확대재생산을 하기 위해 자본가들이 노동을 기계로 대체한다는 이야기 말이다. 이러한 힉스 유의 주장이 타당하지 않다는 것은 이미 앞에서 살펴보았다. 설령 그 이야기가 맞다 하더라도 근로인구의 증가율은, 이윤대비 저축률로 나눌 경우, 이윤율이 그 아래로는 떨어지지 않는 하한을 제공할 것이다. 그리고 이 하한은 체제의 지속을 보장하기에 충분히 높을 것이다.

둘째, 사전적 의미에서 노동절약형 진보가 많다는 것을 받아들인다고 하더라도, 혁신 이후의 가치(또는 가격)로 평가하면 사정이 달라질 수 있다. 다른 것들이 모두 일정할 때 주어진 혁신이 노동절약형이라는 사실로부터, 모든 혁신이 집합적으로 노동절약의 효과를 가져올 것이라고 추론한다면, 이것은 합성의 오류에 해당한다. A 부문이 B 부문을 위한 고정자본을 생산하는 경우를 생각해보자. B 부문에서 노동절약형 진보가

108) 그러나 부문 간 차이는 비정상상태(*non-steady-state*) 성장에서는 중요할 수도 있다. 각 부문에서 자본의 유기적 구성이 증가한다 하더라도, 낮은 유기적 구성을 지닌 부문이 높은 유기적 구성을 지닌 부문보다 더 빠르게 확장한다면 평균 유기적 구성은 떨어질 수도 있다.

이루어지면, 노동자 1인당 자본의 실물 단위의 수는 증가할 것이다. 그러나 A 부문에서 혁신이 일어나면, B 부문 자본의 실물의 단위가치는 낮아진다.[109] 이러한 두 가지 경향이 함께 작용했을 때 순효과는 어느 방향으로든 나타날 수 있다. 마르크스는 혁신 이전의 경향이 여전히 지배적으로 나타날 것이라고 암묵적으로 주장하면서도 그 주장에 대한 근거는 제시하지 않았다. 노동절약형 혁신의 개념을 (사전적 그리고 사후적) 자본의 가치구성의 관점에서 정의하든, 마르크스의 기본방정식처럼 유기적 구성의 관점에서 정의하든, 결과는 달라지지 않는다. 노동력 가치가 떨어질 경우, 유기적 구성이 가치구성보다 더 급격히 증가하는 것은 사실이다. 그러나 첫째, 순효과가 어떤 방향으로 나타날 것인지에 대해 선험적으로 알 수 있는 방법은 없고, 둘째, 노동력의 가치하락을 전제하는 것은 고정 잉여가치율 가정과 모순을 일으킨다.

세 번째 반대는 고정 잉여가치율 가정에 대한 것이다. 기술변혁이 노동자들이 사용하는 소비재를 생산하는 산업에 영향을 줄 경우, 잉여가치율이 고정되어 있다고 가정하면, 실질임금이 상승해야 한다. 발명이 노동절약적일수록 노동에 대한 총수요는 적어지고 실질임금의 상승폭은 작아질 것이고, 잉여가치율의 상승폭은 커질 것은 분명하다. 그러므로 노동절약형 진보와 고정 착취율을 함께 주장하는 것은 내적 일관성이 없다. 마르크스는 고정 착취율을 주장하지는 않았지만, 잉여가치율이 상승해도 이윤율 하락이라는 '주' 경향을 상쇄시킬 수 없다는 모호한 주장을 했다. 이 역시 근거가 박약한 주장이다. 실질임금이 일정할 경우, 사전적으로 이윤을 증대시키는 발명이 평균이윤율 하락을 가져오지는 않는다는 사실을 상기하라.[110] 이 경우에 기술변혁의 결과로 이윤율이 하락하는

---

109) 이해의 편의를 위해 다소 거친 예를 든 것이다. 실제로 자본을 이용하는 혁신은 같은 기계를 더 많이 생산하는 것이 아니라 종류가 다른 기계를 생산하는 방식으로 이루어진다.

일은 있을 수 없다. 일반적으로 말해 그것은 비필연성(*non-necessity*) 일 뿐이다. 물론 마르크스는 이윤율 하락이 자본주의적 생산관계의 본질에 들어 있는 필연적인 과정이기를 원했다.

결론적으로, 기본방정식에서 시간이 지남에 따라 분모가 증가하는 경향이 있다고 주장할 수도 없다. 설령 그렇다 하더라도 분자의 증가에 의해 상쇄될 수 있다. 마르크스가 왜 이 곱셈에 혼란을 일으켰을까? 희망적 사고 때문일 수도 있고, 수학적 실수일 수도 있고, 근본적으로는 자본의 노동 지배, 객관적 정신에 의한 주관적 정신의 지배(2. 3. 3)에 대한 양적 측면과 질적 측면을 혼동했기 때문일 수도 있다. 또한 마르크스는 변증법적 공식에 사로잡혀 자본의 발전은 자기 자신의 진보의 원천을 잠식하는 방식으로 이루어진다고 생각했다. 마르크스는 자본가 계급이 안고 있는 정치적 딜레마를 유베날리스(Decimus Junius Juvenalis)의 말을 빌려 이렇게 표현했다. "생명 때문에 생명의 유일한 목적이 희생되도다."(*Et propter vitam vivendi perdere causas.*)[111] 그는 이윤율 하락이 경제적 차원에서 바로 그런 것이라고 생각했다.

3.4.3. 불충분수요 이론

위에서 인용한 《요강》의 긴 구절과 《자본론 III》에 있는 유명한 구절로 볼 때 확실히 마르크스는 이윤율 하락이 자본주의의 경제적 붕괴에서 중심적인 메커니즘이 될 것이라고 믿었다. 이 이론은 분명한 언어로 표현되어 있어서 이에 대한 토론도 가능하고, 반박도 가능하다. 그러나 그의 저작 곳곳에 흩어져 있는 자본주의의 위기에 관한 다른 여러 이론들은

---

110) 각주 70)의 참고문헌 참조.

111) *Neue Oder Zeitung*, 1855. 6. 12.

그렇지 않다. 시시콜콜하고, 산만하고, 중언부언하고, 모호하다. 이런 구절들이 자신의 주장과 일치한다고 '마르크스주의자'를 자칭하는 사람들이 있는데, 이들이 인용한 구절을 놓고 논쟁을 벌여봤자 문제의 본질을 벗어나게 된다. 그런 이론 세 가지를 간단히 살펴보겠다. 불균형 이론, 과잉생산 이론, 과소소비 이론이 그것이다. 편의상 이 셋을 합쳐 불충분수요 이론이라고 부르겠지만, 각각의 내용은 다르다. (케인즈 유의 과잉저축 이론은 다루지 않을 것이다(1. 3. 2와 1. 5. 3). 마르크스는 이것을 실제 위기에 대한 설명으로 보지 않았기 때문이다. 그는 임금의 일부를 저축하라는 충고를 노동자들이 진지하게 받아들일 경우 어떤 일이 일어날 것인지 분석하는 데 이 이론을 사용했을 뿐이다.) 아래에서 '위기'라는 말은 주기적인 경기 변동에서 나타나는 단순한 불균형으로부터 자본주의의 궁극적 붕괴에 이르기까지 넓은 의미로 사용된다.

불균형 이론과 과잉생산 이론은 둘 다 자본주의에서 판매와 구매가 분리되어 있다는 사실과 관련이 있다. 《자본론 I》에서 마르크스는 이것이 "위기의 가능성, 오로지 위기의 가능성"을 의미한다고 말한다.[112] 먼저 이러한 분리에서 야기되는 불균형 위기부터 보기로 하자. 분권화된 경제에서는 생산자가 생산물을 판매하기 위한 시장을 찾아낸다는 보장이 없다. 수요가 있는 상품이 충분한 양으로 생산될 것이라는 보장도 없다. 자본 부문과 소비 부문에 불균형이 발생할 수도 있는데, 이것은 단순재생산 혹은 확대재생산의 조건에 위배된다. 자본 부문 내에도 고정자본의 감가상각률의 차이로 인해 불균형이 발생할 수 있다.[113] 《자본론 II》의 논의는 거의 대부분 부문들 간의 불균형을 전제로 이루어진다.

---

112) *Capital I*, p. 114. 이에 대한 토의는 Kenway, "Marx, Keynes and the possibility of crisis" 참조.

113) *Capital II*, pp. 468~469.

교환이 일방적으로 이루어지는 한, 즉 한편에는 다수의 일방적 구매만 있고, 다른 한편에는 다수의 일방적 판매만 있는 한(우리가 본 바와 같이, 자본주의에서는 연간 생산물의 정상적 교환이 필연적으로 이러한 일방적 형태를 띤다), 균형은 일방적인 구매의 가치와 일방적인 판매의 가치가 양적으로 맞아 떨어진다는 가정하에서만 존재한다. 상품생산이 자본주의적 생산의 일반적 형태라는 사실 자체가 이미 화폐가 유통수단으로서, 그리고 화폐자본으로 활동하고 있다는 것을 의미한다. 이로 인해 이 생산방식에 독특한 정상적 교환의 조건들, 따라서 (단순한 규모이건 확대된 규모이건) 재생산의 정상적 진행을 위한 조건들이 만들어진다. 그러나 그 조건들은 자본주의적 생산의 자연발생적 성격 때문에 비정상적 발전의 조건으로, 즉 공황의 가능성으로 전환된다. 여기에서 균형은 그 자체로 우연일 뿐이다.[114]

마지막 구절은 시스몽디의 영향을 짐작케 한다. "자본주의적 생산의 무정부적 성격에 대한 모든 설명의 원조는 다른 사람들이 무엇을 하는지, 그리고 구매자들이 무엇을 원하는지 알지 못한다는 것이다."[115] 그러나 다른 곳을 보면, 분명히 마르크스가 균형이 단순한 우연이라고, 말하자면 예측 불허의 일이라고 생각한 것만은 아니다. 《자본론 I》에서 그는 사회에서의 분업은 무정부적 성격을 보이는 반면, 직장에서의 분업은 전제적 성격을 보인다고 대비한 다음, 그러나 전자의 무정부적 성격은 오직 겉보기에만 그런 것이라고 덧붙인다.

여러 생산영역은 … 끊임없이 균형을 유지하려고 한다. 왜냐하면 한편으로는 개개의 상품생산자는 특수한 사회적 욕망을 충족시키기 위해 그에 합당한 사용가치를 생산해야 하지만, 수요량은 상품마다 차이가 있는 반면, 공급 체계는 내적인 관계에 의해 자연발생적으로 형성되고, 다른 한편으로는

114) *Ibid.*, pp. 494~495.

115) Schumpeter, *History of Economic Analysis*, p. 741.

> 사회가 자유로이 사용할 수 있는 전체 노동시간 가운데 얼마만큼을 각 특수한 상품 종류의 생산에 지출할 수 있는가는 상품의 가치법칙이 규정하기 때문이다. 그러나 다양한 생산영역에서 끊임없이 균형을 유지하려는 이 경향은 이 균형을 끊임없이 파괴하는 경향에 대한 반동으로만 작용한다.[116]

마르크스는 이 생각에 사로잡혀 있었다. 계획경제에서는 직접적인 방법으로 균형을 얻을 수도 있겠지만, 자본주의에서 균형은 오로지 "부정의 부정"[117]에 의해서만, 즉 균형이탈을 계속 극복함으로써만 달성된다고 생각하고 있었다. 돌이켜 보건대, 균형 밖의 거래로 균형을 달성하는 일은 마르크스와 고전경제학자들이 생각했던 것보다 훨씬 더 복잡한 과정이며, 상호조정의 동태적 과정도 균형의 획득에 실패할 가능성이 매우 크다고 말할 수 있다.[118] 그런 점에서 마르크스는 자본주의의 집합적 합리성을 과대평가하였다. 전체적으로 보아 이 문제에 대한 그의 견해는 불분명하다. 자본주의에서 불균형은 단지 가능성이라는 견해, 일반적으로 불균형이 발생한다는 견해, 시장의 조정에 의해 불균형이 제거되는 경향이 있다는 견해 사이에서 갈피를 잡지 못한 것으로 보인다. 그러나 불균형이 자연적으로 심화될 수 있다는 견해를 제시한 적은 없다.

《잉여가치 학설사》에서 마르크스는 모든 시장에서의 '일반적 공급과잉' 가능성을 꽤 길게 논의한다. 불균형 이론은 국지적 과잉생산 개념에 머물렀지만, 일반적 공급과잉은 모든 경제부문에서의 동시적 과잉생산을 포함한다. 일반적 과잉생산 주장은 합성의 오류를 범한 것이라는 반론을 제기할 수도 있다. 그러나 마르크스는 이러한 반론은 화폐가 개입하지 않고 물물교환이 이루어지는 조건에서만 타당하다고 지적한다.

---

116) *Capital I*, pp. 355~356.

117) *Grundrisse*, p. 137; ibid., p. 148; *Theories of Surplus-Value*, vol. 2, p. 500.

118) 이 문제에 대해서는 Weintraub, *Microfoundations* 참조.

이 환상을 더 자세히 살펴보자. **개별적** 생산부문 각각에서는 과잉생산이 가능하다는 것이 인정되고 있다. 모든 부문들에서 동시적인 과잉생산이 발생하지는 않는다는 그들의 주장이 성립할 수 있는 유일한 상황은 상품이 상품과 교환될 경우이다. 즉 물물교환이라는 조건이 있어야 한다. 그러나 상품유통은 물물교환이 아니며, 따라서 어떤 상품의 판매자가 반드시 동시에 다른 상품의 구매자인 것은 아니므로 그들의 항변은 통하지 않는다. 문제는 생산물 교환이 아니라 구매와 판매의 분리가 본질적 의의를 가지고 있는, 화폐를 매개로 이루어지는 상품유통이다. 그들의 항변은 이러한 사실을 망각한 주장이다.[119]

같은 책의 다른 곳에 화폐의 역할에 대한 구체적인 설명이 나와 있는데, 케인즈가 말한 유동성 선호가 있다는 내용이다.

일정한 순간에 모든 상품의 공급이 모든 상품에 대한 수요보다 큰 상황이 발생할 수 있다. 이러한 상황은 **일반적 상품**인 화폐, 즉 교환가치에 대한 수요가 모든 개별적 상품에 대한 수요보다 클 경우에 발생한다. 다시 말해 상품을 화폐로 바꾸어 그 교환가치를 실현하려는 동기가 그 상품을 다시 사용가치로 바꾸려는 동기보다 더 강할 때 그런 일이 발생한다.[120]

사실이 그러하고 또 이 사실이 중요하긴 하지만, 이것은 오직 '위기의 가능성'을 말하고 있을 뿐이다. 이 위기가 시작되었을 때 이를 강화하는 동태적 메커니즘에 대한 단서는 전혀 없다. 그런 점에서 이윤율 하락 이론은 허점이 많기는 하지만 오히려 만족스럽다.

과잉생산은 과소소비와 같은 말이 아니다. 과소소비는 **소비재**에 대한 유효수요의 부족을 일컫는 말일 뿐이다. 과소소비의 위기는 과잉저축에

---

119) *Theories of Surplus-Value*, vol. 2, pp. 532~533.

120) *Ibid.*, p. 505.

서 발생할 수 있는 (가상적) 위기와는 다르다. 《자본론 II》(*Capital II*) 에서 마르크스는 이 2개의 '자본주의의 모순'을 분명하게 구별한다:

> 자본주의적 생산양식의 모순: 노동자는 상품의 구매자로서 시장을 위해 중요하다. 그러나 자본주의 사회는 그들이 가진 상품, 즉 노동력의 판매자로서의 노동자에 대해서는 그 가격을 최저한으로 제한하려는 경향을 가지고 있다. 또 하나의 모순: 자본주의적 생산이 최대한의 힘을 발휘하는 시기는 항상 과잉생산의 시기이다. 왜냐하면 가치의 생산과 가치의 실현이 생산력의 사용에 제한을 가하기 때문이다. 상품의 판매, 상품자본의 실현, 즉 잉여가치의 실현은 사회 일반의 소비수요에 의해 제한되는 것이 아니라, 대다수가 항상 가난하고 또 항상 가난할 수밖에 없는 사회의 소비수요에 의해 제한된다.[121]

《자본론 III》에서 마르크스는 이 "또 하나의 모순"은 "모든 실질적인 위기의 궁극적인 원인"이라고 지나가는 말로 언급한다.[122] 글자 그대로 받아들이면, 마르크스의 자본주의 위기 이론에서 이것이 이윤율 하락 이론보다 더 중요한 이론이라고 볼 수도 있다. 그러나 《자본론 III》의 이윤율 하락 '법칙의 내적 모순'에 관한 장에 이 두 메커니즘의 관계에 대한 암시적인 진술이 있다:

> 잉여가치의 창출은 직접적 생산과정의 일부를 이룬다. 한계는 위에서 언급한 것밖에 없다. 착취 가능한 모든 잉여노동이 상품에 대상화되는 순간, 잉여가치가 생산된다. 그러나 이런 잉여가치의 생산은 자본주의적 생산과정, 즉 직접적 생산과정의 제 1막에 불과하다. 자본은 그만큼의 부불노동을 흡

121) *Capital II*, p. 316.

122) *Capital III*, p. 484. 더 자세한 내용과 관련 구절은 Bleaney, *Underconsumption Theories*, ch. 6 참조.

수한다. 이 과정이 진행되면서 한편으로는 이윤율의 하락이 나타나고, 다른 한편으로는 엄청난 양의 잉여가치가 생산된다. 여기에서부터 이 과정의 제 2막이 시작된다. 이 엄청난 양의 상품, 즉 총생산물은 판매되어야 한다. 그래야 고정자본과 가변자본을 대체할 수 있고, 잉여가치도 실현할 수 있다. 생산물이 판매되지 않거나, 일부분만 판매되거나, 혹은 생산가격 이하로 판매된다면 노동자들이 착취되기는 했지만 자본가에게는 잉여가치가 전혀 실현되지 않거나, 혹은 일부만 실현되는 결과를 가져온다. 심지어 자본의 일부 또는 전체의 손실을 가져오기도 한다. 직접적인 착취의 조건과 그것의 실현조건은 동일하지 않다. 이 둘은 시간과 장소에 따라서는 물론 논리적으로도 다르다. 전자는 단지 사회적 생산력에 의해서만 제약을 받는다. 그러나 후자는 상이한 생산부문들 간의 비례관계와 사회의 소비능력에 의해 제약을 받으며, 이 제약은 절대적 생산력이나 절대적 소비능력에 의해 결정되는 것이 아니라 적대적인 분배조건 — 사회의 소비를 최소한으로 제한하는 — 에 기초한 소비능력에 의해 결정된다.[123]

이윤율이 하락해도 잉여가치의 크기는 증가할 수 있다. 전자는 자본주의 붕괴의 '제 1막'을 구성하며, 후자에 의해 야기되는 과소소비의 위기가 '제 2막'을 구성한다. 이것은 흥미 있는 각본처럼 들리지만 치명적인 약점이 있다: 제한된 소비능력이 잉여가치의 실현에 장벽이 될 수도 있을 텐데, 마르크스는 이 문제에 대해서는 아무런 언급을 하지 않는다. 이 문제는 유동성 선호에 의한 일반적 공급과잉과도 관계가 없고, 영역별 불균형과도 관계가 없고, 노동자의 과잉저축으로 인한 유효수요 부족과도 관계가 없다. 마르크스 나름대로는 그렇게 한 이유를 가지고 있었겠지만, 그것이 무엇인지 알 길이 없다. '유효수요'와 관련된 세 번째 이론은 앞의 두 이론보다 훨씬 더 모호하고 불투명하다. 앞의 두 이론은 구체적인 작동방식을 보여주지는 못하지만, 최소한 인과 메커니즘을 보여주는 장점

---

123) *Capital III*, p. 244.

은 있다. 과소소비 위기론은 사실상 내용이 없다. 자본주의는 부를 창출하지만 노동자의 제한된 소비능력 때문에 그중 일부는 누릴 수가 없다는 주장일 뿐 더 이상의 분석은 없다.

제4장

착취, 자유, 정의

착취에 관한 이론은 마르크스에게 매우 중요한 문제였고, 오늘날에도 이에 대해 많은 연구가 이루어지고 있다. 그의 대부분의 경제학적 분석과는 달리, 이 문제는 단순히 사상사적으로만 의미가 있는 것이 아니라 그 자체로 검토할 만한 가치가 있다. 마르크스주의에서 착취의 문제가 중요한 이유는 두 가지다. 첫째, 사회에 착취가 존재할 경우 외부의 관찰자는 이를 규범적 비판의 근거로 삼는다. 착취는 나쁜 것이다. 착취자는 도덕적으로 지탄을 받고, 착취를 용인하거나 만들어내는 사회는 폐기되어야 한다. 둘째, 착취가 존재할 경우 착취를 당하는 사람들은 그 체제에 도전하는 개인적·집단적 행동을 하게 된다. 즉 그들의 행동은 착취로 설명할 수 있다. 심층적인 착취 이론을 구축하고자 할 경우 규범에 바탕을 둔 개념은 별로 도움이 되지 않는다. 주주들이 노동자들을 착취하고 있는 경우에도 노동자들의 저항은 관리자를 향해 나타난다.[1] 이 장에서

1) Weber, *Economy and Society*, vol. 1, p. 305.

는 주로 착취에 관한 규범적 이론을 살펴볼 것이다. 설명과 관련된 문제는 6. 1 이하에서 다룰 것이다.

4. 1에서는 마르크스와 후일의 마르크스주의자들이 이해한 착취의 본질과 원인을 논의한다. 로머의 최근 저작 《착취와 계급에 관한 일반 이론》(*A General Theory of Exploitation and Class*) 을 크게 참고하였다. 4. 2에서는 자본주의하의 노동자들이 자신의 노동력을 팔도록 강제되는지에 대해 논의하고, 만일 그렇다면 그것이 착취와 어떤 관계가 있는지 논의한다. 이것은 마르크스의 자유 개념에 대한 좀더 일반적인 논의를 불러일으킨다. 4. 3에서는 착취가 불의(不義) 라는 점에 대해 살펴본다. 마르크스는 정의 이론을 가지고 있었고, 이 이론에 근거하여 착취를 규탄하고, 공산주의를 개념화했다는 것이 내 생각이다. 4. 2와 4. 3의 논의에는 코헨의 저작을 주로 참고하였다.

4. 1. 착취의 본질과 원인

착취당한다는 말은 본질적으로 자신이 소비하는 재화를 생산하는 데 필요한 시간보다 더 오랜 시간을 일한다는 것을 의미한다. 일견 단순해 보이는 이러한 정식화에는 몇 가지 개념적인 문제들이 숨어 있다. 4. 1에서 이 문제들을 살펴보겠다. 가장 근본적인 문제는 이질적인 노동의 존재이다. 재화에 들어 있는 노동의 내용을 정의하는 것이 불가능하다면, 재화의 생산에 지출된 노동과 '팔린 노동'을 비교하는 것도 불가능하다. 이러한 어려운 문제는 4. 1. 5에서 다룬다. 또 하나의 중요한 문제는 직접적인 (경제 외적) 강제에 의한 착취와 시장에서의 착취와의 관계에 관한 것이다. 전자는 4. 1. 1에서, 후자는 4. 1. 2에서 살펴본다. 이 두 가지가 착취란 무엇인가에 관한 논의이다. 4. 1. 3은 착취의 원인에 관한 논의이다. 4.1.4에서는 착취율의 결정요인에 관해 논의한다. 여기에서 착취는 자본주의 경제체제하에서 노동시장을 통해 이루어지는 전형적인 착취를 말한다.

4.1.1. 비시장(非市場) 착취

착취라는 말은 여러 가지 의미로 쓰이고 있다. 마르크스주의 안에서도 그렇고, 밖에서도 그렇다. 우선 착취는 (경제 외적) **강제**(*coercion*)와는 다르다는 주장이 있다. 이 주장에 따르면, 착취당하는 것은 '부당하게 이용당하는 것'이며, 물리적 강제의 대상이 되는 것보다 더욱 교묘하게 피해를 입는 것이다. 보호 명목의 갈취를 당한 사람에 대해 착취를 당했다고 하지는 않으며, 또한 무장 강도를 당했다고 하지도 않는다. 다른 한편, 노예나 농노가 착취당한다는 말을 어색한 표현으로 여길 사람은 없다. 그러나 중세적 착취는 보호 명목의 갈취와 별로 다를 바가 없다.[2] 이처럼 우리의 언어적 직관에 일관성이 없다면, 어느 방향으로 갈 것인지 선택을 하는 수밖에 없다. 이전에 나는 착취라는 말을 시장에서의 거래를 통한 잉여노동의 추출로 정의한 바 있다. 이 정의에 따르면, 노예가 착취당한다는 말은 올바른 표현이 아니다.[3] 지금은 이 주장이 잘못된 것이라고 생각한다. 최소한 마르크스주의 전통 안에서는, 그리고 어쩌면 밖에서도 시장 외부에서의 착취 — 강도행위 같은 것과 명확하게 구별하기는 어렵지만 — 에 관한 강력한 논의가 있다.

이러한 언어상의 문제보다 더 중요한 것은 내용상의 차이다. 경제 외적 강제에 의한 잉여노동의 추출은 시장에서의 착취와는 확연하게 다르

---

2) North, *Structure and Change in Economic History*, p. 130.

3) 졸고 "Exploitation, freedom and justice" 참조.

다. 먼저 이 둘의 공통점을 살펴본 다음 마르크스의 비시장 착취 이론을 살펴보기로 하자.

모든 계급 사회의 공통점은 잉여노동의 추출이 있다는 점이다. 마르크스에 따르면, 잉여노동은 노동자의 노동력을 재생산하는 데 필요한 노동을 넘어선 노동을 말한다.

> 노동일 가운데에서 이러한 재생산이 이루어지는 부분을 '필요'노동시간, 이 시간에 지출되는 노동을 '필요'노동이라고 부르기로 하자. … 노동과정의 제2기는 노동자가 더 이상 필요노동이 아닌 노동을 하는 기간이다. 이 기간에도 노동자는 노동력을 소비하지만, 자신을 위한 가치가 아니라 잉여가치를 창출한다. 이 잉여가치는 자본가들이 볼 때 무에서 유를 창출하는 매력을 가지고 있다. 노동일의 이 부분을 잉여노동시간, 이 시간에 지출된 노동을 잉여노동이라고 부르기로 하자. 가치가 노동시간의 응결, 즉 대상화된 노동이듯이, 잉여가치는 잉여노동시간의 응결, 즉 대상화된 잉여노동이다. 노예제 사회와 임금노동에 기초한 사회와의 차이는 직접 생산자로부터 이 잉여노동이 추출되는 양식에 있다.[4)]

> 자본이 잉여노동을 발명한 것이 아니다. 일부 사람들이 생산수단을 독점하고 있는 사회에서는 어디에서나 노동자는 — 자유롭든 자유롭지 않든 — 자기 자신을 유지하기 위하여 필요한 노동시간에 여분의 노동시간을 부가하여 생산수단의 소유자를 위한 생활수단을 생산하지 않으면 안 된다. 이 소유자가 아테네의 귀족이든, 에스토리아의 신정관(神政官)이든, 로마의 시민이든, 노르만의 남작이든, 미국의 노예 소유자이든, 왈라키아의 보이야르〔러시아 및 발칸의 봉건지주 — 옮긴이〕이든, 근대적인 지주이든, 자본가이든 상관없다.[5)]

---

4) *Capital I.* p. 216~217.
5) *Ibid.*, p. 235.

2.5에서 잉여노동의 세계사적 중요성에 대해 논의한 바 있다. 잉여노동은 소수의 비생산자 계급이 자유시간을 가질 수 있도록 함으로써 문명의 발전을 가능하게 하였다. 여기에서 '가능하게'라는 말을 특별히 강조하고자 한다. 차일드(V. G. Childe)와 같은 일부 학자들은 계급의 등장과 착취를 잉여를 가능하게 한 기술에서 찾고 있다. 그러나 이러한 설명은 타당하지 않다. 왜냐하면 생산자는 동일한 소비수준에서 일을 덜 할 수도 있고, 일을 더 해서 잉여를 창출할 수도 있기 때문이다. 이 두 가지 중에서 후자를 선택한 것은 사회적 관계에 의해 설명되어야 한다. 그러한 선택이 사회적 관계를 설명할 수는 없다. 이러한 사실을 마르크스는 잘 알고 있었다.

> 잉여가치 일반의 자연적 조건과 제약으로 인해 지대의 자연적 조건과 제약도 분명하게 드러난다. 직접적 노동자는 ① 충분한 노동력을 가지고 있어야 하고, ② 그의 노동의 자연적 조건, 무엇보다도 그가 경작하는 토지가 충분히 비옥하여야 한다. 간단히 말해서 그의 노동의 자연적 생산성이 잉여노동—필수적인 욕구를 충족시키는 데 필요한 노동을 넘어서는—의 확보를 가능하게 하는 수준에 있어야 한다. 이 가능성이 지대를 창출하는 것이 아니라 그 가능성을 현실로 만드는 강제가 지대를 창출한다.[6]

그러므로 "잉여가 있는 한 계급 사회가 될 가능성이 있다"고 말하는 것은 잘못이다.[7] 계급 사회를 가능하게 만드는 것은 잉여의 가능성이다. 경제가 잉여를 **가지는** 것이 아니다.[8] 5.3에서 잉여의 가능성이 아니라 잉여의 실현을 가져오는 일련의 사건들에 대한 마르크스의 주장을 살필 것

---

6) *Capital III*, p. 792 및 *Capital I*, p. 514.

7) Cohen, *Karl Marx's Theory of History*, p. 198. 좀더 명확한 진술이 pp. 61~62에 나온다.

8) 피어슨(H. Pearson)의 같은 제목의 논문 참조.

이다.

잉여노동은 (경제 외적) 강제에 의해 추출될 수도 있고, 시장에 의해 추출될 수도 있다. 직접적 강제가 필요한 경우에 대해 《자본론 III》에 매우 중요한 구절이 있다.

> 또 하나 분명한 사실은 직접 노동자가 자신의 생존수단을 생산하는 데 필요한 생산수단의 '점유자'인 경우에는 소유관계도 직접적인 지배와 예속의 관계로 나타날 수밖에 없다는 점이다. 즉 직접 생산자는 자유롭지 못하다. 속박의 정도는 다양한데, 부역이 강제되는 농노제도 있고, 단순한 공납의무만 있는 형태도 있다. 우리의 가정에 따르면, 직접 생산자는 자신의 생산수단을, 즉 자신의 노동을 실현하고 자신의 생활수단을 생산하는 데 필요한 대상화된 노동조건들을 점유하고 있다. 그는 자신의 농업은 물론 그것과 결합되어 있는 농촌 가내공업까지도 자립적으로 경영한다. … 이런 조건하에서는 명목상의 토지소유주가 잉여노동을 탈취하기 위해서는 형태가 여하하든 경제 외적 강제를 동원해야 한다. 이 체제가 노예경제나 식민지적 농업경제와 다른 점은 노예노동의 경우 노예는 외부에서 주어진 생산조건하에서 노동하며 자립적이지 않다는 점이다. 그러므로 인적 예속관계가 필요하며, 정도의 차이는 있을지라도 자유의 속박이 발생하고, 직접 노동자는 토지의 부속물로 속박된다. 글자 그대로 속박이다.[9]

노예와는 달리, 봉건시대의 농노 혹은 아시아적 농민은 자신의 노동력의 일부를 소유하며, 이를 독립적으로 처분할 수 있다(5.1.2). 이들이 임금노동자와 다른 점은 자신의 생계에 필요한 생산수단을 소유하고 있다는 점이다. 그러므로 그로부터 잉여노동을 추출하기 위해서는 그를 속박해야 하는데, 이러한 속박은 그의 노동력 일부를 영주가 점유하는 형태로 이루어진다.[10]

---

9) *Capital III*, pp. 790~791.

다른 한편, 생산물지대는

> 직접 생산자의 더 높은 문화수준, 즉 그의 노동과 사회 일반의 더 높은 발전 단계를 전제로 한다. 생산물지대가 그것에 앞서는 형태와 다른 점은, 잉여 노동이 더 이상 자연적 형태를 취하지 않는다는 점이다. 즉 영주나 그 대리인의 직접적 감독과 강제 아래 수행되지 않는다. 직접 생산자는 직접적 강제 대신 상황에 의해 그리고 채찍 대신 법적 규정에 의해 강요될 뿐 자기 자신의 책임 아래 잉여노동을 수행한다. … 이 관계에서는 직접 생산자는 자기의 노동시간 전체를 다소 자유롭게 이용한다. 비록 이 노동시간의 일부(초기에는 잉여노동시간의 전부)가 여전히 공짜로 토지소유자에게 귀속하지만, 토지소유자는 이 노동시간을 자연적 형태로 받는 것이 아니라 그것이 실현하는 생산물의 형태로 받는다.[11]

이 구절은 지대가 시장에 의해 결정된다는 뜻으로 읽을 수 있다. 노동자는 자신의 노동력 전체를 '다소' 자유롭게 이용한다. 여기에서 잉여노동의 추출은 그가 생산수단에 접근할 수 없기 때문에 생기는 일이다. 생산수단에 접근할 수 없다는 것, 이것이 노동지대의 특징인 '직접적 강제'와는 다른 '상황의 강제'이다. 4.2.3에서 이 두 가지를 좀더 자세히 비교한다. 여기에서는 생산물지대에 대해 마르크스가 주장한 내용이 나중에 나오는 화폐지대에 관한 설명과 모순된다는 점만 지적하고자 한다.

> 이러한 종류의 지대는 그 토대가 … 이 지대의 출발점인 생산물지대의 토대와 같다. 직접 생산자는 전과 마찬가지로 상속 또는 전통에 의한 토지점유자이며, 그는 가장 중요한 생산조건의 소유자인 영주에게 강제적인 잉여노동을 화폐로 전환된 잉여생산물의 형태로 지불해야 한다. 이것은 곧 등가 없이

---

10) Cohen, *Karl Marx's Theory of History*, p. 65 참조.

11) *Capital III*, pp. 794~795.

제공하는 부불노동이다.[12]

이 두 인용구는 일관되게 해석하기 어렵다. 점유(*possession*)와 소유(*ownership*)의 구별이 분명하지 않다. 첫 번째 구절에서 잉여노동의 추출을 위해 필요한 직접적 강제는 점유로부터 나온다고 말하고 있다. 두 번째 구절에서는 토지소유자가 토지를 소유하고 있기 때문에 직접 생산자로부터 잉여를 추출한다고 말하고 있다. 그렇다면 주어진 토지를 직접 생산자가 점유하면서 동시에 토지소유자가 소유하고 있을 때, 잉여노동의 추출은 중복으로 설명된다. 즉 한 번은 토지소유자의 강제력 사용에 의해, 또 한 번은 폭력을 사용할 필요가 없는 법적 권리에 의해 설명된다.[13]

그렇다면, 생산자가 토지에 대한 완전한 소유권을 가지고 있고 자신의 노동력에 대한 소유권을 일부 가지고 있는 경우와, 토지에 대한 소유권을 일부 가지고 있고 자신의 노동력에 대한 완전한 소유권을 가지고 있는 경우가 어떻게 다른가 하는 것이다. 지대는 두 경우에 모두 발생할 수 있다. 전자의 경우 영주는 농민으로 하여금 자신의 영유지에서 일을 시킬 수 있기 때문이고, 후자의 경우 농민은 영주가 일부 소유권을 가지고 있는 땅을 경작한 대가로 노동지대를 지불해야 하기 때문이다. 두 경우의 차이는 토지가 노동에 비해 상대적으로 풍부할 때 나타난다. 이 경우에는 토지소유자가 소작인에게 부탁을 하는 형태가 된다. 따라서 후자의 경우 전자와는 달리 지대가 내려갈 것이다. 실제로 토지가 노동에 비해 상대적으로 풍부했을 때에는 일하지 않는 지주 계급이 사라지거나, 혹은

---

12) *Ibid.*, p. 797.

13) 토지소유자의 법적 권리는 오직 국가의 강제력에 의해서만 뒷받침된다는 사실은 거론할 필요가 없다. 여기에서의 문제는 토지소유자가 잉여를 추출하기 위해 폭력을 사용할 필요가 있는가 하는 것이기 때문이다.

자유농이 사라졌다는 주장이 있다.[14] 그러나 마르크스는 이 문제에 대해 아무런 언급이 없으며, 점유와 소유를 구별하여 설명하지 않고 있다. 따라서 비시장경제에서의 착취에 대한 마르크스의 설명은 모호한 채로 남아 있다. 노예제의 경우에는 이런 문제가 발생하지 않는다.

4.1.2. 시장 착취: 전형적인 경우

전자본주의적 생산양식과 자본주의적 생산양식을 비시장경제와 시장경제로 범주화할 수는 없다. 전자본주의 경제에서도 시장기구가 있었고, '상황의 강제'에 의해 착취가 발생했다. 그러나 자본주의는 역사상 가장 전형적인 시장경제로서, 노동력조차 하나의 상품으로 시장에서 매매된다. 여기에서는 이러한 조건하에서 발생하는 착취형태만 살펴보겠다. 시장 착취의 다른 형태들은 4. 1. 3에서 논의한다.

로머의 노동시장 착취 모형에 따라 논의를 전개하겠다. 로머의 모형은 《자본론》의 핵심적인 내용을 잘 반영하고 있고, 또한 마르크스가 제대로 분석하지 않은 문제들까지도 논의할 수 있게 해준다. 로머의 모형 중에는 행위자가 노동시간을 극대화하는 모형(그 대신 소비에 대한 제약이 따른다), 즉 '자본주의적 생존경제' 모형도 있고, 소득을 극대화하는 모형(그 대신 노동시간에 대한 제약이 따른다), 즉 '자본주의적 축적' 모형도 있다. 이하에서 주로 후자, 즉 축적 모형을 전제로 논의한다. 그것이 자본주의적 경제 현실에 더 가깝기 때문이다.

축적 모형에도 문제는 있다. 노동시간과 부와의 관련성에 대한 고려를 하지 않고 있기 때문이다. 최근의 저작에서 로머는 좀더 일반적인 경우를 설명할 수 있는 모형을 제시했는데, 여기에서 행위주체의 노동 공급

14) Domar, "The causes of slavery and serfdom".

기능은 그가 가진 부에 의존한다. 공급 기능을 이렇게 놓고 몇 가지 합리적인 가정들을 하면 순수 축적 모형은 탄탄한 결과를 낳는다. 행위주체가 부유해지면 질수록 더 많이 노동하려고 할 것이라는 비표준적인 가정을 하면 결과가 이상해진다. 그런 가정을 하면 빈자가 부자를 착취하는 상황이 발생한다. 즉 부자는 자신의 대규모 자본이 허락하는 이상으로 일을 하고 싶어 하는 반면, 빈자는 자신들이 가진 얼마 안 되는 자본조차 활용하지 않으려 하고, 따라서 빈자가 부자를 고용하는 상황이 설정된다.[15] 이것은 흥미로운 개념이라고 할 수 있다. 이러한 개념으로 보면 착취는 윤리적으로 중요한 개념이 될 수 없다. 부자가 착취당하기를 원한다면, 빈자에게 그 책임을 물어서는 안 된다. 이 상황에 잘못된 것이 있다면 부의 불평등한 분배 그 자체에 있는 것이지, 이러한 특이한 노동 공급 기능으로 인해 발생하는 착취의 형태에 있는 것은 아니기 때문이다. 4.3.2에서 다시 이 문제를 살펴보겠지만, 당분간 이러한 복잡한 상황은 무시하고 논의를 진행하겠다.

(동일한 기술수준의) 동일한 노동력을 가진 개인들이 있다고 가정하자. 다른 생산요소들은 서로 다르게 부여되어 있다. 필요한 가정이 또 있다. 재산권을 보호하고 계약을 강제하는 국가가 있어야 한다. 모든 재화를 생산하는 잘 정의된 기술이 있고, 오직 노동력만 생산이 불가능한 재화로 가정한다. 노동시장에서

> 행위자는 세 가지 형태의 경제활동을 할 수 있다. 자신의 노동력을 판매할 수도 있고, 타인의 노동력을 고용할 수도 있고, 자영(自營)을 할 수도 있다. 그러나 다음과 같은 제약이 따른다. 즉 자신의 노동으로 하든 고용한 노동으로 하든, 자신이 가진 재산을 운영하는 데 따르는 운영경비를 미리 계산해야 한다는 것이다.[16]

---

15) Roemer, "Should Marxists be interested in exploitation?".

여기에서 재산과 노동력은 3. 2. 2에서 설명한 것과 대체로 유사한 방법으로 계산된 균형 가격과 균형 임금으로 산정한다. 로머는 여기에 노동일의 길이라는 또 하나의 제약을 가정한다. 마지막으로 행위자는 순수익의 극대화를 추구한다고 가정한다. 주어진 균형하에서 우리는 행위자에 대해 다음과 같은 세 가지 질문을 할 수 있다.

① 가진 재산의 금전적 가치는 얼마인가?
② 자영인가, 노동력의 판매자인가, 노동력의 구매자인가?
③ 자신의 수입으로 구매 가능한 상품 속에 들어 있는 노동시간보다 더 긴 시간을 노동하는가?

첫 번째 질문은 경제행위자의 **부**에 관한 것이고, 두 번째는 **계급**에 관한 것이고, 세 번째는 **착취** 지위에 관한 것이다. 로머는 중요한 공리들을 통하여 이들이 매우 밀접하게 연관되어 있다는 것을 증명한다.[17] 최적화를 위해 노동력을 고용해야 하는 사람들은 착취자이며, 노동력을 판매해야 하는 사람들은 착취당한다. 자영이 최적인 사람들의 경우에는 착취자도 있고 착취당하는 사람도 있고, '회색지대'에 속하는 사람도 있다. 여기에 속하는 사람들의 특징은 자신의 수입으로 구매 가능한 상품묶음 중, 그 묶음에 구현되어 있는 노동시간이 구매자의 노동시간보다 많은 경우도 있고, 적은 경우도 있다는 것이다. 이러한 회색지대가 존재하는 이유는 가격과 가치의 불비례 때문이다(3. 2. 2). 게다가 부를 기준으로 한 개인들의 순위는, 예상한 대로 계급 또는 착취 지위를 기준으로 한 순위와 일치한다. 이 모형의 다른 특징들에 대해서는 6. 1에서 논의한다.

16) Roemer, *A General Theory*, p. 113.
17) *Ibid.*, 공리 4. 3, 4. 5 및 4. 7.

고도로 추상화된 것이긴 하지만 로머의 모형은 마르크스주의 착취 이론의 주요한 내용들을 아주 잘 보여준다. 또한 그가 분명하게 밝힌 가정은 몇 가지 문제들에 대해 생각할 수 있게 해준다. 이 모형의 두드러진 특징은 다음과 같다. ① 착취와 계급은 양상(樣相)으로 정의된다. 그러므로 착취 지위와 계급성은 실제행동을 관찰하는 것만으로는 알 수 없다. ② 착취는 개인 또는 전체 경제체제의 속성이다. 개인 간의 관계가 착취의 일차적인 속성은 아니다. ③ 착취는 완전히 정태적인 개념이다. 개인이 가진 재산의 역사적 형성과정은 무시하며, 그로부터 나오는 수익의 미래 가치도 무시한다. ④ 완전한 경쟁 구도에 한정된다. '엷은 시장'에서 발생하는 착취 형태들은 무시한다.

① 계급과 착취는 양상으로 정의된다. 로머에 따르면, 노동을 고용한다는 이유만으로 자본가 계급이 되지는 않는다. 자본가는 최적을 위해 반드시 노동을 고용해야 하는 사람이다. 그렇다고 해서 그가 '상황의 강제'에 의해 노동을 고용하는 것은 아니다. 대부분의 경우 '상황의 강제'를 받는 노동자들과는 달리, 그는 최적의 강제를 받는 것은 아니기 때문이다(4. 2. 3). 하지만 그가 최적을 원할 경우 노동을 고용할 수밖에 없다. 그 이유에 대해서는 6. 1. 1에서 다시 논의하겠다.

마찬가지로, 로머에 따르면, 행위자가 구매하는 상품 속에 구현되어 있는 노동이 그가 지출한 노동보다 적다는 이유만으로 그 행위자가 착취당하고 있다고 말할 수는 없다. 구매 가능한 상품 속에 들어 있는 노동이 그가 지출한 노동보다 적을 때에만 그가 피착취자라고 할 수 있다. 이 정의는 두 가지 함의를 가지고 있는데, 로머는 그중 한 가지만 말했다. 로머는 이러한 양상적 정의를 채택함으로써 착취 지위는 소비선호와는 무관하다는 점을 강조한다. 로머는 이 점을 매우 중요하게 여기고 있다. 착취를 도덕적 관점에서 보려고 할 경우 로머의 이론은 그럴듯해 보인다.

어떤 행위자가 착취자인가 피착취자인가 하는 것이 그의 기호의 변화에 따라 달라진다면 착취에 대한 도덕적 평가는 일부 그 의미를 상실하고 말 것이다. 이 정의에는 또 하나의 귀결이 있다. 즉 이러한 정의를 채택할 경우, 로머가 그렇게 한 것처럼, 순수입에 실제로 어떤 일이 발생하는지는 무시할 수 있다. 특히 재투자 대 소비의 문제를 피해갈 수 있다. 이 문제는 ③에서 더 자세히 논의한다.

② 이 모형은 착취를 하나의 속성으로 정의한다. 관계가 아니다. 착취는 착취자와 피착취자 간의 면 대 면 관계가 아니다. 착취하는 자이거나 착취당하는 자이거나 둘 중 하나의 속성을 가진다. 로머가 제시한 예를 살펴보자.

> 옥수수를 만드는 두 가지 기술이 있다. 하나는 노동만 있으면 되는 농장이고, 또 하나는 노동과 자본(옥수수 씨앗)을 사용하는 공장이다. 농장에서는 6일의 노동으로 두 말의 옥수수를 생산하고 이것이 노동자 한 사람을 재생산하는 데 필요한 재화다. 한편 공장에서는 같은 일에 3일의 노동과 약간의 자본이 필요하다. 공장을 사용하여 전체 구성원의 1/2을 재생산할 수 있는 자본이 있고, 이 자본은 모든 생산자들에게 평등하게 분배되어 있다. 생산자들은 생계를 목적으로 한다. 이렇게 가정할 경우 각 생산자는 주당 4 1/2일을 노동하게 될 것이다. … 이러한 결과를 얻는 방법은 여러 가지가 있다. 가장 간단한 방법은 모든 노동자들로 하여금 일제히 공장에서 1 1/2일을 노동하여 생계의 절반을 생산하게 하고, 농장에서 3일을 노동하여 나머지 반을 생산하게 하는 것이다. 같은 결과를 얻을 수 있는 두 번째 방식은 사회적 분업을 하는 것이다. 전체 성원의 2/3(A군)가 나머지 1/3(B군)을 고용하는 방법이다. B군에 속한 사람들은 자신의 옥수수 씨앗으로 일하기도 하고, 자신의 고용주인 A군에 속한 두 사람의 옥수수 씨앗으로 일하기도 한다. 이 경우 B군의 노동자가 주당 4 1/2일을 노동하면 옥수수 세 말이 생산된다. 이 중 한 말은 고용주에게 (고용주 개인당 1/2말씩) 이윤으로 지불한다. 이렇게 하여

> B군의 노동자는 4 1/2일을 일하고 자신의 생계를 해결한다. A군의 속한 사람들은 농장에서만 4 1/2일을 일하여 옥수수 1 1/2말을 생산한다. 나머지 부족분 1/2말은 자신이 고용한 B군의 노동자로부터 이윤으로 받아 해결한다. 이렇게 하여 A군의 노동자 역시 정확히 4 1/2일을 일하고 자신의 생계를 해결한다.[18)]

두 번째 조합방식에서도 첫 번째 조합방식에서와 마찬가지로 결과적으로 착취당하는 사람은 아무도 없다. 그러나 두 번째 조합방식에서는 A가 B를 착취하는 것 같은 인상을 줄 수 있다. 둘 사이에 일어나는 상호작용만 보면 그렇게 보인다. 이 경우 착취에 관한 '미시적' 접근은 그릇된 결론을 낳는다. 그런 경우들이 많이 있다. 위와 같은 상황에서 자본가는 소부르주아 계급의 성원들을 고용하여 최적화를 시도할 수도 있다. 소부르주아 계급의 성원들은 일부 시간은 자신을 위해 노동하고, 일부 시간은 노동력을 판매 또는 구매할 때에 최적화가 달성된다. 이 경우 자본가가 소부르주아를 착취하는 것처럼 보일 수도 있지만, 사실은 소부르주아 자신이 착취자일 수도 있다. 자신의 수입으로 지배할 수 있는 노동보다 더 많은 노동을 지배한다는 의미에서 그렇게 말할 수 있다.[19)] 잉여노동이 누구에게서 추출되는가 하는 것만 가지고는 누가 착취당하고 누가 착취자인지 말할 수 없다. 다른 한편, 6.1에서 더 자세히 논의하겠지만, 계급투쟁의 문제를 이해하는 데는 잉여노동이 어디에서 나오는지가 핵심적인 내용이 될 수도 있다.

착취를 개인 간의 관계가 아니라 개개인의 속성으로 보는 개념은 마르크스주의적 착취 개념을 희석시킨다. 다중가격균형(*multiple price equilibria*)을 고찰할 때에도 또 한 번의 희석화가 일어난다. 이 문제는 로머의

---

18) *Ibid.*, pp. 234~235.

19) *Ibid.*, pp. 131~132.

착취 모형을 생계경제에서의 상품시장에 적용할 때 나타난다. 어쩌면 노동시장이 있는 축적의 경우에도 나타날 수 있다. 즉 가격과 가치의 불비례에 의해, 그리고 소비자의 선택에 의해 발생하는 '회색지대'가 존재하게 된다. 생계 모형에서는 모든 행위자들이 소비하는 소비집합이 주어져 있지만, 다음과 같은 메커니즘에 의해 불확정성이 발생한다.

> 전자본주의 경제에서 생산자 갑이 생산자 을을 착취하는 경제제도 p를 생각해보자. 어떻게 해서 갑이 을을 착취하는 일이 가능하게 되었을까? 아마도 갑이 과거(선사시대)에 을보다 더 열심히 일하여 더 많은 재산을 축적했고, 그 결과 오늘날 그 과실을 누리고 있다는 대답이 떠오를 것이다. 이번에는 동일한 경제에서 을이 갑을 착취하는 경제제도 $\hat{p}$을 생각해보자. (동일한 데이터가 최소한 두 개의 균형 p와 $\hat{p}$을 일관성 있게 뒷받침한다.) 이 착취의 근원이 무엇이냐는 질문을 받으면 을이 갑보다 더 열심히 일했기 때문이라고 대답할 수밖에 없다. 그러나 갑과 을 각각이 과거에 상대방보다 더 열심히 일했다는 주장은 성립할 수 없다. 이러한 '위치전환'을 생각해보면, 다른 사람을 착취할 수 있는 그 어떠한 능력 — 과거에 다른 사람보다 더 열심히 일했다거나 혹은 위험을 무릅썼다거나 하는 — 도 생산자의 내재적 속성으로 볼 수 없다는 것을 알 수 있다.[20]

이 예를 보면, 두 가지를 알 수 있다. 첫째, 우연히 이루어진 균형을 포함한 모든 균형에서 잉여시간을 노동하는 사람을 피착취자로 정의할 수 있다는 것이다. 착취자도 마찬가지로 정의할 수 있다. 이 경우 피착취자도 착취자도 아닌 행위자들로 이루어진 새로운 **회색지대**가 생겨난다. 이들은 어떤 균형에서는 수입보다 더 많은 시간을 노동하고, 또 어떤 균형에서는 더 적은 시간을 노동한다. 로머의 수학적 예에서 회색지대는 경제

---

20) *Ibid.*, p. 44.

내의 모든 행위자들의 집합에 부합한다. 둘째, 착취는 개인들의 속성이 아니라 경제 전체의 속성으로 볼 수 있다. 어떤 균형에서든 잉여시간을 노동하는 사람이 있다면 전(全)경제 착취가 있다고 말할 수 있다. 그러나 모든 균형에서 잉여시간을 노동하는 사람이 있는 것은 아니다. 로머는 '약한 위치전환'이 일어나는 사례들이 있다고 주장한다. '약한 위치전환'이란 균형 A에서는 일부 행위자들이 잉여시간을 노동하는데, 균형 B에서는 모든 행위자가 자신의 노동시간에 상응하는 수입을 얻는 경우를 말한다.[21] 균형 A와 같은 상태가 우연히 발생한다 하더라도 이 경제에 전경제 착취가 있는 것은 아니다. 이 두 가지를 결합하면, 행위자 전부의 집합에 부합하는 새로운 회색지대가 존재하면서 동시에 전경제 착취가 존재하는 사례가 만들어진다. 이 사례를 놓고 보면, 로머가 (다른 문맥에서) 다음과 같이 주장한 것도 일리는 있다. "착취는 사회적 현상이며, 착취의 존재가 반드시 개별적인 착취자, 혹은 피착취자의 존재를 의미하는 것은 아니다."[22]

물론 이러한 '가능의 세계'를 근거로 착취를 설명하는 것은 설명력이 없다. 다른 균형에서 획득되는 상태에 대한 논증으로 행위자의 행동을 바꾸어놓을 수는 없을 것이기 때문이다.[23] 그러나 규범적 의의는 있다. 4.3.2에서 더 자세히 논의하겠지만, 착취질서가 정당화되는 경우도 있을 수 있다. 그 질서를 낳는 기본재산 구조가 '정직한' 방법으로 형성되는 경우에는 그럴 수 있다. 그러나 기본재산 구조와 착취 지위의 분포 사이에 운(*luck*)이 끼어들 경우, 이 주장은 약화된다. 어떤 가격에서 균형이 성립하는가 하는 것은 사실상 우연에 달린 문제이며, 우연히 생긴 결과를 놓고 공과(功過)나 자격을 논할 수는 없다.

---

21) *Ibid.*, p. 45.

22) *Ibid.*, p. 136.

23) Bowles and Gintis, "The power of capital", pp. 239ff에서의 논의와는 달리.

③ **축적과 기술변혁이** 있을 경우 로머의 착취 이론으로는 설명이 어려워진다. 앞에서 말한 것처럼 두 가지 측면에서 그렇다. 첫째, 불평등한 재산은 과거의 불평등한 저축의 결과일 수 있다. 불평등한 저축이 행위자의 자유선택에 따른 것이라면 불평등한 재산으로 인해 발생하는 착취에 대해 이의를 제기할 수 없을 것이다. 이 문제는 4. 3. 2에서 다시 살펴보기로 한다. 둘째, 수입의 사용이 그들의 분배의 도덕적 지위와 관계가 있을 수 있다. 이 문제를 좀더 자세히 살펴보자.

먼저 단순재생산 경제를 생각해보자. 여기에서 자본가는 모든 이윤을 다 소비한다. 그러면 다음과 같은 착취율의 측정치 두 개는 일치한다.

$$e_1 = \frac{\text{잉여가치}}{\text{노동력의 가치}}$$

$$e_2 = \frac{\text{자본가가 소비한 가치}}{\text{노동력의 가치 (= 노동자가 소비한 가치)}}$$

확대재생산의 경우 첫 번째 측정치는 착취의 지표로 부적당하다. 이 지표를 분배적 불의의 정도를 나타내는 것으로 삼고자 할 경우에 그렇다는 말이다.[24] 확대재생산에서는 잉여의 일부가 미래 생산에 투자되고, 그 미래 생산의 일부가 노동자에게 이익이 된다. 노동자에게 당장 이익이 되지는 않는 미래 생산의 일부는 자본가에 의해 소비될 것이지만, 일부는 재투자되고 다음 세대의 노동자에게 이익이 될 것이다. 마르크스는 《자본론 I》에서 "해마다 증대하는 잉여생산물의 대부분은 등가를 지불하지 않고서 빼앗은 것"[25]이라고 쓰고 있다. 만일 이것이 착취를 비난하

24) 물론 착취를 투자 결정력의 결여로 이해할 경우에는 좋은 지표가 될 수 있다. 콜라코프스키가 그렇게 하고 있다. Kolakowski, *Main Currents of Marxism*, vol. 1. p. 333. 그러나 이것은 확실히 특이한 용법이다.

는 도덕적 근거라면, 그 잉여의 일부를 나중에 돌려준다면 비난 가능성은 약화될 것이다. 그 보상이 당사자에게 돌아가는 것이 아니라는 이유로 반박할 필요는 없다. 현재 받고 있는 보상도 이전의 노동자들로부터 추출한 잉여 덕분에 가능해진 투자에서 온 것이기 때문이다. 그 투자가 실질임금의 상승을 가져오지는 않고, 임금을 받는 노동자의 수적 증가를 가져올 뿐이라는 것도 반박의 근거가 될 수 없다. 왜냐하면 그 투자가 없었더라면 이들 노동자들 중 일부는 실업자가 되었을 것이기 때문이다.

이러한 시간 차원을 고려하여 착취를 측정하기 위해 $t = 1$을 오늘이라고 하고, 미래의 시간 t에서 오늘의 노동 한 단위에 의해 노동자와 자본가에게 제공되는 소비를 각각 x_t와 y_t라고 하자. 그리고 다음과 같이 정의한다.

$$e_3 = \frac{y_1 + y_2 + \cdots +}{x_1 + x_2 + \cdots +}$$

계산을 단순하게 하기 위해 $x_1 = 1$이라고 하자. 전경제의 자본의 유기적 구성을 k라 하고, 이윤 중 저축률을 s라 하자. 잉여가치율은 e_1이며, 이것은 첫 연도에 생산된 잉여가치의 양이다. 이로부터 자본가는 $e_1(1-s) = y_1$을 소비하고, $e_1 s$를 투자한다. $\{k/(k+1)\}e_1 s$가 고정자본으로 투자되고, $x_2 = \{1/(k+1)\}e_1 s$가 가변자본으로 투자된다. 이 가변자본은 $\{e_1/(k+1)\}e_1 s$의 잉여가치를 낳고, 자본가는 이 중 $y_2 = \{e_1/(k+1)\}(1-s)e_1 s = \{e_1 s/(k+1)\}y_1$을 소비한다. 이 수식을 보면, x_1과 y_1이 모두 $e_1 s/(k+1) = q$에 비례한다는 것을 알 수 있다. 그러므로 다음과 같이 고쳐 쓸 수 있다.

25) *Capital I*, p. 611.

$$e_3 = \frac{y_1\,(1+q+q_2+\cdots+)}{x_1\,(1+q+q_2+\cdots+)} = y_1 = e_2$$

한 시점에서의 자본가 계급과 노동자 계급 간의 소비 비율은 이시적(異時的) 착취율의 척도이기도 하다. 확실히 $e_1 > e_2 = e_3$이다. 또한 자본가의 소비가 0인 경우에는 착취도 0이다.[26] 그럼에도 불구하고 계급투쟁과 관련 있는 설명 변수는 e_2가 아니라 e_1이다. 잉여의 추출은 자본가의 이윤의 모습으로 분명하게 나타난다. 이 이윤을 자본가가 가지지 않는다면 현재의 노동자들의 몫으로 돌아갈 것이다. 반면에 미래의 노동자들의 처지에 대한 고려는 없을 것이다. 그러므로 위의 ②에서 논의한 '미시적 편견' 외에 '근시안적 편견'이 작용할 수 있다. '근시안적 편견'에 사로잡혀 있으면, 규범적으로는 착취에 해당하는 것이 행동의 동기가 되지는 않는다.

기술의 진보가 있으면 상황은 좀 달라진다. 이 경우에는 재투자된 잉여가 실질임금의 상승 형태로 노동자들에게 돌아갈 수도 있다. 잉여의 재투자가 자본가에게는 철갑상어 알을 주겠지만, 더 많은 노동자에게 빵을 줄 수도 있을 뿐만 아니라, 빵만으로 살던 노동자에게는 버터를 줄 수도 있다. 마르크스도 1847년의 《임금》(*Wages*) 원고에서 이러한 사실을 인정하고 있다.

> 임금 상승의 주된 조건은 생산적 자본의 성장, 생산적 자본의 가능한 한의 가장 급속한 성장이다. 그러므로 노동자들이 그럭저럭 괜찮은 처지에 놓이기 위한 주된 조건은 부르주아 계급과의 격차가 점점 더 커지고, 자신의 대립물인 자본의 힘이 최대한으로 증가하는 것이다. 즉 노동자는 자신에게 적

---

26) 이에 대한 더 자세한 논의는 von Weizsäcker, "Modern capital theory and the concept of exploitation" 참조.

대적인 힘, 즉 자신의 대립물을 창조하고 강화할 때에만 그럭저럭 괜찮은 처지에 놓일 수 있다.[27]

이 생각은 자본주의를 동적 게임으로 보는 '랭커스터 모형'에 비교될 수 있다. 여기에서 노동자들은 임금협상에서 자본가가 적정한 이윤을 얻을 수 있도록 일부 양보를 한다. 이 이윤과 재투자에 노동자의 미래의 복지가 달려 있기 때문에 이러한 양보는 결국 자신들의 이익을 위한 것이다.[28] 물론 마르크스가 이런 식으로 생각했다는 것은 아니다. 그런 전략적 사고의 씨앗을 찾아볼 수 있다는 것이다. 마르크스는 노동자들이 얻을 수 있는 한계보다 의도적으로 더 적게 요구할 것이라고 생각하지는 않았다. 그러나 위의 인용문은 노동자들이 미래의 이익을 생각해서 자신들이 요구한 것보다 적게 주더라도 받아들일 수 있다는 것을 보여준다. 확대재생산의 경우에도 그러하듯이, 기술변혁이 있는 경우 착취율은 동적 관점을 채택하면 더 적어지는데, 이러한 동적 관점이 규범적 목적에 더 적합한 것으로 보인다.[29] 이 경우에도 규범적으로 정당화될 수 있는 착취율이 아니라 착취율 e_1을 행동의 동기로 삼는 근시안적 사고가 있을 수 있다. 규범적 개념을 채택하기 위해서는 노동자들의 시간 선호가 전제되어야 한다.[30]

e_2를 동적 개념으로 해석하면 착취율은 그다지 높지 않다. 특히 오늘날의 자본주의 경제에서 더욱 그러하다. '관리 비용'으로 지불되는 것(이것은 착취가 아니다)을 넘어선 자본가의 소비는 노동 계급의 소비와 비교

27) *Wages*, p. 428. 또한 pp. 420, 435 참조.

28) Lancaster, "The dynamic inefficiency of capitalism".

29) Von Weizsäcker, "Modern capital theory and the concept of exploitation".

30) 이 문제는 *Ulysses and the Sirens*, ch. II. 5 참조.

할 때 얼마 되지 않을 것이다. 그렇다고 해서 자본가의 착취가 작은 불의라는 뜻은 아니다.[31] 자본가의 착취가 가져오는 불의의 크기는 자본가의 착취 총량의 함수일 뿐만 아니라, 1인당 지출의 함수이기도 하다. 두 계급의 숫자적 크기와 관계없이 "1인당 개인소득의 차이가 엄청나게 크고, 이것이 노동자들의 자기인식과 자존감에 큰 영향을 미친다".[32] 그렇지만 이러한 사실은 나의 주된 논의와는 아무런 상관이 없다. 재투자된 일부 잉여가 노동자들의 자존감을 상하게 하는 것은 아니기 때문이다. 투자 결정과정에서 배제되었다는 사실로 인해 자존감에 상처를 받을 수는 있다. 그러나 착취의 소득 효과에서 비롯되는 불의가 투자에서 생기는 이익으로 인해 더 커지지는 않는다.

④ 로머의 모형은 여러 면에서 **경쟁력** 있다. 우선 신고전파 착취 이론과 극명한 대조를 이룬다. 신고전파에 따르면, 착취는 완전 경쟁의 **부재**에서만 일어날 수 있다.[33] 이것은 마르크스의 의도를 공략한다. 마르크스의 의도는 자본주의의 결함이 자본주의에 내재되어 있는데, 과점이나 카르텔과 같은 불완전함 때문에 드러나지 않는다는 것을 보여주는 것이다(3. 1. 1). 또한 계급-착취-부 공리는 주어진 균형에서만 증명될 수 있다. 그러나 불완전 경쟁 상황에 적용할 수 있는 일반균형 이론은 없다. 따라서 이 경우에는 행위자의 행위와 소유재산의 가치를 최적화하는 것이 무엇인지를 알 수 없다.

다른 한편, 경쟁의 불완전성이 실제 자본주의 경제에서 매우 중요하다

31) 아래 논의에서 자본가의 권리에 관한 문제는 무시하기로 한다. 이 문제는 4. 3. 2에서 자세히 논의한다.

32) Cohen, "Reply to Elster", p. 494.

33) 신고전파 이론에 대해서는 Bronfenbrenner, *Income Distribution Theory*, ch. 6 참조.

는 사실은 의심할 여지가 없고, 따라서 마르크스의 착취 이론도 궁극적으로는 이 문제를 다룰 수 있어야 한다. 이 문제는 여기에서 더 이상 다루지 않겠다. 착취율의 결정요인으로서 집단적 협상에 관해서는 4. 1. 4에서 논의한다. 마르크스는 임금협상이 쌍방 독점에 기대고 있다고 믿었는데 그가 증거로 제시한 《자본론 III》의 한 구절에 대해 자세히 논의한다. 4. 3. 3에서는 노동시장에 작용하는 힘을 논의하고자 할 경우 물리적 강제(*force*)와 경제적 강제(*coercion*)를 구분할 것을 제안한다. 자본가의 분할지배 전술이 착취율에 미치는 영향에 대해서는 6. 2. 1에서 논의한다.

4.1.3. 시장 착취의 형태

착취는 여러 종류의 시장에서 발생할 수 있다. 베버는 계급을 분석하면서 다음과 같이 썼다. "계급적 대립이 있는 곳에서의 투쟁은 소비 신용대부를 둘러싼 투쟁으로부터 우선 상품시장에서의 투쟁으로 옮겨가고, 다음으로 노동시장에서의 임금투쟁으로 옮겨간다."[34] 이 분석은 착취에도 적용될 수 있다. 로머는 베버와 비슷하게 노동시장, 상품시장 및 신용대부 시장에서의 착취를 구분한다. 다만 로머가 말하는 신용대부는 소비신용대부가 아니라 생산 신용대부이다. 이들을 차례로 살펴보겠다.

로머는 그의 책 앞부분에서 노동력 그 자체가 상품화되지 않았다 하더라도 상품교환만으로도 착취가 일어날 수 있다는 것을 논리적으로 보여준다. 기본재산의 불평등한 분배로 인하여 일부 사람들은 자신의 생계수단을 생산하는 데 필요한 시간 이상을 노동하고, 또 일부 사람들은 그 이하의 노동을 하는 결과가 나타난다. 이처럼 착취가 '교환의 시점'에서 일어나는 것이 명백하기 때문에 착취가 반드시 '생산의 시점'에서 일어난다

34) Weber, *Economy and Society*, vol. II, pp. 930~931.

고 할 수는 없다는 것이다.[35] 4.1.5에서 나는 이러한 착취 현상이 노동시장에서도 일어난다는 점을 살펴볼 것이다. 모든 독자들이 내 주장에 동의하지는 않겠지만, 나는 로머의 주장이 '근본주의적' 견해에 대한 반박 불가능한 반론이라고 믿고 있다. 근본주의자들은 착취는 반드시 노동과정에 대한 지배를 매개로 발생한다고 주장한다.[36]

로머는 그 모형이 국가 간의 경제에는 적용되기 어렵다고 주장한다. 왜 그런지 알기 위해서는 마르크스의 주장부터 살펴보는 것이 좋겠다. "교환가치가 자본으로, 교환가치를 낳는 노동이 임금노동으로 발전되지 않는다고 생각하는 것은 어리석은 생각이기도 하고, 경건한 생각이기도 하다."[37] 문맥으로 보아 그가 염두에 두고 있는 것은 노예경제에서도 일어날 수 있는 상품생산 일반이 아니라 독립적인 생산자들의 경제에서 일어나는 상품생산이다. 그의 진술은 계급분화가 없는 경제체제에도 착취로 인한 불안정성이 내재하고 있다는 주장으로 읽을 수 있다. 시장경제는 심리적 혹은 제도적 장벽을 제거하여 경제주체들이 최적화를 위해 그들의 노동력을 팔 수 있게 해준다.[38]

그러나 국가 간의 경계는 넘을 수 없는 장벽을 형성한다. 그러므로 국제무역에 대해서는 (비노동) 상품의 교환에 의한 착취 모형이 적용되어 왔다.[39] 마르크스는 국제무역에 대해 이렇게 말했다. "부유한 나라가 가난한 나라를 착취하는데, 가난한 나라가 교환에 의해 이익을 얻는 경우에도 그렇다."[40] 부유한 나라가 가난한 나라의 노동자들을 고용해서 그

35) Roemer, *A General Theory*, pp. 39~40.

36) 이러한 견해는 Marglin, "What do bosses do?" 또는 Bowles and Gintis, "The Marxian theory of value and heterogeneous labour" 참조.

37) *Grundrisse*, p. 249.

38) 이 과정에 대한 훌륭한 설명으로는 Polanyi, *The Great Transformation* 참조. 마르크스의 설명은 5.3 이하에서 살펴본다.

39) Roemer, *A General Theory*, *Appendix* 1.1.

렇게 된다는 말은 아니다. 이러한 형태의 국가 간 '부등가 교환'은 주로 마르크스 이후에 생겨난 것이다.[41] 마르크스는 국제노동시장과 동일한 기능을 수행하게 될 국제자본시장의 가능성에 대해서는 생각해보지 않았다.[42]

노동시장을 통한 착취가 전형적인 착취 형태라는 것은 앞에서 이미 말했지만 몇 가지 덧붙일 말이 있다. 로머와 같은 모형에서 자본가는 자본재에 대한 지배를 통해 노동자를 착취한다. 그러나 이것이 자본주의적 착취의 유일한 원천은 아니다. 자본가는 노동자의 고립과 조직의 결여를 이용하여 노동자를 착취할 수도 있다. 《자본론 I》의 "협업" 장에 다음과 같은 구절이 있다.

> 노동자는 자기 노동력의 판매자로서 자본가와 거래하는 동안에는 자기 노동력의 소유자이지만, 그는 자기가 소유하고 있는 것, 곧 자기의 개인적 · 개별적 노동력만을 판매할 수 있을 따름이다. 자본가가 하나의 노동력이 아닌 100개의 노동력을 사들이든 아니면 한 명의 노동자가 아닌 100명의 서로 독립된 노동자와 계약을 맺든, 이 관계는 그것에 의해서는 조금도 변하지 않는다. 자본가는 100명의 노동자에게 협업을 하게 만들지 않고서도 그들을 사용할 수 있다. 그러므로 자본가는 100명의 독립된 노동력의 가치를 지불하기는 하지만 100명이라는 결합노동력에 대해서 지불하는 것은 아니다. 독립된 인간으로서의 노동자들은 서로 다른 사람들이며, 그들은 동일한 자본과 관계를 맺으면서도 서로 간에는 아무런 관계를 맺지 않는다. 그들의 협업은 노동과정에 들어가면서부터 비로소 시작되지만 노동과정에서 그들의 협업은 더 이상 그들의 것이 되지 못한다. 노동과정에 들어가면서 그들은 자본에

---

40) *Theories of Surplus-Value*, vol. 3, p. 106.

41) 이에 대한 분석은 Roemer, "Unequal exchange, labour migration and international capital flows" 참조.

42) *Ibid*.

> 합체된다. 협업자로서, 하나의 활동유기체의 손발로서 그들 자신은 다만 자본의 한 특수한 존재양식에 지나지 않는다. 바로 그렇기 때문에 노동자가 사회적 노동자로서 발휘하는 생산력은 자본의 생산력이다. 노동의 사회적 생산력은 노동자가 일정한 조건 아래 놓인다면 무상으로 발휘되며, 자본은 그들을 이러한 조건 아래에 둔다. 노동의 사회적 생산력은 자본에게는 아무런 비용도 들지 않는 것이고, 다른 한편 이 생산력은 노동자의 노동 자체가 자본가의 것이 되기까지는 노동자에 의해서 발휘되지 않는 것이므로, 이 생산력은 자본이 선천적으로 가지고 있는 생산력, 곧 자본의 내재적인 생산력으로서 나타난다.[43]

이러한 상황은 규모수익의 체증을 가져오는데, 노동자들은 개별적으로 협상할 수밖에 없기 때문에 결국 임금 향상은 불가능해진다. 나의 논점을 가능한 한 분명하게 하기 위해, 나는 마르크스가 가정했던 것과는 달리, 개별 노동자에게 그가 가진 생산수단을 사용하여 그가 생산할 수 있는 완전한 가치가 지불된다고 가정한다. 나아가 노동자는 자신이 소유하고 있는 생산수단을 작업장에 가져갈 수도 있다. 노동자들은 상호 간에 어떠한 관계도 맺지 않은 채 개별적으로 자본가와 협상하기 때문에, 자본가는 그들 각자가 생산한 것 이상을 그들에게 지불할 필요가 없고, 따라서 그들을 고용함으로써 '기업 순이익'을 얻을 수 있게 된다.

노동자들이 협조하여 행동할 수 있다면, 그리하여 임금을 향상시킬 수 있다면, 착취를 당하고 있지 않을 것이다. 자본가가 그들을 착취할 수 있는 물리적 자본을 가지고 있는 것은 아니다. 오로지 임금으로 줄 수 있는 화폐자본과, 조직 능력과, 노동자들의 조직을 방해할 능력을 가지고 있을 뿐이다. 이러한 형태의 착취의 역사적 중요성이 무엇이든,[44] 이것은

43) *Capital I*, pp. 332~333.

44) 이에 대한 논쟁으로는 Marglin, "What do bosses do?" 참조. 5.2.2에서 자세히 논의한다.

노동시장 착취의 전형적인 형태와는 다르다. 노동시장 착취의 경우, 자본가는 불변자본을 소유하고 있어서 노동자들은 자영을 할 수가 없다. 이 경우 노동 계급이 조직화되었다 하더라도 물리적 자본에 대한 접근이 없다면 자영은 불가능하고, 임금을 받고 자본소유자를 위해 일할 수밖에 없다. 물리적 자본에 대한 통제가 결여되었을 때는 규모수익 체증과 완전히 경쟁적인 노동시장이 있어야 착취가 가능해진다. 자본에 대한 통제가 있을 때에는 둘 다 필요하지 않다.

많은 전통사회에서 신용시장을 통한 착취는 잉여노동 추출의 중심적인 형태였다. 로머에 따르면, 신용시장 착취와 노동시장 착취는 완전히 동일한 구조를 가지고 있다. 자본이 노동을 고용하든, 노동이 자본을 고용하든 마찬가지라는 신고전파의 속담이 맞는다는 것이다.[45] 마르크스도 《프랑스의 계급투쟁》(*The Class Struggles in France*) 에서 본질적으로 같은 진술을 하고 있다.

> 공화국이 프랑스 농민들에게 이전의 세금에 더하여 새로 세금을 부과한 것은 산업 프롤레타리아에 대한 착취와 오직 **형태**만 다른 착취였다. 착취자는 동일하다. 즉 **자본**이다. 개별 자본가는 개별 농민들을 **저당**과 **고리대**를 통해 착취한다. 자본가 계급은 노동자 계급을 국세를 통해 착취한다.[46]

과세에 의한 착취 문제는 4. 1. 5에서 논의한다. 저당을 통한 농민의 착취는 임금노동의 착취와 같은 것이기는 하지만, 마르크스는 같은 책에서 "자본의 2차적 착취양식"[47] 이라고 했는데, 아마도 그것이 자본주의적 생산양식의 동적 핵심에서 비켜나 있기 때문일 것이다. "고리대자본은 …

45) Roemer, *A General Theory*, ch. 3.
46) *The Class Struggles in France*, p. 122.
47) *Ibid.*, p. 57.

생산력을 발전시키는 것이 아니라 마비시킨다."[48] 《자본론 III》에서는 "2차적 착취"라는 말을 소비목적의 신용대부에까지 확장한다. 이자부자본이 자본의 근본적 형태라고 생각하는 환상에 대해 논의하면서 그는 이렇게 쓰고 있다.

> 개인적 소비를 위한 가옥 등의 대부를 여기에 끌어들이는 것은 더욱더 부적절하고 무의미하다. 노동자 계급이 이 형태에서도 크게 기만을 당한다는 것은 명백한 사실이지만, 이러한 것은 노동자 계급에게 생활수단을 공급하는 소매상들에 의해서도 행해진다. 이러한 것은 〔생산과정 그것 내부에서 직접적으로 행해지는〕 1차적 착취와 나란히 진행되는 2차적 착취이다.[49]

같은 장에 다른 공식이 나타나기도 한다. "고리대자본은 자본의 생산방식을 가지지 않으면서 자본에 특징적인 착취방식을 가지고 있다."[50] 이 두 가지 공식 모두에서, 근본주의자들의 주장과는 달리, "생산의 지점에서" 일어나지 않는 착취가 있을 수 있다는 것을 알 수 있다.

마르크스는 또한 전자본주의 경제에서의 신용대부 시장에 대해서도 논한 바가 있다. 《자본론 III》에서 전자본주의 경제체제들에 존재할 수 있는 고리대자본의 두 형태를 구별하고 있다.

> 이 두 형태란, **첫째**, 낭비적인 귀족, 주로 토지소유자에 대한 고리대, **둘째**, 자기 자신의 노동조건을 가진 소생산자에 대한 고리대이다. 이 소생산자에는 수공업자도 포함되어 있지만 주로 농민이 포함되어 있다. 왜냐하면 자본주의 이전의 조건들이 소규모의 자립적인 개별 생산자들을 허용하는 곳에서는 어디에서나 농민 계급이 대다수를 구성할 수밖에 없기 때문이다.[51]

---

48) *Capital III*, pp. 595~596.

49) *Ibid.*, p. 609.

50) *Ibid.*, p. 597.

이 중에서 둘째 것만 엄밀한 의미에서 착취에 해당한다. 마르크스의 말을 계속 들어보자. "채무를 진 노예소유주나 봉건영주는 자기 자신이 더 많이 빼앗기기 때문에 노동자로부터 더 많이 빼앗는다."[52] 그리고 "옛날의 착취자—그 의 착취는 대체로 가부장적이었다. 왜냐하면 그 착취가 주로 정치적 권력의 수단이었기 때문이다— 대신 혹독하고 돈만 아는 벼락부자가 나타난다."[53] 그러나 마르크스는 노예소유주나 영주가 착취당한다고 말하지는 않았다. 그러므로 《자본론 I》의 다음과 같은 유명한 구절은 오해하기 쉽다.

> 고대세계의 계급투쟁은 주로 채권자와 채무자 사이의 투쟁이라는 형태로 행해졌는데, 이것이 로마에서는 평민채무자의 몰락으로 끝을 맺었다. 그리고 이들은 노예가 되었다. 중세에는 투쟁이 봉건적 채무자의 몰락으로 끝났고, 이들은 그 경제적 기반과 함께 정치적 권력을 상실하였다. 그럼에도 불구하고 이 두 시기에 존재했던 채권자와 채무자의 금전 관계는 해당 계급의 경제적 존재조건 사이의 뿌리 깊은 적대관계를 반영한 것이었다.[54]

다소 과장되긴 했지만, 고대의 계급투쟁이 신용시장에서 두드러졌다는 주장이 영 틀린 말은 아니다.[55] 마르크스는 다른 곳에서 그런 일이 부자와 빈자 사이에서,[56] 혹은 대토지 소유와 소토지 소유 사이에서[57] 일어

---

51) *Ibid.*, p. 594.

52) *Ibid.*, p. 596.

53) *Ibid.*, p. 597.

54) *Capital I*, p. 135.

55) Ste Croix, *The Class Struggle in the Ancient Greek World*, pp. 162~170 참조. 핀리의 주장에 따르면 고대의 주된 사회갈등은 두 가지였는데, 형식적 특권과 물질적 이익이 바로 그것이다. 물질적 이익으로 가장 중요한 것은 부채탕감과 토지재분배였다. Finley, *Politics in the Ancient World*, pp. 107ff.

56) Preface to the 2nd edition of *The Eighteenth Brumaire of Louis Bonaparte*,

난다고 말하고 있으므로, 이들이 사회의 칸막이라고 마르크스가 생각했다고 추론할 수 있다. (계급 착취와 부의 상응 진술) 소유의 차이는 부와 계급 차이를 설명하는 '뿌리 깊은 적대'라고 볼 수 있다. 그러나 마르크스는 노예가 계급투쟁에 참여한다고 말하지는 않았다. (오히려 명시적으로 부인한 적이 있다.)[58] 이 문제는 제 6장 이하에서 살펴볼 것이다. 여기에서 나는 위의 인용문 셋째 문장은 오해의 소지가 있다는 점을 지적하고자 한다. 《자본론 III》에 상층계급의 부채의 원인이 과소비에 있다는 점을 강조하는 대목이 있기 때문이다. 사적인 권력관계에 기초를 둔 경제체제에서는 상층계급의 소비지출은 생산비용의 한 항목으로 분류될 수 있고, 이것은 생산의 규모에 따라 달라지겠지만, 잉여가치의 크기와는 관계가 없다는 주장이 있다.[59] 또한 봉건영주들이 빚더미에 올라앉는 이유는 군비지출 때문이고, 이것이 그들의 경제적 상황과 밀접한 연관이 있다는 주장도 있다.[60] 하지만 마르크스에게서 이러한 주장들을 찾아볼 수는 없다.

결론은 간단하다. 자본주의는 가장 발달한 시장경제이며, 임금노동이 자본주의의 중심적인 제도이기 때문에 노동시장에서의 착취가 가장 중요한 형태의 시장 착취라고 볼 수 있다는 것이다. 형태는 동일해 보이지만 신용시장에서의 착취는 자본주의에서 그리 중요하지 않다. 왜냐하면 그것은 생산력의 발전과는 관계가 없기 때문이다. 그러나 전자본주의 경제에서는 그것이 가장 중요한 시장 착취 형태였고, 다양한 방법으로 비시

---

p. 359.

57) Marx to Engels 1855. 3. 8.

58) Preface to the 2nd edition of *The Eighteenth Brumaire of Louis Bonaparte*, p. 359.

59) 졸고 "Some conceptual problems in political theory", pp. 260ff 참조.

60) Brenner, "The agrarian roots of European capitalism" 참조.

장 착취와 상호작용하였다. (비노동) 상품시장에서의 착취는 계급분화가 없어도 논리적으로는 착취가 존재할 수 있다는 것을 보여준다. 국제무역이 그 예가 될 수 있다.

4.1.4. 착취율의 결정요소

3. 2. 2에서 말한 자본주의하에서의 잉여가치율의 분석 문제를 살펴보기로 하자. 4. 1. 3에서는 착취가 어떻게 발생하는가에 관한 질적인 문제를 다루었는데, 여기에서는 노동시장 착취의 경우 착취율을 결정하는 것이 무엇인지에 관한 양적인 문제를 살펴보겠다.

착취율은 $(h-v)/v$이다. 여기에서 h는 일일노동시간이고, v는 하루 동안 노동자의 노동력을 재생산하는 데 필요한 소비재의 가치이다. 후자는 실질임금과 그 임금으로 구매하는 상품들에 들어 있는 노동량에 의해 결정된다. 그러므로 착취율은 세 개의 독립변수의 함수이다. 이 세 가지 잉여가치율의 결정요소 중 상품에 들어 있는 노동가치는 경제적 협상이나 정치적 투쟁의 대상이 아니다.

우선 노동일의 길이를 생각해보자. 이것은 《자본론 I》에 유려한 문장으로 자세히 기술되어 있다. 마르크스의 분석은 경제학적 성격을 넘어 계급투쟁 및 정치학과 연관되어 있다. 여기에서 마르크스는 경제적 착취와 집합행위 및 정치적 개입이 어떻게 서로 연관되어 있는지를 자세하게 논의하고 있는데, 이것은 아마도 마르크스의 저작을 통틀어 이 문제에 관한 가장 중요한 논의라고 할 수 있을 것이다. 마르크스는 우선 여러 개의 인용문을 길게 나열한 다음 자신의 논리를 펴고 있는데, 그중 일부는 비논리적이다. 마르크스는 노동일의 단축에 관해 설명하면서 이것이 노동 계급의 이익인지, 자본가의 이익인지, 아니면 '사회'의 이익인지에 대해 결정하지 못한 것으로 보인다. 아래의 논의는 이 문제에 대한 설명 전부는 아니다. 이 문제는 제 6장과 제 7장에서 다시 살펴볼 것이다.

그가 제시한 주요한 이론적인 틀은 다음과 같다.

> 극히 탄력적인 제한들을 제외하면 상품교환 그 자체의 성질로부터는 노동일의 한계도, 잉여노동의 한계도 생겨날 수 없다. 자본가가 될 수 있는 대로 노동일을 연장하고 그리하여 가능하다면 1노동일을 2노동일로 만들려고 애쓰는 경우 그는 구매자로서의 자신의 권리를 주장하는 것이다. 다른 한편 이 판매된 상품의 특수한 본성은 구매자가 그것을 소비하는 데 대한 제한을 포함하고 있으며, 따라서 노동자가 노동일을 일정한 표준적인 길이로 제한하려고 하는 경우 그는 판매자로서의 그의 권리를 주장하는 것이다. 따라서 여기서 다 같이 상품교환의 법칙에 의하여 보증되는 권리 대 권리라는 이율배반이 발생한다. 동등한 권리와 권리 사이에서는 힘이 사태를 결정짓는다. 이리하여 자본주의적 생산의 역사에서 노동일의 표준화는 노동일의 한계를 둘러싼 투쟁, 즉 총자본(자본가 계급)과 총노동(노동자 계급) 사이의 투쟁으로 나타난다.[61]

이러한 주장은 단체협상 혹은 국가를 대상으로 한 정치적 투쟁에 관한 진술로 볼 수도 있다. 《임금, 가격, 이윤》(*Wages, Price and Profit*)에서 명백히 밝히고 있는 것처럼, 마르크스는 영국 노동자들이 "노동자와 자본가 사이의 사적인 타결"에 의해 노동일의 감축을 획득한 것이라고 생각하지는 않았다. "일반적인 정치적 행동"과 "입법적 개입"이 필요했다.[62] 이러한 정치적 사건들에 관한 마르크스의 불분명한 견해를 잠깐 살펴보자. 우선 마르크스의 문장 하나를 인용하겠는데, 여기에서 그는 자본가가 노동일을 가능한 한 연장하려고 하는 동기를 설명하고 있다. 그러나 이러한 행동은 장기적으로 보면 자해행위가 된다.

---

61) *Capital I*, pp. 234～235.

62) *Wages, Price and Profit*, p. 74.

자기 주위의 무수한 노동자의 고뇌를 부인하기 위한 충분한 이유를 가진 자본은 인류가 장차 멸망할 것이라든지 결국은 끊임없이 인구가 감소할 것이라든지 하는 예상만으로는 자신의 실제 운동을 조금도 제한하지 않는다. 마치 지구가 태양에 부딪힐지 모른다는 예상에 구애받지 않듯이. 주식 투기의 경우에도 언젠가는 폭풍우가 몰아칠 것이라는 사실을 누구나 알고 있지만, 모두들 자신이 황금의 비를 받아 쥐고 안전한 곳으로 운반해놓은 뒤에 벼락이 옆 사람의 머리에 떨어지리라고 생각한다. 뒷일은 난 몰라! 이것이 모든 자본가, 모든 자본주의 국가의 표어이다. 그러므로 자본은 노동자의 건강이나 수명에 대해서는, 사회가 강요하지 않는 한, 고려하지 않는다. 육체적·정신적 위축과 요절 및 과도노동의 고통을 호소하면 자본은 다음과 같이 대답한다: 그들의 고통이 우리의 이윤을 증가시키는데, 우리가 그것 때문에 고민할 이유가 어디에 있겠는가? 그러나 전체적으로 보면 이것은 개별 자본가의 자유의지에 달린 것이 아니다. 자유경쟁은 자본주의적 생산의 내재적인 법칙들을 개별 자본가에 대해 외적인 강제법칙으로서 작용하게 한다.[63]

여기에서 자본가의 탐욕에 대한 제어는 노동자들의 투쟁에 의해서가 아니라 '사회'의 강제에 의해 이루어지는 것으로 설명되고 있다. 마르크스는 또한 "공장 입법, 즉 사회가 자연발생적 생산과정 형태에 대해 반응하는 최초의 의식적인 방법"에 대해 말한다.[64] 1861~1863년의 《비판》에도 비슷한 주장이 있다.

이러한 과잉으로 자본가와 노동자의 존재를 함께 위협하는 전염병이 발생했다. 따라서 국가는 자본가 계급의 격렬한 반대에도 불구하고 공장에서의 정상 노동일을 도입하지 않을 수 없었다.[65]

---

63) *Capital I*, pp. 269~270. 괴테의 시에 대한 언급(2. 4. 2)을 참조하라.
64) *Capital I*, pp. 480; 또한 p. 409 참조.
65) *Zur Kritik (1861~1863)*, p. 193.

나아가 마르크스는 노동일의 길이 제한이 개별 자본가의 이익과는 구별되는 자본가 계급의 집단적인 이익에 의해 설명될 수 있다고 주장한다. 그는 개별 자본가의 단기적인 탐욕을 자본주의적 농업의 불합리한 성격과 비교하면서 설명한다.

> 자본은 노동력의 수명에는 전혀 관심이 없다. 자본이 관심을 갖는 것은 오로지 노동일에 유동화될 수 있는 노동력의 최대치뿐이다. 자본이 노동력의 수명을 단축시켜서라도 이 목표에 도달하려는 것은 마치 탐욕스런 농업자가 토지의 비옥함을 수탈함으로써 수확의 증대에 성공하려는 것과 같다.[66]

자본가 계급이 국력의 회복을 위해 집합행위를 해야 할 이유를 설명하는 데도 같은 비교가 사용되고 있다.

> 〔영국 공장법은〕 노동일을 강제적으로 제한함으로써 노동력의 무제한적인 고갈을 향한 자본의 충동을 제어한다. 이것은 국가에 의해, 그것도 자본가와 대지주가 지배하는 국가에 의해 이루어진 것이다. 날이 갈수록 위협적으로 팽창해가는 노동운동을 제외한다면, 공장노동의 제한은 영국의 경작지에 구아노〔남미 바다새의 똥, 비료로 이용됨 — 옮긴이〕 비료를 주는 것과 동일한 필연성의 명령에 따른 것이다. 한쪽에서는 지력(地力)을 피폐케 한 바로 그 맹목적인 약탈욕이 다른 한쪽에서는 국민의 생명력을 뿌리까지 침략하고 말았다. 주기적인 전염병이 그것을 명료하게 입증하고 있다. 독일과 프랑스에서 병사들의 왜소화가 그것을 입증하듯이.[67]

위의 인용문에서 '노동운동'에 관해 언급한 문장을 어떻게 읽어야 할지 모르겠다. 노동 계급의 투쟁과 자본가 계급의 집단적 이익이 둘 다 각각 공

---

66) *Capital I*, p. 265; *Capital III*, pp. 620, 812 참조.

67) *Capital I*, p. 239.

장법의 충분조건이라고 독해할 수도 있다. 이 경우 인과적 중복결정의 사례가 될 것이다. 혹은 각각 공장법의 필요조건인데, 둘을 합치면 충분조건이 된다는 뜻일 수도 있다. 나아가 자본가의 탐욕을 제어할 '필연성'이 어떻게 행동으로 나타나는지도 불분명하다. '자본 일반'의 이익을 가져온다는 기능적 설명 같기도 하다.[68]

그 문장을 지나치게 파고든다고 생각할 독자들도 있을 것이다. 마르크스가 공장법을 자본가 계급의 집단적 이익으로 설명했다고 볼 수 있는 구절은 별로 없다. 그러나 "자본가와 대지주가 지배하는 국가"의 행동을 언급한 것을 보면 그렇게 해석하는 것이 자연스럽다. 1861~1863년의 《비판》의 중요한 구절을 보면, 불분명한 부분도 없지는 않지만, 자본가 계급의 집단적 이익과 개별 자본가의 이익이 충돌한다는 점에 대해서는 의심의 여지가 없다.

> 잘 아는 바와 같이, 상품이 그 가치 이상의 가격으로 팔리느냐 그 가치 이하의 가격으로 팔리느냐 하는 것은 실제로 구매자와 판매자의 상대적인 힘에 달려 있다. (그들의 힘은 언제나 경제적 요인에 의해 결정된다.) 마찬가지로 노동자가 잉여노동의 정상적인 양 이상을 제공하는지 여부는 자본의 끝없는 요구에 대해 노동자가 얼마나 저항할 수 있는가에 달려 있다. 그러나 근대 산업의 역사를 보면, 자본의 끝없는 요구는 노동자의 고립된 노력에 의해서는 결코 제어되지 않는다는 사실을 알 수 있다. 노동자의 저항은 계급투쟁의 형태로 전환되어야 하고, 이것이 국가의 개입을 이끌어냈을 때에만 노동일의 길이에 대한 일정한 제한이 이루어질 수 있었다. …
>
> 노예소유주는 노예를 7년간 부리고 나면 새 노예로 교체해야 한다. 자본도

68) *Capital I*, p. 270, 주2에 26개 도자기공장에 의한 입법청원이 있었다고 쓰여 있다. 그러나 이것은 1853년에 있었던 일이므로 공장법에 대한 설명으로는 부적당하다.

마찬가지다. 자본은 노동자 계급의 중단 없는 공급을 전제로 하는데, 노동자들이 급속히 소진될 경우 이에 대한 대가를 지불해야 한다. 하지만 자본가 A는 이러한 "살해는 살인이 아니다"는 정책으로 부자가 될 수도 있는 반면, 자본가 B 혹은 B 유형의 자본가들의 탄생은 그에 대한 대가를 치러야 한다. 왜냐하면 개별 자본가는 자본가 계급 전체의 총이익을 항상적으로 좀먹는 상황에 놓여 있기 때문이다. 다른 한편 근대 산업의 역사를 보면, 인구가 세대의 연속으로 이루어진다 할지라도 과잉인구는 하나의 가능성일 뿐이며, 각 세대는 마치 불시에 뽑히기라도 한 것처럼 순식간에 무대에서 사라진다.[69]

마지막 문장을 보면 자본가의 탐욕을 제어할 '필연성'[70] 에 의문이 생긴다. 그러나 이 문장을 제외하고 보면 위의 인용문은 여러 가지 생각할 거리를 제공한다. 첫째, 노동일의 길이에 대한 설명으로서 쌍방의 상대적인 힘에 대한 명시적인 언급에 주목하라. 그리고 노동자들은 조직되었을 때만 자본가에게 저항할 수 있다는 관찰에 주목하라. 둘째, 그러한 저항을 물리치기 위해 자본가들이 어떤 조직을 결성하는지에 대해서는 아무런 언급이 없다는 사실에 주목하라. 셋째, 이런 추론이 가능하다. 즉 자본가들이 조직을 결성한다면, 그것은 노동일의 단축을 위해 투쟁하는 노동 계급에 대항하기 위해서가 아니라 오히려 그들과 힘을 합치기 위한 것이 되어야 한다. 왜냐하면 노동일의 단축은 바로 자본가 계급의 집단적 이익이기 때문이다. 넷째, 개별적 · 집단적 대립과 단기적 · 장기적 대립을 분명하게 구별하여 보여주는데, 이것은 중요한 구별이다(6. 2. 1). 확실히 자본가들은 자본주의 체제의 존속을 위해 행동하기보다는 집단적 · 단기적 이익을 위해 행동하기 쉽다. 그러한 행동이 개별적인 이윤극대화에 위협이 되는 경우라 할지라도 그렇다. 다섯째, 노예소유주와의 비교

---

69) *Zur Kritik (1861~1863)*, p. 162.

70) 이러한 생각은 *Wages, Price and Profit*, p. 72에 나타나 있다.

는 개별적 합리성과 집단적 합리성의 차이를 보여주기 위한 것이 분명하다. 자본가 계급이 개별 노예소유주처럼 생산자의 노동력의 재생산이 계속될 것이라고 믿는 것은 오류라는 것이다. 마지막으로 국가의 개입에 대한 어정쩡한 언급은 집단적 합리성과 연결될 수도 있지만, 그럴 필요는 없다.

다른 구절들을 보면 다른 설명이 가능하다. 즉 이런 사건들을 계급연합 이론으로 설명할 수 있는데, 자세한 내용은 6. 3. 3에서 살펴보겠다. 우선 노동자와 자본가의 연합으로 설명하는 다음 구절을 보자.

> 공장노동자들은 특히 1838년 이래 인민헌장을 그들의 정치적 선거 슬로건으로 내걸어온 것과 마찬가지로 10시간법을 그들의 경제적 선거 슬로건으로 내걸어왔다. 공장 경영을 1833년의 법률에 따라 규제해온 일부 공장주들조차도 철면피하게 또는 비교적 운 좋은 지방사정 때문에 감히 법률을 위반한 불성실한 형제들의 비도덕적 경쟁에 관하여 의회에 진정서를 퍼부었다. 게다가 개별 공장주가 낡은 탐욕을 아무리 부려보려고 해도 공장주 계급의 대변인과 정치적 지도자들은 노동자들에 대한 태도와 언사를 변경하도록 명령하였다. 그들은 이미 곡물법 폐지 싸움을 시작하고 있었으며 승리를 위해서는 노동자들의 원조가 필요하였던 것이다. 그러므로 그들은 자유무역의 천년왕국에서는 빵의 크기가 2배가 되는 것은 물론, 10시간법도 제정될 것이라고 약속하였다.[71)]

나아가 마르크스는 노동자와 지주의 동맹까지 거론한다.

> 곡물법이 폐지되기 직전의 시대는 농업노동자의 상태에 새로운 빛을 던져주었다. 한편으로 중간층 선동가들의 관심사는 그 보호법이 현실의 곡물생산자를 거의 보호하지 못했다는 사실을 증명하는 것이었다. 다른 한편 산업

---

71) *Capital I*, p. 281.

부르주아 계급은 토지귀족들의 공장 상태에 대한 비난과, 부패하고 무정하며 고상한 이 게으름뱅이들이 보여준 공장노동자의 고통에 대한 허울 좋은 동정, 그리고 공장입법을 위한 그들의 '외교적 열의'에 대해 끓어오를 듯이 격분했다. 옛 영국 속담에 "도둑들의 사이가 틀어지면 잃어버린 물건이 돌아온다"는 말이 있다. 어느 쪽이 노동자를 더 파렴치하게 착취하는가 하는 문제를 놓고 지배 계급의 두 분파가 벌인 요란한 격론은 결과적으로 진리의 산파가 되었다. 샤프츠베리 백작, 즉 애슐리 경은 귀족의 반공장박애전(反工場博愛戰)의 선봉장이었다.[72]

이것을 칼 폴라니의 짤막한 논평과 비교해보라. "1847년의 10시간법은, 칼 마르크스는 사회주의의 최초의 승리라고 찬양했지만, 계몽된 보수주의자들의 작품이었다. 이 위대한 운동에 노동자들이 미친 영향은 거의 없었다. 그 운동 덕분에 노동자들은 비유적으로 말하자면 중간항로〔죽음의 길 — 옮긴이〕를 면했다."[73] 이 계몽된 보수주의자들은 "사탄의 무리와 산업주의에 대항하여 주(主)의 역사를 의식적으로 행하는 복음주의자들"이었다.[74] 폴라니에 따르면, 그들은 "사회의 자기방어"라는 임무를 수행했는데, 이러한 생각은 앞에 인용한 마르크스의 주장에도 나타나 있다. 마지막에 인용한 문장의 주장과는 아주 다르긴 하지만.

그러므로 마르크스의 주장 혹은 견해는 다음과 같이 정리할 수 있다. ① 조직된 자본과 조직된 노동은 노동일의 길이에 대해 상반된 이해관계를 가지고 있다. ② 개별 이익의 수준에서는 완전히 충돌하지만, 집단 이익의 수준에서는 부분적으로 일치한다. 왜냐하면 자본가들도 황금알을 낳는 거위가 죽기를 바라지는 않기 때문이다. 거위가 살육을 싫어하는 것은 말할 것도 없다. ③ 집단적 수준에서 이익의 충돌이 있지만, 자본가

---

72) *Ibid.*, p. 675. 또한 p. 494 참조.

73) Polanyi, *The Great Transformation*, p. 166.

74) Perkin, *The Origins of Modern English Society*, p. 363.

들은 지주와의 싸움을 앞둔 상황에서는 그 충돌을 잠시 덮어둔다. ④ 위의 ②에서 정의된 바와 같이 국가는 자본가 계급의 집단적 이익의 도구이다. ⑤ 반대로 국가는 특정계급의 이익에 맞서 '사회'의 이익을 대변한다. 지주는 자신들을 일반이익의 담지자로 내세우지만 이것은 위장일 뿐이다. 곡물법을 유지하기 위해 노동자들의 도움이 필요했을 뿐이다.

얼핏 보기에 이 여러 가지 견해들은 여러 가지 방식으로 상충한다. 좀 더 세련된 분석을 하면 이 충돌들이 제거될 수도 있겠지만 마르크스를 편들 작정을 하고 텍스트를 해석하는 것은 동정심의 남용이 될 것이다. 자본주의의 역사에서 이 시점에서 노동일의 길이를 제한한 것은 **모든 사람**의 이익이었다는 사실을 마르크스는 간과한 것으로 보인다. 무슨 일이 있더라도 자신의 단기적 이윤을 극대화하려는 개별 기업가를 제외하고. 지주들은 사회불안을 걱정하고 있었고, 정부는 역병과 국력의 고갈을, 자본가 계급은 당장의 탐욕에 의한 장래 이윤의 침식을 걱정하고 있었다. 노동자 계급은 마르크스가 기술한 그 모든 것에 대해 걱정을 넘어 심각한 위협을 받고 있었다. 이러한 상황에서는 이들 이익 중 어떤 것이 문제의 사건을 설명할 수 있는지(실제로 작용한 원인에 의해 그런 일이 일어나지 않았더라면 어떤 원인이 그런 일을 발생하게 할 수 있는지)를 분석하여 결정하는 일이 중요하다. 그러나 마르크스는 그렇게 하지 않고 이들 요인 중 때로는 이것을 때로는 저것을 강조하여 마치 다른 요인이 없는 것처럼, 혹은 다른 요인에도 불구하고 하나의 요인이 작용하는 것처럼 주장한다. 각각의 메커니즘이 작동하는 방식에 대한 유창한 기술에는 감탄을 금할 수 없지만, 심각한 일관성의 결여를 보면 어이가 없어 말문이 막힌다.

또 하나 덧붙이자면, 마르크스는 당시에 제기된 주장, 즉 생산감축은 독점이윤을 가능하게 하기 때문에 그 규제는 공장주의 이익을 위한 것이었다는 주장에 대해서도 관심을 기울이지 않았다.[75] 3. 1. 1에서 언급한 이유들 때문에 마르크스는 착취율의 결정요소로서 제품시장에서의 독점에 대해서는 관심이 없었다. 소비재의 가격에 작용할 경우[76] 독점은 착취율의 증가를 가져온다. 그러나 생산의 감축—노동일의 단축에 의해 이루어진다고 가정하고—에 작용할 경우 독점은 착취율의 하락을 가져온다.

노동강도 역시 착취율의 결정요인 중 하나로 볼 수 있다. 노동일의 개시시각과 종료시각이 일정하게 정해져 있다고 하더라고 여기에는 다소간 '틈새'가 있고, 실질적인 노동시간은 결과적으로 더 작거나 클 수도 있다. 그러므로 자본가의 이익은 다른 조건이 동일하다면 노동과정에서의 이러한 틈새를 채워넣음으로써 노동강도를 증가시키는 것이다. 이것은 기술적 변화(테일러리즘 등) 혹은 절대적 잉여가치의 창출 등으로 개념화될 수 있다. "주어진 시간 안에 압축된, 이와 같은 더 많은 양의 노동은 이제 있는 그대로의 노동량, 즉 더 많은 노동량으로서 계산된다."[77] 그러나 마르크스는 서로 다른 강도의 노동이 어떻게 공통의 표준노동시간으로 환원될 수 있는지에 대해서는 설명하지 않는다.

또한 이상한 일이지만 노동강도를 결정하는 것이 무엇인가에 대한 마르크스의 논의도 불완전하다. 노동강도의 강화에 대한 노동 계급의 집단적 저항능력에 대해서는 일언반구도 없기 때문이다. 노동일의 길이가 계급투쟁의 대상이라면, 노동강도는 왜 투쟁대상이 될 수 없는지 이해하기 어렵다. 아마도 노동강도를 강화시키는 방법이 회사마다, 산업분야마다 서로 다르고 교묘하기 때문에 일정한 수준의 강도를 제시하는 것이 어렵고, 따라서 이 문제에 대해서는 노동 계급이 정치적 행동을 취하기가 어려울 수도 있다. 하지만 적어도 한 회사 내의 노동자들은 단합된 행동을

75) Marvel, "Factory regulation: an interpretation of the early English experience".

76) Rowthorn, "Marx's theory of wages", pp. 216~217.

77) *Capital I*, p. 410.

할 수 있을 것이다. 그것은 그렇다 치고, 노동강도를 강화할 경우 노동자들은 가능한 한 게으름을 부리는 것으로 저항할 수도 있다는 사실을 마르크스도 알고 있었다. 이에 대해 자본가는 벌금제도로 대응하여, "그들의 법률 위반이 그 준수보다도 그들에게 더욱 유리하도록 만든다".[78] 그러나 마르크스의 이러한 주장은 현실성이 떨어진다. 다른 한편 "자본주의적 생산양식에 가장 적합한 임금형태"[79] 인 성과급의 도입으로 이 문제를 해결한다. "이 경우 노동의 질과 강도는 임금의 형태 그 자체에 의해 통제되므로, 이 형태에서는 노동감독이 대부분 불필요해진다."[80] 이것이 여러 가지 산업체제와 관련된 시행비용에 대해 마르크스가 드물게 논한 것의 일부이다. 그러나 마르크스는 전문화에 따른 생산성 향상과 전문화에 필요한 시행비용 간의 긴장은 인식하지 못했다.[81] 다른 조건이 같다면, 성과급은 시행비용이 적게 들기 때문에 더 나은 제도라고 할 수 있지만, 일정한 기술수준에서만 가능한 일이기 때문에 다른 측면에서는 더 못한 제도라고 할 수 있다.

마지막으로, 마르크스는 노동강도가 노동자의 체력에 의해 제한된다는 것과, 이것이 역으로 노동일의 길이에 따라 달라진다는 것을 인식하고 있었다. 노동일이 단축되면 자본가는 생산속도를 높이고 싶어진다. 그리고 생산속도 증가는 노동자의 체력에 의해 뒷받침될 때 가능하다. 그러나 마르크스에 따르면, 자본가의 이러한 대응책은 보통 도를 넘는다.

> 노동일의 연장을 일시에 금지하자마자 그 손실을 메우기 위해 노동의 강도를 조직적으로 높이고, 모든 기계를 보다 많은 노동력을 착취하기 위한 수단

78) *Ibid.*, p. 424.
79) *Ibid.*, p. 556.
80) *Ibid.*, p. 553.
81) North, *Structure and Change in Economic History*, p. 209, *passim*.

으로 변화시켰던 자본은 결국 다시 한 번 노동시간을 줄이지 않을 수 없는 사태를 맞이하게 된다. 이것은 의심할 여지가 조금도 없다.[82]

마지막으로 노동력의 가치의 결정요소를 살펴보자. 그것은 실질임금과 그 임금으로 살 수 있는 소비재에 들어 있는 노동량이다. 이 두 변수를 차례대로 살펴보겠다.[83] 단기적으로 보면 후자는 주어져 있고, 전자는 계급투쟁의 세력균형에 의해 결정된다. 장기적으로 보면 후자는 생산성의 향상에 따라 줄어들고, 그렇게 되면 이것이 실질임금 협상에 영향을 미친다.

《임금》의 초고는 4. 1. 2와 다른 여러 곳에 인용된 구절에서 랭커스터 모형을 소개하기 때문에 주목할 만하다. 앞에서 본 바와 같이 자본가는 노동자들을 살리고 건강하게 해야 한다. 그들에게 자신들의 이윤이 달려 있기 때문이다. 마찬가지로 노동자들도 자본가의 이윤을 인정해야 한다. 그래야 임금인상도 기대할 수 있기 때문이다. 이것은 일시적으로 정의된 관계이다. 근시안적으로 보면 자본가는 가능한 한 노동을 착취하려 하고, 노동자는 가능한 한 많은 임금을 받으려 한다. 그러나 멀리 내다보면 양쪽 다 헛발질을 하고 있다.[84] 하지만 마르크스는 이러한 일을 부차적인 요소들로 취급한다. 그의 주장의 핵심은 《임금, 가격, 이윤》에 나와 있듯이 "자본가는 임금수준을 물리적 최소한으로까지 내리려고 기를 쓰고, 노동자는 그 반대방향으로 밀고 간다"[85]는 것이다. 그리고 이렇게

---

82) *Capital I*, p. 417.

83) 더 자세한 논의는 Rowthorn, "Marx's theory of wages" 참조.

84) 하지만 덧붙일 말이 있다. 마르크스에게서는 기껏해야 반쪽의 랭커스터 모형을 찾아볼 수 있다. 그 모형은 자본가 계급에게 일시적인 딜레마를 야기하지만, 그것은 노동 계급을 물리적으로 재생산해야 할 필요성과는 아무런 관계가 없다.

85) *Wages, Price and Profit*, p. 74.

덧붙인다. “문제는 교전자들의 권력관계에 의해 해결된다.” 이 주장은 노동일의 길이에 관해 위에서 인용한 구절에도 나온다. 이것은 일회의 투쟁에 해당되는 것이지 현재의 이익과 미래의 이익을 저울질해야 하는 장기적인 갈등에 해당되는 것은 아니다.[86]

마르크스는 임금이 경쟁시장에서의 수요 공급의 결과인지 집단적 행위자들의 협상의 산물인지를 놓고 결정하지 못하고 있다. 텍스트가 혼란스러운데, 이 혼란을 바로잡을 길은 없어 보인다. 우선 그의 주장을 세 가닥으로 정리해보자. 첫째, 《자본론 I》에 나오는 주장인데, 여기에서 그는 이렇게 말한다. “임금의 일반적 운동은 오직 산업순환의 주기적 변동에 대응하는 산업예비군의 팽창과 수축에 의해 규제될 뿐이다.”[87] 여기에 예외가 있다면 노동자들이 단결하여 “취업자와 실업자가 서로 협력하여 이러한 자본주의적 생산의 법칙이 그들 계급에게 주는 파멸적인 결과를 분쇄하거나 약화시키려고 시도”[88] 하는 경우이다. 마르크스는 이러한 노력의 성공가능성을 과대평가하였다. (동일한 목적을 위한 약한 연대수단인 클로즈드 숍〔노동조합원만을 고용하는 사업장 — 옮긴이〕 정책의 성공가능성은 과소평가하였다.) 다음으로 《임금, 가격, 이윤》에서는 임금이 “언제나 공급과 수요에 의해 결정되고”[89] 단체협상에 의해 수정된다고 주장한다. 하지만 단체협상은 실질임금의 일반적 하락경향에 저항하는 것이 고작이다. 단체협상을 통한 임금의 인상은 일시적인 것에 불과하다.[90] (임금이 일정할 경우, 떨어질 경우는 말할 것도 없고, 기술혁신의 결

---

86) 졸고 “Marxism, functionalism and game theory” 및 속편인 “Further thoughts on Marxism, functionalism and game theory” 참조.

87) *Capital I*, p. 637.

88) *Ibid.*, p. 640.

89) *Wages, Price and Profit*, p. 74.

90) *Ibid.*, p. 78.

과, 이윤율이 하락한다는 것은 논리적으로 불가능하다는 3. 4. 2의 논의를 상기하라.) 마지막으로 마렉이 찾아낸 《자본론 III》에 나타난 주장인데, 마르크스는 임금계약이 쌍방 독점의 결과라고 생각했다는 것이다.[91] 마렉은 그 증거로서 경쟁에 관한 아주 일반적인 구절을 드는데, 이것은 노동시장에도 그대로 적용된다는 것이다.

> 두 집단이 서로 경쟁할 경우, 더 약한 편의 개인들은 자기의 경쟁자들과는 독립적으로 행동하며, 때로는 그들에게 직접적으로 불리하게 행동하기도 한다. 그들의 상호의존은 바로 이런 방식으로 나타난다. 반면에 더 강한 편은 항상 어느 정도 단결된 전체로서 상대방에 대항한다. 어느 특정 종류의 상품에 대한 수요가 공급보다 크다면, 어떤 구매자는 다른 구매자들보다 ― 일정한 한계 안에서 ― 높은 가격을 제시하고, 이리하여 모든 구매자에 대하여 그 상품을 시장가치 이상으로 비싸게 만드는 반면, 판매자들은 단결하여 높은 시장가격으로 팔려고 한다. 반대로 공급이 수요보다 크다면, 상품을 더 싸게 투매하는 판매자가 나타나고 다른 판매자들은 그를 뒤따르지 않을 수 없지만, 구매자들은 공동으로 시장가격을 될 수 있는 대로 시장가치 이하로 낮추려고 한다. 각자는 공동으로 행동하는 것이 이로울 경우에만 공동이익에 관심을 가진다. 행동의 통일은 자기편이 약해지면 깨지고, 각 개인은 독자적으로 자기가 할 수 있는 최선을 도모하게 된다. … 만약 한편이 우세하다면 그 편의 구성원들은 모두 이익을 보게 되는데, 이것은 마치 그들이 공동의 독점력을 행사하는 것과 같다. 더 약한 편의 경우 각자는 자기의 힘으로 더 강해지려고 하며(예컨대 더 적은 생산비로 생산하려고 하며), 또는 적어도 될 수 있는 대로 적은 손실을 입으려고 한다. 이 경우 각자는 자기의 이웃이 어떻게 되든 전혀 개의치 않는다. 비록 자기의 행동이 자기 자신은 물론 자기의 모든 동료들에게도 영향을 미침에도 불구하고.[92]

---

91) Maarek, *An Introduction to Karl Marx's Das Kapital*, pp. 130～131.

92) *Capital III*, p. 193～194.

1.2.1에도 비슷한 내용이 인용되어 있는데, 이 텍스트도 뭔가 있는 것 같기도 하고, 감질나게 하기도 한다. 정확히 뭘 말하는지 알기 어렵다. 카르텔화, 즉 '행동통일'의 이익과 경쟁상황에서 구매자 혹은 판매자가 얻는 불균형 이익을 혼동하는 것 같다. 구매자가 '우세하다'면(즉 가격이 균형가격 이하라면) 구매자가 이익을 보는 것은 사실이지만, 공통독점을 행함으로써 더 큰 이익을 볼 수도 있을 것이다. 게다가 카르텔이 불경기가 아니라 호경기에 형성되는 경향이 있다는 주장은 틀린 것이거나 의심스럽다. 마르크스가 호경기에는 자본가들 간의 이익충돌이 없다고 생각했다면 틀린 것이고, (무임승차 문제에 의해 야기된) 이익의 충돌이 불경기보다는 호경기에 더 쉽게 해결된다고 생각했다면 그의 주장은 경험적으로 의심스럽다. 이 문제는 6.2.2에서 다시 논의하겠다. 어느 경우든 위의 인용문은 너무 일반적이어서 이로부터 노동시장에서의 쌍방독점이라는 개념을 이끌어내기는 어렵다. 그것이 노동시장에 적용될 수 있다고 하더라도, 시장에서 한쪽은 조직되지만 다른 한쪽은 조직되지 않는다는 점을 말하고 있을 뿐이다.

마지막으로, 실질임금으로 구성되는 소비재의 가치를 결정하는 요소들을 생각해보자. 이 문제에 대해서는 1.3.2와 제3장에서 말한 것 외에 더 할 말이 별로 없다. 요점은 기술진보에 따른 소비재의 가격하락은 상대적 잉여가치를 낳는다는 것이다. 이것은 외생변수이므로 이것이 개별 자본가로 하여금 기술혁신을 하게 만드는 동기가 될 수는 없다. 자본가가 기술혁신을 하는 이유는 기술독점을 누리는 동안 초과이윤을 얻을 수 있기 때문이다. 소비재의 가치 하락과 (실질임금이 고정되어 있다고 가정할 경우) 착취율의 상승은 일반 균형 현상이다. 이것은 자본가와 노동자 간의 개별적 혹은 집단적 대립에서 비롯되는 변동과는 다른 것이다.

그러나 자본가는 착취율을 높이기 위해서는 노동자들이 화폐임금의 하락을 받아들이도록 **강제해야** 한다. 노동자들이 임금을 재화로 받는다면 노동생산성의 꾸준한 향상은 자동적으로 착취율의 꾸준한 상승을 가져올 것이다. 그러나 노동자들은 화폐로 임금을 받으므로 그러한 자동성은 존재하지 않는다. 마르크스가 이러한 문제를 무시한 것은 실질임금이 노동력의 재생산과 관련하여 역사적으로 결정된다는 관념에 사로잡혀 있었기 때문이다. 예를 들면, "값이 싼 상품은… 그것이 노동력의 재생산에 개입하는 비율만큼만 노동력의 가치를 저하시킨다."[93] 고정된 소비계수의 관념 때문에 기계적 사고를 하게 되었고, 기술진보와 실질임금을 매개하는 계급관계를 무시하게 된 것이다.

논의를 정리해보자. 잉여가치율에 관한 행동과학적 설명은 다음과 같다. ① 개별 자본가와 그에게 고용된 노동자들 간의 적대. 특히 노동강도에 관한 대립이 심하다. ② 경쟁적 노동시장에서 공급과 수요의 작용. 산업예비군은 임금의 하락을 압박한다. ③ 조직된 노동자와 조직된 자본가 간의 단체협상. ④ 기술진보의 간접적 일반균형효과. 노동자의 소비집합을 구성하는 상품의 가치가 하락하면 착취율은 증가한다. ⑤ 국가의 개입. 국가는 자본가 계급을 대변하거나 혹은 '사회'를 대변한다. ⑥ 정치적 동맹의 형성. 자본가는 지주들과의 싸움에서 노동자의 지지를 얻기 위해 노동자에게 양보하기도 한다. 확실히 이런 그림은 복잡하기는 하지만 현실적인 것이다. 전체적으로 보아 인상적인 연구결과이며, 세세한 부분에 흠결을 잡아 마르크스를 비난해서는 안 될 것이다.

4.1.5. 착취, 권력, 반사실적 진술

여기에서는 착취를 분석하는 과정에서 생기는 꽤 곤란한 개념적 문제들을 논의한다. 착취와 권력은 어떤 관계를 맺고 있나? 피착취의 대안은

93) *Capital I*, p. 315.

무엇인가? 피착취 상태는 피착취자의 상황을 개선할 수 있는 상황을 반드시 포함하고 있나? 그러한 상황의 존재에 의해 착취를 정의할 수 있나? 이러한 문제들은 4. 2. 3, 4. 3. 3, 6. 1. 1에서 논의한다.

비시장 착취의 경우 권력은 본질적으로 그리고 분명한 방법으로 개입한다. 그러므로 여기에서는 권력과 시장 착취의 관계를 살펴보겠다. 시장 착취와 권력은 세 가지 방식으로 관계를 맺는다. 국가권력에 의한 소유권의 집행, 독점 권력의 존재, 생산과정에 대한 지배가 그것이다.[94] 첫째 문제와 관련하여 국가 그 자체가 착취자가 될 수 있는지의 문제도 살펴보겠다.

전통적인 관념에 따르면 국가는 소유권을 보장하고 계약의 이행을 강제하기 위해 필요하다. 이것은 동어반복에 의한 진리처럼 보이지만, 코헨은 실질적인 문제가 있다고 주장한다.[95] 생산수단에 대한 법적 통제는 국가에 의해 집행되는 것이지만, 유사한 효과를 가져오는 비법적(非法的), 전법적(前法的) 통제도 있을 수 있다. 원칙적으로는 자본가의 공장을 사설경호원이 지키는 자본주의 경제도 가능하다. 봉건영주의 종자(從者)들이 영지에 무단으로 정착하려는 자들을 쫓아낸 것처럼 말이다. 이에 대해 다음과 같이 대답할 수 있다. 자본주의에서 국가는 노동자의 자신의 노동력에 대한 통제를 보장한다. 노동자는 노동 이외에는 자신을 지킬 수 있는 재산이 없다. 그러므로 그 통제는 누군가의 힘에 의해 보장되어야 하는데, 고용주와 그의 경호원들이 그 일을 할 수는 없다. 국가는 제 3자로서 노동자의 자신의 노동력에 대한 통제를 보장한다. 이것은 개념적 필연성이 아니다. 자신의 노동력에 대한 소유권은 자유지상주의 이데올로기에 의해 보호될 수도 있다. 자유지상주의 이데올로기에 대해서

---

94) 관련된 논의는 Roemer, "Should Marxists be interested in exploitation?" 참조.

95) Cohen, *Karl Marx's Theory of History*, ch. VIII(및 개인적인 교신).

는 깡패들을 고용한 자본가들도 인정했다. 이러한 반대 사례들을 제쳐두더라도 시장 착취와, 거래의 형식적 자유를 보장하는 국가와의 관계는 매우 밀접하다.

국가 자신이 착취자가 될 수 있는가? 지금까지 나는 착취자는 피착취자와 마찬가지로 개인이라고 암묵적으로 가정했는데, 이 개념이 집합체에도 적용될 수 있을까? 고전고대(古典古代)에서의 착취에 대한 크루아의 연구를 보면, 네 가지 가능성이 모두 나타난다.[96]

- 개인에 의한 개인 착취(노예와 노예소유주)
- 집합체에 의한 개인 착취(국가 소유 노예와 과세를 통한 농민 착취)
- 개인에 의한 집합체 착취(집단적으로 지대 납부 의무가 있는 마을)
- 집합체에 의한 집합체 착취(집단적으로 납세 의무가 있는 마을)

앞에서 보았듯이 마르크스도 자본주의적 착취의 한 형태로서 프랑스 농민에 대한 징세를 거론한 바 있다.

첫째, 국가가 시민을 착취한다면 이것은 시장 착취의 형태는 아니다. 모든 나라가 자유롭게 이민을 허락하는 있을 법하지 않은 경우를 제외하면 말이다.[97] 만일 국가가 착취를 한다면 그것은 폭력수단의 독점을 통해 이루어진다. 이 문제를 좀더 파고들자면 다섯 가지 경우로 나누어볼 수 있다. ① 세금이 건강, 교육, 사회보장,[98] 국방[99], 치안질서[100] 등

96) Ste Croix, *The Class Struggle in the Ancient Greek World*, pp. 205~206.

97) Hirschman, "Exit, voice and the state" 참조.

98) 일부 학자들은(예를 들면, O'Connor, *The Fiscal Crisis of the State*) 복지비용이 억압의 근대적 등가물로서, 노동자의 계급의식에 미치는 영향으로 설명될 수 있다고 주장한다. 이러한 기능주의적 설명에 대한 비판으로는 졸고 "Marxism, functionalism and game theory" 참조.

99) 제국주의적 팽창은 (앞의 주에서 언급한 주장과 유사한데) 노동 계급의 계급

과 같은 공공재를 모든 국민에게 직접 제공하는 데 사용된다. ② 세금이 통신설비의 개선, 기초연구 등과 같이 자본축적을 촉진하는 공공재를 제공하는 데 사용된다. ③ 세금이 피착취 계급의 단결을 가로막는 억압기구를 유지하는 데 사용된다. ④ 세금이 경제적 지배 계급에게 유출되어 그들의 소비욕을 충족시키는 추가적인 수입원으로 사용된다. ⑤ 세금이 국가공무원들의 소비목적을 위해 사용된다. 이 중에서 ①의 경우에는 어떠한 착취도 일어나지 않는다. ②의 경우에도 모두가 경제성장의 혜택을 본다면 착취는 없다(4. 1. 2의 재투자와 착취에 관한 논의 참조). ④의 경우는 로마 세계에서 찾아볼 수 있고,[101] ⑤의 경우는 아시아적 생산양식 혹은 보나파르트 국가에 해당한다.

③의 경우는 어느 쪽인지 판단하기 어렵다. 잉여가치의 추출이 있는 형태이기는 하지만 그 목적이 다른 형태를 가능하게 하기 위해, 그리고 혜택을 주기 위한 것이다. 물론 그 자체로 혜택을 주는 것은 아니다. 그러므로 피착취자의 손실은 곧 착취자의 이익이라는 공식으로 본다면 이것은 착취에 해당하지 않는다. 손실이 엄청난 것도 아니다. 그러나 이것이 분석에 대한 제약이 될 수는 없다. 공장의 경우에도 착취율의 하락을 가져오는 감시 및 관리비용이 지출된다. 노동자들이 완전히 유순하고 협조적이라면 이런 비용은 들지 않았을 것이다. 마르크스는 그러한 감시 및 관리 업무를 맡은 요원들의 일을 "필요하지만 비생산적인"[102] 것이라

의식을 민족주의적 감정으로 대체하는 하나의 방법으로 설명되어왔다. 전쟁은 비우호적인 교역조건을 강요함으로써 한 나라가 다른 나라를 착취하는 수단이 될 수 있다는 주장은 그럴듯해 보인다. 물론 이것은 국가가 시민에 대한 착취자인가 하는 문제와는 다른 문제이다.

100) 범죄 방지가 계급지배의 기술이라고 주장하는 학자들이 많은데, 이에 대한 비판적 논의로는 졸고 "Marxism, functionalism and game theory" 참조.

101) Ste Croix, *The Class Struggle in the Ancient Greek World*, ch. VIII, *passim*.

102) *Theories of Surplus-Value*, vol. 1, pp. 175, 287. *Grundrisse*, p. 533에서는

고 말하고 있다. 이들은 **착취요원**이지 착취자는 아니다. 그들의 급여도 변변찮을 수 있기 때문이다. 그러므로 아래쪽 세 경우의 차이는 다음과 같다. ③의 경우, 징세는 착취 계급이 존재하기 위한 전제조건이며, 착취요원 계급을 낳는다. ④의 경우 별개의 착취 계급을 낳는다. 징세에 의해 창출된 착취요원과 착취자의 계급적 지위에 대해서는 6. 1. 2에서 논의한다.

권력이 착취에 개입하는 둘째 방식은 '엷은 시장'의 존재, 즉 독점 권력에 의한 것이다. 4. 2. 3에서 논의하겠지만 이 경우 피착취자는 자신의 노동력을 팔 수밖에 없는 '상황의 압력'을 받게 되고, 실제로 그렇게 된다. 착취율은 이런 방식으로 만들어진다. 이것은 **일정한** 착취도의 존재와는 다른 것이다. 확실히 이것은 비시장 착취와 연결된 시장 착취의 한 형태로서, 그 자체로 비시장 착취는 아니다.

셋째, 노동자의 나태를 방지하기 위해 감독과 규율이 필요하기 때문에 권력관계가 착취와 관계가 있다는 주장이 있다. 노동자의 근로행위에 대해 일일이 계약에 명시할 수는 없기 때문에 세세한 것은 감독을 통해 이루어진다. 게다가 감독이 없으면 노동자는 계약대로 일하지 않을 수도 있고, 지각을 하거나 자주 쉬거나 해서 공장의 분위기를 흐릴 수도 있다. 그러므로 노동과정에 있어서 감독은 착취를 위해 본질적으로 필요한 것이며, 이것은 '교환의 시점'이 아니라 '생산의 시점'에서 발생한다.[103)]

나는 임금계약이 다른 종류의 계약과 본질적으로 다르지 않다고 생각한다. 품질관리는 어디에서나 필요하다. 구매자는 자신이 사기로 계약한 것을 확인할 필요가 있다. 임금계약의 경우 팔린 상품은 노동력인데, 이것은 판매자 자신과 뗼 수가 없다. 그러므로 구매자는 판매자가 판 상

그 구절이 다른 의미로 사용된다. 즉 공공재 생산을 감당하는 일을 가리킨다.

103) 각주 36)의 문헌 참조.

품, 즉 노동력의 품질을 관리하기 위해 판매자를 관리할 수밖에 없다. 이것은 매우 중요한 사실로서 계급투쟁에 심대한 영향을 미친다(6.1). 이러한 통제가 권력의 행사라고 할 수는 없다. 그것은 자본가가 생산수단의 소유에 의해 행사하는 경제적 권력일 뿐이다. 권력의 행사는 자본가가 가진 것 없는 노동자와 계약을 맺는 순간 발생한다. 그렇다면 계약의 이행을 강제하는 것은 추가된 권력의 행사가 아니다. "판매자가 종속관계에 들어가는 것은 **오로지** 구매자가 노동조건의 소유자라는 사실 때문이다."[104] 통상 노동자는 계약을 위반하면 해고되리라는 것을 알고 있다.[105] 누가 계약을 위반하는지를 알기 위해 직접적인 감독이 필요할 수도 있다. 그러나 이러한 형태의 품질관리는 임금계약 그 자체에 들어 있을 수도 있고, 실제로 종종 그렇게 한다. "생산의 시점에서 권위는 노동계약에 의해 보장되지 않는 노동자의 행위를 규율하기 위한 것"[106]이라는 주장은 사실이 아니다. 그러한 권위의 사용 자체가 계약의 일부일 수 있기 때문이다. 오해를 피하기 위해 다시 한 번 말하겠다. 이러한 개념적 문제에 대한 논의는 자본주의에서 사회적 갈등의 주된 원인들이 무엇인가 하는 인과적 문제에 대해 어떠한 예단도 하지 않는다. 생산과정에서의 대립은 그것을 가능하게 한 소유관계보다 더 큰 동기유인이 될 수도 있다.

다음으로 착취에 관한 진술과 비착취 상태에 관한 반사실적 진술 간의 관계에 대해 살펴보자. 서로 다른, 그러나 부분적으로 연결되어 있는 두 가지 문제를 살펴보겠다. 첫째, 설명 이론에서 "당위는 가능을 내포한다"

---

104) *Results of the Immediate Process of Production*, pp. 1025~1026(강조는 마르크스).

105) *Ibid.*, p. 1031.

106) Bowles and Gintis, "The Marxian theory of value and heterogeneous labour", p. 177.

는 말이 무슨 뜻인가? 좀더 구체적으로 말하면 착취에 대한 반사실적 대안이 제시되었을 때, 착취라는 말에 들어 있는 도덕적 의미를 유지하기 위해 그 대안에 대해 우리가 요구할 수 있는 가능성의 한계는 어디까지인가? 둘째, 이 장의 앞부분에서 간단하게 언급했던 문제, 즉 이질적 노동의 문제 때문에 재화에 들어 있는 노동량을 정의할 수 없는 경우 착취를 어떻게 다루어야 하는지의 문제를 살펴보겠다. 존 로머가 제안한 것처럼, 피착취자가 더 나아질 수 있는 상태가 있다면 현재 착취가 존재한다고 정의할 수 있을까?

널리 알려진 다음과 같은 논의를 보자. 착취라는 말에는 그것이 불의(不義)라는 뜻이 들어 있다. 착취가 부당하다는 말은 그것이 폐지되어야 한다는 말인데, 이 말은 폐지가 가능할 때에만 의미가 있다. 자본주의적 착취의 폐지는 근로동기의 문제 때문에 착취자뿐만 아니라 피착취자의 상황까지도 악화시킬 것이라는 역사적인 증거와 이론적 논증이 있다(4.3.2). 사정이 이러하다면 우리는 이렇게 말할 수밖에 없다. "우리 모두의 상황이 악화된다 하더라도 분배적 정의는 향상될 수 있다"고 주장하거나, 혹은 "이른바 '착취'는 도덕적으로 비난할 일이 아니다. 그러므로 다른 용어, 예를 들면 '사회적으로 필요한 불평등'과 같은 말로 바꾸어야 한다"고 주장하거나. 착취가 불의라고 규탄하는 사람들에겐 그 어느 쪽도 마음에 들지 않을 것이다. 폐기되어야 할 착취는 폐기될 수 있는 것이 아닌 것으로 보인다.

논의의 편의상 이러한 반론이 상정하는 것처럼 근로동기의 문제가 심각하다는 것을 받아들이기로 하자. 그렇다고 하더라도 그러한 반론은 성공적이지 못하다. 그들이 말하는 실현가능성이란 현재의 실현가능성이 아니라 역사적 개념으로서의 실현가능성이다. 피착취자의 상황을 악화시키지 않으면서 착취를 폐지하는 일은 현재의 역사적 상황에서는 가능하지 않을지도 모른다. 그러나 가능성이라는 말을 다른 의미로, 더욱 타당한 의미로, 즉 물리적 가능성이란 의미로 보면, 그것은 확실히 가능하다. 자본주의하의 노동자들은 열심히 일하고, 기업가들은 경영기술을 발휘하고, 자본소유자들은 이윤의 일부를 재투자하기 때문에 비착취 대안을 시행하는 데 어떠한 물리적 장벽도 없다. 이 제안은 결코 공상적인 것이 아니다. 누구라도 라파엘로가 될 수 있다거나 레오나르도 다빈치가 될 수 있다고 주장하는 것이 아니다(2.2.7). 내 말은 "당위가 가능을 내포한다"는 말은 "가능"의 의미를 물리적(혹은 생물학적) 실현가능성이라는 좁은 의미에서 해석할 때에만 타당한 주장이 될 수 있다는 것이다. 그 말을 역사적 실현가능성이라는 넓은 의미로 해석할 경우, 그 원칙의 내용은 이렇게 달라질 수 있다. 어떤 것을 도덕적 당위로 인식하는 것은, 그러한 일이 실현될 수 있는 물리적 가능성이 있을 때, 그것의 역사적 실현가능성을 높인다. 역사적 실현가능성이라는 말은 상대적이고 매우 다의적인 개념이다. 이 말을 절대화하여 피할 수도 있는, 그렇게 무한정 지속될 필요가 없는 오늘날의 불평등을 옹호하는 이론의 근거로 사용해서는 안 된다.

반사실적 대안은 존 로머의 '착취의 일반 이론'에서 매우 중요한 개념인데, 로머는 재화에 내재한 노동량이라는 개념을 버리는 방법을 찾고 있다.[107] 3.2.1에서 설명한 바와 같이, 비생산 기술의 존재로 인해 상품에 내재한 노동량을 확정하기가 어렵고, 따라서 노동자가 투여한 노동시간과 그가 상품의 형태로 받는 노동시간을 비교하기가 어렵다. 이런 경우 노동가치 이론과 마찬가지로 '노동착취 이론'도 무너진다. 그러나 두 이론 사이에는 차이가 있다. 규범적 관점에서 볼 때 투하 노동량이 유일한 고려요소이고 수행된 노동의 기술은 아무런 상관이 없다고 주장할 수

107) Roemer, *A General Theory*, part III; 또한 "Property relations vs. surplus-value in Marxian exploitation" 참조.

도 있다. 그 어느 누구도 자신의 천부적 재능에 대해 보상을 요구할 수는 없는 반면,[108] 장시간 노동한 사람은 그만큼 사회적 생산물을 더 낳는다. 그러므로 두 사람이 같은 시간 동안 일했는데 (화폐) 수입이 다른 상황은 부당하다고 할 수 있다. 분석적 혹은 설명적 관점에서 볼 때 노동시간의 무차별적 측정을 탓할 수는 없다. 그러나 이질적 노동의 원천, 즉 일의 유용성의 차이 — 이로 인해 같은 시간을 일해도 보수가 달라질 수 있다 — 를 고려하면 노동착취 이론은 방어하기 어렵다.

이 문제들은 4. 3에서 다루겠다. 어떤 경우든 모든 노동이 동질적이라는 전제가 필요 없는 착취 개념을 정립할 필요가 있다. 로머의 제안은 이렇다. 즉 다음과 같은 경우에 한하여 경제체제 내의 행위자 연합 S가 **자본주의적으로 착취당한다**고 보자는 것이다.

① S가 사회가 양도해준 자신의 몫(사회가 생산한 재화든 천연자원이든)을 가지고, 그리고 자신의 노동과 기술을 가지고 사회로부터 퇴장할 경우 (소득과 여가의 측면에서) S의 형편이 현재보다 더 나아진다.

② 여연합(餘聯合)[109] S'가 같은 조건하에서 퇴장할 경우 S'의 형편이 현재보다 더 나빠진다.

③ S가 자신의 재능만 가지고(사회로부터 받은 몫이 아니라) 사회로부터 퇴장할 경우 S'의 형편이 현재보다 더 나빠진다.[110]

이러한 정의에 따르면 자본도 없고 기술도 없는 노동자 집단은 자본주의

108) 여기에서 이러한 경직적인 주장을 논의할 필요는 없다. 분배가 '재능에 따라'서가 아니라 '야심에 따라' 이루어져야 한다는 주장에 대한 자세한 논의는 Dworkin, "What is equality?", part 2 참조.

109) 〔옮긴이주〕 여연합이란 S가 퇴장한 이후 남은 사회구성원 전체를 가리킨다.

110) Roemer, "Property relations vs. surplus-value in Marxian exploitation", p. 285. 오타 수정.

적 착취의 대상이 되지 않는다. 기술이 없으면 자기 몫의 생산수단을 제대로 활용할 수 없기 때문이다. 이것은 꽤 놀라운 주장이다. 내가 이해하는 한, 로머의 '일반 이론'에 따르면, 기술을 가진 자본가가 기술이 없는 노동자를 착취한다는 것인데, 이것은 노동착취 이론에서는 나올 수 없는 주장이다. 위의 정의에 따른 착취 개념은 일반 이론과 맞지 않는다. 이 문제를 풀기 위해 로머는 자본주의적 착취(위의 정의에 따른)와 사회적 착취를 구별한다.

> 하나의 연합이 부여받은 자신의 몫을 모두 가지고 퇴장한다고 가정했을 때, 퇴장한 연합의 구성원의 지위는 더 나아지는 반면, 여연합의 형편은 더 나빠진다면, 현재 상황은 사회적으로 착취가 있다.[111)]

자본주의에서는 자본가에 의한 자본주의적 착취도 있고, 기술을 가진 사람들에 의한 사회적 착취도 있을 수 있다. 사회주의에서는 자본주의적 착취는 제거되고 사회주의적 착취만 남는데, 이것은 공산주의에 의해 제거된다. 나는 착취의 개념을 그렇게 정의하는 것이 별로 도움이 안 된다고 생각한다. 새로 제안한 노동 개념도 기존의 불분명한 개념과 별로 다를 바 없다. 특히 "자기 몫의 무형자산 — 기술 — 을 가지고 퇴장한다"는 주장이 그러하다. 그의 주장이 아무리 사고 실험이라고 하더라도 노동자들이 자기 몫의 경영기술을 가지고 경영자로부터 퇴장한다는 말이 성립할 수 있는지 의문이다.[112)]

---

111) Roemer, *A General Theory*, p. 212.

112) 로머(*ibid.*)가 제시한 모형에 따르면, 행위자들은 생산가능성에 대한 지식이 서로 다르고, "퇴장하는 연합의 각 성원은 하룻날의 1/N에 해당하는 기술을 발휘하는" 것으로 되어 있다. 여기에서 N은 사회 구성원 수이다. 봉건제도와 자본주의에서의 퇴장규칙과는 달리 이러한 사회가 과연 성립할 수 있는지 의심스럽다. 그날 발휘된 모든 개인들의 기술을 다 결합하지 않는다면 그것은

이것 말고도 로머의 접근방법에는 근본적인 문제가 있다.[113] 직관적으로 볼 때 착취는 도덕적 개념이기도 하고 인과적 개념이기도 하다. 어떤 사람은 착취자이고 어떤 사람은 피착취자라는 사실은 그들 사이에 상호작용(혹은 그들을 서로 연결시키는 상호작용망)이 있다는 것을 의미한다. 그리고 인과진술과 반사실적 진술이 같은 것은 아니다. 예를 들어 "A가 원인이 되어 B 사건이 발생했다"고 할 때, 이 진술은 "A가 없었더라면 B도 일어나지 않았을 것이다"는 진술이 참이 되기 위한 충분조건도 아니요, 필요조건도 아니다.[114] 그러므로 착취의 인과적 개념을 반사실적 퇴장규칙으로 흡수하려는 로머의 시도는 처음부터 실패할 수밖에 없다. 게다가 로머가 제안한 정의에 대해 우리는 반대 사례를 쉽게 제시할 수 있다.[115]

그렇다고 해서 로머의 일반 이론에 장점이 없다는 것은 아니다. 그 이론은 착취의 다양한 형태와 원천을 확실하게 보여준다. 봉건적 착취는 어떤 연합의 구성원들이 자신들의 재능을 가지고 퇴장할 경우, 그들의 형편이 더 나아지는지의 여부로 판단할 수 있다.[116] 그렇다면 봉건적 착취가 성립하기 위해서는 피착취자의 인신의 자유를 속박해야 한다. 그러므로 우리는 이렇게 말할 수 있다. 봉건주의에서 착취는 일부 개인이 자신의 노동력을 통제하지 않기 때문에 발생하고, 사회주의적 착취는 일부 개인(기술을 가진 착취자들)이 자신의 노동력을 통제하기 때문에 발생한다. 자본주의에서는 일부 개인이 자신의 비숙련 노동력만을 통제하기 때

퇴장한 사람들에게 아무런 의미가 없을 것이다.

113) 아래 내용은 졸고 "Roemer vs Roemer"에 자세히 나와 있다.

114) 졸저 *Explaining Technical Change*, p. 34 참조.

115) "Roemer vs Roemer" 참조.

116) Roemer, *A General Theory*, pp. 199ff. 그러나 농민의 소유 개념은 불분명하다는 점은 지적해두고자 한다(4. 1. 1).

문에 발생한다. 여기에서 우리는 분배적 부정의의 명확하고 중요한 여러 형태들을 볼 수 있다. 그런데 이 여러 형태들을 착취라고 부르고 이것을 퇴장규칙에 의해 판별함으로써 우리가 얻을 수 있는 게 무엇인지는 잘 모르겠다.

다른 한편, 나는 동질노동의 문제가 있다고 해서 노동착취 이론이 쓸모없다고 생각하지는 않는다. 그 이론은 다소 특수한 경우이기는 하지만 우리의 윤리적 직관을 시험해볼 수 있는 유용한 기회를 제공한다. 좀 엉뚱한 이야기 같지만 규모에 따라 수확이 증가한다는 법칙이 적용되지 않는다고 생각해보자. 이런 가정은 마르크스주의 경제학이나 비마르크스주의 경제학에서 모두 논의되는 가정이다. 현실에서는 규모에 따라 수확이 증가한다는 것을 모든 사람들이 잘 알고 있지만, 이것을 분석적으로 다루기 어렵기 때문에 종종 무시한다. 규모와 관계없이 수확은 일정하다고 가정한다면, 이 가정은 우리의 논의와 관계가 있다. 이 가정이 바로 **동질성** 전제이다. 이 전제는 현실에서 쉽게 볼 수 있는, 우리를 당황스럽게 하는 질적 현상들을 일부 무시한다. 동질 노동의 가정과 같이 대담한 단순화가 필요할 때가 있다. 너무 복잡하여 이론화하기 어려운 문제들은 그렇게 해야 분석이 가능하다.

4. 2. 자유, 물리적 강제, 경제적 강제

시장 착취는 교환에 의존하고 있는데, 교환은 강제된 것이 아니라 자유롭고 자발적인 것이라고 볼 수 있다. 하지만 마르크스는 노동력의 판매는 강제된 것이라고 주장했다. 그렇다면 마르크스가 자유, 강압, 강제, 강요의 개념을 어떻게 이해했는지를 살펴볼 필요가 있다. 4. 2. 1에서 마르크스의 적극적 자유, 혹은 자율적 자아실현으로서의 자유의 개념과,

이것이 선택의 형식적 자유와 어떤 관계에 있는지를 살펴보겠다. 4.2.2에서는 자본주의가 제공하는 자유 — 그 이전의 사회에서는 없었던 — 가 무엇을 의미하는지, 그리고 그 자유의 한계를 고찰한다. 4.2.3에서는 자본주의에서 노동자가 자신의 노동력을 팔도록 강제되는지(*coerced*) 여부와, 그렇게 할 수밖에 없다(*forced*)는 약간 완화된 주장을 살펴보겠다. 또한 이러한 임금노동의 특징과 노동착취 간의 관계를 살펴보겠다.

4.2.1. 자율로서의 자유

한 가지 예외(아래)가 있지만, 마르크스는 적극적 자유와 소극적 자유를 명시적으로 구별하지는 않았다. 그러나 그의 저작에서 두 개념을 다 찾아볼 수 있다. 그는 소극적 자유를 "형식적 자유"라 하였다. 예를 들면 노동자는 고용주를 떠날 형식적 자유가 있다는 것이다.[117] 그는 적극적 자유를 "진정한 자유"라고 했는데, 이것은 자아실현과 같은 것이다.

> 아담 스미스는 전혀 알지 못하고 있다. 이 장애들을 극복하는 것 자체가 자유의 작동이라는 것 — 나아가 외적인 목적들은 단순히 외적인 자연 필연성의 외관을 벗으면서 개인 스스로가 정립하는 목적들로 정립된다는 것 — 따라서 이것이 주체의 자아실현이자 대상화로서, 진정한 자유라는 것을.[118]

이것이 자율로서의 자유의 개념인데, 자신의 목적을 선택할 수 있는 적극적인 능력을 말한다. 소극적 자유는 자신이 설정한 목적을 실현하려는 시도가 아무런 방해를 받지 않는 것을 말한다. 이 주제는 《독일 이데올로기》에 잘 나와 있다. 공산주의자에게 "자유로운 활동"이란 "전인격적

---

117) *Grundrisse*, p. 464. 이 내용은 아래에 전문이 인용되어 있다.
118) *Ibid.*, p. 611.

능력의 발전으로부터 생겨나는 삶의 창조적인 표현이다".[119] 그러나 "근대 사회에서는 개인이 하나의 욕구를 충족시키기 위해서는 다른 모든 욕구들을 희생해야 하고, 그렇게 되지 않아야 함에도 불구하고, 오늘날 세계의 모든 개인들은 이런 상황에 놓여 있으므로 전인격적 존재로서의 개인의 발전은 불가능하다".[120] 비슷한 내용이 《요강》에도 나오는데, 다소 불분명하긴 하지만, 앞에서 말한 예외가 바로 이것이다. 여기에서 마르크스는 자본주의에서 볼 수 있는 교환의 자유와 전자본주의 경제체제에서 볼 수 있는 여러 가지 부자유한 노동형태들을 비교하여 보여준다.

> 경제적 형태로서의 교환이 모든 측면에 걸쳐 주체들의 평등을 정립한다면, 교환의 내용은 **자유**이다. 즉 교환 대상을 개인이 자유롭게 결정한다. 이리하여 **평등**과 **자유**는 교환가치에 기초하는 교환에서 존중될 뿐만 아니라, 교환가치의 교환이 모든 평등과 자유의 생산적·실질적 기초가 된다. … 여기까지 발전한 평등과 자유는 고대세계의 자유와 평등과는 정확히 반대되는 것이다. 고대세계에서는 교환의 발전이 자유와 평등의 기초가 아니었고, 오히려 자유와 평등을 파괴했다. 평등과 자유는 고대와 중세에는 아직 실현되지 않았던 생산관계를 전제로 한다. 직접적인 강제 노동이 고대의 기반이다. 이것을 기반으로 공동체가 존재했다. 중세 세계의 기초는 '특권'으로서의 노동이다. 이 노동은 교환가치를 생산하는 것이 아니라 사용가치를 생산했다. 노동은 강제노동도 아니었고, 상위단체(길드)를 형성하여 이루어진 것도 아니었다.[121]

마르크스의 주장은, 고대세계에서의 평등과 자유는 오로지 정치적 수준에서, 즉 자유로운 시민의 수준에서만 존재했다는 뜻일 것이다.[122] 그렇

119) *The German Ideology*, p. 225.
120) *Ibid.*, p. 256.
121) *Grundrisse*, p. 245.

다면 이것은 공동체 수준에서 '진정한 자유'이며, 집합적 자기결정이다.[123] 이 자유는 교환경제에 의해 파괴된다. 하지만 이것은 새로운 종류의 경제적 자유를 가능하게 한다(4.2.2). 마르크스는 이 새로운 자유의 중요성을 강조하면서도, (개인적인 수준에서) 진정한 자유는 없다는 뜻으로 이해될 소지가 있는 주장을 덧붙인다.

> 교환자들의 관계를 동기, 즉 경제적 과정 밖에 속하는 자연적인 동기라는 측면에서 보면, 그 관계가 일정한 강제에 기초한다는 말이 맞다. 그러나 이 관계 자체는 한편으로 다른 사람은 전혀 관심을 갖지 않는 나의 욕구 자체, 나의 자연적 개별성이며, 따라서 그는 나와 평등하고, 그의 자유가 곧 나의 자유의 전제가 된다. 다른 한편 내가 나의 욕구에 강제되어 그 명령에 따른다면 나에게 강제력을 행사하는 것은 나 자신의 본성, 나의 욕구와 충동의 총체로서, 이것은 결코 외부의 힘이 아니다.[124]

형식적 자유와 진정한 부자유를 구별하고 있다는 점은 마지막 진술을 보면 명확히 알 수 있다. 여기에서 마르크스는 교환 행위자의 자율성을 인정한 것으로 보인다. 그러나 이것은 단순한 용어상의 문제일 수도 있다. 즉 자율성은 외부로부터 방해받을 수도 있지만 내부로부터 방해받을 수도 있다. 여기에서는 외부로부터 방해받는 경우만을 언급하고 있지만, 초기의 원고들을 보면 "자신의 욕구에 의해 강제되는 것"도 진정한 자유에 대한 장애물로 생각했다는 것을 알 수 있다.

일반적으로 말해서, 마르크스는 시장에 있어서 형식적 자유의 부정적 효과를 강조했다. 완전한 자아실현은 타인과 함께 살아가는 공동체를 필

---

122) Constant, "De la liberté des anciens comparée à celle des modernes" 참조.

123) Finley, "Politics" 참조.

124) *Grundrisse*, p. 245.

요로 하는데, 이것은 시장에서 이루어지는 낯선 사람들과의 거래를 통해서는 얻을 수 없다(2. 2. 7). 또한 형식적 자유는 노동자가 진정한 선택권을 가지고 있는 듯한 이데올로기적 환상을 만들어낸다(4. 2. 2). 그러나 마르크스는 노동자의 형식적 자유가 자신의 선택에 대해 책임을 지도록 함으로써 어느 정도 노동자를 자율적으로 만들어주기도 한다는 점도 인정한다. 이것은 소비자로서의 자유, 생산자로서의 자유, 그리고 노동시장에서의 자유에 모두 해당된다. 마지막 것은 4. 2. 2에서 논의하기로 하고 앞의 두 가지에 대해 원문 몇 곳을 살펴보겠다.

1851년의 《고찰》(*Reflections*)에서 마르크스는 노동자의 형식적 자유가 임금의 지불양식에 의해 확대된다는 점을 지적하고 있지만, 이것이 자본주의의 긍정적 성과라고 생각하지는 않았다. "노동자는 자신의 임금으로 자녀들을 먹일 고기와 빵을 사지 않고 자기가 마실 술을 살 수도 있다. 이것은 임금을 물품으로 지급받으면 할 수 없는 일이다. 그런 만큼 그의 자유는 확대되었다. 즉 술의 지배를 선택할 수도 있는 것이다."[125] 《직접적 생산과정의 결과》에서는 아주 다른 시각을 보여준다.

> 노예는 생계를 위해 필요한 생활수단을 종류와 범위에 있어서 고정된 **자연형태**, 즉 **사용가치**로 받는다. 자유노동자는 이를 **화폐**의 형태, 즉 **교환가치**, 부의 추상적 · 사회적 형태로 받는다. 임금은 사실상 은이나 금이나 동이나 지폐의 형태를 띤 필요한 생활수단으로서, 끊임없이 생활수단으로 바뀌어야 하고, 여기에서 화폐는 유통수단으로, 교환가치의 순간적 형태로 기능할 뿐이지만, 그의 마음속에는 그 교환가치, 그 추상적 부가 전통적 · 국지적으로 제한된 사용가치 이상의 어떤 것이다. 화폐를 자신이 원하는 사용가치로 바꾸는 것은 노동자 자신이다. 그가 원하는 상품을 구매하는 것은 그 자신이다. **화폐보유자**로서, 상품구매자로서 노동자는 다른 모든 구매자와 마찬가

125) "Reflections", p. 591.

지로 상품판매자에 대해서 전적으로 동일한 관계에 있다. 그의 존재의 조건들 때문에, 그리고 그가 취득한 화폐의 양 때문에 그는 상당히 제한된 범위 내의 상품 중에서 구매를 할 수밖에 없다. 그렇지만 약간의 융통성은 있다. 예를 들어 영국 도시 노동자의 경우, 신문을 필요한 생활수단에 포함할 수도 있고, 그 돈으로 저축을 할 수도 있다. 또한 그 돈으로 음주를 할 수도 있다. 그는 자유로운 행위자로서 그렇게 한다. 그러나 자신의 선택에 대해 대가를 지불해야 한다. 자신의 임금을 지출하는 방식에 대해 스스로 책임을 져야 한다. 그는 주인을 필요로 하는 노예와는 달리 자제하는 것을 배운다.[126]

이 구절이 보여주는 확고한 빅토리아풍의 태도는 앞에서 인용한 구절과는 아주 다르다. 앞에서는 노동자가 누릴 수 있는 자유가 기껏해야 술의 지배를 선택하는 것이라고 비꼬고 있다. 그러나 방금 인용한 구절에서는 노동자의 자율성이 자본을 위해서도 좋은 일이며, 그런 만큼 자율성이 확실하다고 말하고 있다.

소비자의 자율성은 자본주의의 항구적인 모습이다. 생산자로서 노동자의 유사한 자유는 노동이 자본에 형식적으로 포섭되어 있는 단계, 즉 선대제도(*putting-out system*)[127] 나 이와 유사한 제도에 한정된다. 이러한 제도에서는 생산자가 임금을 받고 일하기는 하지만 생산과정은 생산자가 완전히 통제한다. 이러한 상황에서는 "자유로운 자기결정의 의식(관념이라고 하는 편이 좋겠다)은 그를 (노예보다) 더 나은 노동자로 만든다".[128] 이것은 소비자로서의 구매행위에 포함된 것보다는 더 약한 형태의 자기결정이다. 왜냐하면 소비자는 욕망과 행위를 선택하지만 생산자

---

126) *Results of the Immediate Process of Production*, p. 1033.

127) 〔옮긴이주〕 선대제도(先貸制度) : 유럽에서 상인자본가가 가내 수공업자에게 미리 원료와 기구를 대주고 물건을 만들게 한 후에 삯을 치르고 그 물건을 도맡아 팔던 제도.

128) *Ibid.*, p. 1031; 또한 *Capital I*, p. 555 참조.

는 오직 행위에 대해서만 선택을 하기 때문이다. 그러나 이런 자유도 기계기술의 등장과 함께 노동이 자본에 실질적으로 포섭되면서 사라진다 (2.3.3).

4.2.2. 자본주의에서의 형식적 자유

공장 문을 나서면 어느 누구도 노동자에게 이래라 저래라 할 수 없다. 그는 원하는 물품을 자신의 임금 범위 내에서 마음대로 구매할 수 있다. 일자리가 있으면 고용주를 바꿀 수도 있다. 심지어 자영업자가 될 수도 있고, 고용주가 될 수도 있다. 그런 일이 종종 발생한다. 이러한 자유는, 궁극적으로는 자본주의에 위험한 것이지만, 단기적으로는 유용한 이데올로기적 효과를 발휘한다. 특별한 자본가로부터는 물론 자본 그 자체로부터 독립되어 있다는 인상을 주기 때문이다. 이러한 내용이 나와 있는 원문들을 살펴보겠다.

노동자가 고용주를 바꿀 수 있는 자유는 그 이전의 생산양식에서는 없었던 자유라는 생각은 마르크스 시대의 상식이었다. 그 스스로 랭게 (Linguet)[129] 와 에드몽(Edmonds)[130] 의 견해를 인용하고 있다. 토크빌도 이 사실을 지적하고 있다.[131] 마르크스가 이 사실을 언급할 때는 반드시 다음과 같은 단서를 단다. ① 노동자는 개별 자본가에게 종속되어 있지는 않지만 자본에 종속되어 있다는 것과, ② 개별 자본가로부터의 독립성이 자본에의 실질적 종속을 가린다는 것이 그것이다. 가장 명확한 주장은 《요강》에서 찾아볼 수 있다.

---

129) *Theories of Surplus-Value*, vol. 1, p. 229.

130) *Results of the Immediate Process of Production*, p. 1027.

131) Tocqueville, *Democracy in America*, p. 557.

우선 첫 번째 전제는 노예제나 농노제의 관계가 지양되었다는 것이다. 살아 있는 노동 능력이 자기 자신에게 속하며, 자신의 활동을 교환을 통해서 처분한다. 양측은 인격체로 마주선다. **형식적으로** 그들의 관계는 교환자들의 평등하고 자유로운 관계이다. 법률적 관계에서는 이 형태가 **외양**이고 그것도 **기만적 외양**이라는 것은 고려대상이 아니다. 자유로운 노동자가 판매하는 것은 언제나 일정한 양의 특정한 활동일 뿐이다. 노동 능력 전체는 어떤 특수한 활동 이상의 것이다. 그는 특정한 자본가에게 특정한 노동활동을 판매한다. 그에게 그 자본가는 독립적인 **개인**이다. 이것이 자본으로서의 자본의 존재에 대한, 즉 자본가 계급에 대한 그의 관계가 아니라는 것은 분명하다. 그럼에도 불구하고 이런 방식으로 그 개인에 관한 모든 것이 넓은 범위의 자의적 선택, 따라서 형식적 자유를 제공한다.[132]

형식적 자유의 기만적인 성격은 《자본론 I》에도 나타나 있다.

로마의 노예는 쇠사슬에 묶여 있었으나 임금노동자는 눈에 보이지 않는 끈으로 그 소유자에게 묶여 있다. 독립성의 외양은, 고용주들의 끊임없이 교체에 의해, 또 계약이라는 사이비 제도에 의해 유지된다.[133]

대량의 노동력의 재생산은 자본의 자기확장을 위해 자본에 통합되어야 하고, 자본으로부터 이탈될 수 없다. 그 노동력을 구매하는 개별 자본가가 바뀐다는 사실 때문에 그것이 자본에 예속되어 있다는 사실이 은폐되고 있지만, 이러한 노동력의 재생산은 사실상 자본 그 자체의 재생산에 필수적인 것이다.[134]

마르크스에 따르면, 노동시장에서 노동자가 누리는 형식적 자유가 독

132) *Grundrisse*, p. 464.
133) *Capital I*, p. 574.
134) *Ibid.*, pp. 613~614.

립성의 외양을 만들어내는 이데올로기적 효과가 있고, 생산자의 자유는 그를 더 열심히 일하게 하는 '자기결정의 관념'을 만들어낸다(4. 2. 1에 인용). 그렇다면 마르크스는 노동자의 자유가 자본가에게만 유리한 것이라고 여긴 것일까? 그러한 자유는 그 자체로 가치 있는 것 — 다른 사람의 지배 아래 있지 아니한 것은 그 자체로 좋은 일이므로[135] — 이라고 마르크스가 직접 강조한 적은 없다. 그의 관심은 미래 사회에 있었기 때문에 자본주의하에서 노동자의 상황이 어느 정도로 좋은가에 대해서는 별로 관심을 두지 않았다. 그러나 그는, 형식적 자유가 자율성에 영향을 미치는 이상, 노동자로 하여금 미래를 창조할 수 있게 해주는 도구적 효율성은 있다고 믿었다. 이러한 내용은 《직접적 생산과정의 결과》에서 찾아볼 수 있다. 4. 2. 1에서 인용한 구절 바로 앞에 다음과 같은 내용이 있다.

> 확실히 대부분의 노동은 다소 미숙련노동으로 구성되어 있어야 한다. 그러면 대부분의 임금을 **단순노동력의 가치**에 의해 결정할 수 있다. 그럼에도 불구하고 개개인은 자신의 재능과 활력에 의해 더 좋은 자리로 갈 수 있다. 마찬가지로 노동자 누구라도 자본가가 되거나 타인 노동의 착취자가 될 수 있는 추상적 가능성이 있다. 노예는 특정한 **주인**의 소유물이다. 노동자는 자신을 자본에게 판매해야 하지만, 특정한 자본가에게 판매해야 하는 것은 아니며, 일정한 범위 내에서 자본가를 선택할 수 있고, 주인을 바꿀 수 있다. 이러한 차이의 효과는 자유노동자의 활동을 노예의 활동보다 더 집중적이고 연속적이며, 더 유순하고 숙련되게 만든다. 자유노동자들이 노예와는 전혀 다른 역사적 역할을 할 수 있다는 사실과는 별개로.[136]

마르크스는 이어서 소비자로서의 노동자의 자유에 대한 논의로 나아가기

---

135) Simmel, *The Philosophy of Monet*, p. 200.

136) *Results of the Immediate Process of Production*, pp. 1032~1033.

때문에 마지막 구절이 그것과 관계가 있는지, 노동시장에서의 자유와 관계가 있는지는 분명하지 않다. 아마도 마르크스는 두 종류의 자유가 모두 노동자의 '역사적 역할'의 전제조건이라고 생각한 것 같다. 마르크스의 말을 종합해보면 이렇게 정리할 수 있다. 소비자로서의 노동자의 자유는 자본주의를 전복시키는 역사적 행동을 할 수 있는 능력을 만들어낸다. 공산주의에서 '진정한 자유'를 위한 조건들은 이미 어느 정도의 자유 — 자신의 선택에 대해 책임을 지도록 하는 형식적 자유에 의해 생겨나는 — 를 누리고 있는 노동자들에 의해 창출된다. 다른 한편, 형식적 자유는, 자본주의의 억압적인 본질을 감추기 때문에, 그러한 행동을 감행하고자 하는 동기를 약화시킨다. 이 두 가지 중에서 마르크스는 단연 후자를 강조하고 있지만, 전자도 최소한 주목은 해야 한다.

마지막에 인용한 구절에서 마르크스는 노동자가 착취자가 될 수도 있다는 것을 간단히 언급하고 있다. 즉 특정한 자본가로부터의 독립은 물론 자본으로서의 자본으로부터 독립할 자유도 있다는 것이다. 1.4.6에서 인용한 《자본론 III》의 구절에서 그는 그러한 상향이동성이 두 가지 면에서 자본주의에 유리하다고 하였다. 하나는 이데올로기적 가치이고 또 하나는 자본가 계급에 대한 강화효과이다. (하나를 더 들 수도 있었을 것이다. 그 결과 노동 계급이 약화되고, 잠재적 지도자를 상실하게 된다는 것.) 초고에서 그는 이러한 이동성의 내재적 한계를 지적한다.

> 진실은 이렇다. 부르주아 사회에서 노동자라 하더라도 남달리 영리하거나 기민하거나, 부르주아 본능을 타고 나거나 특별한 행운이 있으면 타인 노동의 착취자가 될 수도 있다. 그러나 착취당할 노동이 없으면 자본가도 없고, 자본주의적 생산도 없다.[137]

137) *Ibid.*, p. 1079.

〔전자본주의 사회에서〕 개인은 다른 개인에 의해 인격적으로 제한을 받았지만, 〔자본주의 사회에서는〕 개인으로부터 독립되어 자족적으로 존재하는 관계에 의해 물질적으로 제한을 받는다. (개인의 입장에서 보면 인격적 관계는 혼자서 벗어버릴 수 없지만 외적 관계들은 극복하고 정복할 수 있기 때문에 후자의 경우에 자유가 더 큰 것처럼 보인다. 그러나 그 외적 관계들, 그 조건들을 자세히 살펴보면, 그것들을 파괴하지 않고서는 한 계급에 속한 개인들이 온전히 극복하는 것은 불가능하다는 것을 알 수 있다. 특정인이 이 관계들을 운좋게 벗어날 수는 있지만 그 조건들의 지배를 받고 있는 대중은 그럴 수 없다. 그러한 조건들의 존재 자체가 대중의 복속, 필연적인 복속을 표현하고 있기 때문이다. …)[138]

고용주를 바꿀 자유와 스스로 고용주가 될 자유는 이데올로기적 환상을 낳는다. 그것이 환상인 이유는 구성의 오류에 빠져 있기 때문이다.[139] 전자의 경우 한 노동자가 **특정** 고용주로부터 독립적이라는 사실에서 그가 **모든** 고용주로부터, 즉 자본 그 자체로부터 독립적이라는 결론을 이끌어내고 있다. 후자의 경우 **특정** 노동자가 자본 그 자체로부터 독립할 수 있다는 사실로부터 **모든** 노동자가 그런 독립성을 얻을 수 있다고 추론하고 있다. 전자의 추론은 후자의 전제로부터 얻을 수 있는 합당한 추론으로 보일 수도 있겠지만, 이것은 '할 수 있다'는 말의 의미가 이중적이기 때문이다. 노동자가 고용주를 바꿀 자유가 실현되기 위해서는 그가 그렇게 하기로 결정해야 한다. 그는 그렇게 '할 수 있다'. 원한다면 실제로 그렇게 할 수 있다는 의미에서 그렇게 '할 수 있다'. 반면에 자본가 계급으로 진입할 자유는 그가 '남달리 영리하거나 기민한 사람'일 때에만 실현될 수 있다. 누구라도 그렇게 '할 수 있다'. 그러나 이 경우 '할 수 있다'는 말은

138) *Grundrisse*, p. 164.
139) 졸저 *Logic and Society*, pp. 97ff 참조.

그렇게 할 수 있는 형식적 자유를 가리킬 뿐 실제로 그렇게 할 수 있는 사람은 소수에 불과하다.

그러므로 자유라는 말의 의미를 전자의 뜻으로 이해할 경우, 노동자는 두 개의 자유 중 대수롭지 않은 자유, 즉 고용주를 바꿀 자유만 가지고 있는 것이다. 즉 그는 원한다면 그렇게 할 수 있다. 반대로 자본가 계급으로 진입할 더 중요한 자유는 조건적으로만, 약화된 의미에서만 자유이다. 즉 "남달리 영리하거나 기민하거나 … 하면, 타인 노동의 착취자가 될 수 있다". 이 두 가지 자유는 서로 관계가 있지만 이데올로기적 의미는 다르다. 전자의 경우 이데올로기적 매력은 노동자가 강력한 자유를 가지고 있다는 것이고, 후자의 경우 그가 중요한 자유를 가지고 있다는 것이다. 이 둘을 혼동하면(혼동하기 쉽다), 노동자가 필연성에 의해서가 아니라 선택에 의해서 노동 계급에 속해 있다는 주장이 성립한다. 마르크스의 주장을 이렇게 요약하는 것은 엄밀한 의미에서 원문의 내용을 넘어서는 것이겠지만 그의 주장의 본뜻은 그런 것으로 보인다.

4.2.3. 임금노동은 강제노동인가?

자유라는 말을 실제로 그렇게 할 능력이 있다는 의미로 이해한다면, 평범한 노동자는 자본가로 입신하여 타인의 노동력을 고용하는 사람이 될 자유가 없다. 이 말이 노동자는 자신의 노동력을 팔 수밖에 없다는 말인가? 만일 그렇다면, 노동자는 노동력을 팔도록 강제되고 있다고 말해야 하는가? 나는 강압(*force*)과 강제(*coercion*)를 구별하고자 한다. 강제는 강제하는 행위자의 존재를 전제로 하는 말이지만, 강압은 선택의 여지를 남겨두지 않는 제약이 있다는 것을 의미할 뿐이다. 내가 다른 곳에서 직장을 얻을 수 없어 고향땅에서 살 수밖에 없다면, 이것은 강압된 것이다. 그러나 내가 고향을 떠나면 체포당할 경우 그래서 고향땅에서 살 수밖에 없다면, 이것은 강제된 것이다. 다음에서 노동자가 강제되고 있는 것인지, 어느 정도까지 그렇지 않다고 말할 수 있는지, 그렇다면 최소한 자신의 노동력을 팔도록 강압되고 있다고 말할 수는 있는지를 살펴보겠다.

강제의 형태는 여러 가지다. 첫째, 공개적인 위협의 사용이 있다. 이 위협은 물리적인 것일 수도 있고 아닐 수도 있고, 처벌일 수도 있고 혜택의 철회일 수도 있다. 다음으로 외부환경의 조작이 있다. 즉 다른 선택을 하지 못하도록 모두 차단하는 것이다. 강제할 대상에게 추가적으로 하나의 선택지를 제안하는 경우도 있을 수 있다. 마지막으로, 다소 논쟁의 여지는 있지만, 강제할 대상의 믿음과 욕망을 조작하는 것이다. 이들의 공통점은 다음과 같다.

> A가 '정상적인' 행동 W를 했다면, B가 Z의 행동을 했을 텐데, A가 X의 행동을 하여 B로 하여금 Y를 하도록 했다면, A가 B에게 Y를 하도록 강제한 것이다.[140]

여기에 덧붙여 B는, A가 X를 하고 자신이 Y를 하는 것보다는 A가 W를 하고 자신은 Z를 하는 것을 더 선호한다는 전제가 있어야 한다. (강제가 선호 조작의 형태로 이루어진다면, 이것은 전(前) 강제 선호의 문제로 보아야 할 것이다.)[141] 내 생각으로는, A가 반사실적 상황〔강제하지 않았을 때 생길 결과 — 옮긴이〕보다 실제 상황〔강제했을 때 생길 결과 — 옮긴이〕을 더 선호해야 한다는 전제는 필요하지 않다. 그러나 일반적으로 A가 B를 강제하는 이유는 대체로 그렇게 하는 것이 자신에게 이익이 되기 때문일 것

140) 행동의 결과는 의도한 대로 이루어진다고 가정한다. 즉 예기치 못한 일이 발생하는 경우를 제외한다.

141) 졸저 *Ulysses and the Sirens*, pp. 82ff 참조.

이다.[142)]

그런데 이렇게 정의하고 나면, '정상적인' 행동을 어떻게 정의할 것인가 하는 문제가 생긴다. 도덕적인 정의, 즉 정상적인 행동은 A가 **마땅히 해야 할** 행동이라고 정의하는 것은 적합하지 않다. 예를 들어 경찰이 범죄를 막기 위해 강제력을 행사하는 경우, 경찰이 정상적인 행동을 하지 않고 강제 행동을 하고 있다고 말할 수는 없지 않겠는가? 어떤 경우에는 정상적인 행동이 A가 통상적으로 하는 행동일 것 같기도 하고, 또 어떤 경우에는 B가 없었다면(우주에 없다는 뜻이 아니라 A의 영향권 안에 없다는 뜻이다) A가 하였음 직한 행동 같기도 하다. 도덕적 정의를 내릴 수밖에 없는 경우도 있을 것이다. 이 문제에 관해 우리의 직관이 일관성 있는 대답을 찾아낼 수 있을 것 같지 않다.[143)] 아래의 논의에서는 B가 없었다면 A가 했으리라고 생각되는 행동을 정상적 행동으로 정의하기로 한다.

자본가 A가 노동자 B로 하여금 자신의 노동력을 팔도록 강제했다는 말이 성립하기 위해서는, 자본가의 개입 행동 X가 없었더라면 노동자가 행동 Z를 선택했을 것이라는 전제가 있어야 한다. 이러한 임금노동에 대한 대안은 자영업일 수도 있고, 노동자들의 협동체일 수도 있고, 자본가가 되는 것일 수도 있다. 자본가의 개입은 신용시장에서의 훼방일 수도 있고, 투매의 위협일 수도 있고, (협동체의 경우) '분할 통치' 전술로 노동자들의 계급의식을 약화시키는 것일 수도 있다(6. 2. 2). 노동자로 하여금 자신의 노동력을 팔도록 강제하는 여러 방법 가운데 앞의 두 개는 완전경쟁을 위반한 것이지만, 마지막 것은 성질이 좀 다르다. 이 모든 경우를

---

142) A의 이익이 무엇인가에 따라 온정주의적 강제가 될 수도 있다.

143) 더 자세한 개념적 논의는 Nozick, "Coercion" 및 Frankfurt, "Coercion and moral responsibility" 참조. 강제 개념이 임금계약에 적용될 수 있는지에 대한 최근의 논의는 Zimmerman, "Coercive wage offers"; Alexander, "Zimmerman on coercive wage offers"; Zimmerman, "Reply" 참조.

한마디의 로머 식의 퇴장 진술로 나타낼 수 있다. 노동자들은 자신의 생산수단을 가지고 퇴장했다면 형편이 더 나아졌을 것이다. 그러나 그들의 실제 선택은 전면적 퇴장이 아니라 자본주의적 환경 내에서 다른 길을 찾는 것이다. 자본가들이 경제력을 이용하여 그들이 퇴장하지 못하도록 막고 있을 수도 있다. 봉건영주들이 물리적인 힘으로 농민들이 자유로운 생산자가 되지 못하도록 막은 것처럼.

그러한 강제의 경험적 중요성이 여하하든,144) 마르크스는 이 문제에 대해 큰 관심을 기울이지 않았다. 마르크스가 비시장 착취의 '직접적 강제'와 자본주의적 착취를 가져오는 '상황의 압력'을 구별한 이상, 그가 후자는 강제로 보지 않았다고 추론하는 것이 자연스럽다. 또한 그는 '경제적 관계의 둔탁한 강요'와 '경제적 조건 외부에 존재하는 직접적인 강압'을 구별했는데, 이러한 구별은 경제적 관계 내부의 직접적 강압의 가능성을 배제한다. 자본가가 노동자를 강제할 수 있는 수단을 가지고 있다는 사실은 마르크스도 부정하지 않았을 것이다. 마르크스가 중요하게 여긴 것은 자본주의적 착취가 익명으로 이루어지고, 비인격적·경쟁적 시장을 통해 매개된다는 사실이었다. 독점의 존재를 가정하기보다는 자본에게도 '공정한 기회'를 주는 것이 방법론적으로도 옳다고 생각했기 때문이다(3. 1. 1).

---

144) Nozick, *Anarchy, State and Utopia*, pp. 252~253은, 자본가는 "계급이익에 따라 행동하는 것이 아니라 개인적으로 행동"하므로, 노동자가 운영하는 기업들을 방해하지 않는다고 주장한다. 일반적으로 자본가가 그들의 공동이익에 따라 행동할 수 없다는 주장은 확실히 그릇된 것이다(6. 2). 그러나 19세기에 거의 모든 노동자 협동체들이 실패한 것은 외부의 간섭 때문이 아니라 내부의 타락 때문이었던 것으로 보인다. Miller, "Market neutrality and the failure of co-operatives" 참조. 이러한 실패는 시장사회주의에 대한 비관적인 전망의 근거로 제시되었는데, 밀러는 이에 대한 훌륭한 반론을 제기하고 있다. 여기에서 시장사회주의는 노동자가 소유 및 경영하는 기업들로 이루어진 경제제도를 말한다.

다른 한편, 마르크스는 노동자가 자신의 노동력을 팔도록 강제된다고 생각하지는 않았다. 이 진술은 세 가지 방식으로 이해할 수 있다. 첫째, 주어진 여건을 고려할 때 노동자에게는 두 가지 선택지가 있다. 굶어죽거나 자신의 노동력을 팔거나. 둘째, 노동력을 팔지 않아도 살아갈 수는 있지만 매우 열악하게 살아야 하니까 노동력을 파는 좀더 나은 길을 택한다. 셋째, 임금노동자가 되지 않고서도 잘살아갈 수 있지만, 노동력을 파는 것이 노동자의 최적의 선택이다. 여기에서 세 번째 해석은 강제 개념과는 아무 상관이 없다. 어떤 사람이 수입이 괜찮은 일자리를 쉽게 얻을 수 있음에도 불구하고 최적의 전략으로 강도질을 선택했을 때, 그가 범죄를 저지르도록 강제된 것은 아니기 때문이다. 자본가는, 비록 그것이 최적의 선택이라 하더라도, 노동을 고용하도록 강제되는 것은 아니다.[145] 그리고 수입이 괜찮은 자영업자는 그보다 수입이 더 좋은 임금노동자가 되도록 강제되지는 않는다.

나머지 둘의 의미를 논의하기 전에, 마지막 문장을 전혀 다르게 생각하는 코헨의 주장을 살펴보자.[146] 노동자들은 노동 계급으로부터 벗어나는 것이 최적의 선택인 경우에도 노동력을 팔도록 강제될 수 있다는 것이다. 이러한 역설적인 주장을 이해하기 위해서는 개인적 부자유와 집단적 부자유를 구별할 필요가 있다. 마르크스와는 달리, 코헨은 노동자 누구라도, 남달리 재능 있는 사람이 아니어도 노동 계급으로부터 벗어날 수 있다고 주장한다. 최소한 현재 영국에서는 그러하고, 확실히 그런 상황을 상정할 수 있다는 것이다. 그러나 모든 노동자에게 이러한 선택지

145) 마르크스는 *The Holy Family*, p. 33에서 "자본가는 임금을 가능한 한 낮게 정할 수밖에 없다"고 썼는데, 이 주장은 다음과 같은 뜻이라면 타당하다. '**만일** 그가 계속해서 자본가가 **되려면** 이런 식으로 행동할 수밖에 없다.'

146) 이 주장은 다음과 같은 세 편의 논문에 자세히 나와 있다. "Capitalism, freedom and the proletariat"; "Illusions about private property and freedom"; "The structure of proletarian unfreedom".

가 있는 이유는 그 선택지를 선택하는 사람이 소수이고, 노동 계급으로부터 탈출 가능한 출구의 숫자보다 더 적은 사람이 그 선택지를 선택하고 있기 때문이다. 그러므로 노동자 각각에 대해서는 자신의 노동력을 팔지 않을 자유가 있다고 할 수 있지만, 전체로서의 노동 계급을 놓고 보면 그들은 노동력을 팔도록 집단적으로 강제되고 있다. 게다가 그러한 선택지를 사용하지 않는 이유에 대한 설명으로 연대의식을 들 수도 있다. 즉 모두가 누릴 수는 없는 자유는 노동자가 거부한다는 것이다. 이것은 이데올로기적으로 중요한 주장이다. 노동자에게도 자신의 사업을 할 수 있는 자유가 있다고 주장하는 자본주의 옹호론에 대한 반박이 될 수 있기 때문이다. 하지만, 거듭되는 말이지만, 이러한 반박은 마르크스가 제시한 것과는 다른 것이다. 마르크스는 무조건적 자유와 조건적 자유를 구별했지 개인적 자유와 집단적 자유를 구별한 것은 아니다.

내가 알기로는 마르크스는 결코 노동자들이 굶어죽지 않으려면 자신의 노동력을 팔 수밖에 없다고 말한 적은 없다. 이 말이 임금이 생계수준이라는 뜻은 아니다. 임금은 생계수준 이상일 수도 있지만, 자본에 대한 접근이 불가능한 상황에서 임금 노동을 선택하지 않으면 생계수준 이하로 떨어질 수도 있다. 반대로 임금이 생계수준일 수도 있다. 그와 유사한 생계수준에 있는 대규모의 농민이 존재하면 이들이 노동자의 임금을 생계수준으로 끌어내리고, 임금노동자의 자리를 채워가기 때문이다. 따라서 현실적인 임금수준을 증거로 마르크스의 견해를 판단해서는 안 된다. 문제는 노동자들이 자신의 노동력을 팔지 않으면 굶어죽는지의 여부이다. 《자본론 I》의 본원적 축적에 관한 논의도 이 문제와는 상관없다. 본원적 축적에 관한 논의의 요점은, 지배 계급이 농민들로 하여금 자신의 땅에서 살 수 없도록 만들어 강제적으로 임금노동자가 되게 했다는 것이다. 147)

노동자는 자신의 노동력을 팔 수밖에 없다는 마르크스의 주장은 두 번째 의미로 이해하는 것이 온당할 것이다. 다른 대안이 없는 것은 아니지만, 그 대안은 너무 열악해서 어느 누구도 선택하지 않을 것이라고 생각한 것이다. 물론 이러한 해석은 열악하다는 말을 어떻게 이해할 것인가 하는 문제를 제기한다.[148] 열악하다는 말은 상대적인 의미로 사용될 수도 있고 절대적인 의미로 사용될 수도 있다. 임금이 높고 대안이 최저 생계수준이라면 노동력을 팔 수밖에 없을 것이다. 임금도 대안도 모두 생계수준이라면 노동력을 팔도록 강제되는 것은 아니다. 다른 한편, 대안이 아주 좋으면, 천문학적 금액의 임금을 주겠다는 제안을 받더라도 이를 수락하도록 강제되는 것은 아니다.[149] 그러므로 ① 제안된 임금이 대안 이상이고, ② 대안이 임계수준 이하일 때 노동자는 자신의 노동력을 팔도록 강제된다고 말할 수 있다. 두 개의 전제 중 어느 하나만으로는 충분하지 않다. 그러면 임계수준은 어떻게 결정할 것인가? 강압(*force*) 이라는 것을 인과적 개념으로 본다면 임계수준에 대해 도덕적 정의를 내려서는 안 된다.[150] 하지만 우리가 직관적으로 느끼는 강압의 개념은 (강제 혹은 권력의 개념과 마찬가지로) 인과적인 것과 도덕적인 것이 혼재되어 있다. 그렇다면 임계수준에 대해 보편적 정의를 내리는 일은 공상에 불과할 것이다.

결론적으로 임금노동과 관련해 등장하는 착취, 강제, 강압의 개념을 요약하면 이렇게 된다. 로머 식의 퇴장 진술을 사용하겠는데, 이로써 그러한 개념들이 잘 정의될 수 있다고 생각해서가 아니라, 전형적인 경우들을 압축적으로 잘 나타내기 때문이다.

---

147) 특히 *Capital I*, p. 726 참조.

148) Cohen, "The structure of proletarian unfreedom" 참조.

149) 이 문제에 관한 논의는 Frankfurt, "Coercion and moral responsibility" 참조.

150) Cohen, "Capitalism, freedom and the proletariat".

> 노동자가 자기 몫의 생산수단을 가지고 퇴장했을 때 형편이 더 나아진다면, 그는 **착취당하고** 있다.

> 노동자가 자신의 생산수단을 가지고 퇴장했을 때 형편이 더 나아진다면, 그는 **노동력을 팔도록 강제된**(*coerced*) 것이다.

> 노동자가 자신의 생산수단을 가지고 퇴장했을 때 형편이 받아들일 수 없는 수준으로 열악해진다면, 그는 **노동력을 팔도록 강압된**(*forced*) 것이다.

확실히 노동자는 자신의 노동력을 팔도록 강제되거나 강압되지 않고서도 착취당할 수 있다. 그러므로 착취가 나쁘다는 것을 임금계약이 가진 강압적인 성질로부터 이끌어낼 수는 없다. 계약이 강제적으로 이루어진 것이 아닌 한, 착취는 도덕적 비난의 대상이 될 수 없다고 주장할 작정이라면 몰라도.

4. 3. 착취는 부당한가?

'착취'라는 말에는 그것이 도덕적으로 나쁘고 부당한 것이라는 가치판단이 들어 있다. 하지만 마르크스는 착취에 관해 논의하면서 정의와 공평이라는 부르주아 이데올로기를 가능한 한 사용하지 않으려 했다. 최근 이에 대한 연구가 늘고 있다. 마르크스가 그 용어들에 대해 반감을 보인 것은 사실이지만, 《자본론》의 착취 이론과 《고타강령 비판》(*Critique of the Gotha Programme*)의 공산주의 이론은 정의의 원칙을 분명하게 보여주고 있다. 주르뎅 씨[151] 처럼, 마르크스는 자신이 하고 있는 일을 어떻게

---

151) 〔옮긴이주〕 프랑스의 극작가 몰리에르(Molière: 1622~1673)의 희극 《서민

표현해야 할지 몰랐다. 그러나 주르뎅 씨와는 달리, 정확한 표현이 적절하지 않다는 인식에 도달한다. 4.3.1에서 정의에 대한 객관적·초역사적 기준은 없다는 마르크스의 견해를 검토한다. 4.3.2에서 재산은 도둑질한 것이라는, 정의의 기준이 있다는 전제하에서 나올 수 있는 주장에 관한 마르크스의 견해를 살펴보겠다. 4.3.3에서 '기여에 따른 분배'와 '필요에 따른 분배'의 원칙을 살펴보고, 이 원칙들이 자본주의와 두 단계의 공산주의에 어떻게 적용되는지를 논의하겠다.

4.3.1. 정의에 대한 마르크스의 비판

정의에 대한 마르크스의 비판을 알 수 있는 좋은 방법이 있다. 그것은 공산주의를 해야 하는 이유가 공산주의가 지향하는 이상 때문이라는 주장에 대해 마르크스가 한 일반적인 논평들을 살펴보는 것이다. 두 개의 질문을 분명하게 구별할 필요가 있다. 하나는 그 이상의 지위, 즉 그 이상의 유효성이 초역사적인 것인가 아니면 단지 상대적인 것인가 하는 것이다. 또 하나는 그 이상의 정치적 효력, 즉 노동자들의 혁명적 투쟁의 동기가 되는 것이 그 이상인가 아니면 좁은 의미의 계급이익인가 하는 것이다.[152] 이 문제에 대한 마르크스의 견해는 당황스러울 정도로 모호하

귀족》에 나오는 주인공. 서민 출신으로 졸부(부르주아)가 된 주르뎅은 귀족이 되고 싶어 귀족 흉내를 낸다. "나는 평생 이게 산문인 줄도 모르고 산문을 써왔군"이라는 대사가 유명하다.

152) Buchanan, *Marx and Justice*, p. 77은 세 번째 질문을 제기한다. 공산주의적 생활에서도 정의 개념이 필요한가 하는 것이다. 그럴 가능성이 있다고 생각해야 한다. 즉 "공산주의 사회에서 사람들은 권리를 가지고 있지만, 권리의 개념을 사용할 일이 없다". (예를 들어, 사람들이 비타민 C를 필요한 만큼 섭취하고 있지만, 비타민 C의 개념이 없기 때문에 (필요하지도 않다) 그것을 얻기 위해 아무것도 하지 않는 사회를 생각해보라.) 나는, 필요의 원칙(4.3.3)에 대해 유토피아적 해석을 하지 않는 한, 공산주의하의 분배에서 정의의 개

다. 원문을 근거로 위 질문에 대한 대답을 찾아보면 다음과 같은 네 가지 조합이 가능하다.

먼저 《독일 이데올로기》를 살펴보자. 여기에서 마르크스는 이상(理想) 담화를 배격한다. "공산주의는 확립되어야 할 상태, 현실이 그를 향해 나아가야 할 이상이 아니다. 공산주의는 현재 상태를 폐기하는 현실의 운동이다."[153] 이것은 단순한 '당위'(*Sollen*)에 대한 헤겔 식의 반감을 드러낸 것인데, 이미 1843년에 루게(Arnold Ruge)에게 보낸 편지[154]에서 발견된다. 그러나 마르크스에게 최소한의 일관성은 있다고 가정한다면, 이 진술을 이상이 아무런 정치적 효력이 없다는 뜻으로 읽어서는 안 된다. 같은 저작에서 그는 이렇게 쓴다.

> 슈티르너는 프롤레타리아들에게 '폐쇄된 사회'를 제시하고 있다. 즉 '장악'하기로 결정하기만 하면 그 이튿날에는 지금까지 존재하던 세계 질서가 간단히 끝장나기라도 하듯이. 그러나 현실에 있어서는 프롤레타리아들이 이러한 통일체에 도달하기 위해서는 긴 발전과정을 거쳐야 한다. 이 과정에서 그들의 권리에 대한 호소도 한몫을 한다. 다시 말해 그들의 권리에 대한 호소는 **오직** 그들을 '그들'로, 혁명적 통일 대중으로 만들기 위한 하나의 수단일 뿐이다.[155]

권리에 대한 호소는 계급의식을 고취하기 위한 수단일 **뿐**이다. 따라서 권리는 객관적인 지위를 갖는 것이 아니다. 그러나 그 호소는 계급의식을 고취하기 위한 수단**이다**. 따라서 권리는 정치적 효력이 있다. 《프랑스 내전》(*The Civil War in France*) 출간본에 나오는 유명한 구절은 약간

념이 일정한 역할을 하리라고 생각한다.

153) *The German Ideology*, p. 49.

154) "Letters from the *Deutsch-Französische Jahrbücher*", p. 144.

155) *The German Ideology*, p. 323. 강조 추가.

다른 견해를 보여준다.

> 노동 계급은 코뮌에 기적을 기대하지는 않았다. 노동 계급은 인민 포고령을 내리기만 하면(*par décret du peuple*) 완성된 유토피아가 등장한다고 생각하지는 않았다. 노동 계급은 알고 있다. 자신의 해방을 달성하기 위해서는, 그리고 이와 함께 현대사회가 자신의 경제적인 힘을 통하여 나아가고자 하는 더 높은 형태에 도달하기 위해서는 오랜 투쟁과정을, 일련의 역사적 과정을 거쳐야 한다는 것을. 이 과정이 인간의 환경을 변화시킨다는 것을. 노동 계급은 어떤 이상을 실현하려는 것이 아니라, 현재 붕괴되고 있는 낡은 부르주아 사회의 태내에서 이미 자라난 새 사회의 요소를 해방시키려는 것이다.[156]

이 구절을 보면, 공산주의에 이르는 과정은 인간의 의지와는 상관없는 객관적인 필연성을 따르기 때문에 이상은 공산주의의 도래에 꼭 필요한 것은 아니라는 인상을 받는다. 이것이 이른바 "과학적 사회주의"라는 것인데, 끔찍한 재앙을 가져오는 목적론적 사고이며, 과학적 사고와는 정면으로 배치되는 것이다.[157] 그러나 같은 저작의 초안에서 마르크스는 사뭇 다른 태도를 보인다.

> 모든 사회주의 분파의 창시자들이 활동하던 시대에는 자본주의 사회가 진전되지 않았기 때문에 충분히 훈련받지도 못하고 조직되지도 못했으며, 따라서 노동 계급이 세계무대에서 역사적 주체가 될 수 없었다. 또한 그들의 해방의 물질적 조건들도 낡은 세계 안에서 충분히 성숙되지 않았다. 그들의 궁핍은 존재했으나 그들 자신의 운동의 조건들은 아직 존재하지 않았다. 유토피아 분파의 창시자들은 현대 사회에 대한 비판에 있어서는 사회주의 운동

---

156) *The Civil War in France*, p. 143.

157) 목적론적 사고에 대한 강력한 비판으로는 Kolakowski, *Main Currents of Marxism*, vol. 3, 루카치에 관한 장 참조.

의 목표 — 임금제도와 계급지배의 경제적 조건들의 폐기 — 를 명확히 기술했지만, 사회 그 자체 내에 있는 변혁의 물질적 조건들을 발견하지 못했고, 노동 계급의 조직된 힘과 운동 의식도 발견하지 못했다. 이들은 운동의 역사적 조건 대신 공상적인 미래의 모습과 새 사회의 설계에 몰두하고, 이를 해방의 진정한 수단으로 생각했다. 노동 계급 운동이 현실화된 순간부터 공상적인 유토피아는 사라져갔다. 노동 계급이 이들 공상가들이 얻고자 한 목표를 포기했기 때문이 아니라, 그 목표를 실현시킬 수 있는 진정한 수단을 발견했기 때문이었다. 노동 계급은 운동의 역사적 조건에 대한 진정한 통찰력을 얻었고, 노동 계급의 군사조직의 힘은 날로 강해졌다. 그러나 공상가들이 천명한 운동의 마지막 두 가지 목표는 파리 혁명, 그리고 인터내셔널에 의해 천명된 마지막 목표들이다. 오직 수단이 다르고, 운동의 현실적인 조건들이 더 이상 구름 잡는 이야기가 아니라는 점이 다를 뿐이다.[158]

이것이 정치에 대한 좀더 솔직한 견해일 것이다. 주어진 목적을 실현하기 위한 최선의 수단을 찾았기 때문이다. 공상가들이 비판을 받은 이유는 이상의 설교가 곧 실현을 가져온다고 믿었기 때문이지, 이상 그 자체를 믿었기 때문은 아니다. 오히려 이상은 그대로 가져왔고, "오직 수단이 다를 뿐이다".

마지막으로 2. 3. 3 말미에 인용한 놀라운 구절에 대해 생각해보자. 여기에서 마르크스는 노동의 인식, 즉 노동이 생산수단으로부터 분리되는 것이 부당하다는 인식이 자본주의적 생산의 종말을 알리는 종소리라고 말하고 있다. 마르크스가 '믿음'과 같은 주관적인 용어를 사용하지 않고 '인식'이라는 말을 사용한 것을 보면, 불의가 자본주의에 관한 **사실**이라고 믿었음을 알 수 있다. 또한 그 구절은, 이러한 사실의 지각이 최소한 자본주의의 폐기에 동반되는 것이며, 자본주의를 폐기하고자 하는 주요

---

158) First draft to *The Civil War in France*, pp. 66~67.

한 동기가 된다는 점을 보여준다.

좀더 구체적으로 여러 가지 서로 다른 이상들의 지위를 생각해보자. 마르크스에게 자아실현의 이상은 특히 절대적·초역사적 성격을 지닌 반면 정의의 이상은 그렇지 않다.[159] 표면상으로는 원문이 이 견해를 지지하는 것으로 보인다. 마르크스가 일생동안 아리스토텔레스 식의 좋은 삶을 신봉했다는 것은 거의 의심할 여지가 없다(2.2.7). 좋은 삶의 실현 정도는 시대에 따라 다르겠지만, 그 이상 자체는 초역사적으로 타당하다. 다른 한편, '권리'라는 것이 주어진 사회 안에서만, 특히 주어진 계급 사회 안에서만 의미를 지닌다고 주장한 내용도 여러 곳에서 발견된다. 공산주의에서는 권리가 변형되는 것이 아니라 지양된다. 우선 계급 사회에서 권리의 상대적 성격을 주장한 구절들을 살펴본 다음, 공산주의하에서는 권리 자체가 없어진다고 주장한 중요한 구절들을 살펴보겠다.

《자본론 III》에서, 마르크스는 "이윤을 얻으려는 목적으로 화폐를 차입하는 사람이 대부자에게 이 이윤의 일부를 주어야 한다는 것"은 "자연적 정의의 자명한 원리"라고 주장한 길바트(Gilbart)라는 사람을 인용한 후 다음과 같이 논평한다.

> 여기에서 길바트처럼 자연적 정의에 대해 이야기하는 것은 무의미한 일이다. 생산 당사자들 사이의 거래의 공정성은 이 거래가 생산관계의 자연적 귀결인가 아닌가에 달려 있다. 법률적으로 보면, 이러한 경제적 거래가 참가자들의 자발적 행위로서, 그들의 공동의지의 표현으로서, 그리고 개개의 당사자들에게 국가가 강제할 수 있는 계약으로서 나타날 뿐이다. 이처럼 법률적 형태는 오로지 형태일 뿐이기 때문에 내용을 결정하지는 않는다. 그것을 표현할 뿐이다. 그 내용이 생산양식에 상응하고, 적합하다면 정당한 것이

159) Brenkert, "Freedom and private property in Marx", pp. 135~136; Wood, *Karl Marx*, pp. 126ff.

> 다. 생산양식과 충돌한다면 그 내용은 부당한 것이 된다. 노예제도는 자본주의적 생산양식의 기초 위에서는 부당하며, 상품의 품질을 속이는 것도 그러하다.[160]

《임금, 가격, 이윤》의 관련 구절은 다음과 같다.

> 임금 제도라는 토대에서 **평등한, 심지어 공정한 보상**을 요구한다는 것은 노예 제도라는 토대에서 **자유**를 요구하는 것과 똑같다. 여러분이 무엇을 정당하거나 공정한 것으로 생각하는가는 논외의 문제다. 문제는 이렇다. 주어진 생산 제도에서는 무엇이 필연적이며 피할 수 없는 것인가?[161]

《자본론 I》에서는 착취 이론과 관련하여 다음과 같이 주장한다.

> 노동력을 일상적으로 유지하는 데에는 1/2노동일밖에 필요하지 않다. 그러나 그 노동력으로 하루 종일 노동할 수 있다. 따라서 노동력을 사용하여 하루에 창출하는 가치가, 노동력 자체의 하루 가치의 두 배라는 사실은 구매자에게는 특별한 행운이지만, 결코 판매자에 대한 부정(不正)은 아니다.[162]

이 구절들에서 마르크스의 주장은 자본주의적 착취가 정당하다는 것이 아니라 그런 인상을 준다는 것이라고 해석해야 한다는 주장이 있다.[163] 나도 그렇게 생각한다. 자본주의적 거래는 초역사적으로 정당하다는 인상을 준다는 것이고, 마르크스는 이러한 겉모습을 고발하고자 했던 것이다. 그렇다고 해서 자본주의적 거래가 초역사적으로 부당하다는

---

160) *Capital III*, p. 339~340.
161) *Wages, Price and Profit*, p. 46.
162) *Capital I*, p. 194.
163) Husami, "Marx on distributive justice".

것은 아니다. 마르크스는 초역사적 정의는 부정했지만, '정의' 부분을 부정한 것이 아니라 '초역사적' 부분을 부정한 것이다. 위에 인용한 구절은 그렇게 해석해야 앞뒤가 맞는다.

위에 인용한 구절들에는 권리와 정의의 상대적 성격에 대한 논의는 없다. 이를 알기 위해서는 《고타강령 비판》을 살펴보아야 한다. 여기에서는 그 공산주의를 두 단계로 구분하고 있다(7. 3. 2). 첫째 단계에서 생산자는 자신의 노동시간에 따라 보상을 받는데, 이러한 '평등한 권리' 원칙은 자본주의적 생산양식에서 확실히 진보한 것이다. 하지만 아직 완전한 공산주의는 아니다. 공산주의에서는 권리가 지양된다.

> 이러한 진보에도 불구하고 이 평등한 권리는 여전히 부르주아적 한계를 벗어나지 못하고 있다. 생산자의 권리는 그가 제공하는 노동에 비례한다. 평등은 평등한 기준, 즉 노동에 의하여 측정된다는 데 있다.
>
> 그러나 어떤 사람은 다른 사람보다 육체적으로 또는 정신적으로 우월하여 동일한 시간에 더 많은 노동을 제공하거나 또는 더 오랫동안 노동할 수 있다. 그리고 노동을 척도로 삼을 경우, 비교 대상은 지속시간 혹은 강도가 될 수밖에 없다. 그렇지 않다면 그것은 척도가 될 수 없을 것이다. 동일하지 않은 노동에 대해 평등권을 적용하는 것은 불평등한 것이다. 평등권은 어떠한 계급적 차이도 인정하지 않는다. 모든 사람은 다 같이 오직 노동자일 뿐이다. 하지만 개인적 소질에 차이가 있고, 그에 따라 생산 능력에 차이가 있다는 것을 알고는 있으며, 다만 이를 자연적 특권으로 여기고 있을 뿐이다. 그러므로 평등권은 다른 모든 권리가 그러하듯이 그 내용에 있어서는 불평등의 권리이다. 권리의 본질은 평등한 기준을 적용하는 데 있다. 불평등한 개인들 — 이들이 불평등하지 않다면, 그들은 서로 다른 사람들이 아닐 것이다 — 을 동일한 기준으로 평가하는 것은 그들의 어느 한 측면, 즉 평등한 측면만 볼 때 가능한 일이다. 예를 들면, 그들을 오직 노동자로서만 보고 다른 모든 측면을 무시할 때 가능한 일이다.
>
> 또한 같은 노동자라도 기혼자도 있고 미혼자도 있다. 자녀가 많을 수도 있

고, 적을 수도 있다. 이처럼 노동을 수행한다는 동일한 사실을 기초로 사회적 소비자금을 동일하게 준다면, 사실상 더 받는 사람과 덜 받는 사람이 생기고, 다른 사람보다 더 부유해지는 사람이 생긴다. 이러한 폐단을 피하기 위해서는 평등한 권리가 아니라 불평등한 권리가 있어야 할 것이다.

그러나 이와 같은 폐단은 오랜 진통 끝에 자본주의 사회에서 갓 태어난 공산주의 사회의 첫 단계에서는 불가피하다. 권리는 사회의 경제구조와 그에 상응한 문화적 발전의 수준보다 더 높을 수는 없다.[164]

여기에서 마르크스는 정의 이론에 대한 반론을 제기한다. 즉 그는 "어떤 제도든 일반적 규칙에 따라 적용되면 불공평한 것이라고 주장"한다.[165] 일반적 규칙은 개인차를 무시할 수밖에 없다. 그러나 어느 두 사람도 같은 사람은 없다. 위의 인용문에서 내가 고딕체로 강조한 부분은 이른바 라이프니츠의 '구별 불가능한 것들의 동일성' 원리[166]라는 것인데, 마르크스도 다른 곳에서 언급한 바 있다.[167] 다른 한편 개인 간의 차이를 완전하게 반영할 수 있는 원칙이란 존재하지 않는다. 언어는 본질적으로 세계보다 빈약하기 때문이다.[168] 일정한 조건을 충족시키는 자는 일정

---

164) *Critique of the Gotha Programme*, p. 21.

165) Moore, *Marx on the Choice between Socialism and Communism*, p. 45.

166) 〔옮긴이주〕 '구별 불가능한 것들의 동일성'(*identity of indiscernibles*) 원리는 '임의의 x와 y에 대하여 x와 y가 완전히 동일한 속성을 가지고 있다면, 그때 x와 y는 같다'는 것이다. x와 y의 속성이 완전히 같다면, 둘은 구별 불가능할 것이고, 이때에만 동일하다는 뜻에서 이런 어려운 이름이 붙었다. 이와 관련 있는 또 하나의 원리는 '동일한 것들의 구별 불가능성'(*indiscernibility of identicals*)이다. 이것은 '임의의 x와 y에 대하여 x와 y가 동일하다면, x와 y는 완전히 동일한 속성을 가지고 있다'는 것이다. 즉 x와 y가 동일하다면 둘을 서로 구별할 수 없다는 뜻이다.

167) 졸고 "Marx et Leibniz" 참조.

168) 이 진술은 여러 가지 방식으로 논증할 수 있다. 여기에서는 성문법에 대한 중국인들의 불신을 나타내는 옛 속담이 어울릴 것이다. "모든 새 법은 그 법을

한 재화를 가질 권리가 있다는 식으로 진술하는 모든 원칙은 실패하게 마련이다. 그 조건을 충족시키는 사람들 간에 도덕적으로 의미 있는 차이가 있을 수 있기 때문이다. (그 차이를 일일이 다 고려하는 것은 불가능한 일이다.) 그러므로 공산주의의 기초로서 정의와 개인성 중에서 하나를 선택해야 한다. 마르크스는 개인의 자아실현을 최고의 가치로 여겼기 때문에, 그 역시 정의의 엄격한 기준을 제시할 수 없었다.

그의 논증은, 흥미롭기는 하지만, 명백한 내적 일관성의 결여 때문에 실패했다. 그는 기여 원칙의 '폐단'을 언급하면서 더 높은 정의의 원칙을 암묵적으로 상정한다. 위에 인용한 구절 바로 다음에 그는 그 원칙을 제시하는데, 그것은 바로 필요에 따른 분배이다(4. 3. 3). 이 원칙을 제시하면서 그는 추상적인 정의 이론을 훌륭하게 논박했다고 믿었겠지만, 이로써 그가 폐기하려고 했던 그런 종류의 이론을 자신도 제시하고 있다는 사실은 알지 못했다. 마르크스는, 주르뎅 씨처럼, 산문으로는 말할 수 없다고 주장하면서, 그 주장을 산문으로 하고 있다.

지금까지 이상과 권리와 정의에 관한 마르크스의 공식적인 견해들을 살펴보았는데, 결론이 명확하지 않다. 내 생각으로는 내용 자체가 어려워서가 아니라 마르크스의 생각이 오락가락한 것 같다. 앞에서 인용한 대부분의 구절들에서 마르크스는 정의와 권리에 대해 반감을 드러내고 있지만, 일부 구절에서는 정반대의 태도를 보이고 있다. 다음으로 마르크스가 자본주의를 규탄한 이유가 분배에 있어서의 불의 때문이라고 확실하게 말할 수 있는 구절들을 살펴보겠다.

뛰어넘는 길을 낳는다."

4.3.2. 재산은 도둑질한 것인가?

마르크스는 자본가와 노동자 간의 거래를 '강탈', '횡령', '도둑질' 등과 같은 말로 표현한다. 이것만 보더라도 그가 자본주의가 불의한 체제라고 믿었다는 것을 쉽게 알 수 있다. 위에 인용한 구절들에서는 그런 말을 사용하지 않았지만 말이다. 그런데 사정이 그리 간단치는 않다는 것을 마르크스도 잘 알고 있었다. 다음에서 이 문제에 대한 마르크스의 주장이 무엇인지, 그 주장이 어떻게 정당화될 수 있는지에 대해 논의하겠다.

우선 재산의 일부 형태는 글자 그대로 도둑질한 것, 이른바 본원적 축적을 통해 이루어진 것이라는 점을 지적해야 할 것이다. 《자본론 I》에서 마르크스는 서덜랜드 여공작의 영지 청소를 강탈의 예로 들고 있다.[169] 이 사례는 15년 전에 쓴 신문기사에서 가져온 것인데, 이 기사에서 그는 재산은 도둑질한 것이라는 프루동 식 사고에 대해 언급하고 있다.

> 그 어떤 재산이든 **도둑질한** 것이라는 말이 있는데, 영국 귀족의 재산이 바로 그렇다. 교회 재산의 강탈, 평민에 대한 강탈, 협잡과 살인을 통해 봉건적·부족적 재산을 사유재산으로 빼돌리는 것 — 이것이 바로 영국 귀족이 재산을 모은 방법이다.[170]

노직 식으로 말하자면, 현대 자본가들의 재산은 불의한 것이라고 주장할 수 있다. 이 재산이 선대 자본가들의 강압적인, 권리침해적인 약탈을 통해 형성되었기 때문이다.[171] 이것은 직접적인 상속에만 한정되는 것이

---

169) *Capital I*, pp. 729~730.

170) *New York Daily Tribune* 1853. 2. 9.

171) 이것은 타인의 권리를 침해하는 행동은 물론, 자신의 권리를 남용하는 행동, 즉 경제력을 통한 강제의 형태에 이르기까지 확장될 수 있다. 이러한 범주에 대한 논의는 Liebermann and Syrquin, "On the use and abuse of rights"

아니다. 본원적 축적자와 그 후손들 이외에도 본원적 축적 덕분에 한재산을 모은 사람들, 예를 들면 그들과 거래하면서 부를 공유한 사람들, 즉 본원적 축적이 없었다면 그렇게 재산을 모으지 못했을 사람들에게도 해당한다. 상당수의 근대 자본가들도 여기에 해당할 것이다. 정확히 어느 정도의 재산이 그에 해당하는지는 말할 수 없겠지만 말이다. 그러나 이것이 마르크스의 주장은 아니다. 그가 자본가와 노동자 간의 교환행위에 도둑질과 강탈이 있다고 말한 것은 현재의 거래가 그렇다는 것이다. 이를 증명하기 위해 과거의 역사를 들먹인 것이 아니다. 자본이 과거노동의 형태라는 사실을 마르크스가 자주 지적하고 있지만, 이것은 자본가가 과거의 노동자들로부터 생산물을 강탈했다는 뜻은 아니다. 그가 그렇게 해왔고, 혹은 누군가가 그렇게 해왔는데, 이것은 자본가가 현재 자신이 고용하고 있는 노동자들을 강탈하고 있는 것과 똑같은 의미에서 그렇게 해왔다. 이러한 영구적인, 혹은 한결같은 과정(2. 3. 3)을 본원적 축적과 혼동해서는 안 된다.

《요강》에서 마르크스는, "**현재의 부가 기반으로 삼고 있는 타인의 노동시간의 도둑질**"은 근대 대공업에 의해 창출된 새로운 기초에 비하면 "보잘것없는 기초"에 불과하다고 말한다.[172] 《자본론 I》에서는 "해마다 증대하는 잉여생산물은 노동자로부터 등가를 지불하지 않고 빼앗은 것"이라고 주장한다.[173] 같은 내용을 《요강》에서는 "교환 없이, 등가물 없이, 그러나 교환의 외관을 가진 타인의 노동"을 전유(專有)한 것이라고 설명한다.[174] (이 표현이 전형적인 것은 아니다. 마르크스는 보통 이렇게 말한다. "교환, 등가물 없는, 그러나 등가물이 있는 것처럼 보이는 교환.") 《자본론

참조.

172) *Grundrisse*, p. 705.

173) *Capital I*, p. 611.

174) *Grundrisse*, p. 551.

I》의 또 다른 구절도 인용할 만한 가치가 있다. 확대재생산을 논의하는 과정에서 마르크스는 1만 파운드의 '초기자본'이 2천 파운드의 잉여를 창출한 경우를 가정한다. 이때 초기자본이 정직하게 얻어진 것이라 하더라도, 잉여는 그렇지 않다.

> 초기 자본은 1만 파운드의 자본 투하로 형성되었다. 그 소유자는 어떻게 그것을 손에 넣었는가? "자신의 노동과 선조의 노동을 통해서." 정치경제학의 대변인들은 이구동성으로 이렇게 답한다. 그리고 실제 이러한 가정은 상품생산의 여러 법칙들과 일치하는 유일한 가정인 듯 보인다.
>
> 그러나 2천 파운드의 추가 자본은 사정이 전혀 다르다. 우리는 그 발생과정을 아주 정확히 알고 있다. 거기에 들어 있는 가치는 하나도 남김없이 부불노동에서 생겨난 것이다. 노동이 가해지는 생산수단은 노동자의 생계유지에 필요한 생활수단과 마찬가지로 잉여생산물 — 자본가 계급이 해마다 노동자 계급으로부터 거두어들이는 공물 — 의 구성요소일 뿐이다. 자본계급이 이 공물의 일부분으로 노동자 계급으로부터 추가 노동력을 제값으로 구매한다고 하더라도, 즉 등가물의 교환이라 하더라도, 이 거래는 피정복자에게 빼앗은 돈으로 피정복자에게서 상품을 사는, 정복자의 오래된 속임수와 전적으로 같은 것이다.[175]

이 주장은 불성실하게도 논점을 회피하고 있다. 마지막 문장에 대한 코헨의 해설을 보자. "자본가는 노동자가 생산한 것을 팔아서 생긴 돈으로 임금을 지불한다."[176] 노동자가 생산하는 것은 사실이지만, 자본재의 도움을 얻어 그렇게 하는 것이고, 그 자본재는 자본가의 정당한 소유물이라고 가정하지 않았는가? 곧 이 문제를 다시 살펴보겠다. 여기에서 내가 하고 싶은 말은, 자본가가 잉여가치를 전유하는 것은 부당하다고 마르크스가

---

175) *Capital I*, p. 582.

176) Cohen, Review of Wood: *Karl Marx*.

믿었다는 점이다. 이 점에 대해 코헨은 다음과 같은 의견을 제시한다.

> 마르크스는 자본주의적 기준에 의해 자본가가 도둑질을 하고 있다고 생각한 것이 아니라, 비상대주의적 의미에서 자본가가 도둑질을 하고 있다고 생각했다. 도둑질은 일반적으로 정당하게 타인에게 속하는 것을 부당하게 취하는 것을 말한다. 그러므로 도둑질은 불의를 저지르는 것이며, '도둑질에 기초한' 체제는 불의에 기초한 체제이다.[177]

반론을 제기하겠다. 도둑질은 타인의 정당한 소유물을 대상으로 한다. 하지만 마르크스는 그러한 소유의 관념이 부르주아적 범주라고 주장했다. 그는 프루동에 관해 쓴 편지에서, 재산은 도둑질한 것이라는 견해는 혼란스러운 주장이라고 말한다 — "왜냐하면 재산의 약탈은 재산의 존재를 전제로 하기 때문이다."[178] 내 생각에는 이것이 결정적인 반론이 될 수는 없다. '도둑질'의 개념을 확장하면, 부르주아 법률에 의해서가 아니라 자연법에 의해 타인에게 정당하게 속한 것을 부당하게 취하는 것이라고 할 수 있을 것이다.

또 하나의 원문 증거는 《바그너 방주》(*Marginal Notes on Wagner*)에서 발견되는데, 이 역시 심각한 문제를 야기한다. 여기에서 마르크스는 바그너의 공격 — 자본가가 노동자를 강탈하고 있다는 것이 마르크스의 주장이라고 전제한 — 에 대해 이렇게 논평한다.

> 이 멍청이는 "잉여가치는, 오로지 노동자들이 생산한 것인데, 부당한 방법으로 자본가 기업인들이 가져가고 있다"는 것이 나의 주장이라고 모함하고 있다. 내가 한 말은 그 반대이다. 나는, 어떤 지점에 이르면, 상품생산은 반

---

177) *Ibid.*

178) Marx to Schweizer 1865. 1. 24

> 드시 '자본주의적' 상품생산이 되고, 이때 상품생산을 지배하는 **가치법칙**에 따라 '잉여가치'는 노동자가 아니라 자본가에게 돌아간다고 한 것이다.[179]

> 내 주장은, 자본의 수입이 '노동자로부터 공제한 것, 혹은 강탈한 것'만은 아니라는 것이다. 오히려 나는 자본자가 자본주의적 생산에서 반드시 필요한 기능을 수행하고 있다고 하였고, 자본가가 '공제' 혹은 '강탈'만 하는 것이 아니라, 잉여가치의 생산을 강요하여 공제분의 창출에 기여하고 있다는 것을 길게 설명했다. 나아가 나는 상품교환에서 **오직 등가물**이 교환된다 할지라도, 자본가는 (노동자에게 노동력의 실제 가치를 지불하는 순간) **잉여가치**에 대한 권리, 즉 이 생산양식에 상응하는 권리를 갖게 된다는 것을 자세히 설명했다.[180]

이 구절들은 정의에 대한 상대적 견해로 읽을 수도 있고, 절대적 견해로 읽을 수도 있다. 상대적 견해는 인용문의 마지막 구절과 앞의 인용문에서 읽을 수 있다. 절대적 견해는 자본가가 노동자를 강탈하는 것**만은** 아니라는 주장에서 읽을 수 있다. 이 말은 자본가가 노동자를 강탈**하고** 있다는 뜻이다. 그렇다면 마르크스가 정의에 대해 비상대적 관점을 가지고 있었다는 코헨의 추론을 받아들일 수 있다.

그러나 여기에서 말하는 강탈은 전형적인 도둑질과는 다르다는 점에 유의해야 한다. 일반적으로 도둑질은 도둑질에 앞서 훔칠 물건의 존재를 전제로 한다. 즉 훔치려고 하는 물건이 있어야 한다. 자본주의적 생산에 있어서는 상황이 다르다. 자본가가 잉여가치를 창출할 동기를 가지고 있어야 전유하고 강탈할 대상이 생겨난다. 자본가가 없으면 노동자는 강탈당할 일이 없는 것이 아니라, 어느 누구에게도 빼앗길 것 자체가 없다. (최소한 이것은 어떤 특정한 상황에서는 진실이다. 아래에서 더 자세하게 논의

179) *Marginal Notes on Wagner*, p. 382.
180) *Ibid.*, p. 359.

한다.) 그러므로 강탈이라는 용어는 오해의 소지가 있다. 도덕적인 관점에서 볼 때 노골적인 도둑질과 동일하게 여겨질 수 있기 때문이다. 결국 같은 말로 변하고 마는데, 이러한 용어의 애매성은 그냥 넘어갈 문제가 아니라 분명하게 지적해야 한다.

자본가가 잉여가치를 전유하는 것이 왜 부당한 것이라고 생각될 수 있는지 그 이유 두 가지와 이에 대한 반론 두 가지를 살펴보겠다. 둘 다 극단적인 경우인데, 현실에서는 이 두 가지 요소가 모두 들어 있는 경우가 많다.

첫째, 이자부채권 소유자(자본가)가 있고, 이 사람이 경영자를 고용하고, 이 경영자가 싼 임금으로 노동자들을 고용하고 있다고 가정해보자. 채권 소유자가 그 자본을 어떻게 마련했는지는 일단 불문에 부치기로 하자. 이 경우 그는 **노동의 관점에서** 아무런 일도 하지 않았기 때문에 그가 소득을 얻는 것은 부당한 일이다. 자본주의적 이윤은 '기여에 따른 분배' 원칙에 위배된다. 이것은 정의의 최고원칙은 아닐지라도(4.3.3) 최소한 정의의 원칙 중 하나이기 때문이다. 하지만 위의 자본가의 경우 이 원칙을 위배한 것이 아닐 수도 있다. (그의 자본이 '자신의 노동력이나 선조의 노동'에 의해 축적된 것이라면, 그가 자본의 형성에 기여했다고 말할 수 있다. 이 문제는 뒤로 미루자.) 노동 계급의 노동이 직접적으로 혹은 간접적으로 그 생산물을 낳았다고 해서 노동 계급이 그 생산물에 대한 권리를 가지고 있다고 말할 수는 없다. 과거의 노동자들이 현재 사용된 자본의 형성에 '간접적' 기여를 했다는 것은, 그들이 살아 있지 않다면, 여기에서 말할 필요가 없다. '노동 계급'은 '자신의' 산물에 대한 집단적 주장을 하는 역사적 주체가 아니다. 여기에서 문제는 현재 살아 있는 사람들 간에 현재의 생산물을 어떻게 분배할 것인가 하는 것이다. 살아 있는 사람들 중에서 노동자들이 기여를 했으므로, 생산물을 분배받을 권리가 있다.

또 하나의 극단으로 기업가를 생각해보자. 이 사람은 자본은 없지만,

규모에 따라 수익이 증가하는 상황(4. 1. 3)에서 자신의 조직 운영 기술로 노동자들을 착취하고 있다고 하자. 서로 보완적인 능력을 가진 노동자들을 결합하여 생산이 늘어난 것은 분명히 이 사람 공이다. 이 사람은 '공제분의 창출을 도운 것이다'. 그렇다고 해서 그가 노동자들보다 훨씬 더 많은 보수를 받아야 하는 것은 아니다. 어떤 것의 창출에 공이 있다고 해서 그것에 대한 도덕적 권리가 생기는 것은 아니다. 예를 들어, 브로커나 중개인이 서로 보완적인 기술을 가진 사람들을 결합시켜 이익이 생겼을 때, 그 이익 전부에 대한 권리를 주장하지는 않는다. 그는 자신이 한 일에 대해 보상을 받는 것이지, 생긴 이익을 갖는 것은 아니다. 마찬가지로 전문경영자 역시 노동자들을 결합시킨 자신의 일에 대해 보상받아야지, 그가 모아놓은 사람들이 한 일에 대해 보상을 요구해서는 안 된다.

이러한 극단적인 경우들은, 널리 알려진 두 가지 반대에 직면한다. 첫째 경우와 관련하여, 자본주의적 축적에 이르는 '깨끗한 길'은 불가능했는가 하는 문제가 있다.[181] 만일 일부 노동자들이(논의의 편의를 위해 이들이 당대 사람들과는 선호가 달랐다고 가정한다) 소비 대신 저축 및 투자를 했다면, 이들이 노동자를 고용하여 그들이 다른 곳에서 벌 수 있는 것보다 더 많은 임금을 주었다면, 누가 여기에 반대를 할 수 있겠는가? (문제를 단순화하기 위해 예의 자본가가 평등한 공산주의 사회에서 등장한 것으로 하자 — 자본주의 경제에서는 임금이 과거와 현재의 불의에 의해 결정될 수도 있으므로.)[182] 이것은 '윌트 체임벌린'(Wilt Chamberlain) 논증 — 자본주의에서 성인 간의 합의된 행동을 누가 금지할 수 있겠는가 — 의 한 변형

181) 이 문제에 관하여는 Cohen, "Freedom, justice and capitalism", p. 13; Arneson, "What's wrong with exploitation?", p. 204; Roemer, "Are socialist ethics consistent with efficiency?" 참조.

182) 이런 식의 문제 제기는 Nozick, *Anarchy, State and Utopia*, pp. 160ff; Nove, *The Economics of Feasible Socialism*, p. 110 참조.

이다.[183]

이것은 강력한 반론으로, 마르크스의 착취론을 옹호하려면 반드시 이에 대해 진지하게 대답해야 한다. 가능한 재반론을 몇 가지 살펴보면 다음과 같다. 첫째, 파레토 개선적(*Pareto-improving*) 임금계약에 대해서는 상속권의 금지보다는 축소가 한결 옹호하기 쉽다.[184] 둘째, 그 제안을 수락하는 것이 개인적으로는 이익이 된다 해도, 그렇게 하지 않는 것이 집단적으로는 이익이 되는 경우도 있다.[185] 그러므로 많은 것이 사람들의 조직능력과 관계가 있다. 만일 예의 자본가가 자신의 부를 이용하여 노동자의 조직을 방해했다면, 어떠한 범법도 없었다 할지라도 이윤을 가져갈 자격은 없다.[186] 셋째, 그 제안을 수락하는 것이 자신에게 이익이 되지 않는다 하더라도, 그런 결과를 알지 못하기 때문에 그 제안을 수락할 수도 있다. 또한 자본가가 자신의 자원을 활용하여 사람들에게 그러한 무지를 조장할 경우, 이것 역시 자본가가 이윤을 가져가서는 안 될 충분조건이 된다.[187] 이런 식의 재반론을 펴기로 하면 끝도 없을 것이다. 앞에서 말한 것은 그중 일부에 지나지 않는다.

두 번째 경우는 동기유발 문제인데, 사회주의의 생존가능성과 관련하여 핵심적인 쟁점이 되고 있다. 보상의 약속이 없었다면 하지 않았을 일을 했는데, 그에게 보상을 하는 것이 왜 부당하냐는 것이다. 이 반론은 파레토 효율성(*Pareto-efficiency*)의 개념으로 나타낼 수 있다. 즉 보상을 주지 않았으면 개발되지 않았을 기술에 대해 보상을 받는 사람들이 있다고 해서 손해 보는 사람은 없다는 것이다. 이 반론의 현실적인 중요성은

183) Nozick, *Anarchy, State and Utopia*, p. 163.

184) Roemer, "Are socialist ethics consistent with efficiency?".

185) Cohen, "Robert Nozick and Wilt Chamberlain".

186) 각주 171) 참조.

187) *Ulysses and the Sirens*, p. 82.

부정할 수 없다. 그러나 이 반론은 잉여가치의 전유가 부당하다는 견해를 반박하는 개념적 논증으로서는 실패다. 그 이유는 4. 1. 5에 나와 있다. 동기유발 문제를 극복하는 방법이 현재로서는 없다고 하더라도, 그것이 효율적인 재분배에 장애가 될 것이라는 만족할 만한 논증을 나는 아직 보지 못했다. 게다가 그런 주장에는 이데올로기적 편견이 들어 있음을 알아야 한다. 마르크스는 대부분의 경우 기술 발휘는 그 자체로 높은 보상을 받을 것이라고 믿었고, 나는 그의 견해에 동의한다. 그러므로 그러한 기술의 보유자가 사회를 볼모로 잡고 높은 보상을 해주지 않으면 퇴장하겠다는 위협을 할 수도 있다는 이유를 들어 그들에게 반드시 보상이 필요하다는 주장은 성립할 수 없다.

결론적으로 이러한 문제들이 착취 문제와 어떤 관련이 있는지 살펴보자. '사회주의하의 깨끗한 자본 축적'의 경우는 다음과 같은 난관에 봉착한다. 지출된 노동과 소비재 형태로 받은 노동 간에 불일치가 있다고 하더라도 도덕적으로 비난할 일이 들어 있지 않다면 착취라고 말하지 말거나, 아니면 도덕적으로 비난할 수 없는 착취도 있다는 것을 인정해야 한다. 후자는 우리의 직관에 반하기 때문에, 대부분 전자처럼 말해야 한다고 생각할 것이다. 어느 경우든 노동 불일치 그 자체가 소득 분배에 대한 원초적인 도덕적 비난의 대상이 될 수 없다는 것은 분명하다. (경로는 달랐지만 4. 1. 2에서도 같은 결론에 도달했음을 상기하라.) 노동 불일치는 다음과 같은 두 가지 경우에는 부당하다. 그것이 자산의 불의한 분배에서 야기되었거나, 소득의 분배 자체가 부당한 방법으로 이루어진 경우이다.[188] 전자는 불법적인 방법으로 획득된 재산, 예를 들면 강탈에 의한 본원적 축적 같은 것을 말한다. 후자는 부 자체는 정당하게 획득되었으

188) 이것은 노직의 "획득에서의 정의"와 "이전에서의 정의"에 해당한다. 이런 표현을 인용한다고 해서 획득과 이전에 관한 그의 정의 이론을 받아들인다는 말은 아니다.

나 이를 사용하면서 노동력을 팔도록 사람들을 기만한 경우, 예를 들면 그들의 조직화를 방해하거나 무지하게 만드는 경우를 말한다. 논란의 여지가 있긴 하지만, 사람들이 조직화되지 못하고 무지한 것이 자기 잘못이 아니면서 동시에 어느 누구의 잘못도 아닌 경우도 여기에 포함시킬 수 있을 것이다.

동기유발의 문제는 착취의 틀 내에서 다루기는 어렵다. 이 문제는 기업가가 생산이 아닌 경영기술을 가지고 있고, 이로써 노동자보다 더 많은 수입을 올리는 경우를 상정하고 있기 때문이다. 4.1.5에서 본 바와 같이, 여기에서는 소득의 차이를 놓고 그것이 부당하다고 말하는 것이다. 하지만, 그가 수행한 노동과 그의 소득을 노동으로 환산한 것이 등가인가를 비교할 수도 없고, 따라서 불일치를 이유로 그것을 착취라고 말할 수도 없다. 비교의 공통 척도가 없기 때문이다. 거듭되는 말이지만, 소득의 차이가 부당하다는 주장에 들어 있는 기본적인 전제는 숙련노동이 그 자체로 더 많은 보상을 받는다는 것, 혹은 최소한 다른 노동에 비해 더 불리하지는 않다는 것이다. 이 주장이 타당하지 않다면, 숙련 경영자가 보수를 받는 것, 즉 사회를 위해 자신만의 기술을 발휘하는 불유쾌한(자기에게) 일을 한 대가를 받는 것은 실로 정당한 일이라고 해야 할 것이다.

요약하자면, 세 가지 이유로 착취는 도덕이론에서 근본적인 개념이 될 수 없다. 세 가지 이유 모두 사람들은 서로 다르다는 사실과 관련이 있다. 타고난 기술이 다르기 때문에 노동착취 이론은 첫째 관문도 통과하지 못한다. 여가/소득 선호도 다르기 때문에 오히려 가난한 사람이 부자를 착취한다는, 직관에 반하는 주장이 성립할 수도 있다.189) 마지막으로 당대

---

189) Roemer, "Should Marxists be interested in exploitation?". 엄밀하게 말하자면, 이러한 역설에는 사람들이 서로 다르다는 전제가 꼭 필요한 것은 아니다. 4.1.2에서 본 것처럼, 사람들이 동일하게 전도(顚倒)된 노동공급 곡선을 부의 함수로 가지고 있기만 하면 된다.

사람들과는 다른 선호를 가진 사람들이 있다. 이들은 부를 축적하고 타인을 고용하는 것이 양쪽 다 좋은 일이라고 생각할 수 있다. 이러한 난점들을 모두 무시하고 보면, 착취가 넓은 안목으로 역사를 읽는 유용한 개념이 될 수 있다. 하지만 도덕이론에 대한 세련된 연구를 하기에는 부적합한 도구이다.

4.3.3. 기여와 필요

《고타강령 비판》에서 마르크스는 분배의 원칙이 공산주의의 첫 단계와 마지막 단계에서 서로 다르다고 말한다. 첫 단계의 원칙은 노동기여에 비례하여 분배하는 것이다. 이때 투자분과 공공재 및 일할 수 없는 사람들을 위한 기금 등은 분배대상에서 제외한다. 두 번째 원칙은 저 유명한 구절의 마지막 부분에 나와 있다.

> 공산주의 사회의 더 높은 단계에서는 개인이 분업에 예속되는 상태가 소멸되고, 이와 함께 정신노동과 육체노동 간의 대립이 소멸된다. 노동은 생활을 위한 수단에 그치지 아니하고, 그 자체가 생활의 일차적 요구가 된다. 생산력 또한 개개인의 전인적 발달과 함께 증가하고, 공동의 부가 모든 원천에서 샘처럼 솟는다. 그때에야 비로소 부르주아적 권리의 편협한 기준은 완전히 극복되고, 사회는 그 깃발에 이렇게 쓴다 — 능력에 따라 일하고, 필요에 따라 분배한다.[190]

마르크스가 말한 것처럼(4. 3. 1에 인용된 구절을 보라) 기여 원칙을 적용하기 위해서는 전제가 필요하다. 즉 숙련노동과 비숙련노동의 차이를 잴 수 있는 공통의 척도가 마련되어야 한다. 그래야 "다른 사람보다 육체적

190) *Critique of the Gotha Program*, p. 21.

으로 또는 정신적으로 우월하여 동일한 시간에 더 많은 노동을 제공하거나 더 오랫동안 노동할 수 있는" 사람은 더 많은 보상을 받을 수 있다. 이러한 주장에 내포된 문제점을 여기에서 따지지는 않겠다. 그러한 환원이 가능하다고 가정한다면, 그와 유사한 작업이 자본주의에서도 가능하다는 사실만 지적하고자 한다.

그렇다면 기여 원칙은 야누스처럼 양면적인 성격을 지니게 된다. 한편으로는 자본주의적 착취가 부당하다고 공격하는 정의의 기준이다. 다른 한편, 완전히 발달한 공산주의의 관점에서 보면, 더 높은 단계에서 적용되는 필요 원칙에 미치지 못하는 불완전한 것이다. 건장한 자본가가 일하지 않으면서 소득을 얻는다면, 이는 기여 원칙에도 위반되고, 필요 원칙에도 위반된다. 그러나 병약자가 복지 원조를 받는 것은 기여 원칙에는 위반되지만, 필요 원칙에는 부합한다. 그러므로 마르크스는 **정의 단계설**을 주장했다고 할 수 있다. 즉 기여 원칙은 필요 원칙을 적용할 수 있을 정도로 역사적 발전이 이루어지기 전까지 차선책으로 적용하는 기준이라는 것이다.[191] 자본주의적 착취는 이중적으로 부당하다. 어느 원칙에도 부합하지 않기 때문이다. 첫 단계 공산주의의 '평등한 권리' 역시 부당하긴 하지만, 그만큼은 아니다. 필요 원칙만 위반하기 때문이다.

이렇게 해석해야 마르크스의 자본주의 비판과 두 단계의 공산주의 이론은 모두 이해된다. 말할 필요도 없이 이러한 해석은 원문과 간접적으로 관련 있는 분석적 재구성이다. 정의와 권리에 관한 마르크스의 다양한 언급을 일관되게 해석할 수 있는 방법은 없다. 하지만 나는 내가 제시한 해석이 주요 원문의 취지를 잘 나타내고 있다고 생각한다. 나의 해석이 맞는다면, 마르크스의 정의론은 그리 강력한 것은 아니다. 필요 원칙이 평등주의(아래를 보라)의 한 형태를 구체화한 것이라면, 기여 원칙은

191) 유사한 주장은 Roemer, *A General Theory*, pp. 265ff 참조.

평등을 위한 차선책이다. 내가 보기엔 차선책으로는 롤스의 차등의 원칙이 더 나은 것 같다. 이 원칙의 바탕에 있는 정신은 최대한 평등을 추구하되, 더 이상의 평등 추구가 무의미한 지점, 즉 가장 나쁜 상황에 있는 사람을 더욱 나쁘게 만드는 상황에 이르면 그친다는 것이다. 여기에서는 최선책인 평등의 이상 그 자체가 그 이상에 근접하는 차선책을 낳고 있다. 우리는 기여 원칙에 부합하는 불평등의 범위가 어디까지인지 알 수가 없다. 서로 다른 기술들을 비교할 수 있는 공통의 척도가 없기 때문이다. 그러나 기여 원칙이 불평등을 최소화하려고 제안된 것이 아닌 것은 확실하다. 그 원칙은 불로소득자를 없애자는 것이지, 실제로 노동하는 사람들이 얻게 될 소득의 범위를 제한하려고 한 것은 아니다.

마지막으로 필요 원칙에 대하여 살펴보자. 이 원칙은 《고타강령 비판》에 짤막하게 언급되어 있기 때문에 여러 가지 해석을 낳고 있다. 첫째, 풍요가 언급된 것으로 보아 공산주의하에서는 "정의가 필요한 상황" 자체가 발생하지 않는다는 것이다.[192] 흄에 따르면, 정의가 필요한 상황은 물자가 모자라고 사람들의 동정심이 부족할 때라는 것이다. "본성적인 욕구충족에 필요한 자원이 모자라는 상황에서 사람들이 이기적이고 아량이 부족할 때, 이때 바로 정의가 필요하다."[193] 이 두 조건 중 자원의 희소성은 실로 매우 중요한 조건이다. 사람들이 완벽한 공공심을 가지고 있다 하더라도, 자원이 부족하면 이를 분배하는 규칙이 필요할 것이다.[194]

풍요는 희소성을 극복했다는 점에서 공산주의하에서는 모든 재화가 공짜라는 것을 의미한다. 즉 모든 재화에 대한 수요가 충족된다. 모든 사람이 공동의 소비재로부터 자신이 원하는 것을 가져가도 여전히 남는다.

---

192) Buchanan, *Marx and Justice*, p. 57; Lukes, *Marxism and Morality*, ch. 3.
193) Hume, *A Treatise on Human Nature*, p. 495.
194) Nove, *The Economics of Feasible Socialism*, p. 17.

이런 상황이 가능한 길이 두 가지가 있다. 생산성이 증대되거나, 욕망이 감소되어야 한다. 이 중 마르크스는 전자의 길을 택하고 있다(5.2.3). 마르크스가 자본주의하에 존재하는 '비본성적 욕구'에 대해 언급한 것을 보면(2.2.3), 공산주의하에서는 욕망이 감소한다고 주장한 것으로 해석할 여지도 있다. 또한 노동이 '생활의 일차적 욕구'가 되면 소비재에 대한 욕구와, 따라서 생산의 필요성 자체가 줄어들 수도 있다. 하지만 《요강》에 "생산에 있어서나 소비에 있어서나 전면적인, 풍부한 개인성"에 대한 언급과, 이와 유사한 표현들이 있다는 것을 상기해야 한다.[195] 또한 아래에서 좀더 자세히 논의하겠지만, 노동을 통한 자아실현이라는 것 자체가 자원의 희소성이라는 물질적 조건을 필요로 한다는 문제가 있다. 마르크스의 저작을 전체적으로 보았을 때, 욕구의 제한에 기대를 걸고 풍요를 말한 것은 아니다. 이것은 의심할 여지가 없다. 공산주의하에서 생산력의 개화는 곧 절대적 의미에서 풍요를 가져올 것이라고 믿었던 것 같다. 만일 그렇다면, 이 부분에 대해서는 달리 할 말이 없다. 가망 없는 공상일 뿐이다.[196] 하지만 그렇게 단정할 자신은 없다. 원문이 모호하여 여러 가지 다른 해석의 여지가 있기 때문이다.

마르크스가 기여 원칙의 '결함'(4.3.1)에 대해 지적한 내용을 보면, 필요 원칙은 평등의 관점에서 해석해야 한다. 기여 원칙에 따르면, 자녀가 많은 노동자와 적은 노동자가 같은 임금을 받는 사태가 발생한다고 했으므로, 일 인당 소득 혹은 복지의 측면에서 가족 간 불평등이 발생하는 결함을 지적한 것이라고 보아야 하기 때문이다. 이 결함은 불평등이 더 이상 문제가 되지 않는 체제가 창출되면 제거될 수 있을지도 모른다. 어느

195) *Grundrisse*, p.325; 또한 pp.409, 711.

196) Nove, *The Economics of Feasible Socialism*, pp.15ff. 풍요 개념의 불합리성을 지적한 경제적 분석은 Tartarin, "Gratuité, fin du salariat et calcul économique dans le communisme" 참조.

누구도 자신이 가진 것 이상을 바라지는 않는 그런 체제 말이다. 하지만 이것은 공상적인 해석이다. 혹은 평등한 분배 원칙에 의해 제거될 수 있을지도 모른다. 그렇다면 무엇의 평등인가? 마르크스의 좋은 삶 이론(2.2.7)에 비추어보면, 가장 그럴듯한 해석은 필요 원칙이 **자아실현의 평등**을 보장한다는 것이다. 최고의 가치가, 유적 존재로서의 인간(*Man*)이 아니라, 인간 개개인(*men*)의 자아실현이라면, 개개인 모두에게 최고 수준의, 동시에 다른 사람과 동등한 수준의 자아실현이 이루어져야 하고, 이 두 가지가 서로 충돌하지 않아야 한다.

드워킨은 **값비싼 욕구**의 문제 때문에 그 이상이 그다지 매력적이지 않다고 주장한다.[197] 자아실현의 방법 중 어떤 것은 본질적으로 다른 것보다 비싸다. 시를 짓는 일은 물질적 자원이 거의 들지 않지만 대작 영화를 제작하는 일은 엄청난 비용이 든다. 자아실현의 욕구는 자유로이 갖되, 비용 면에서 다른 사람들과 동일한 수준으로 제한을 둔다면, 값비싼 욕구를 가진 사람들은 자신의 욕구 일부만 충족하게 될 것이다. 앤디 워홀이 그린 미래 사회의 모습처럼, 모든 사람이 대작 영화를 10초간 감독할 수 있게 될지도 모른다. 이러한 욕구의 무정부상태는 첫 단계 공산주의에 존재하는 죄수의 딜레마와 동일한 딜레마를 낳는다. 그것도 좀더 정교한 형태로. 첫 단계에서 딜레마는 동기유발 문제였다. 개인적 노력과 보상 간에 상관관계가 없다면, 이기적 동기를 가진 사람들 — 경제적·도덕적 및 정신적 면에서 그 모체였던 낡은 사회의 흔적을 아직도 가지고 있는 — 은 게으름을 부릴 것이고, 타인이 생산한 사회적 산물을 분배받으려 할 것이다. 누구라도 게으름의 대가는 별것 아니고, 여가의 이익은 아주 크다고 여길 것이다. 더 높은 단계에서는 이런 문제가 생기지 않는다. 공동체를 위한 창출의 욕망이 개인의 가장 큰 동기일 것이기 때문이

197) Dworkin, "What is equality", part 1.

다(2.2.7). 하지만 개개인이 이러한 욕망을 가지고 있다 하더라도 집단적으로는 실패한다. 누구라도 한정된 자원을 사용하여 타인의 자아실현을 위해 창출해야 하는 압박은 별것 아니고, 자기에게 돌아올 이익은 크다고 여길 것이기 때문이다.

2.2.7에서 창조성의 가치와 공동체 사이에 긴장이 있다고 지적한 바 있다. 고도로 창조적인 개인들로 이루어진 사회에서는 다른 사람의 창조물에 대해 서로 관심이 없을지도 모른다. 따라서 이것이 그 두 가지 이상의 충돌요인이 될 수도 있다는 것을 덧붙여야겠다. 공동체를 위한 창조는 공동체에게 손해가 될 수도 있다. 개인의 자아실현이 제한이 필요할 정도로 값비싼 경우에 그럴 수 있다. 2.4에서 설명한 것처럼, 마르크스는 공산주의가 무계급 사회, 혹은 전자본주의 사회에서 발견되는 공동체와, 자본주의에 의해 발전한 노골적인 개인주의의 변증법적 종합을 실현할 것이라고 믿었다. 종합을 기대할 것이 아니라, 이 두 가치를 조화시킬 수 있는 방법을 찾아보았더라면 좋았을 것이다.

2.2.7에서 언급한 또 하나의 어려움이 있다. 사회가 모든 사람에게 자아실현에 필요한 것을 공급할 수 있다고 하더라도, 자아실현의 방법을 모르면 좌절할 수도 있다. 자원의 결핍으로 인한 좌절은 이보다 훨씬 심각한 재능의 결핍으로 인한 좌절을 방지해주는 순기능이 있다고 쉽게 말할 일만은 아니다. 전자의 제약에 직면하는 사람과 후자의 제약에 직면하는 사람이 그 어떤 경우에도 반드시 같으리라는 법은 없다.

어떤 제약이 실제로 자신을 구속할 것인지에 대해 모르는 것이 많은 경우에 자존감의 조건이 될 것이다. 경우에 따라서는 자원의 결핍으로 인한 제약이 인간 재능의 낭비를 초래할 수도 있다. 이 두 가지 상반된 경향의 순효과를 미리 말할 수는 없다. 실제로 자원의 희소성이 피할 수 없는 현실인 이상, 풍요의 세상에서 어떤 일이 일어날 것인가를 논의하는 것은 공론에 불과할 수도 있다. 그러나 우리의 실패가 견딜 수 없는 것이고, 그 실패가 오로지 우리 자신의 책임이라면, 이것을 인간의 유한성 탓으로만 돌릴 수 있을까?

찾아보기(용어)

ㅇ

ㅈ

ㅊ~ㅎ

찾아보기(인명)

ㅈ~ㅋ

ㅌ~ㅎ

욘 엘스터 Jon Elster, 1940~

노르웨이 정치학자로 로머(J. Roemer), 코헨(G. A. Cohen), 쉐보르스키(A. Przeworski) 등과 함께 이른바 '분석적 마르크스주의'(*Analytical Marxism*)를 대표하는 인물이다. 파리 소르본느대학교에서 박사학위를 받고 1970년대 후반부터 활발한 저술활동을 벌여 마르크스주의, 사회과학철학, 합리적 선택이론, 신고전파 경제학, 공공선택이론 등 다양한 분야에 걸쳐 수십 편에 달하는 논문과 저서가 있다. 노르웨이 오슬로대학교 교수, 미국 시카고대학교 교수를 거쳐 현재 미국 컬럼비아대학교 교수로 있다. 노르웨이 과학문학원 회원이며, 미국 예술과학원 회원이다. 대표적인 저서로는 *Logic and Society*(1978), *Ulysses and the Sirens*(1979), *Sour Grapes*(1983), *An Introduction to Karl Marx*(1986), *Nuts and Bolts for the Social Sciences*(1989), *The Cement of Society*(1989), *Local Justice*(1992), *Political Psychology*(1993), *Addiction: Entries and Exits*(1999), *Alchemies of the Mind: Rationality and the Emotions*(1999), *Ulysses Unbound*(2000), *Closing the books: Transitional Justice in Historical Perspective*(2004), *Retribution and Reparation in the Transition to Democracy*(2006) 등이 있다.

진석용 秦錫用

서울대학교 정치학과를 졸업하고 같은 대학교에서 석사·박사 학위를 받았으며, 일본 쿠마모토학원대학교 교환교수와 미국 오하이오주립대학교 객원교수를 지냈다. 현재 대전대학교 정치언론학과 교수로 있다. 저서로는《마르크시즘 100년: 사상과 흐름》(공저, 1984),《칼 마르크스의 사상》(1992),《한국정치·사회개혁의 이념적 기초》(공저, 1998),《베이컨의 신논리학》(2012),《양심적 병역거부와 대체복무제》(공저, 2013) 등이 있고, 역서로는《신기관》(2001),《서양정치철학사》(공역, 2007),《리바이어던》1·2(2008),《무정부사회》(2012) 등이 있다.

폭력에 대한 성찰

조르주 소렐 지음 | 이용재(전북대) 역

"모든 억압들을 전복하라!"

20세기 혁명적 생디칼리즘의 성서

이 책에서 조르주 소렐은 제도화된 개량 사회주의에 반기를 들고 프랑스 특유의 노동운동노선인 혁명적 생디칼리즘을 제시한다.

446면 | 18,000원

도덕과 입법의 원리서설

제러미 벤담 지음 | 고정식(연세대) 역

"벤담 공리주의 사상의 원천"

최대 다수의 최대 행복은 삶의 궁극적 목적이다

저자는 다양한 사례와 사상의 논거를 통해 공리주의의 개념과 합당성을 제시한다. 인류의 철학사, 사상사 속 공리주의의 의미를 돌아보게 하는 역작. 528면 | 30,000원

리바이어던 ①②

교회국가 및 시민국가의 재료와 형태 및 권력

토머스 홉스 지음 | 진석용(대전대) 역

"만인의 만인에 대한 투쟁에서 어떻게 벗어날 것인가"

현 세계질서에서도 시의성을 잃지 않는 불멸의 고전

이 책은 어떻게 정치질서와 평화를 구축할 것인가를 체계적으로 이론화한 고전 중의 고전이다. 또한 근대 정치 '과학'의 출발점이기도 하다.

480~520면 내외 | 각권 28,000원

충족이유율의 네 겹의 뿌리에 관하여

아르투어 쇼펜하우어 지음 | 김미영(홍익대) 역

"쇼펜하우어 철학의 핵심!"

인식 주체의 선천적 능력에 대한 쇼펜하우어 철학의 핵심작품

저자는 '원인'과 '인식 이유'를 구별하지 않아 생긴 철학적 혼란을 비판하고, 칸트를 비판적으로 계승하여 생성, 인식, 존재, 행위라는 충족이유율의 네 겹의 뿌리를 치밀하게 논증한다. 224면 | 15,000원

향연

단테 지음 | 김운찬(대구가톨릭대) 역

"단테 저술의 시작!"

단테를 이해하기 위한 첫번째 작품

단테 불후의 명작인《신곡》,《속어론》,《제정론》의 원전.
단테의 저술에서 이론적 논의를 띤 최초의 작품이자, 정치활동과 철학 연구에 대한 성찰을 고스란히 담고 있다. 432면 | 25,000원

형이상학①②

아리스토텔레스 지음 | 조대호(연세대) 역

"존재에 관한 여러 각도의 사색"

"왜"라는 물음에서 인간과 전체 세계가 보인다.

전문화되고 파편화된 연구와 정보취득에 몰두하는 우리에게 인간, 자연, 세계를 아우르는 통합적 사유의 길을 제시하는 아리스토텔레스의 역작. 각권 464면 | 각권 28,000원